개정2판

USGTF KOREA 골프지도서

미국골프지도자연맹 골프산업연구소

Rainbow BOOKS

USGTF-KOREA

골프지도서 개정 2판

개정 2판　　2024년 10월 30일

지 은 이　　미국골프지도자연맹 골프산업연구소
발 행 처　　레인보우북스
주　　소　　서울특별시 관악구 신림로 75 레인보우B/D
전　　화　　(02)2032-8800
팩　　스　　(02)871-0935
E-mail　　min8728151@rainbowbook.co.kr
홈페이지　　www.rainbowbook.co.kr

ISBN　　978-89-6206-559-6 (93690)
값　　40,000 원

발간사

오늘날 골프에 관한 지식은 각종 매체를 통하여 넘쳐나고 있다. 너무나 많은 정보가 쏟아져 어떤 지식이 골프 퍼포먼스에 좋은 영향을 주는지 판단하기 어려울 정도이다. 1989년 미국에서 골프 지도자를 양성하는 단체인 미국골프지도자연맹(USGTF)이 설립될 때만 하더라도 골프 지식은 골프 경기력을 갖춘 선수나 책을 통해서 얻을 수 있었다. 격세지감일지 몰라도 현재의 골프 지식은 인쇄물이나 지도자에 의해서만 전달되지 않는다. 셀 수 없이 많은 YouTube 영상과 인터넷을 통해 골프 지식이 넘쳐나고 있다. 그러한 실정임에도 불구하고 우리는 왜? 인쇄물로 '골프지도서'를 만들었을까? 골프 교육은 대학의 골프 전공학과를 비롯하여 여러 단체에서 실시하고 있지만 교육하고 있는 주체자의 교육 특성을 인쇄된 기록물로 남겨서 자신의 위상을 높이고자 하는 의도는 없는 듯하다. 1996년 설립된 USGTF-KOREA 또한 여타 교육 단체와 다를 바 없었으나, 2016년에 현재의 집행부가 새롭게 연맹을 재창립하면서 한국에서의 골프지도자 교육을 다시금 생각해보고 보다 진취적인 교육 방법을 모색하는 가운데 지도자들에게 도움이 되는 일을 찾고자 하였으며, 그 일환의 하나가 교육을 받고서 유용한 정보를 손쉽게 찾아볼 수 있도록 하는 것이었다.

현재 우리의 교육 시스템에서 강의를 담당하고 있는 분들은 우리나라 골프 현장에서 최고의 전문가들이다. 이들의 교육이 단순히 강의로 마무리되지 않고 정보를 인쇄물로 보존하여 지도자가 틈틈이 활용할 수 있는 방법은 교재를 개발하여 제공하는 것이다. 단시간의 강의 내용에다가 골프 지도의 핵심 지식을 보탠 것이 본 지도서이다.

골프 지도서를 개발하면서 저자들은 많은 골프 기술에 관한 지식 중에서 한정된 지면에 핵심이 되는 지식을 담으려 고심이 깊었으며, 골프라는 스포츠는 애초부터 영어권에서 유래되어 모든 용어가 우리말이 아니기에 각 저자들의 의도된 용어를 통일하는 데 어려움이 있었다. 본서는 우리 연맹의 비전을 담고자 한 성과물이지만 첫 번째 시도인 만큼 내용에 대하여 충분히 만족하지 못하는 점이 있다면 회원들께서 넓은 아량으로 이해하여 주었으면 하는 마음이다.

본서를 집필하여 주신 저자분들께 깊은 감사를 드리며, 회원들께서 많이 활용하여 주시기를 빕니다.

USGTF-KOREA 회장 Brandon Lee

01 USGTF-KOREA의 현재와 미래
USGTF-KOREA연맹 회장·WGTF 총재 _ 브랜든 리　　　　　　　　　7

02 스포츠 지도자의 자세
USGTF-KOREA 명예회장 _ 이철환　　　　　　　　　　　　　　13

03 스포츠 지도자와 윤리
전)울산대학교 의과대학 교수 / 전)한국도핑방지위원회 위원장 _ 진영수　　29

04 How To Teach Golf
강방수 골프 아카데미 대표 / PGA CLASS A 정회원, Ph.D _ 강방수　　41

05 골프 스윙 메카닉스
건국대학교 골프산업학과 교수 _ 임영태　　　　　　　　　　　　67

06 쇼트 게임
PGA CLASS A 정회원 _ 김해천　　　　　　　　　　　　　　　95

07 골프 장비와 클럽 피팅
삼양인터내셔날 골프사업부 부장, 중앙대학교 체육대학 겸임교수 _ 우원희　　123

08 골프 트레이닝 방법론
호서대학교 골프산업학과 교수 _ 조상우　　　　　　　　　　　147

09	**골프 심리학 이해**	
	중앙대학교 스포츠과학부 교수 _ 설정덕	167

10	**골프산업 이해와 마케팅**	
	경희대학교 골프산업학과 교수 _ 이정학	193

11	**골프 상해의 예방과 재활**	
	서일대학교 스포츠헬스케어학과 교수 _ 김해중	215

12	**골프와 영양학**	
	동국대학교 식품생명공학과 교수 _ 금나나	239

13	**골프 안전관리**	
	USGTF-KOREA 골프산업연구소 소장 _ 최승권	257

부록 01	**골프의 역사**	
	호서대학교 골프산업학과 교수 _ 조상우	281

부록 02	**장애인 골프**	
	USGTF-KOREA 골프산업연구소 소장 _ 최승권	299

찾아보기   326

"골프는 믿을 수 없을 정도로 단순하고 끝없이 복잡하다. 골프는 우리의 영혼을 만족시키고 지성을 좌절시킨다. 그와 동시에 보람 있고 미친 짓이기도 하다. 골프는 의심할 여지 없이 인류가 발명한 최고의 게임이다."

"Golf is deceptively simple and endlessly complicated; it satisfies the soul and frustrates the intellect. It is at the same time rewarding and maddening – and it is without a doubt the greatest game mankind has ever invented."

— *Arnold Palmer* —

USGTF-KOREA의 현재와 미래

USGTF-KOREA연맹 회장·
WGTF 총재 _ 브랜든 리

01

강의 개요

USGTF-KOREA는 1996년 한국에서 처음으로 전문 골프 지도자를 양성 배출함으로써 한국 골프 산업 발전에 크게 이바지해 왔다. 2014년 12월 이후, USGTF 회장과 WGTF의 총재를 맡은 Brandon Lee는 USGTF-KOREA 회장으로 취임하며, "New! USGTF-KOREA" 기치 아래 유능한 티칭프로 양성과 더불어 한국 골프 산업의 세계화를 이룩하고자 큰 노력을 기울이고 있다.

USGTF의 개요 / 8
USGTF의 역사 / 8
USGTF-KOREA의 시작 / 10
USGTF-KOREA의 성장 / 10
USGTF-KOREA의 미래 / 11

USGTF의 개요

USGTF United States Golf Teachers Federation: 미국골프지도자연맹는 미국 Florida에 본부를 두고 있는 세계에서 가장 크고 권위 있는 전문 골프 지도자 양성 교육기관이다. 1989년 Geoff Bryant 회장에 의해 설립되어, 현재는 WGTF World Golf Teachers Federation, 세계골프지도자연맹라는 이름 아래에 3만여 명의 회원이 전 세계 80여 개국에서 거주하며 활동하고 있는 골프 교육 전문가의 세계적인 가족 모임으로 성장했다.

USGTF의 역사

USGTF 창립자
Geoff Bryant(1989~2019)

USGTF 제2대 회장
Brandon Lee(2020~현재)

1989년에 Geoff Bryant 회장에 의해 미국에서 USGTF가 설립된 이유와 발전의 역사를 이해함으로써 우리가 속한 USGTF-KOREA의 가치를 이해할 수 있을 것이다. 처음 USGTF가 탄생할 무렵에만 해도, 전문 골프 지도자들을 선발하고 양성하는 일은 1916년에 설립된 PGA of America의 독점적인 영역이기 때문에, 많은 사람이 다른 단체가 이와 같은 일을 하기에는 불가능하다고 했었다. 그러함에도 역사상 처음으로 골프 지도자 양성 단체를 만드는 일을 목표로 한 USGTF는, 기존 프로들뿐만 아니라 골프에 대한 강한 열정을 가진 일반인들에게도 티칭 프로 자격취득 기회를 주어 골프 지도자라는 직업을 더욱 이해하기 쉽게 함으로써 골프 지도자를 전문적으로 양성하는 세계에서 가장 큰 단체가 될 수 있었다. 이러한 사실은, 오늘날 USGTF의 비약적인 성공을 두고 "어떻게 다른 단체가 골프 산업계에서 전통이 있고 거대한 단체인 PGA of America와 경쟁을 할 수 있겠는가?" 또한, "어떻게 USGTF라는 조직이 골프 지도자들을 양성하는 세계에서 가장 큰 단체가 되었는가?"라고 하는 사람들의 의구심에 대한 답이 될 수 있으며, 오늘날의 USGTF의 존재가치가 그만큼 예견되었던 것이라고도 할 수 있다.

그림 1.1
2013 World Teachers Cup 대회 참가자 기념 촬영

표 1.01
USGTF 및 USGTF-KOREA의 연혁

연 월	세 부 내 용
2020. 02	WGTF 총재 및 USGTF 미국본부 회장 Brandon Lee 취임
2016. 01	USGTF-KOREA 제2대 회장 Brandon Lee 취임
2010. 01	USGTF에 의해 미국 장애인골프협회 American Disabled Golfer's Association 창립
2009. 09	USGTF / WGTF 회원 International PGA 정회원 자격 인증
2007. 05	USGTF에 의해 전미 골프 지도자 감사의 날 National Golf Teacher's Appreciation Day 제정
2005. 02	최초 남미대륙 WGTF 회원 골프대회 개최 - at Sao Jose Golf dub in Itu, Brazil
1998. 02	최초 유럽대륙 WGTF 회원 골프대회 개최 - at San Roque Golf Club in the Costa Del Sol of Spain
1997. 01	제1회 WGTF 회원 골프대회 개최 - Golden Gate Country in Naples, Florida of USA
1996. 01	USGTF-KOREA 초대 회장으로 Sammy Oh 취임
1996. 01	WGTF 산하기관으로 한국에 USGTF-KOREA 설립
1996. 01	제1회 USGTF 회원 골프대회 개최 - Ponce de Leon Golf Cub in St. Augustine, Florida
1995. 01	제1회 USGTF Master Golf Teaching Professional Certification 개최 - Golden Gate Country in Naples, Florida of USA
1993. 05	USGTF 최초 파트너십 체결 - Callaway Golf Company in USA
1993. 01	WGTF 세계골프지도자연맹 창립
1993. 01	제1회 USGTF Certification Course 개최 - Admiral Lehigh Resort in Lehigh Acres, Florida of USA
1989. 09	Geoff Bryant 회장에 의해 미국의 플로리다에 USGTF 본부 창립

USGTF-KOREA의 시작

USGTF-KOREA는 한국에서 처음으로 전문 골프 지도자를 선발하고 양성하는 서비스를 제공한 조직으로 오흥배 초대 회장에 의해 1996년에 시작된 단체이다. 그 당시 오흥배 회장과 USGTF 미국본부는, Korea PGA가 시합을 바탕으로 한 투어 중심의 골프 단체에 머무르고 있고 골프 전문 지도자 양성사업에는 업적이 없다는 점에 착안하였고, 그러한 여건이라면 한국에서도 USGTF의 Branch를 설립하여 전문 골프 지도자 양성사업을 해 보자는 훌륭한 아이디어로 USGTF-KOREA를 설립하게 되었다.

따라서, 초창기 USGTF-KOREA는 1996년 출범한 후에 수년간 미국의 본부로부터 골프 교육 전문가들을 파견받아 한국어 통역을 수반하여 골프 티칭프로가 되고자 열망하는 한국의 수많은 골프 애호가를 대상으로 전문 골프 지도자 양성 교육을 시작할 수 있었다. 이후 USGTF-KOREA는 이러한 과정을 통하여 훌륭하게 양성된 한국인 시험관들을 배출할 수 있었고, 골프를 지도하는 일에 대한 열정을 나누고자 하는 한국 사람들을 대상으로 한 USGTF의 전문 골프 지도자 양성과정을 자체적으로 운영할 수 있게 발전하였다.

USGTF-KOREA의 성장

이처럼 어려운 여건 속에서 시작되었음에도, 수년의 노력 끝에 골프 전문지도자 양성 과정의 자체 교육시스템을 갖추게 된 USGTF-KOREA는 향후 비약적인 발전을 이룩한 것이다. USGTF-KOREA는 우리나라 골프 산업의 큰 성장과 오늘날의 골프 대중화에 이바지한 바가 많았기에 한국 골프 산업의 변화와 발전에도 영향을 미쳤다고 생각하고 있다. 우리 USGTF-KOREA의 이러한 노력과 역할은 한국 골프 교육 역사에서 아주 중요하고 핵심적인 역할을 하였고, 그 결과 수많은 국내외의 투어 경기에서 한국의 선수들이 국내에서뿐만 아니라 아시아와 세계로 뻗어나가 큰 성공을 경험할 수 있도록 하는 길을 여는 데에도 이바지하였다고 자부할 수 있다.

이러한 역사를 통하여 발전해 온 USGTF-KOREA는 1996년 이후 한국에서도 미국과 똑같은 USGTF 티칭프로 자격증을 취득할 수 있게 함으로써 한국 최초로 골프 전문지도자 양성 교육을 시작하였고, 그 결과 지난 20여 년 동안 1만 1천여 명의 정회원을 배출함으로써 명실공히 한국 최고의 골프 전문지도자 양성기관으로 자리매김했다.

그림 1.2

2021년 4월 USGTF-KOREA와 KPGA 회원 수 비교

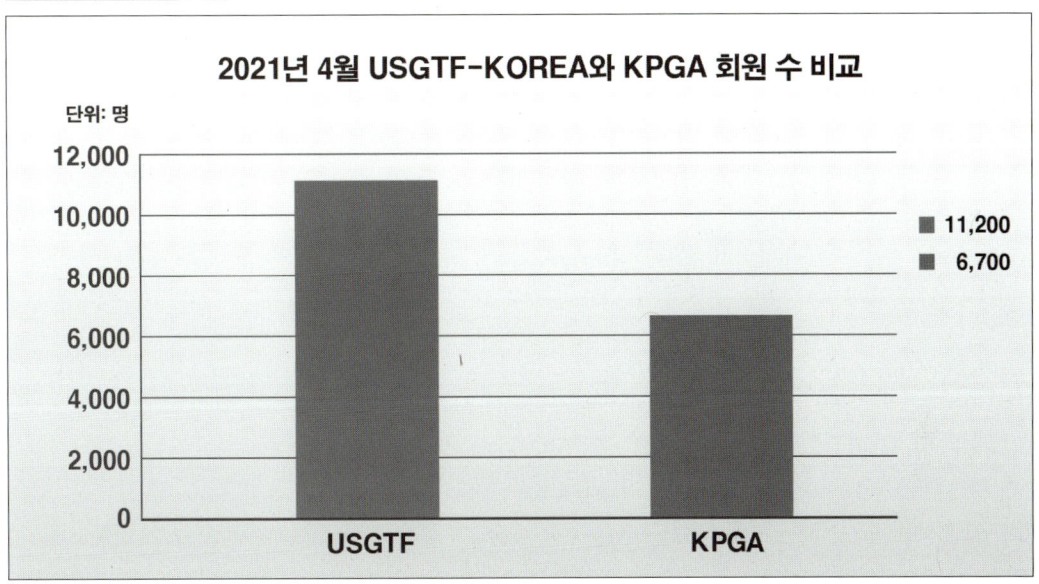

　USGTF-KOREA의 골프 지도자 양성 과정은, 먼저 실기 테스트를 거쳐 골프 실력이 우수한 자를 선발한 후 이들에게 골프 지도법을 포함한 체계적인 골프 이론교육을 함으로써 골프 지도자가 갖추어야 할 실기 지도 능력과 이론, 나아가 교양과 인품을 가르침으로써, 배출된 회원들은 골프 지도자로서만이 아니라 투어프로, 강사, 언론인, 골프 해설위원, 교수 등의 각종 분야에서 한국골프산업을 이끌어가는 핵심적인 활동할 수 있게 되었다.

 ## USGTF-KOREA의 미래

　USGTF-KOREA의 비약적인 발전과 과감한 혁신, 그리고 세계화를 이룩하고자 2014년 12월 이후로는, 현 미국 USGTF 본부 회장과 WGTF의 총재를 맡고 있는 Brandon Lee 회장 체제로 USGTF- KOREA가 체계적으로 관리 운영되고 있다.

　Brandon Lee 회장 체제의 "New! USGTF-KOREA"는 더욱 노력하는 자세로 지금까지의 업적을 계승함과 동시에, 국내는 물론 WGTF 회원국을 중심으로 한 해외의 각종 골프(산업) 관련 단체와의 인적, 물적으로 교류함으로써 한국골프산업의 세계화에 이바지하는 것을 목표로 노력을 기울이고 있다.

"연습을 더 열심히 하면 할수록 운이 따라준다."

"The harder you practice, the luckier you get."

— *Gary Player* —

"골프는 구력이 오래될수록 어렵다는 것을 알게 해주는 유일한 게임이다."

"Golf is the only game I know of that actually becomes harder the longer you play it"

— *Bobby Jones* —

스포츠 지도자의 자세

USGTF-KOREA 명예회장 _ 이철환

02

강의 개요

스포츠 지도자는 도덕과 윤리를 바탕으로 교양과 인격을 겸비하고 신체적, 정신적, 사회적인 건강을 소유해야 한다. 전문지식과 지도 기술, 의사소통 능력을 바탕으로 지도자로서 넘치는 열정을 갖춘 탁월한 지도 능력이 있어야 한다. 친절하고 올바르며, 확고한 신념 아래 투철한 봉사와 희생정신, 사랑과 헌신적인 태도를 바탕으로 훌륭한 인격과 지도 자세를 겸비해야 한다. 지도자 자신의 지속적인 훈련 모습과 연구하는 자세를 보여줄 수 있어야 한다. "Today is good, tomorrow will be better."이란 말처럼 항상 긍정적이고, 가능성과 희망을 줄 수 있어야 한다.

스포츠 지도자의 특성 / 14
스포츠 지도자의 능력 / 15
스포츠 지도자의 기능과 자질 / 18
교수 스타일과 학습지도 평가 / 20
바람직한 스포츠 지도자 상(像) / 22
올바른 골프 지도자의 10가지 모습 / 24
훌륭한 골프 지도자의 조건 / 25

스포츠 지도자의 특성

그림 2.1
골프 지도와 애정 그리고 존경심

출처: USGTF 홈페이지

어떤 집단의 기능이 원활하게 효과적으로 잘 움직이기 위해서는 그 집단에 소속된 각 개인의 자질과 인간성도 중요하지만, 그 집단을 이끌어 가는 지도자의 역할이 대단히 중요하다는 것은 두말할 나위가 없다. 특히 스포츠 집단에 있어서 그 집단을 이끌어 가는 지도자의 역할은 매우 중요하다. 스포츠의 효과적인 지도를 위해서는 스포츠 지도자는 기본적으로 다음과 같은 특성을 가져야 한다.

첫째, 스포츠 지도자는 신체적으로 건강해야 하며 아울러 정신적인 건강, 사회적인 건강을 두루 갖춰야 하고 언제, 어디서, 누가 보아도 항상 건강미가 흘러넘치는 멋진 모습이어야 한다.

두 번째, 스포츠 지도자는 스포츠를 지도할 수 있는 탁월한 능력을 갖추어야 할 것이다. 「Sport is science」라는 말이 있듯이 스포츠 지도자는 이론적 지식을 바탕으로 기능을 지도하여 학습자가 학습 원리를 이해하고 기능을 습득할 수 있도록 이론과 실기 지도 기능을 겸비해야 한다.

세 번째, 「비우면 채울 수 있는 곳이 보인다.」라는 말과 같이 자기가 지닌 역량을 아낌없이 베풀 수 있는 봉사 정신이 투철해야 할 것이다.

네 번째, 「자식은 부모의 뒷모습을 보고 성장한다.」라는 말과 같이 학습자가 지도자의 외적 그리고 내적 모습을 보고 성장할 수 있도록 계속 자신의 훈련 모습을 보여줄 수 있어야 한다.

마지막으로, 스포츠 지도자는 항상 단정하고 말끔한 복장을 하고, 아름답고 정감이 가는 말씨를 사용하며, 사랑과 헌신의 태도를 갖추고 있어야 한다.

이 외에도 스포츠 지도자가 겸비해야 할 내용이 많겠지만 스포츠 지도자는 적어도 위에서 설명한 것처럼 훌륭한 인격과 지도 자세를 갖추는 것이 기본적으로 필요할 것이다. 스포츠 지도자가 학습자들에게 친절하고 올바르며 확고한 신념과 지도 자세를 가지고 학습에 임할 때 학습이 효과적으로 이루어질 수 있다는 것은 누구도 부인할 수 없을 것이다. 스포츠 지도자의 태도나 행동이 모든 선수에게 가치 있게 받아들여질 때 그 학습의 효과는 더욱 클 것으로 생각된다.

스포츠 지도자의 행동이 모든 학습자를 동등하게 만족시켜야 한다기보다는 공명정대하게 대한다는 것이 더욱더 중요하다. 스포츠 지도자는 학습자 모두를 위하여 공명정대한 행동을 보여줌으로써 스포츠 지도자의 태도는 유일무이하다는 사실을 인식시킬 필요가 있다. 우리말에 「주고받는다.」라는 말이 있는데 영어에도 「Give and take」라는 말이 있다. 이것은 내가 먼저 베풀고 나중에

받는다는 의미이므로, 스포츠 지도자가 먼저 여러 가지 방법으로 학습자에게 많이 베풀고 나중에 학습자로부터 존경받을 수 있게 만들어 가는 모습이 지도자와 학습자 상호 간에 주고받는 존경의 모습이 될 것이며, 이것이 비로소 스포츠 지도자의 특성이 제대로 갖추어진 지도자의 참모습이라고 보면 좋을 것으로 생각된다.

스포츠 지도자의 능력

요리사가 좋은 음식을 만들어서 고객을 만족시키기 위해서는 좋은 음식을 만들기 위한 여러 가지 필요한 요인에 대하여 자세하게 알고 있어야 한다. 요리사는 좋은 음식을 만들기 위한 여러 가지 요리 기자재를 비롯하여, 음식의 재료, 음식에 첨가할 여러 가지 레시피 recipe, 음식을 만드는 시간과 온도조절 시기 등을 잘 알고 있고 동시에 이 일을 능숙하게 할 수 있어야 한다. 눈으로 보기에도 좋을 뿐만 아니라 영양이 풍부한 좋은 음식이 되기 위해서는 음식이라는 물질로 변화하기 위한 여러 구성성분의 상호작용을 적절히 연결해 주는 기술도 있어야 한다. 그래야만 고객이 만족할 수 있는 최고의 작품이 탄생할 수 있는 것이다. 이와 마찬가지로 스포츠 지도자는 학습자들의 학습효과 향상을 위해서는 여러 가지 능력을 갖추어야 할 것이다. 적어도 스포츠 지도자들은 기본적으로 다음과 같은 3가지 능력은 갖추어야 할 것이다.

첫째, 스포츠에 대한 지식과 기능을 갖추어야 한다. 스포츠 지도자는 학습자들을 잘 지도할 수 있는 우수한 운동기능이 있어야 함은 두말할 필요 없으며, 운동기능 못지않게 인체에 대한 지식을 포함하여 스포츠의 철학과 원리, 생리 해부학, 영양학, 운동역학, 스포츠심리학, 트레이닝 방법론, 측정평가 등에 관해서 잘 알고 있어야 한다. 지도하는 전문 종목에 대한 지식은 물론이고 전문 종목에 인접해 있는 유사 종목과 기구에 대해서도 잘 알고 있어야 한다. 예를 들어 골프를 지도할 경우, 골프 경기의 역사, 경기 방법을 포함하여 기본적인 기능과 기술, 전략, 장비, 안전, 경기 예절과 규칙 등 골프 경기의 전반적인 내용은 물론이고, 나아가 국내 경기와 국제경기, 미래 전망 등에 대해서도 가르쳐야 한다.

둘째, 교수 방법과 교수 능력이다. 내가 많이 알고 있는 것과 내가 지도를 잘한다는 것은 다소 차이가 있을 수 있다. 예를 들어 세계적으로 유명한 스포츠 지도자 중에는 현역 선수 시절에 그렇게 두각을 나타내지 못했던 선수들이 후에 훌륭한 지도자로 명성을 떨치는 경우가 상당히 많다.

스포츠 지도자는 인간의 신체에 대한 지식과 신체의 활동에서 이루어지는 여러 가지의 운동기능과 운동학습이 어떻게 이루어지는가를 알고 있어야 한다. 전문적 프로그램 준비는 적절한 학습의 기회를 제공해 준다. 그렇지만 운동기능에 대한 이해는 때때로 불충분한 학습의 경험에서도 일어난다. 그러므로 스포츠 지도자는 효과적인 학습조직의 방법과 학습 과제의 분석 능력에 필요한 지식이 있어야 한다. Robb에 의하면 운동기능은 공간과 시간의 환경, 운동의 간격, 예전의 운동 상태, 운동의 형태, Feed-back의 원인 등과 관계가 있다고 했다. 운동기능은 부분기능의 재조직과 재 형태에 의해서 이루어지고 기본적 부분기능은 어린 시절에 이루어지고 있으므로 어린 시절에 철저한 부분기능이 이루어지도록 많은 훈련을 해야 한다고 했다. 부분기능은 계층적 계열에 의해서 형성이 되고 있으므로 이 부분기능을 훈련하려면 철저한 프로그램에 의한 훈련이 필요하다. 운동기능은 순간적 모형에는 타이밍과 페이스와 예측력으로 나누어진다. 스포츠 지도자가 운동기능 요소의 분석 능력을 갖추었다면 학습자들에게 알맞은 운동의 선택과 운동순서를 쉽게 제시할 수 있을 것이다.

스포츠 지도자는 학습자의 학습 문제에 초점을 두어야 하므로 학습자에 대해서도 잘 알고 있어야 한다. 학습자들의 심리적 발달, 나아가 신체적 성장 발달이나 성숙에 따른 운동기능의 발달 상태, 행동으로 나타나는 사회적, 심리적인 상태, 건강 상태 등에 대해서도 확실하게 파악하고 있을 때 학습지도가 더욱 쉬울 것으로 판단된다.

셋째, 스포츠 지도자가 대인관계 등에 관련된 지식을 겸비함으로써 학습자들의 훈련이나 학습에 충분히 활용할 수 있다고 본다.

이상의 내용을 좀 더 구체적으로 살펴보면 아래와 같이 요약할 수 있다.

교수 방법과 교수 능력

☑ 충분한 학습 교재의 연구

평소에 충분한 학습 교재를 연구하고 개발을 통하여 현장 지도에서는 다음 상황들을 항상 명심하고 학습지도에 임해야 한다.

첫 번째, 명확하고 간결하게 설명하고 시범한다. 두 번째로는 자신 있는 목소리와 의미 있는 몸짓을 사용하여 현장 지도에 자신 있게 임해야 한다. 세 번째로 지도자는 열성을 다하여 가르치고 학습자의 동기유발에 주력해야 하며, 때로는 의욕을 북돋울 수 있는 자극적인 장면을 제시하여 흥미를 유발하여 학습을 지속할 수 있도록 고려해야 한다.

☑ 완전한 교수계획

- ▶ 전체 목표와 개인 목표에 합리적으로 도달하도록 한다.
- ▶ 가르치고 검사하고 평가하여 점수화한다.
- ▶ 학습 과제를 체계적으로 자세히 준비한다.
- ▶ 학습자가 학습의 과정을 알도록 한다.
- ▶ 융통성 있게 학습의 과정을 전개한다.

☑ 운동기능 학습의 단계

운동을 수행할 때 동작의 특성을 기준으로 하여 운동기능의 학습은 세 단계로 나누어 볼 수 있다. 첫 단계는 초보자 단계로 수행 동작의 협응이 조잡한 단계이다. 이 단계에서 해야 할 동작에 대해 수시로 정확한 시범을 보여주어 운동 표상을 명료화하고, 많은 양의 연습을 통해 움직임에 대한 운동 감각적 정보를 많이 활용하여 실행 규정과 통제 규정이 분명하게 되도록 하는 것이 중요하다.

두 번째 단계는 중급자 단계로 이제 선택된 동작을 안정된 환경 조건에서 거의 실수 없이 수행할 수 있는 단계이다. 운동 표상도 명료하고 운동 계획도 상당히 세분되어 수행 시 과도하게 혹은 과소하게 사용되던 근육과 힘을 적절하게 하며, 신체의 개개 부위 움직임도 부드럽게 연결됨과 동시에 동작의 정확성과 일관성도 향상된다. 이 단계에 빠르게 도달하기 위해서는 가능한 고정된 상황 조건에서 연습하는 것이 필요하다.

세 번째 단계는 숙련자 단계로 환경이 변하거나 방해 요인이 있더라도 필요한 운동 동작을 거의 정확하게 수행할 수 있는 단계이다. 여기서는 자신이 습득한 기술을 언제, 어느 상황 속에서도 발휘할 수 있느냐가 주요 문제가 되는데, 따라서 자신의 움직임을 통제할 수 있는 능력에 더하여, 상황이 어떻게 변할 것인가 예측하는 능력과 나타날 수 있는 가능한 상황에 대한 가장 적합한 동작 패턴을 연결하는 능력의 향상이 중요한 과제이다.

일반적으로 이론적인 교수 진행의 방법을 살펴보면, 학습 과제의 제시를 쉬운 것에서부터 어려운 것까지 단계적으로 전개하도록 한다. 두 번째로는 한 지도 과정에서 다른 지도 과정으로 이동할 때 학습자들의 반응과 동기 등을 알아봐야 한다. 다음 단계로는 학습자들의 질문에 대한 분명한 반응을 보여주어야 하며, 다양한 질문과 정보를 요청하고, 반드시 피드백에 대한 교정과 지도의 반복 학습이 요구되며 이 모든 것들이 적극적이고 분명하게 이루어지도록 해야 한다.

🌱 대인관계

동기유발의 근원은 지도자와 학습자 간에 원만한 인간관계를 형성하는 능력에 있음에도 불구하고 전문 스포츠의 지도를 위한 준비 과정에서 학습 과제의 교수 경험을 통하여 신체활동의 예술성과 과학성을 강조하면서도 지도자와 학습자 간의 인간관계를 무시한 채 운동기능 습득에만 전념하고 있는 경우를 흔히 볼 수 있다.

쉬우면서 효과적인 학습은 학습자들이 지도자와 함께 목표 달성을 위하여 동적이고 끊임없이 연구하고 노력하여야 하며, 학습을 위해 지도자의 다양한 지도 기술이나 기능, 학습에 필요한 각종 장비, 이론적 뒷받침이 아주 중요하겠지만, 무엇보다도 학습자가 열심히 배우겠다는 동기유발 과정에 있어서는 스포츠 지도자와 학습자 상호 간에 원만한 인간관계 구축이 대단히 중요하다고 볼 수 있다. 이러한 스포츠 지도자와 학습자 간의 가치판단의 적절함은 다음과 같은 인간관계의 형성 과정에서 원만하게 이루어진다고 볼 수 있다.

첫째, 스포츠 지도자와 학습자 상호 간의 신뢰성

둘째, 학습이 끝난 후 정확하고 분명하게 이해되는 학습평가

셋째, 신뢰를 바탕으로 한 교훈적인 조언과 협동적인 행동을 통한 상부상조

넷째, 문제와 갈등의 건설적인 해결을 바탕으로 한 인간관계 형성

위와 같은 내용은 스포츠 지도자와 학습자 상호 간의 신뢰와 협동에서 이루어진다고 볼 수 있다. 학습자 간의 개인차는 있겠지만 학습자들의 운동기능과 지식은 서서히 향상된다. 그러므로 스포츠 지도자는 학습자의 도안자, 안내자, 지도자, 조력자 또는 평가자로서 학습자와의 관계에 있어서 항상 좋은 유대관계를 유지해야 한다.

스포츠 지도자의 기능과 자질

스포츠 지도자의 기능

특정의 스포츠 기능 향상을 목표로 한 학습활동은 학습자들 자신이 자발적, 자율적으로 노력하는 것이 바탕이 되어야 하고, 기능을 학습하는 사람은 바로 그들 자신이며 스포츠 지도자는 단지 이들의 인도자 내지는 도안자 혹은 조언자라고 보면 타당할지도 모른다. 자기들의 학습활동에 의하여 경험을 재구성하여 학습하는 활동이야말로 교육의 근본 조건이라고 아니할 수 없다. 그러므로 지도의 방법은 스포츠 지도자의 문제이며 이와 같은 방법을 실제적인 면에서 연구하고 운영하는 것이 스포츠 지도자의 기능이다. 지도 목표의 설정, 교육계획의 수립, 학습활동의 지도, 그 결과의 평가 등이 바로 스포츠 지도자의 책무라고 볼 수 있다.

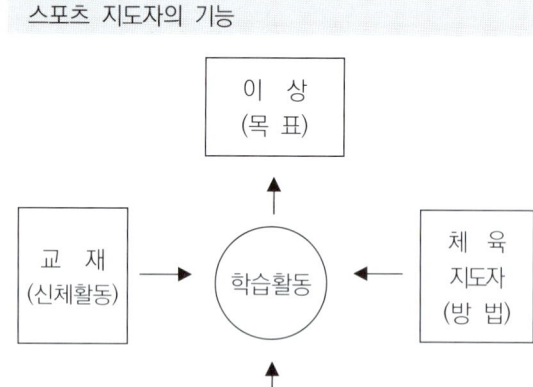

그림 2.2 스포츠 지도자의 기능

이와 같은 관계를 그림으로 나타내면 그림 2.2와 같다.

스포츠 지도자의 자질

☑ 교양, 교직

교양이라고 하면 오늘날 일반적 지식이나 전문적 지식이 머리에 떠오를지 모른다. 확실히 교양과 지식은 밀접한 관계가 있다. 그러나 전문지식을 가졌다 하여 교양이 높은 사람이라고 말할 수는 없다. 교양이란 인간의 전인격에 관계되는 것으로 생각되며 특히 지식을 기초로 한 실천적인 면을 말하는 것이다. 단순히 관념적으로 이해하고 있는 것보다 그 이해를 토대로 하여 넓은 실천적인 면에 교양의 본질을 구할 수가 있을 것이다.

☑ 교육애

사랑은 교육의 근본 동기가 된다. "사랑이 없는 곳에 교육은 존재할 수 없다."라는 말로 잘 표현되고 있다.

☑ 신념

스포츠에 대한 사랑은 연구심을 낳게 하고 드디어는 스포츠에 대한 신념으로 굳어진다. 신념은 의지를 수반하는 것이다. 신념이라든지 의지라고 하면 사람들은 잘못하면 불합리, 비과학적인 것을 연상하기 쉽다. 합리성, 과학성을 무시한 채로 신념을 밀고 나가는 의지는 무모나 무례, 무리한 처사라 할 수 있다. 근대 정신의 기초는 과학적 정신에 있는 것이다. 과학적 합리성에 입각한 신념이 아니면 그것은 신념이라고 말할 수 없다. 과학적인 연구 태도는 신념의 원천이라 할 수 있다.

☑ 친화 단결

친화 단결에는 사제간 또는 주장 등과 학습자 간의 종적인 친화와 스포츠 지도자, 학습자 상호 간의 횡적인 협조 단결의 양면으로 생각할 수 있다.

☑ 건강

세계보건기구 WHO 의 정의 : 건강이란 단순히 질병이 없고 허약하지 않은 상태만을 의미하는 것이 아니라 육체적·정신적·사회적으로 완전한 상태를 말한다. Health is a state of complete physical, mental, social well-being and not merely the absence of disease or infirmity.

교수 스타일과 학습지도 평가

교수 스타일

☑ 교수 스타일의 정의

교수 스타일과 교수 방법론은 분리되어 상호 보충해 주는 관계에 있다. 교수 방법론은 체육철학과 훈련 프로그램의 목적에 근거를 두고 있다. 스포츠 지도자로서의 가르치는 스타일은 개인적인 자기 자신의 표현이고 이것은 개인적인 철학과 교육목적에는 관계가 있다. 그러므로 교수 스타일은 지도자 자신의 철학과 프로그램 목적을 진술하는 것이라고 정의할 수 있다.

☑ 성격과 교수 스타일

- ▸ 강압적 스타일
- ▸ 회의적 스타일
- ▸ 허풍선 스타일
- ▸ 충동적 스타일
- ▸ 사고적 스타일

☑ 기본적 스포츠 지도자 스타일

- ▸ 스포츠 지도자 중심 교수 스타일
- ▸ 선수 중심 교수 스타일

☑ 효과적인 리더십

리더십 leadership을 발휘하여 현재 주어진 상황과 구성원의 특성에 얼마나 잘 맞는가 하는 것은 주어진 상황의 여러 가지 요소들의 특성에 따라 거기에 알맞은 효과적인 리더 행동이 어떻게 결정되느냐가 가장 큰 관건이 될 것이다. 효과적인 리더십을 좀 더 구체적으로 설명하자면, 집단의 과업 수행과 구성원의 만족도는 3가지 형태의 리더 행동, 즉 상황이 요구하는 행동, 실제 리더가 취하는 행동, 구성원이 좋아하는 리더 행동과의 일치 여부에 달려있다. 스포츠 지도자가 그의 스포츠 지도자로서의 특성, 리더십 스타일, 현재 주어진 상황 요소, 구성원의 특성 등을 무엇보다도 빨리 파악하고 선수들이나 배우는 사람들을 이끌어 나가기 위한 지도 현장에서 그것들을 모두 고려하여 실천에 옮겼을 때 기대한 만큼의 좋은 결과를 얻을 수 있다는 것은 너무나도 자명할 것이다.

그림 2.3
지도력의 다차원 모형

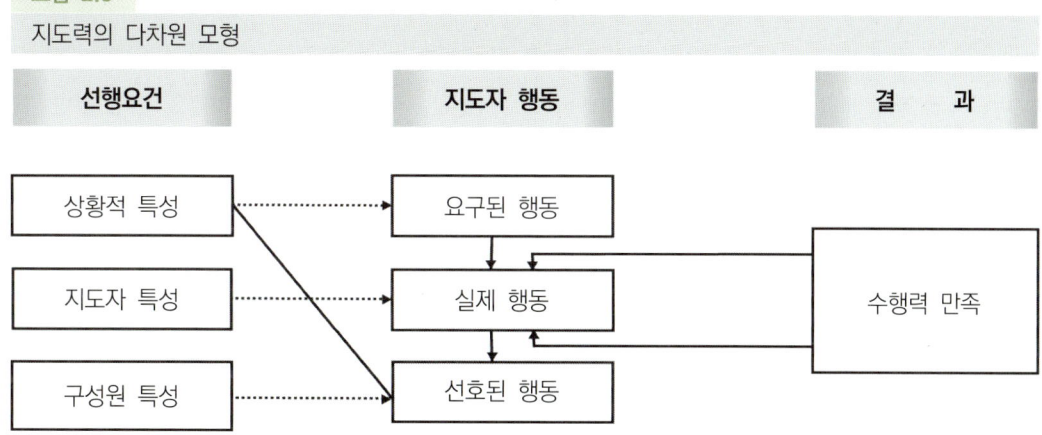

학습지도 평가

☑ 학습지도 평가의 의미

스포츠에서의 평가란 이미 설정된 교육목표에 학습자가 얼마나 접근하였는가를 판정하는 과정이며, 또한 학습자가 바람직하게 변화를 불러올 수 있게 하기 위해서는 어떠한 조건이 갖추어져야 할 것인가를 밝히기 위한 수단이라고 할 수 있다.

☑ 자아 평가 self evaluation

다음의 내용은 스포츠 지도자가 자기 자신을 평가하는 자아 평가에 참고할 사항이다.

- 개인적 특성 : 자기의 특성은 어떤 것이 있는가?
- 사회적 특성 : 동료 지도자 및 선수와의 관계는 어떤가?
- 정신적 특성 : 정신적인 능력은 어떤가?
- 정서적 특성 : 정서적으로 안정이 되어 있는가?
- 신체 능력 : 운동기능을 시도하고 가르칠 수 있는가?
- 지도 능력 : 학습자들을 지도할 수 있는 능력이 있는가?
- 관리 능력 : 스포츠 활동, 훈련, 팀 경영을 잘하는가?
- 교육 능력 : 조직적인 학습과 교수 방법에 대한 능력이 있는가?
- 지적 능력 : 학습자들을 가르칠 수 있는 지식이 있는가?

표 2.01
지도자의 자아 평가

특 성
• 개인적 특성 • 사회적 특성 • 정신적 특성 • 정서적 특성

능 력
• 신체 능력 • 지도 능력 • 관리 능력 • 교육 능력 • 지적 능력

☑ 학습자의 스포츠 지도자에 대한 평가

스포츠 지도자의 학습자에 대한 평가는 종종 인기와의 연관성이 크므로 부정적일 때가 많다. 학습자의 대부분은 훌륭한 교수 방법을 판단할 수 있는 고도의 지식이 없더라도 어렴풋이나마 윤곽은 알고 있다. 다음의 내용은 학습자들이 스포츠 지도자의 평가 내용이다.

- ▶ 학습 과정이 의미 있는가?
- ▶ 목표를 말하고 이를 달성하기 위해 학습을 진행하는가?
- ▶ 스포츠 지도자는 학습자를 이해하는 학습에 관심이 있는가?
- ▶ 스포츠 지도자는 공정하게 측정하고 평가하는가?
- ▶ 교재가 의미 있게 이용되는가?
- ▶ 훈련 프로그램이나 지도가 흥미 있고, 질문하면 잘 대답해 주는가?
- ▶ 스포츠 지도자가 지식이 있고 교수 방법이 의미 있는가?
- ▶ 스포츠 지도자가 항상 활기 있고 학습자를 위해 봉사하려고 하는가?
- ▶ 학습의 향상을 위한 암시가 주어지는가?

☑ 학습자의 평가

학습지도 과정에서 학습자의 평가는 진단평가, 형성평가, 총괄평가의 세 단계로 나누어 평가할 수 있다. 평가 기준을 어디에 둘 것인가라는 입장에서는 상대평가와 절대평가로 나눌 수 있다.

 # 바람직한 스포츠 지도자 상(像)

 ## 성격

- ▶ 고상하고 명쾌한 인품을 가지고 피교육자에게 친밀감이 있고 친절하며 어떤 사람에게도 일시 동인一視同人의 사랑을 베풀 줄 아는 사람
- ▶ 엄嚴과 애愛를 겸비하여 뽐내지 않고 위엄이 있는 사람
- ▶ 협조성이 있는 동시에 통솔력이 있는 사람
- ▶ 용모나 복장이 단정한 사람

학식

- 교양이 있고 연구심이 왕성한 사람
- 실력이 있고 피교육자와 같이 연구하는 사람
- 스포츠 이론과 기능을 겸비한 사람

지도력

- 피교육자를 잘 이해하고 정도에 맞는 지도로 지도력과 열성이 있는 사람
- 시간과 약속을 잘 지키며 지도 감독을 철저히 하는 부지런한 사람
- 우열이 있는 피교육자를 동시에 잘 돌보아 주는 사람
- 칭찬을 아끼지 않으며 화를 잘 내지 않는 사람
- 안전에 대해 항상 세심한 주의를 하여 부상자가 생기지 않도록 잘 배려하는 사람

태도

- 언어가 명료하고 잔소리하지 않는 사람
- 운동을 좋아하고 항상 피교육자와 같이 활동하기를 즐기는 사람
- 몸이 건강하고 발랄한 사람

위의 사항을 전체적으로 요약하면 지도자의 자질은 교양(학식), 교육애, 신념, 친화 단결, 건강 등을 들 수 있다.

지도자의 말씨와 태도

- 일방적, 강요하는 태도 : ~을 해!, ~은 안 돼!, ~이 아니면 안 돼!, ~을 하지 마!, ~은 이상해!, ~을 해라! 등
- 선수 수용적 태도 : ~을 해보면 어떻겠니?, ~에 대해서는 어떻게 생각해?, ~이면 어떨까? 등
- 의무적 감정, 협박 관념 : must, never
- 가능성의 추구, 달성 가능 의식 : can, possible

표 2.02
바람직하지 못한 태도와 말씨

일방적, 강요하는 말씨와 태도
~ 을 해!
~ 은(절대로) 안 돼!
~ 이 아니면 안 돼!
~ 을(절대로) 하지 마!
~ 은 이상해!
~ 을 (반드시) 해라(해야 해)!

의무적 감정, 협박 관념
must
never

표 2.03

바람직한 태도와 말씨

선수 수용적 말씨와 태도	가능성 추구, 달성 가능 인식
~ 을 해보면 어떻겠니? ~ 에 대해서는 어떻게 생각해? ~ 이면 어떨까?	can possible

　유능하고 바람직한 스포츠 지도자란 항상 모든 면에서 모든 것을 잘 알고 있는, 즉 어디까지나 지적인 사람이어야 하며, 자기의 주장이 강하며, 주어진 현실에 공감을 잘하고, 매사에 자신이 있는 사람이어야 하며, 자신의 내적 동기화가 되어 있어야 하며, 늘 융통성이 있고, 언제나 야망이 있으며, 강한 자신감이 있고, 강한 의지력이 있고, 받기를 먼저 생각하기보다는 먼저 베풀 줄 알고, 양보할 줄 알고, 마음이 따뜻하며, 교양과 인품을 겸비하고, 신체적으로, 정신적으로, 사회적으로 항상 건강하며, 평소에 낙천적이어야 할 것으로 생각된다.

올바른 골프 지도자의 10가지 모습

- 학습자에게 골프 규칙과 골프 에티켓을 정확하게 알려주는 프로
- 처음 골프를 배우려는 초보자에게 골프의 기본원리를 정확하게 이해시켜 주는 프로
- 프로 자신의 실력보다 학습자의 실력을 날로 발전시켜 주는 프로
- 학습자에 대한 예의범절을 잘 지키고 지도에 임하는 자세를 갖는 프로
- 항상 밝은 미소를 머금은 표정을 하고 열심히 연구하며, 자신을 가꾸는 프로
- 지금 본인에게 배우고 있는 학습자를 전에 지도했던 프로의 이름을 기억하고 그를 칭찬해 줄 수 있는 프로
- 학습자의 장점을 칭찬하고, 단점을 단계적으로 하나씩 잘 가르쳐 주는 프로
- 학습자에게 레슨의 기본원리를 잘 이해시켜서 정확하게 전달하고 교정된 동작을 숙달시켜 주는 프로
- 학습자에게 레슨비 이외의 금전, 접대, 상품 등을 요구하거나 권하지 않는 프로
- 프로의 비결 knowhow : 비결을 학습자의 능력에 맞춰 최단기간에 이수해 주려고 노력하는 프로

훌륭한 골프 지도자의 조건

교양 및 스포츠와 골프 관련 전문지식의 습득

교양과 인격

교양이란 개인의 인격이나 학습에 관계된 지식이나 행위를 말하는데 이와 관련된 학문이나 예술, 소양 교육, 문화적 여러 활동들을 포함하기도 한다. 이를 토대로 하여 넓은 실천적인 면에서 교양의 본질을 구할 수가 있을 것이다. 인격이란 사람이 사람다운 사람이 되어 사람의 모습으로 자리 잡는 일을 우리는 인격이라고 한다. 이러한 인격을 갖추는 것이 지도자로서의 기본이 되는 것이라고 본다.

스포츠와 골프 관련 전문지식의 습득

훌륭한 지도자는 전문 골프 지식을 충분히 이해하고 있어야 함은 두말할 필요도 없겠지만, 인체생리 해부학, 영양학, 스포츠 사회학, 인체측정평가 등을 포함한 인접 스포츠 과학에 관한 지식을 충분히 습득하고 지도 현장에서 발생하는 여러 가지 문제에 다재다능하게 대처할 수 있도록 하는 것이 중요하다.

의사소통 기술 배양

올바른 시범

과학적 스윙 메커니즘에 근거하여 학습자의 체격, 체력, 체형 등 개인별 특성에 알맞은 올바른 시범을 할 수 있도록 지도 방법론적 입장에서 연구해야 하고, 실력 향상을 위해 지속적인 개인 연습이 필요하다. 가장 효과적인 지도법 중의 하나가 시범이므로 제일 먼저 정확한 시범과 명확한 개념의 설명에 최선을 다해야 한다.

다양한 교재 및 보조교재 활용

시청각 기자재를 포함한 첨단장비 등을 최대한 활용하여 지식 전달의 다양한 표현 방법을 연구해야 한다. 앞에서 말한 시범에 이어 새롭고 다양한 지도 방법 및 기술을 개발할 수 있도록 연습 보조기구 등을 사용하면 비교적 좋은 학습효과를 거둘 수 있을 것이다.

☑ 시청각 기자재 활용

시각적인 개념을 통해서 기본원리를 이해할 수 있도록 개발된 시청각 기자재를 활용하면 배우는 사람들의 이해와 올바른 동작을 유도하는 데 많은 도움이 될 것으로 본다.

☑ 서적과 사진 자료 활용

스윙의 원리 등을 설명할 때 전문 서적이나 사진, 화보 등을 활용하면 이해도를 높이는 많은 도움이 될 것으로 본다.

☑ 지식 전달의 다양한 표현 방법의 연구

한 가지의 원리를 설명하고 지도하는데 다양한 방법을 동원해서, 배우는 사람이 쉽게 이해할 수 있도록 도울 수 있는 것도 훌륭한 지도자의 자질로 이해된다.

☑ 여타 스포츠와의 연관성을 활용

골프를 지도할 때, 다른 스포츠와 연관성을 이해시켜서 그 운동 경험을 유추해서 동작이나 습관을 익히게 하는 것도 많은 도움이 될 것으로 본다.

확실한 동기부여

동기부여란 인간의 행동을 학습 learning 현상으로 설명하려는 것으로, 동기에 의해 유발된 심리적 긴장 상태를 의미하며, 동기는 목적의식이 결부되어 있고 활성화된 욕구의 해소 방법이 설정된 상태의 욕구이다. 시청각 기자재를 포함한 첨단장비 등을 최대한 활용하여 지식 전달의 다양한 표현 방법을 연구해야 한다. 선수들이나 골프를 배우는 사람의 수준을 어느 정도 끌어올리려고 하면 좋은 지도도 중요하지만 배우려는 사람 스스로가 자발적인 연습을 할 수 있도록 지도자가 흥미를 유발하고 도와주는 기교가 필요하다.

지도자로서의 넘치는 열정

훌륭한 지도자는 선수들이나 골프를 배우는 사람들을 짧은 시간 내에 실력 향상을 위한 열정과 신념을 가지고 한 사람 한 사람에게 정성과 성의를 다하는 모습을 보여주어야 한다. "Today is good, tomorrow will be better."란 말처럼 지도자는 항상 긍정적인 마음가짐을 가지고 레슨에 임하여 학습자가 '될 수 있다.', '할 수 있다.'라는 가능성을 가질 수 있도록 해야 한다.

도덕과 윤리를 토대로 한 신뢰

골프는 국경과 장벽이 없는 스포츠이며 남녀노소 누구나 즐길 수 있는 운동이니만큼 누구나 하고자 하는 의욕과 열정이 있으면 빠르게 접할 수 있는 운동이기도 하다. 그 특성상 깊게 파고들면 어렵고 난해(難解)한 운동이며, 체계적인 지도를 받지 않거나 각종 에티켓을 무시한 채 의욕만 앞서다 보면 곤란한 경우를 반드시 겪게 되는 운동이라 할 수 있다. 특히 우리나라는 오래전부터 골프가 부유층을 대상으로 자리를 잡아 왔으며, 오늘날에 와서는 일반 시민들에게까지 보급되면서 대중화되어 생활체육으로 자리매김을 확실하게 한 셈이다. PGA나 LPGA 무대에서 세계적으로도 명성을 떨친 우수한 많은 남녀 골프선수를 배출하였고 지금도 세계 무대에서 우리나라 프로선수들이 두각을 나타내고 있는 것은 바람직한 일로 생각된다.

이렇게 골프 문화와 골프 산업이 발달할수록 골프 지도자는 더욱 각성하고 우수한 지도자로 거듭날 수 있도록 최선의 노력을 해야 할 것으로 본다.

하나 더 덧붙이면 "자신이 현재 가르치고 있는 제자를 진심으로 더 좋은 지도자에게 추천할 수 있는 지도자"가 정말 멋진 그리고 훌륭한 나아가 바람직한 골프 지도자가 아닐까 싶다.

참고 문헌

[1] 이긍세 편저(1972. 3. 25). 존. E. 닉슨의 체육학 개론. 보신 문화사.

[2] 이철환(2011. 12. 30). 체육측정평가. 도서 출판 레인보우북스.

[3] 이형일 외 3(2004). 골프 지도자의 지도유형에 따른 지도 대상자의 만족도에 관한 연구. 체육 연구논문집, 11(1), 연세대학교 체육연구소.

[4] 정청희·김병준(2001. 3. 15). 스포츠심리학의 이해. 도서 출판 금광.

[5] 체육과학연구원(2010. 5. 20). 3급 생활체육지도자 연수교재. 대한미디어.

[6] 추창수(2008. 6. 5). 올바른 골프 지도자의 육성이 시급하다. 사) 한국골프지도자연합회, 사) 한국 프로골프지도자협회.

[7] cafe.daum.net/hummingbird/O8z/19(2007. 02. 10). 골프와 좋은 사람들.

[8] 인터넷(Daum) 웹 문서. 올바른 골프 지도자의 모습.

[9] 인터넷(Daum) 웹 문서. 훌륭한 골프 지도자의 조건.

"인격을 숨기고 싶다면 골프를 치지 마라."

"If you wish to hide your character, do not play golf."

— *Percey Boomer* —

"골프는 믿을 수 없을 정도로 간단하지만 말할 수 없이 복잡하다."

"Golf is deceptively simple and endlessly complicated."

— *Arnold Palmer* —

"골프 코스에서의 성과는 중요한 것이 아니다. 중요한 것은 예의와 정직이다."

"Achievements on the golf course are not what matters, decency and honesty are what matter."

— *Tiger Woods* —

스포츠 지도자와 윤리

전)울산대학교 의과대학 교수 /
전)한국도핑방지위원회
위원장 _ 진영수

03

강의 개요

스포츠 윤리는 스포츠에서의 모든 활동이 스포츠맨십과 페어플레이 정신을 바탕으로 올바르게 행동할 수 있도록 하는 윤리적 규범을 의미한다. 스포츠에서의 윤리적 행동과 도덕적 원리를 이해하고, 비정상적인 승부 경쟁인 도핑의 문제를 파악한다. 이와 더불어 스포츠 지도자의 행동 표준과 역할에 대하여 교육한다.

스포츠 윤리 / 30
스포츠와 도핑 / 33
스포츠 지도자를 위한 윤리규정 및 원칙 / 36

스포츠 윤리

그림 3.1
스포츠맨십

출처: Hunter (2012).

스포츠는 인종, 성별과 나이를 초월하여 오직 실력으로 노력의 대가를 얻는 정정당당함의 정신을 실현하는 활동으로 우리 삶에 좋은 가르침을 준다. 스포츠 활동은 공정한 경쟁과 페어플레이 정신으로 정의를 실현하고 도덕을 함양하며 스트레스 해소에 도움이 되는 등 개인적 차원뿐 아니라 사회적 차원에서 순기능 역할을 한다. 자본주의 발전과 증대되는 상업주의 영향으로 선수들은 괄목할 만한 사회적 부와 명예를 누리게 되었으며, 그에 대한 사회 기대치는 상대적으로 높아졌다. 그러나 이러한 기대에 반해 선수들의 규칙 위반, 폭력, 욕설, 약물복용, 편파적인 판정, 승부조작, 심판매수, 판정불복 등 공정성을 훼손하는 윤리적 문제들이 발생하였고, 최근에는 성희롱, 성폭력 등의 사회적 이슈가 제기되는 등 스포츠인들에 대한 비난도 높다. 이로 인하여 스포츠의 존재 이유에 대한 의문이 생기고 청소년의 교육뿐 아니라 사회 전체적으로도 부정적인 영향을 미치고 있다. 최근 도핑의 방법을 쓰거나 혹은 도박에 스포츠가 이용되면서 정정당당함이라는 기본정신이 훼손되는 상황이며 이에 따라 스포츠 윤리가 중요하다는 의식이 증대되고 있다.

비윤리적 문제에 대해 미리 학습하고, 그 상황을 분석하며 유사한 상황을 만나서 어떻게 대처해야 하는지를 습득하고 각자의 행위에 대한 책임감을 스포츠 영역에서 개발하는 것, 스포츠 활동에서 제기되는 복잡한 윤리적인 문제들을 분석하고, 어떻게 하면 가장 바람직한 방식으로 해결할 수 있는지 훈련하는 것 등이 바로 스포츠 윤리의 역할이며 그에 대한 중요성이 커지고 있다. 다시 말해서 스포츠라는 것은 순간적 선택이 승패를 좌우하는 특수한 활동이므로, 윤리적 선택의 순간에서 경기자가 자신의 현재와 미래, 타인과의 관계, 발생하게 되는 모든 이익을 미리 학습하고 체득함으로써 자율적으로 선택할 수 있는 도덕성을 늘려 윤리적으로 흔들리지 않고 적절한 대처법을 습득하는 것이 스포츠 윤리의 목적이기 때문에 스포츠 윤리의 중요성이 강조되고 있다(한국체육철학회, 2015; Simon, 2021).

고객들을 지도하는 코치(지도자)는 교육자로서 자신의 임무와 역할을 정확하게 인지해야 한다. 다시 말해서 선수를 포함하여 운동을 배우는 일반인(고객)에게 탁월한 성취를 이룰 뿐 아니라 훌륭한 시민 정신을 갖추도록 하는 윤리교육에 직접 개입할 필요가 있다. 즉 공정함, 스포츠맨십을 지닐 뿐 아니라 타인에 대한 배려와 존중을 하며, 올바른 판단과 실천을 하여 바른 삶을 살 수 있도록 조언해야 한다. 지금까지 이를 제대로 준수해오지 않았다고 하더라도 스포츠 지도자로서 새롭게 출발하는 이 시점에서 스포츠 윤리를 깊이 연구하고 체득할 필요가 있다.

스포츠와 윤리의 관계

스포츠 윤리는 응용윤리의 한 분야로, 스포츠인으로서의 개인윤리, 직업적 측면에서 투철한 사명감과 책임감을 강조하는 직업윤리, 사회의 구조와 질서, 사회 제동의 틀을 거시적으로 다루는 사회 윤리적 측면을 모두 지니며, 예방윤리로서의 특성을 보여준다. 스포츠는 인간의 지혜와 윤리 관념이 투입된 정신작용의 산물이며 공동체 사회의 문화와 관습이 반영되어 발전해온 문화와 전통의 소산이다. 일반적으로 스포츠는 규칙에 따라 승패를 겨루는 경쟁적 활동이며 윤리는 인간이 살아가면서 지켜야 할 기본적인 규범으로 정의되고 있다(한국체육철학회, 2015; Simon, 2021). 인간은 욕구를 충족하고자 하지만 자원은 한정되어있으므로 갈등이 발생한다. 따라서 이를 해결하기 위해 윤리의 필요성이 제기되며 어떤 행동이 바람직한지 결정하는데 기준이 되는 것이 윤리인데, 이는 인간이 살아가면서 지켜야 할 기본적인 규범으로 간략히 정의 내릴 수 있다. 인간의 행위에 대한 도덕적인 가치판단과 규범을 연구하는 학문인 윤리학에서는 사실 판단보다 가치판단에 중점을 두고, 도덕적인 가치판단의 근거를 탐구하는데 더 관심을 가진다(한국체육철학회, 2015; Simon, 2021).

다양한 현대 윤리이론 중에서 스포츠 윤리 문제의 분석과 해결을 위해서는 중요한 윤리이론에 대한 이해가 필요하다. 윤리적 판단이라는 것은 결국 어떤 윤리이론을 선택할 것인가와 연관된다. 몇 가지 윤리이론을 살펴보면 다음과 같다.

- 결과론적 윤리체계는 도덕적 강조점을 행위 그 자체보다 행위의 결과에 두는 것이다. 행위의 결과가 유익하면 그 행위는 도덕적으로 올바른 것으로 받아들여진다.
- 의무론적 윤리체계에서는 어떤 행위에 대해서 옳거나 그른 것으로 만드는 기준이 행위에 대하여 결과가 좋고 나쁨이 아니라 그 행위가 도덕 규칙에 따르느냐 혹은 위반하느냐가 판단의 기준이 된다.
- 도덕론적 윤리체계는 어떤 사람이 되어야 할지에 관심을 둔다. 따라서 도덕 윤리의 근본적인 질문은 '무엇을 해야만 하는가?'가 아니라 '어떻게 살아야 하는가?'이며, 행위 자체보다는 행위자에 초점을 맞추고 있다(한국체육철학회, 2015; Simon, 2021).

스포츠 윤리는 스포츠 고객(선수)의 역할이나 직업을 잘 수행하게 하는 기능적인 역할을 한다기보다는 '진정한 스포츠인'으로서 올바르게 행동하는 것을 그 목적으로 한다. 따라서 스포츠에서 어떤 행동이 옳고, 어떤 목적이 좋은가를 결정할 수 있는 근본 기준을 탐색하는 것이 스포츠 윤리의 과제이다. 다시 말해서 스포츠 윤리는 스포츠 활동에서 '옳음'과 '좋음' 같은 도덕적 의미의 용어들의 기준은 무엇이고, 그 기준이 정해지는 방법에 대한 탐색과 바람직한 판단의 원리나 근거를 마련하기 위해 윤리의 본질적인 문제를 탐구하는 분야이다. 스포츠 윤리는 스포츠 현상의 윤리적 실제에 관해 체계적이고 분석적인 접근을 시도하며 스포츠 참여자로서 준수해야 할 행동 양식들을 제시하는 실천학문으로서 스포츠 환경에서 참여자의 특정한 행동을 이끌도록 하는 도덕적 가치들의 선택과 판단에 대한 설명을 시도한다(Simon, 2021). 스포츠 윤리의 근본적 물음은 "어떻게 행동해야 할 것인가?"이며 '무엇'이 아니라 "왜"가 더 중요하다. 즉 행동의 이유를 묻는 것이 먼저다. 목표나 행위를 추구하는데 해서는 안 될 일에 정당한 제재가 없다면 우리의 행동이 타인들에게 어떤 영향을 주는지에 대해 고찰할 필요도 없을 것이다. 이것이 바로 스포츠에서 정정당당함 같은 도덕적 가치가 참가자들의 뛰어난 결과 성취에, 혹은 경기 중 참가자들이 해도 되거나 해서는 안 되는 행위의 경계선을 긋는 일에 반드시 가치판단이 필요한 이유이다(한국체육철학회, 2015; Simon, 2021).

스포츠 윤리는 일반 윤리학이 제시하는 윤리적 원리와 도덕적 덕목에 기초하여 특별히 스포츠인의 행위에 요구되는 도덕적 원리와 중요한 도덕적 덕목들에 대해 고찰한다. 일반 윤리는 사회의 문화나 구성원들이 공유하는 도덕적 이상들의 집합으로 나타난다. 스포츠 윤리는 일반 윤리의 이론적 토대와 근거를 포함하지만, 스포츠라는 특수한 환경 속에서 직면하는 윤리 문제 해결의 원리나 행위지침을 제시해주는 규범체계라는 점과 도덕적 기준을 다룬다는 점에서 그 차별성과 독자성을 지닌다.

스포츠인의 도덕적 자율성 함양

스포츠 윤리의 목적은 윤리적 선택이 명백하고 무엇이 옳은 일인지 이미 알고 있는 상황에서 옳은 일을 하도록 하는 것이라기보다는 스포츠에서 제기되는 복잡한 윤리적인 문제들을 분석하고, 어떻게 하면 가장 바람직한 방식으로 해결할 수 있는지 교육을 하는 것이며, 궁극적인 목적은 스포츠인의 도덕적 자율성 함양에 있다. 인간 사회의 규범을 의미할 때는 "윤리"라는 표현을 많이 쓰고, 윤리를 존중하는 개개인의 성향, 또는 덕행을 가리킬 때는 '도덕'이라는 표현을 많이 쓴다(류명걸, 2021). 도덕이라는 용어는 사람으로서 행해야 할 도리와 그것을 자각하여 실천하는 행위를 의미하며 윤리라는 용어와 대략 같은 의미로 쓰이면서 원리 그 자체보다 체득에 중점을 둔다는 점에서 윤리와 차이가 있다.

스포츠인의 도덕적 품성은 그들이 지녀야 할 정직, 성실, 정의, 용기 등을 말하며, 이는 스포츠 활동을 하면서 관계 맺는 사람들 사이에서 갖추어야 할 덕목들이다. 스포츠인, 특히 스포츠 지도자는 바람직한 도덕적 성품을 갖추고, 그것을 발휘함으로써 자신의 삶에서 도덕적으로 성공

할 수 있어야 한다(한국체육철학회, 2015; Simon, 2021). 일반적으로 스포츠 선수보다 스포츠 지도자들에게 더욱 강조되는 것은 공정성, 정정당당함, 배려, 정의, 용기 같은 덕목들이다. 이는 스포츠 활동의 기능적인 역할에 머무는 것이 아니라 교육대상자들이 훌륭한 고객(선수), 진정한 스포츠인으로 거듭날 수 있도록 도와주는 도덕적 품성이기 때문이다.

스포츠와 도핑

도핑의 정의

도핑 doping 은 경기의 성적을 올리기 위해 약물을 복용하는 것을 뜻하며 금지약물 기준은 첫째, 선수의 경기력 향상을 의도하거나 경기력 향상을 위한 잠재력을 키우려는 경우, 둘째, 선수의 건강에 실제적 또는 잠재적인 위험이 되는 경우, 셋째, 스포츠 정신에 위반하는 경우이다. 도핑 위반은 선수에게 금지약물 또는 금지 방법으로 투여 또는 투여 시도, 경기 기간 중, 경기 기간 외 모두를 포함한다(한국도핑방지위원회, 2021).

도핑의 역사

운동능력 향상 목적으로 근육강화제, 심장 흥분제 등의 약물을 사용하는 행위에 사용되는 약물을 '도프 dope'라고 한다. 하지만 원래 도프는 남아프리카공화국에 사는 수렵민족인 카필족이 사냥을 나서기 전 사기를 높이기 위해 마시던 술 이름에서 유래했다. 가장 오래된 도핑 약물은 '마전'이란 식물 씨앗에서 얻는 스트리크닌이다. 경기력 향상과 승리를 목적으로 한 각종 이탈 행위는 고대 그리스나 로마의 경기에서 각종 약물을 복용하였다는 기록으로도 입증된다(한국체육철학회, 2015).

1960년 로마 올림픽에서 사이클 선수가 흥분제를 사용했다가 경기 도중 사망한 것을 계기로 1968년에서부터 반反도핑 활동이 전개되었다. 1972년 대회부터 반도핑 검사를 실시, 강화하였다. 이를 보다 효과적으로 관리하고 체계화하기 위하여 세계반도핑기구 World Anti-Doping Agency: WADA 를 창설하였고 각 국가의 반도핑기구를 지부로 설립할 것을 요구하였다. 한국에서도 2006년에 문화관광체육부 산하에 한국도핑방지위원회 Korea Anti-Doping Agency, KADA 를 설립하여 반도핑 활동에 적극적으로 동참하고 있다(한국도핑방지위원회, 2021).

도핑의 실태

그림 3.2
약물 치료 프로그램 홍보물

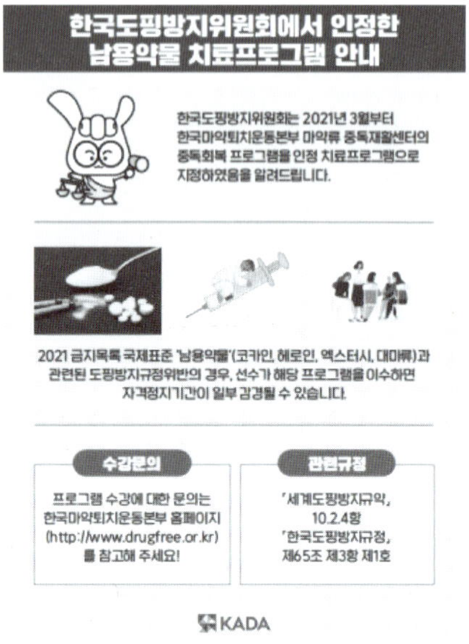

(한국도핑방지위원회, 2021)

　세계반도핑기구의 조사에 따르면 전체 선수의 44%가 금지약물을 복용한 적이 있다고 한다. 2011년 세계선수권대회 참가 선수들을 대상으로 한 설문조사에서도 응답자의 30% 이상이 금지약물을 복용한 경험이 있다고 고백하였다. 세계반도핑기구의 2014 도핑 보고서에 따르면 2014년 한 해 동안 109개 나라, 89개 종목에서 총 1,693명이 도핑으로 적발됐다. 러시아가 148명으로 가장 많고 이탈리아(123명), 인도(96명) 순이었다. 종목별로는 육상(248명)이 가장 많았고, 보디빌딩(225명)과 사이클(168명)이 뒤를 이었다.

　한국도핑방지위원회(2021) 자료에 따르면 한국도 도핑 적발은 보디빌딩 분야가 대부분을 차지하는데 2008~2012년 10명대를 유지하다 2013년 9명으로 줄었다. 하지만 2014년 38명으로 늘어난 데(WADA 발표와는 수치가 다름) 이어 2015년에도 28명을 기록했다. 2014년의 경우, 고등학생 도핑 적발자 9명 전원이 모두 보디빌딩 종목 선수였다. 그 외에는 카누와 럭비, 핀 수영 선수 등이 도핑검사에서 적발됐다. 학년별로는 대학입시를 앞둔 고등학교 3학년이 가장 많았다. 연도별로는 2014년 6명, 2015년 6명, 이어서 2016년은 1명으로 고등학교 3학년이었다. 2016년에 여자골프에서 첫 도핑 사례가 적발되었다(골프타임즈, 2016; 중앙일보, 2016).

　2019년도 국회에 제출한 한국도핑방지위원회 자료에 의하면 최근 5년간 체육 도핑검사에서 168명이 적발됐다. 이 중에는 유소년선수 25명도 포함된 것으로 드러났다. 종목별로는 보디빌딩이 117명에 달해 전체의 70%를 차지했다. 아마추어 체육 분야뿐 아니라 일반인 사이에도 불법 약물이 공공연히 사용되며, 이는 매우 광범위하게 퍼져 있다. 외국 사례를 보면 도핑 약물의 남용이 나중에 마약 사용으로 넘어갈 수 있다고 한다.

　도핑에 대한 제재는 일반 경기의 반칙행위보다 훨씬 엄격하다. 일정 기간 자격 정지뿐만 아니라 경기 결과가 실효되며, 획득한 메달, 점수, 상금이 몰수된다. 또한 제재를 받은 선수의 이름이 웹페이지에 게재되어 일반인에게도 공개된다. 러시아의 경우 조직적 도핑으로 최근 국제대회 2년 정지 처분을 받았다. 따라서 러시아 선수들은 2018년 평창동계올림픽에서뿐 아니라 도쿄올림픽과 2022년 베이징 동계올림픽에서 개인 자격으로만 경기에 나설 수 있다(한국도핑방지위원회, 2021).

도핑을 금지하는 이유와 금지 방안

그림 3.3
선수 약물복용 풍자 그림

출처:
https://www.blendspace.com/lessons/KEIyd58iZHAxwA/doping-in-sport

스포츠 윤리 측면에서 공정성의 문제가 가장 많이 제기된다. 또한 의료적 측면에서도 건강상의 부작용 등이 심각하다. 또한 청소년들이 도핑 약물복용을 모방하면서 그로 인해 부작용이 발생하는데, 이는 기회 균등 정신에 어긋나고 상대 선수 경기력 성과에 피해를 주는 측면에서 볼 때도 도핑이 금지되어야 한다. 아직도 많은 선수가 도핑을 의도하고 있는 상황에 대한 예방책으로 다양한 방법이 논의되고 있다(한국도핑방지위원회, 2021).

☑ 교육

스포츠에서 발생하는 일탈행위의 근본적인 해결책은 선수의 윤리성 함양에서 찾을 수 있다. 윤리적 태도와 가치관을 갖도록 하는 윤리교육뿐 아니라 도핑 관련 교육 및 홍보가 선행되어야 한다.

☑ 도핑검사의 강화

윤리의식 교육으로 도핑을 방지할 수 있지만, 적극적으로는 도핑검사로 인한 적발 위험성 때문에 선수들이 도핑을 피할 수 있다. 그래서 반도핑 기구에서 도핑검사를 강화하여 무작위 검사, 표적 검사, 시즌 검사, 비시즌 검사 등 도핑검사를 확대하고 있다. 검사 비용이 많이 들지만, 검사의 정확성과 신뢰성을 높이기 위해서 노력하고 있다.

☑ 처벌의 강화

처벌이 미미하다면 도핑검사를 강화하더라도 큰 효과를 기대하기가 힘들다. 그래서 도핑 적발에 대한 처벌은 다른 일탈행위보다 강경하며 처벌이 다음과 같이 비교적 구체적으로 명시되어 있다.

▸ 선수의 시료 내에 금지약물, 그 대사물질 또는 표지자가 존재하는 경우 - 2년 또는 4년
▸ 선수가 금지약물 또는 금지 방법을 사용 또는 사용 시도하는 경우 - 2년 또는 4년

- 선수가 시료 채취를 회피 또는 거부하거나 시료 채취에 실패하는 경우 - 2년 또는 4년 (레크리에이션 선수의 경우, 견책~2년)
- 선수의 소재지 정보 불이행이 발생하는 경우 - 2년
- 선수 또는 기타 관계자가 도핑 관리 과정 중 부정행위를 하거나 부정행위를 시도하는 경우 - 2년 또는 4년
- 선수 또는 선수 지원 요원이 금지약물 또는 금지 방법을 보유하는 경우 - 2년 또는 4년
- 선수 또는 기타 관계자가 금지약물 또는 금지 방법을 부정 거래하거나 부정거래를 시도하는 경우 - 4년~영구
- 선수 또는 기타 관계자가 경기 기간 중인 선수에게 경기 기간 중 금지약물 또는 금지 방법을 투여하거나 투여를 시도하는 경우, 또는 경기 기간 외에 있는 선수에게 경기 기간 외 금지약물 또는 금지 방법을 투여하거나 투여를 시도하는 경우 - 4년~영구
- 선수 또는 기타 관계자의 공모 또는 공모 시도 - 2년~영구
- 선수 또는 기타 관계자가 특정 대상자와 연루되는 행위 - 1~2년
- 선수 또는 기타 관계자가 관련 당국에 제보하는 것을 제지하거나 보복하는 행위 - 2년~영구

☑ 치료목적 사용면책

선수가 질병 치료나 부상회복을 위해 금지약물을 사용해야 하는 경우 치료목적 사용면책을 받는다. 이는 국제표준에 따라 심사 후 사전 승인하는 제도이다. 승인기준은 다음과 같다.

- 금지약물 및 방법을 사용하지 않을 경우, 선수가 건강상 심각한 손상을 입는 경우
- 금지약물 및 방법의 사용이 선수의 건강회복 이외의 추가적인 경기력 향상 효과를 주지 않는 경우
- 금지약물 및 방법의 사용 외에 다른 합당한 대체 치료가 없는 경우
- 치료목적 사용면책의 허가 없이 사용된 금지약물 및 방법으로 인한 질환 치료목적이 아니어야 함

스포츠 지도자를 위한 윤리규정 및 원칙

스포츠 지도자가 된다는 것은 고객에게 단순한 운동기능이나 전술을 가르치는 것 이상을 의미하며, 운동에 대한 지식, 지침, 격려, 동기부여 등을 제공해주며 고객들이 훌륭한 인격을 갖추게

하는 것이다. 또한 지도자는 정직함, 페어플레이 정신, 타인에 대한 배려, 상호 존경심 등을 갖도록 교육해야 한다. 스포츠 지도자의 역할은 지도가 필요한 고객과 팀의 수준에 따라 달라져야 한다. 처음에 운동을 배우는 초보자나 나이가 어린 고객들인 경우는 신경이 더 많이 쓰인다. 골프 코치의 경우에는 대부분 단시간에 기술만 배우기를 원하기 때문에 지도자와 갈등이 생길 수 있다. 그러나 단순히 기술을 가르치는 사람이 되어서는 곤란하며 일반인이나 선수들이 지도자에 의하여 본인이 가지고 있는 탁월함을 진정으로 느낄 수 있는 기술적, 정신적 지도를 받을 수 있도록 하여야 한다. 코칭 윤리의 가장 중요한 요소 중의 하나는 배우고자 하는 사람을 돈벌이 대상으로 봐서는 안 된다는 점이다. 사람을 단순한 수단이나 도구로서 간주해서는 안 되며 그 자체로 소중한 인간으로 대우하여야 한다(한국체육철학회, 2015; Simon, 2021).

최고의 스포츠 지도자는 윤리적 원리를 엄격하게 논리적으로 적용하는 사람 보다, 자신의 행동이 미덕의 본보기가 될 만큼 윤리적이며 다양한 운동경기 상황에서 고객들을 다룰 때 현명한 판단력을 발휘할 수 있는 합리적인 사람으로 규정할 수 있다. 윤리적 원리는 사리 분별이 필요 없는 결정을 내리는 엄격한 규칙보다는 윤리적 의사결정의 한계를 정하는 지침과 같은 기능을 한다. 지도자는 교육자로서 단순히 승리하는 것이 주된 목적이 아니고 고객들이 경기와 그 가치에 대해 존중하도록 가르친다.

스포츠 지도자로서 윤리적으로 지켜야 할 상황을 구체적으로 나열해보도록 하겠다. 더 자세한 내용은 한국코칭연맹, 국제코칭연맹의 윤리 행동 기준을 참고할 필요가 있다.

🏌 스포츠 지도자의 행동 표준

스포츠 지도자는 권위를 가지고 좋은 게임의 결과를 위하여 플레이어(강습생)를 억압, 무시, 통제, 강요. 감시하는 것이 아니라 전문 지식을 지도받는 사람들에게 제시하고 개개인의 신체적 특성과 개성을 바탕으로 적극적인 운동 행동을 실현할 수 있도록 돕는 역할을 하는 사람이다. 다음에 설명한 스포츠 지도자의 행동 표준 standard of coaching conduct 은 통상적으로 모든 스포츠 현장에서 지도할 때 고려할 내용이다.

- ▸ 지도받는 선수, 강습자들의 안전과 복지에 힘쓰고
- ▸ 적절한 트레이닝 방법을 개인의 체력과 상황에 맞추어 개별화하며
- ▸ 나이 및 기술 수준에 따른 과제를 부여하고
- ▸ 성희롱을 하지 말아야 할 것이며
- ▸ 적당히 타협하여 원칙을 없애는 행동을 금지하고
- ▸ 지도 대상자의 약물, 술, 담배, 불법적 약물복용을 금지하는데(Simon, 2021) 솔선수범하고
- ▸ 선수, 강습자들로부터 이익을 사적으로 취하여 자신의 공훈으로 돌리지 말아야 한다.
- ▸ 지도할 때에 수집된 기록, 자료 등은 기밀을 유지하고 사생활의 비밀유지를 지켜야 한다(국제코칭연맹한국지부, 2003; 한국코칭협회, 2003).

책임감 있는 지도자의 역할

스포츠 지도자는 교육받는 사람들에게 단순히 스포츠의 기능과 지식을 전달하는 지도자로 끝나는 것이 아니라 교육하는 주체자로서 역할 및 권한 그리고 책임이 따른다. 지도받는 사람들을 하나의 인격체로서 존중하는 태도로 단지 운동기능의 향상에만 매달리지 말고 운동 또는 훈련을 통하여 그들의 삶이 발전적으로 변모하는데 기여하는 주체자가 되어야 한다. 다음 사항은 스포츠 지도자로서 가져야 할 평범한 덕목인 듯하나 반드시 염두에 두고 행동해야 할 내용이다.

- 항상 배우는 사람(선수)들을 존중하고
- 정직하고 언행이 일치하도록 할 것이며
- 헌신적으로 행동하고
- 지도받는 사람들에게 필요한 부분을 신중하게 피드백해 주며 부정적인 것만을 피드백하지 말고
- 언제나 전문가와 협조해야 한다.
- 장기적인 관점에서 지도받는 사람들의 개인 특성을 이해하며
- 동기부여와 성취감을 느낄 수 있는 도전 과제를 주고
- 선행 과제를 끝난 뒤에 다음 과제를 제시해야 한다.
- 지도받는 사람들에 대한 존경심을 갖고
- 성별, 인종, 지역 문화에 따라 차별하지 않으며
- 지도받는 사람들을 의사결정에 참여시킨다.
- 지도받는 사람들의 목표를 존중하여 그들에게 현실적 목표를 제시한다.
- 지도받는 사람들을 신뢰하고 존중하여 상호협조하고 존중한다(국제코칭연맹한국지부, 2003; 한국코칭협회, 2003).

USGTF 자격을 가진 지도자는 골프에 관한 해박한 지식과 기술을 습득한 교육자로 본인의 정확한 윤리관을 가지고 있어야 한다. USGTF의 지도자로서 고객의 잠재력을 극대화하고 고객의 최상의 가치를 실행할 수 있도록 부단한 자기개발 및 자기성찰을 통하여 공부하는 평생 학습자가 되어야 한다는 마음으로 끊임없이 공부하여야 한다. 스포츠인과 교육자로서 자긍심을 가지고 일반이나 선수들을 지도할 때 기존의 관습에서 벗어나야 하며 다음과 같은 책임과 권한을 갖는다는 것을 명심하여야 한다(국제코칭연맹한국지부, 2003; 한국코칭협회, 2003).

첫째, 비교육적인 방법으로 훈련을 하지 않으며, 지도하는 과정에서 승리 지상주의에 입각한 수단과 방법을 사용해서는 안 된다.

둘째, 물리적 폭력이나 언어적 폭력을 사용해서는 안 된다.

셋째, 민주적 의사결정을 하도록 한다.
넷째, 비인간적인 행동을 하지 않는다.
다섯째, 고객들을 한 인간으로 존중하고 대우한다.
여섯째, 고객에서 얻은 비밀유지의 신뢰를 지킨다.

참고 문헌

[1] 골프타임즈(2016). 한국여자골프 첫 금지 약물 적발. 도핑의 검은 그림자. 골프타임즈
[2] 국제코칭연맹한국지부(2003). 윤리행동의 기준. http://www.icfkorea.or.kr/etics/
[3] 류명걸(2021). 학문명백과 : 인문학 - 윤리학.
   https://terms.naver.com/entry.naver?docId=2073283&cid=44411&categoryId=44411
[4] 중앙일보(2016). 대학입시가 뭐길래.... 전국대회 도핑선수 17%가 고등학생. 중앙일보.
[5] 한국도핑방지위원회(2021). https://www.kada-ad.or.kr/. 한국도핑방지위원회.
[6] 한국체육철학회(2015). 스포츠윤리. 도서출판 대한미디어.
[7] 한국코칭협회(2003). 윤리 규정. http://www.kcoach.or.kr/
[8] Hunter, N. (2012). Ethics of Sport: Sportmanship. Raintree.
[9] Simon, R. L. (2021). 우리가 꼭 알아야 할 스포츠 윤리(김태훈 역.). 글로벌콘텐츠. (원저 2018 출판)

"홀컵에 들어가는 샷은 행운이지만 깃대에서 *50cm* 이내로 들어가는 샷은 기술이다."

"A shot that goes in the cup is pure luck, but a shot to within two feet of the flag is skill."

— *Ben Hogan* —

"클럽을 잡을 때는 새끼 새를 잡고 있는 것처럼 쥐어라."

"Grip the club as if you were holding a baby bird."

— *Sam Snead* —

How To Teach Golf

강방수 골프 아카데미 대표 /
PGA CLASS A 정회원,
Ph.D _ 강방수

04

강의 개요

골프 티칭 방법론은 골프 교육의 계획, 실행, 평가에 중점을 두고 포괄적인 가이드를 제공한다. 골퍼의 기술 수준에 맞는 구조화된 지도(수업) 계획 개발과 명확한 목표 설정의 중요성을 강조하며, 평가의 역할도 다룬다. 또한, 골프 학습 향상을 위한 시범 및 적극적인 참여 전략을 포함한 효과적인 교수(지도)법을 설명하고, 골퍼의 동기를 부여하는 학습 환경을 조성하는 방법에 대해서 자세히 제시한다.

골프 레슨 계획 / 42
골프 레슨 실행 / 45
골프 레슨에 대한 평가 / 50
골프 티칭에 필요한 설명과 시범 / 56
시범을 위한 핵심 요소 / 59

골프 레슨 계획

어떠한 일의 성공을 위해서는 계획과 준비가 필수적이다. 최고 수준의 골프 지도자들은 레슨(lesson, 수업, 지도)의 모든 면을 꼼꼼하게 계획하고 준비한다. 준비 시 유능한 골프 지도자는 골프 관련 주제, 골퍼의 상태, 사용할 수 있는 자원을 고려하여 효과적인 레슨 세션을 만든다(강방수, 2022). 그들은 또한 직업적, 개인적 경험을 활용한다. 골프 레슨을 준비하는 유일한 방법은 없지만, 골프 학습 환경을 계획할 때 입증된 표준을 활용하는 것이 중요하다.

골프 레슨 준비의 필요

숙련된 골프 지도자는 레슨 계획을 작성하는 것이 성공적인 골프 교육에 중요한 역할을 한다고 말한다(강방수, 2022). 일부 골프 지도자는 레슨 계획을 작성하는 것을 선호하지만 일부의 골프 지도자는 레슨 계획을 생각으로 정리하는 경우도 있다. 경험이 부족한 골프 지도자는 레슨을 시작하기 전에 완전한 계획은 아니더라도 작은 노트에 요점을 적어두는 것이 좋다.

숙련된 골프 지도자는 골퍼를 위한 상세한 가이드를 준비한다. 그리고 골퍼의 골프 기술, 지식, 동기 및 잠재적인 연습 활동에 대한 분석을 포함하는 종합적인 프로그램을 계획한다. 계획된 레슨이 예상대로 진행되지 않을 경우를 대비해 대안도 준비한다(PGA of America, 2011). 필요한 계획 유형은 골퍼의 레슨 목표와 범위에 따라 다르다. 단일 포인트 수업의 경우, 특정 골프 기술을 빠르게 수정하는 데 초점을 맞춘 간결한 계획이면 충분하다(강방수, 김태연, 2015). 그러나 장기적인 목표를 위해서는 정보와 골프 기술의 순서를 적절하게 배치하여 골퍼의 발전에 맞는 구조화된 목표와 계획을 수립하는 것이 중요하다.

골프 레슨 준비에 필요한 질문

☑ 누구를 가르칠 것인가?

골프 지도자는 골퍼의 배경, 관심, 생활양식 등을 파악하고, 이후 레슨 활동 및 레슨 스타일을 정해야 한다. 골프 지도자는 골퍼의 골프 기술 수준, 동기 또는 분위기가 변화함에 따라 레슨 활동과 스타일을 변경할 수 있어야 한다.

☑ 어디에서 가르칠 것인가?

골프 레슨은 장소와 시설에 따라 큰 영향을 받는다. 골프 지도자는 장소를 옮기는 것이 필요할 경우, 미리 장소와 시설을 준비할 필요가 있다. 기존의 레슨 장소를 이용할 수 없을 때, 대체 장소에 대해 알아 놓고, 그 장소를 찾아가는 것이 레슨을 진행하는 데 도움이 된다.

☑ 무엇을 사용하여 가르칠 것인가?

골프 지도자는 골퍼의 학습을 돕기 위해 연습 장비와 보조 기자재의 사용 방법을 알고 있어야 한다. 숙련된 골프 지도자는 레슨 방법을 많이 수집하여 자신이 방식으로 사용하고, 다양한 학습 도구를 사용한다. 골프 지도자는 지도 활동에서 직면하게 되는 문제들을 주변의 가용 자원을 활용하여 해결책을 찾아내야 한다.

☑ 레슨 시간은 얼마나 되는가?

골프 지도자는 학습 목표에 따라 레슨 시간을 정하고 이에 맞춰 레슨 속도를 설정해야 한다. 레슨 내용이나 활동을 변경할 때는 레슨의 시작과 끝의 균형을 유지할 수 있도록 시간을 고려해야 한다. 숙련된 골프 지도자는 레슨의 리뷰와 요약을 위해 레슨이 끝나는 시점에서 2~3분의 여유를 남겨둔다.

☑ 무엇을 성취할 것인가?

일부 골프 지도자는 골프 레슨이 진행되는 중간에 학습 목표를 잊어버리기도 한다. 레슨을 준비할 때 가장 중요한 질문은 '골퍼가 무엇을 성취할 것인가? 이다. 레슨이 진행되는 과정에서 특정 활동의 적절성은 선택된 활동이 의도했던 목표로 나아가도록 하는 것인지 확인해야 한다. 만약 그렇지 않다면, 레슨의 성공을 위해 특정 활동을 변경해야 한다.

🏌 그룹 레슨과 개인 레슨

☑ 그룹 레슨

그룹 레슨에서 골퍼들은 서로를 학습 자원으로 이용할 수 있다. 학습 과정에서 서로를 지원하고 도움을 제공함으로써 골퍼 상호 간의 커뮤니티를 형성하게 되고, 골프 레슨의 향상 및 개발을 촉진할 수 있다. 이러한 점에서 그룹 레슨에 참여하는 골퍼는 개인 레슨을 받는 것만큼 효과적으로 골프를 배울 수 있다.

☑ 그룹 레슨시 주의 사항

첫째, 모든 골퍼가 같은 속도로 발전하거나 같은 골프 레슨 목적이 아니라는 것에 주의해야 한다. 둘째, 골프 지도자가 한 명의 골퍼에게 주의를 집중할 때 나머지 골퍼는 감독이나 지원

없이 방치되어 골프 레슨에서 소외될 수 있음에 주의해야 한다. 셋째, 골프 지도자는 골퍼의 골프 기술 수준에 관심을 기울여야 한다. 넷째, 그룹 레슨은 학습의 측면에서는 초보자 수준보다 중급자나 상급자 골퍼에게 더 효과적이라는 점을 인식해야 한다(Madonna, 2001).

☑ 개인 레슨

개인 레슨은 가장 흔한 골프 레슨의 형태로 오랜 시간 이어져 왔다. 개인 레슨에서 골프 지도자의 모든 관심은 골퍼의 필요, 목적, 흥미, 능력, 동기유발에 집중해야 한다. 개인 레슨은 골퍼의 목적을 충족시키기 위해 레슨을 구성하는 내용은 상대적으로 쉽다.

☑ 개인 레슨 시 주의 사항

첫째, 골프 지도자는 골퍼가 혼자서 할 수 있는 여러 가지 개인 활동을 준비해야 한다. 둘째, 개인 레슨은 골퍼의 사회적, 정서적으로 도움을 줄 수 있도록 노력해야 한다. 셋째, 개인 레슨은 골퍼의 특수한 조건에 관심을 기울여야 한다(Madonna, 2001).

● 골퍼에 따른 레슨 계획

☑ 취미 골퍼

취미 골퍼 recreational player 들에게는 즐거움을 보장하면서 게임의 질을 높이는 프로그램을 선택하는 것이 매우 효과적이다. 취미 골퍼는 일반적으로 필요한 경우에만 레슨을 받기 때문에 현재 수행력 수준을 유지하거나 약간 향상하는 데 초점을 맞춰야 한다. 단일 또는 단기 레슨 시리즈에서 다루는 정보의 범위가 제한되어 있어서 레슨은 풀스윙 full swing 및 쇼트게임 short game 기술에 중점을 둔다. 이들을 대상으로 한 장기 프로그램에서는 경기력 향상과 게임의 즐거움을 높이는 요소를 통합하는 것이 필수적이다. 프로그램 기간은 골프 지도자와 골퍼 사이에 설정된 목표, 기본 기술 숙달, 에티켓 이해, 규칙, 코스 관리, 장비를 기반으로 해야 한다.

☑ 엘리트 선수

엘리트 선수 elite player 는 고등학교 또는 대학 골프팀 구성, 토너먼트 참가, 스크래치 핸디캡 달성 또는 초과 등 나이에 따라 다양한 목표를 가지고 있다. 뛰어난 골프 기술과 경험을 갖춘 엘리트 선수에게는 역량 강화에 초점을 맞춘 프로그램이 필요하다. 골프 지도자는 정기적으로 엘리트 선수의 목표, 요구 사항 및 토너먼트 성과를 검토해야 한다.

장기 계획의 경우, 레크리에이션 프로그램의 요소를 포함하되 엘리트 선수의 특정 요구 사항에 따라 조정한다. 어느 영역에 가장 주의가 필요한지, 어느 정도 주의가 필요한지, 또는 덜 주의가 필요한지 식별해야 한다. 목표는 단기(최대 1개월 이내), 중기(6개월 이내), 장기(12개월 이내)로 구분해야 한다. 이에 따라 골프 지도자는 수업 프로그램의 우선순위를 정하고 효과적으로 진행해야 한다.

골프 레슨 실행

 숙련된 골프 지도자로부터 레슨을 받는 골퍼를 지루함을 느끼지 않는다. 골프 레슨 중에는 골프 학습에 집중하기 때문에 지루한 시간을 느끼지 못할 정도로 집중되어 있기 때문이다(강방수, 2022). 이에 집중력과 몰입을 이용하여 골프 레슨을 이어갈 수 있도록 골프 지도자는 이와 관련된 특별한 기술과 지식을 습득해야 한다.

🏌 집중력

 골프 지도자는 각 수업 시작 시 교육 목표를 확인하고 이러한 목표를 달성하는 방법을 설명해야 한다. 레슨 내용과 활동의 개요를 통해 골퍼는 레슨의 진행 상황을 예측할 수 있도록 해야 한다(강방수, 김태연, 2015). 레슨 초반부에 이러한 정보를 제공하면, 골퍼가 과거의 학습 경험을 새로운 레슨과 연결할 수 있어 레슨 콘텐츠에 집중할 수 있는 동기가 된다. 특정 활동의 목표와 이유를 설명함으로써 골퍼는 레슨의 핵심 메시지를 파악하고 배울 기회를 얻게 된다. 레슨의 목표가 명확할수록 골퍼는 더 나은 집중력을 유지할 수 있다. 골프 지도자는 레슨 전체에 걸쳐 집중력을 유지하기 위해 정기적으로 수업 목표를 재검토해야 한다.

🏌 몰입

☑ **관심 유도**

 골프 지도자는 골퍼의 마음을 사로잡는 방식으로 레슨을 시작해야 한다. 호기심, 열정, 관심을 불러일으킴으로써 골퍼들은 학습에 대한 동기를 더욱 갖게 된다. 레슨의 추진력은 골프 지도자와 골퍼 사이의 상호작용에 달려 있고, 골프 지도자가 세션 내내 이러한 에너지를 유지하는 것이 중요하다. 골프 레슨의 시작과 끝 단계는 특히 중요하며, 골프 지도자는 이러한 단계에 상당한 주의를 기울여야 한다.

☑ 레슨 분위기 조성

골퍼들은 골프 지도자와 적극적으로 소통할 때 레슨으로부터 가장 많은 혜택을 받는다. 골프 지도자는 토론과 더 깊은 사고를 촉진하기 위해 골퍼에게 질문을 해야 한다. 처음에는 참여를 장려하기 위해 질문이 단순해야 하지만 골퍼가 익숙해짐에 따라 질문은 더욱 복잡해질 수 있다. 질문으로 레슨을 시작하면 골퍼들이 자신의 통찰력과 아이디어를 더 쉽게 공유할 수 있으므로 전반적인 참여와 학습이 향상된다(강방수, 김태연, 2015). 이러한 적극적인 참여는 골퍼들에게 효과적인 학습 경험으로 이어지게 된다.

☑ 수행의 결과에 대한 격려

골퍼가 연습 시도를 성공적으로 수행하면 골프 지도자는 이를 격려해야 한다. 골퍼에게 자신이 올바르게 하고 있다는 것을 알려주고, 다음 활동이나 목표를 안내하는 것은 유익하기 때문이다. 때로는 부정적인 측면을 해결해야 할 필요가 있지만, 레슨 초반에 올바른 행동을 인식하는 것은 긍정적인 분위기를 조성하고 관심을 자극하며 동기를 높이는 데 도움이 된다.

🏌 몰입의 유지

☑ 골프 지도자와 골퍼의 몰입

골프 지도자가 능동적으로 가르치는 레슨이 골퍼의 성취도를 높이는 경향이 있다. 숙련된 골프 지도자들은 학습 과정 전반에 걸쳐 끊임없이 레슨과 관련된 활동을 하고, 골퍼에게 정보와 지원을 제공해야 한다(강방수, 2022). 몰입을 유지하기 위해 골프 지도자는 지속해서 노력해야 한다. 골프 학습 환경에서 능동적인 역할은 단지 골프 지도자만이 아니다. 골퍼들도 골프를 효과적으로 학습하고자 한다면 능동적으로 참여해야 한다. 골프 지도자는 다양한 방법을 사용함으로써 학습 과정에서 골퍼들의 더 많은 참여를 끌어낼 수 있다.

☑ 레슨 활동의 속도 조절

골퍼들이 훈련 세션과 연습 중에 참여하도록 하는 것은 지속적인 개선을 의미한다. 이는 레슨에 몰입하는 것이다. 다양한 학습 활동을 통해 레슨을 진행함으로써 레슨은 탄력을 받고 짧은 시간 안에 광범위한 내용을 다룰 수 있다. 숙련된 골프 지도자는 "가르칠 수 있는 순간"을 잘 포착하고 명확한 목표를 가지고 수업을 진행한다. 역동적인 수업은 빠르게 진행되지만 절대 서두르지 않아야 한다. 이를 통해 골퍼들은 자신의 구체적인 학습과 신체 기술 향상을 인식하게 된다.

☑ 골프 기술 연습의 유도

골프 지도자의 효과성에 관한 연구에 따르면, 골퍼들이 과제를 적절히 연습할수록 학습 성취도가 증가한다. 따라서 골프 지도자는 레슨 시간의 대부분을 골프 기술과 개념 연습에 할애해야 한다. 골프 기술을 배우는 유일한 방법은 실제로 연습하는 것이며, 골프 지도자는 설명 시간을 줄이고 실습 시간을 늘려야 한다. 레슨의 큰 목표를 정하고, 그 다음 하위 목표로 나누고, 이를 수정된 과제로 구성하는 것은 몰입을 높이는 효과적인 방법이다. 이렇게 하면 골퍼들은 더 많은 성공을 경험하고, 자신감이 증가하며, 학습 경험이 점진적으로 발전하게 된다. 한 가지 활동만 반복하는 것은 지루함을 초래하지만, 다양한 활동을 통해 성공을 경험하면 레슨이 신선하게 유지된다.

☑ 연습의 상황과 활동의 변화

골프 지도자는 편안하게 만든 골프 레슨 루틴 routine 에 빠지기 쉬우나, 이는 곧 따분한 반복으로 이어질 수 있다. 루틴은 시간 절약의 도구가 될 수 있지만, 지나치면 골퍼의 자발성과 창의성을 저해한다. 연구에 따르면 레슨의 거의 모든 면에서 변화를 줄 수 있다. 골프 지도자가 새로운 교육 방법을 찾으려면 상상력과 지식이 필요하다. 레슨의 흥미와 몰입을 높이기 위한 아이디어로는 언어적 행동을 강화하고, 새로운 전략과 활동을 도입하며, 테크놀로지 technology 와 학습 보조 기구를 활용하는 것 등이 있다.

☑ 타이밍의 중요성

골프 레슨에 변화를 주는 시점을 아는 것은 중요하지만, 이는 골프 지도자가 숙달하는 데 시간이 걸리는 어려운 기술이다. 숙련된 골프 지도자들은 오랜 기간 다양한 레슨 시나리오를 겪으면서 상황을 예측하고 요구되는 조건을 충족할 대안을 마련하는 법을 배운다(강방수, 2022). 연구에 따르면, 경험 많은 골프 지도자는 골퍼의 수행을 자세히 모니터링하고 적절한 도전을 유지하려는 반면, 경험 없는 지도자들은 골퍼의 흥미에만 집중한다. 경험 많은 지도자들은 골퍼의 기술 수행과 교육받은 정보에 기반해 레슨을 조정하는 데 중점을 두고, 이는 흥미나 즐거움보다 판단하기 쉽다. 경험 많은 지도자들은 레슨에 변화를 더 빠르고 자주 주는 경향이 있으며, 경험 없는 지도자들은 종종 극적인 사건이 발생한 후에야 변화를 시도한다. 경험 많은 지도자는 위기가 발생하기 전에 미세한 차이를 감지하고, 필요할 때 변화를 준비한다.

☑ 활동의 연계

골프 지도자가 활동 변경을 결정한 후에는 레슨의 몰입을 유지하고, 이를 신속하게 진행하는 것이 중요하다. 학습 활동이나 장소를 변경할 때 모멘텀 momentum 이 상실될 수 있어서, 다음 레슨 부분이나 활동으로 넘어가는 신호를 명확히 전달해야 한다. 이러한 이행 과정은 빠르게 이루어져야 한다. 골퍼들에게 다음 활동으로의 명확한 신호를 제공하면, 골퍼들이 레슨의 흐름을 따라가는 데 도움이 된다. 레슨 시작 시 활동 개요를 들었던 골퍼들은 각 이행 신호를 인지할 때 무엇을 해야 하는지 더 잘 이해할 수 있다. 신속한 이행은 레슨의 모멘텀, 신선미 freshness, 집중 focus을 유지하는 데 이바지하며, 혼란과 대기 시간을 줄여 더 많은 시간을 학습에 활용할 수 있게 한다.

☑ 결과에 대한 기대

숙련된 골프 지도자들은 골퍼들이 레슨을 통해 골프 기술의 성공적인 숙달을 기대한다. 연구에 따르면 높은 기대 수준은 성취도를 높이는 데 이바지한다. 골프 지도자가 골퍼의 성공을 기대하면, 골퍼들은 자신도 성취할 수 있다고 믿게 되고, 이는 학습 의욕을 높인다. 골퍼의 능력에 대한 인식은 학습에 큰 영향을 미치며, 지도자가 긍정적으로 격려할 때 골퍼들은 노력을 더 많이 한다. 성공을 촉진하기 위해 골프 지도자는 효과적인 의사소통 기술과 학습 환경을 조성해야 하며, 성공을 기대함으로써 실제 성공으로 이어질 가능성을 높인다. 결국, 골프 지도자가 골퍼의 숙달을 확신한다면, 골퍼도 그 믿음을 공유하게 될 것이다.

⛳ 몰입의 방해 요인

골프 레슨에 몰입하고 이를 유지하려면 노력과 기술이 필요하다. 몰입이 상실된 후 다시 회복하는 것은 더욱 어렵기 때문에, 골프 지도자는 레슨의 몰입을 방해하는 요소를 인식하고 피해야 한다. 특히 몰입 방해 요인, 주의 분산 요인, 시간 지연 요인을 피하는 것이 골퍼들의 집중력을 유지하는 중요한 전략이다.

시간 엄수, 장비 품질, 온도 등은 골퍼 자신의 골프 게임 개선에 집중하지 못하게 하는 요인이다. 장비 설치, 고장이 난 장비의 복구, 일정 재검토, 장소 변경, 그리고 레슨이 지연되어 기다리게 하는 것도 레슨의 모멘텀을 저하할 수 있다. 이러한 중단은 종종 준비 부족에서 비롯되므로, 레슨 전에 충분한 시간을 투자하여 모든 준비를 마치는 것이 중요하다. 몰입 방해 요인을 고려하는 것은 레슨의 모멘텀을 유지하기 위한 전략으로 이어질 수 있다. 장비를 편리한 위치에 두고, 제대로 작동하는지 확인하며, 날씨와 환경적 요인을 고려하는 것, 다른 골퍼와의 거리를 두어 레슨을 진행하는 것이 좋다.

골프 레슨 전후에 행정적으로 필요한 사항을 처리하면, 학습에 더 집중할 수 있다. 골프 지도자는 잠재적인 몰입 방해 요인을 신속하게 인식하고 조처 방법을 배워야 한다. 문제가 발생하는 시간이 길어질수록 레슨에 미치는 부정적인 영향도 커지기 때문에, 미리 준비하는 것이 필수적이다.

레슨 후반부의 중요성

☑ 마지막 기억

골퍼들은 레슨의 마지막 활동을 가장 선명하게 기억하는 경향이 있다. 따라서 레슨의 핵심 내용을 마지막 활동으로 선택해 강조하는 것이 중요하다(강방수, 2022). 경험이 적은 골프 지도자들은 정해진 시간이 끝나면 단순히 레슨을 마친 골퍼들이 현장을 떠나게 한다. 하지만, 골퍼들이 레슨 후 어떤 것을 가지고 돌아가는지를 고려하지 않는다면 효과적인 레슨이 될 수 없다. 숙련된 골프 지도자는 골퍼가 성공적인 샷을 했을 때 레슨을 마무리하여 긍정적인 이미지를 가지고 돌아갈 수 있도록 한다. 숙련된 일부 골프 지도자들은 레슨에서 학습한 주요 개념들을 강조하며, 이러한 개념에 관해 이야기하면서 레슨을 마무리한다. 또 다른 효과적인 방법은 골퍼가 레슨 경험을 일지에 기록하게 하고, 학습한 내용에 관해 대화하는 것이다.

레슨을 마무리하는 방법은 특정하게 정해진 것이 없지만, 유능한 골프 지도자는 기억에 남는 마무리를 위해 레슨을 잘 구성한다. 이를 통해 골퍼는 자신이 더 성공적인 골퍼로 성장할 수 있는 중요한 것을 배웠다고 느끼며 레슨을 마치고 돌아가게 된다.

☑ 추후 골프 기술의 소개

골프 지도자는 골퍼들이 다음 레슨을 기대하며 반드시 참석하고 싶게 만드는 데 주력해야 한다. 골프 학습은 항상 진행 중이며, 레슨이 끝난다고 해서 학습이 종료되는 것은 아니다. 종료된 레슨은 골퍼에게 미래의 학습과 더 보람 있는 골프 경험으로 나아가는 길을 열어주어야 한다(강방수, 2022). 의미 있고 즐거운 학습 경험은 레슨에 목적을 부여하고, 학습을 신선하고 활기찬 활동으로 만드는 골프 지도자의 능력과 밀접한 관련이 있다. 구체적인 레슨 목표를 설정하고 골퍼에게 현재 수행하고 있는 이유를 상기시키는 것은 골프 지도자와 골퍼 모두의 관심을 의미 있는 결과에 집중하게 한다.

골퍼들이 레슨에 적극적으로 참여하고, 주어진 과제에 집중하며, 활기차게 진행되는 레슨 활동을 신속하게 전개하는 실천 방안을 실행하면, 레슨은 골프 지도자와 골퍼 모두에게 성공적이고 만족스러운 결말을 가져다주는 동력을 형성할 수 있다. 유능한 골프 지도자의 레슨은 역동적인 이벤트로, 그에 따른 성공적인 경험은 오래도록 기억하고 소중히 여긴다. 따라서 성공적인 레슨은 골프 지도자가 집중하고 몰입하여 레슨을 전개할 수 있는 전략을 개발하고 채택하는 데 달려 있다. 유능한 골프 지도자들은 레슨을 통해 모멘텀을 유지하고 기억에 남는 경험으로 마무리하기 위한 전략을 활용한다.

그림 4.1
골프 티칭의 진행 과정

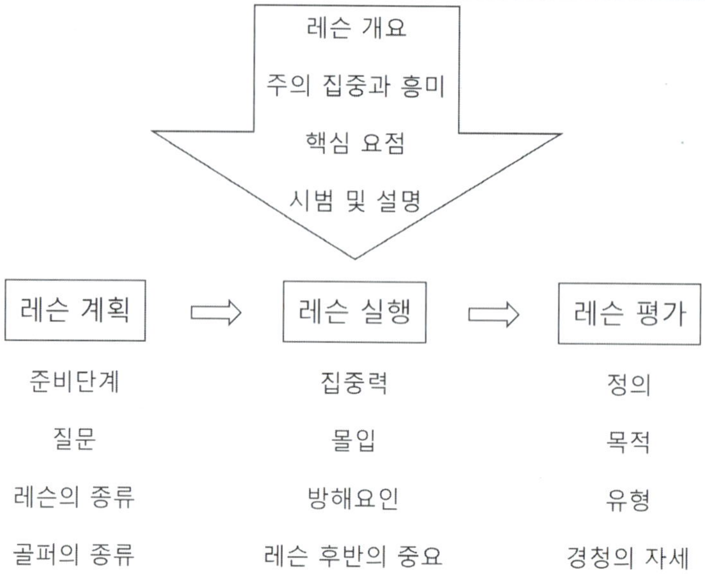

```
          ┌─────────────┐
          │  레슨 개요   │
          │ 주의 집중과 흥미 │
          │  핵심 요점   │
          │  시범 및 설명 │
          └──────┬──────┘
                 ▼
┌─────────┐   ┌─────────┐   ┌─────────┐
│ 레슨 계획 │ ⇒ │ 레슨 실행 │ ⇒ │ 레슨 평가 │
└─────────┘   └─────────┘   └─────────┘
  준비단계        집중력          정의
  질문            몰입            목적
  레슨의 종류     방해요인        유형
  골퍼의 종류     레슨 후반의 중요  경청의 자세
```

골프 레슨에 대한 평가

    숙련된 골프 지도자와 초보 골프 지도자의 주요 차이는 각 레슨에서 골퍼가 무엇을 학습하는지에 대한 이해의 깊이에 있다. 숙련된 골프 지도자는 골퍼의 학습 과정을 지속해서 분석하고 평가한다. 이러한 지속적인 평가는 레슨이나 학습 진행 과정의 특정 시점에서 골퍼에게 가장 적합한 활동, 기술, 개념을 결정하는 데 필수적이다. 따라서 골퍼의 학습을 평가하는 능력은 효과적인 골프 지도자가 되기 위한 중요한 기술이다.

평가의 정의

    평가는 측정 measurement 과 평가 evaluation 두 단계로 구성된다. 측정은 특정 특성을 수치화하여 비교하는 과정으로, 골프에서는 라운드당 퍼팅 수, 샤프트 길이, 18홀 소요 스트로크 수 등이 사용된다. 그러나 단순 수치만으로는 평가로 넘어가기 어렵다.

    평가는 특성에 관한 판단 과정을 의미하며, 수치는 양을 나타내고 평가는 질을 판별한다. 예를 들어, 한 골퍼가 85타를 쳤고 전날 같은 코스에서 82타를 쳤다면 의미 있는 비교가 가능하다. 판단은 성공 또는 실패, 개선 또는 악화 등에 관한 결정을 포함하며, 골퍼는 경험을 지속해서 평가하여 미래 행동 방침을 계획한다. 골프 지도자와 골퍼가 특정 학습 목표를 설정할 경우, 그 목표의 성취도 평가는 교육 효과와 골퍼의 수행 질을 평가하는 데 중요한 역할을 한다. 측정과 평가는 독립적으로 이루어질 수 있다. 수치 없이도 판단할 수 있으며, 평가는 믿음이나 간접적 증거에 기반할 수 있지만, 최선의 판단은 직접적인 증거에 의존한다(강방수, 2022). 예를 들어, 골프 지도자는 골퍼의 외모나 준비 운동을 관찰하여 플레이 능력을 평가할 수 있지만, 실제 수행을 보거나 논의하는 것이 더 신뢰할 수 있는 평가 기준이 된다.

평가는 증거와 평가 evaluation 로 구성되며, 특정 척도를 통해 품질이나 기준을 판단해야 한다. 이는 가장 공식적인 학습 점검 과정으로, 교육의 효과성과 학습의 질에 관한 정보를 바탕으로 이성적인 결정을 내리는 데 중요하다. 골퍼들이 스코어 score 감소나 거리 및 정확성 향상을 경험하면, 이는 효과적인 교육과 연습의 증거이다. 반대로, 변화가 미미하다면 레슨 방법을 조정해야 한다. 유능한 골프 지도자는 이러한 평가 정보를 활용하여 교육 과정을 모니터링하고 조정한다.

🏌 평가의 목적

☑ 현재의 지식 확인

골퍼가 이미 알고 있는 내용을 파악하는 것은 그들의 현재 골프 기술, 지식, 포부, 능력 수준에 맞는 교육 목표를 설정하는 데 유용하다. 유능한 골프 지도자는 레슨을 시작할 때 먼저 골퍼들의 현재 역량과 지식을 평가하여 교육이 중복되거나 지나치게 도전적이지 않도록 한다. 골퍼가 무엇을 배우고자 하는지, 그리고 그 이유를 이해함으로써 골프 지도자는 학습 과정 전반에 걸쳐 골퍼에게 동기를 부여할 수 있는 귀중한 정보를 얻는다.

☑ 현재의 문제 진단

평가는 골퍼의 한계와 문제를 구별하는 데 필수적이다. 골퍼의 수행 문제를 정확히 파악하는 것은 어떤 내용을 학습할 필요가 있는지를 판단하는 데 매우 중요하다. 의사가 환자의 문제를 이해해야 적절한 약을 처방할 수 있는 것처럼, 골프 교육에서도 문제를 명확히 알아야 효과적인 해결책을 제시할 수 있다.

☑ 성취도 측정

효과적인 레슨 교육의 척도는 골퍼의 학습 성취도이다. 얼마나 많은 학습이 이루어졌는지를 판단하기 위해 골프 지도자는 먼저 골퍼의 성취도를 정확하게 평가해야 한다. 성취도를 측정하는 것은 미래의 학습 활동 목표를 설정하는 데도 도움이 된다(강방수, 김태연, 2015). 성공적인 시도의 횟수를 세거나, 골프 연습장에서 정확성이나 거리를 측정하는 것, 또는 골퍼와 함께 스코어 카드 score card 를 검토하는 등의 방법은 골퍼의 성취도를 평가하는 데 유용한 측정 measurement 의 대표적인 예이다.

☑ 피드백 제공

피드백 feedback 은 골퍼의 학습에 있어 중요한 요소이다. 골프 스윙이나 골프 기술에 대한 정확한 피드백을 제공하기 위해서는 먼저 해당 기술의 장점과 약점에 대한 정확한 평가가 필요하다. 일반적으로 평가 결과는 기술 수행 및 학습 성취도에 대한 건설적인 피드백을 골퍼에게 제공한다. 평가를 통한 피드백의 장점은 서면, 구두, 또는 비언어적인 형식 등 다양한 형태로 제공될 수 있다는 점이다. 골퍼들 간의 수행 차이는 골퍼와 골프 지도자들에게 유용한 피드백을 제공할 수 있다. 예를 들어, 평균 퍼팅 통계, 드라이버 샷 거리, 또래 및 엘리트 선수들과 비교한 기복에 대한 정보는 현재의 수행 기준을 점검하고 미래의 목표를 설정하는 데 활용될 수 있다.

⛳ 평가의 유형

골프 지도자들은 일반적으로 두 시점에서 골퍼에 대한 평가를 시행한다. 형성적 평가는 학습 중에 지속해서 이루어져 골퍼의 성취도를 모니터링하고 목표를 조정하는 데 효과적이다(PGA of America, 2011). 유능한 골프 지도자는 학습의 질과 양을 끊임없이 측정하며, 레슨 중 필요한 피드백의 유형과 양을 판단하는 데 중요하다. 반면, 총괄적 평가는 학습 활동 완료 시점에 실시되며, 학습 프로그램의 목표 달성 정도를 평가한다. 이 시점은 골프 지도자가 결정하며, 정기적이고 의미 있는 일정에 따라 평가가 이루어져야 한다.

평가는 주관적 평가와 객관적 평가로 나뉜다. 주관적 평가는 골프 지도자의 가치 판단에 기반해 이루어지며, 골퍼의 수행을 관찰하여 긍정적인 피드백을 제공한다. 객관적 평가는 특정 수행에 대한 점수로 표현되며, 쇼트게임 테스트와 같은 측정 도구를 사용한다. 예를 들어, 핸디캡 점수는 객관적 평가의 한 예로, 낮은 핸디캡이 더 뛰어난 플레이를 나타낸다.

☑ 학습 평가 방법

골퍼의 지식, 기술 및 학습을 평가하는 방법은 다양하다. 골프 지도자가 적절한 평가를 하지 못하는 경우는 종종 지식이나 창의력 부족 때문이다. 일반적인 평가 방법으로는 필기시험, 직접 관찰, 동영상 분석 등이 있다.

지필 검사

골프 게임에 대한 골퍼의 지식과 이해를 평가하는 전통적이고 효과적인 방법의 하나는 지필 검사이다. 이러한 검사는 특히 게임 규칙, 코스 관리, 게임의 역사에 대한 골퍼의 이해를 평가하는 데 유용하다. 거의 모든 유형의 필기시험 자료는 골퍼의 성취도와 발전 정도를 평가하는 데 도움이 된다. 지필 검사의 장점 중 하나는 골프 지도자가 레슨이나 실습 후에 정보를 분석할 수 있어 교육 시간 동안 골퍼의 학습을 평가할 필요가 없다는 점이다. 지필 검사를 구성할 때, 골프 지도자는 필요한 정보를 얻는 것뿐만 아니라 간편성도 고려해야 한다. 스포츠 교육 환경에서는 골퍼들이 단순히 연필을 움직이는 것 이상의 활동을 하는 것이 더 바람직하기 때문이다.

직접 관찰

골프 지도자는 골퍼들의 학습 목표 성취도를 모니터링하고 평가하기 위해 지속해서 기술 수행과 연습을 관찰해야 한다. 이러한 관찰의 효과를 극대화하기 위해, 골프 지도자는 골퍼들이 연습할 때 이미 레슨에서 다룬 기술과 단서들을 주의 깊게 살펴봐야 합니다. 예를 들어, 그립 grip, 스탠스 stance, 폴로스루 follow through 를 설명하고 시범을 보였다면, 이들 기술에 집중하여 관찰해야 한다. 숙련된 골프 지도자는 골퍼의 연습을 모니터링하고 수행 오류를 파악한 후, 이러한 결함을 수정하기 위한 재교육 방법을 개발한다. 또한, 긍정적인 수행 측면에 집중하여 골퍼에게 무엇을 잘하고 있는지 알려주며, 정확한 수행에 대해 칭찬과 보상을 제공함으로써 골퍼가 그 행동을 반복하도록 유도한다.

동영상 분석

골프 교육계에서 골퍼의 스윙과 쇼트게임 기술에 대한 동영상 분석은 이미 널리 사용되고 있다. 현재 여러 소프트웨어 프로그램을 통해 정확한 신체역학 분석을 통해 평가할 수 있고, 골프 지도자는 이러한 프로그램을 활용하여 교육적으로 주의가 필요한 스트로크의 세부 사항을 집중적으로 분석할 수 있다. 동영상 분석은 단기적으로 한두 번 사용하는 것보다 일정 기간에 걸쳐 지속해서 활용하는 것이 더 효과적이다(PGA of America, 2011). 골퍼가 녹화된 동영상을 반복적으로 시청할수록 더 많은 단서를 얻을 수 있으며, 연습을 통해 자신이 수행한 기술을 더욱 기민하게 분석하고 스윙의 발전된 부분을 판단할 수 있게 한다. 이 과정에서 차이나 변화를 탐지하여 교정의 필요성을 인식하는 데 도움을 줄 수 있다.

그림 4.2
동영상 분석의 예시

☑ 골프 지도자의 질문

골프 지도자의 질문은 세 가지 주요 기능을 수행한다. 첫째, 레슨이 계획된 대로 진행되도록 지원한다. 둘째, 골퍼가 학습 과제를 효과적으로 성취하는 방법을 배우는 데 도움을 준다. 셋째, 골프 지도자가 레슨의 효과를 평가하는 데 유용하다. 이러한 주요 기능을 제공하는 질문은 교육받은 정보에 대한 골퍼의 이해도를 평가할 수 있는 훌륭한 도구이다. 또한, 골퍼에게 질문을 던짐으로써 레슨의 핵심 내용에 대해 깊이 생각하게 만들어 학습 진행을 촉진하는 역할도 한다.

유용한 정보 획득

숙련된 골프 지도자들은 레슨의 시작과 종료 시점에 골퍼들에게 많은 질문을 하며, 이를 통해 우호적인 대화 형식을 유지한다(Benham, 2002). 레슨 초반의 질문은 교육 내용과 티칭 스타일을 구체화하는 데 도움을 주며, 골퍼의 신체활동 경험, 학습 의욕, 그리고 부상 등 다양한 이슈에 초점을 맞춘다. 골프에 대한 열정과 직업적 포부에 관한 정보는 개인 맞춤형 레슨을 구성하는 데 유용하며, 과거의 스포츠 경험을 통해 골프 스윙 개선에 응용될 수 있다. 또한, 골퍼의 학습 동향을 모니터하기 위해 레슨 중 간략한 질문을 자주 하는 것이 효과적이다. 레슨 종료 시점에 골퍼에게 요약을 요구하는 것은 학습 내용을 확실히 이해하는 데 도움이 된다. 이러한 질문들은 골퍼의 걱정을 해소하고 긍정적인 학습 분위기를 조성하는 데 이바지한다.

정확한 응답 획득

골프 레슨은 골퍼들이 성공 가능성을 느끼도록 하는 것이 중요하다. 골프 지도자는 질문을 통해 골퍼가 올바른 응답을 할 수 있도록 유도해야 하며, 성공적인 대답을 경험한 골퍼는 계속해서 질문에 응답할 가능성이 크다.

효과적인 질문은 명확하고 구체적이어야 하며, 동시에 한 번에 하나의 질문만 해야 한다. 여러 질문을 동시에 던지면 골퍼가 혼란스러워질 수 있다. 연구에 따르면, 많은 골프 지도자가 질문 후 1초도 기다리지 않는 경우가 있는데, 이는 골퍼가 대답할 생각할 수 있도록 더 많은 시간을 줄 필요가 있다. 최소 3초 동안은 기다려야 한다. 질문의 난이도가 클수록 기다리는 시간도 늘려야 하며, 골퍼에게 시간을 주겠다는 메시지를 전달하는 것이 유익하다. 이렇게 하면 골퍼는 더 심사숙고한 대답을 할 수 있다.

질문 전략

골프 레슨 중 골퍼에게 올바른 대답을 유도하기 위해서는 질문이 교육적이어야 한다. 그러나 많은 골퍼는 오랜 시간 동안 골프 지도자의 말을 경청하고 대답하지 않도록 조건화되어 있어, 처음에는 질문에 잘 대답하지 않을 수 있다. 이를 극복하기 위한 두 가지 전략은 다음과 같다.

가. 예비 서술: 질문의 방향성과 명확성을 제공하여 질문이 있을 것임을 알린다.
- 예시: "샷을 칠 준비를 할 때 골퍼가 가장 먼저 해야 할 일은 무엇일까요?" → "골프에서 볼을 원하는 곳으로 보내는 것이 성공을 결정한다면, 샷을 칠 준비를 할 때 가장 먼저 해야 할 일은 무엇일까요?"

나. 재서술: 원래 질문을 구체적으로 바꾸어 대답하기 쉽게 만든다.
- 예시: "슬라이스를 치게 되는 이유는 무엇인가요?" → "당신이 어떻게 했을 때 슬라이스가 발생하나요?" 이러한 전략을 통해 골퍼들이 더 적극적으로 대답하도록 유도할 수 있다.

질문의 효능

숙련된 골프 지도자는 의도적으로 자주 질문한다. 질문은 레슨에서 다양한 목적을 가지고 활용되며, 그 의도와 관계없이 골퍼들의 이해도를 파악하는 데 중요하다. 골프 학습이 이루어지려면 가르침이 필요하지만, 골프 지도자는 자신이 가르치고 있다고 확신한다. 하지만 골퍼들이 실제로 학습하고 있는지를 확인하는 유일한 방법은 질문하는 것이다. 질문을 한 후에는 골퍼의 대답에 귀 기울여야 한다. 일부 골프 지도자들이 말하기에 익숙해져 듣기를 소홀히 하는 경우가 있지만, 유능한 골프 지도자는 골퍼들의 설명과 응답에 주의를 기울일 때만 질문의 효과가 제대로 발휘된다는 것을 잘 알고 있다.

경청하는 자세

골프 지도자가 질문을 해도 골퍼의 대답을 듣지 못한다면 그 질문은 무의미하다. 경청은 시간과 노력, 기술이 필요하지만, 유능한 골프 지도자는 이를 위한 루틴을 개발한다. 질문 후에는 골퍼의 대답을 경청하여 그들의 생각, 느낌, 이해도를 파악해야 한다. 경청은 골퍼의 학습 평가뿐만 아니라 의미 있는 관계를 구축하는 데에도 핵심적인 요소이다.

주도적인 경청

유능한 골프 지도자는 골퍼의 자료를 소중히 여기고 학습 경험에 대한 의견을 들어야 한다. 이는 골프 지도자가 주도적인 경청자가 되어야 함을 의미한다. 골프 지도자는 단순히 골퍼가 말할 때까지 기다리는 것이 아니라, 그들이 어떤 생각을 하고 있는지를 이해하기 위해 지속해서 노력해야 한다. 골프 지도자는 골퍼들이 자기 생각을 더 잘 표현할 수 있도록 도와주고, 골퍼들의 시각에 대한 더 깊은 이해를 얻으려고 노력해야 한다.

☑ **이해하기 위한 경청**

골프 지도자는 골퍼가 무엇을 말하려고 하는지, 그들이 어떤 지식을 가졌는지, 그리고 자신의 학습에 대한 견해를 이해하기 위해 경청해야 한다. 이는 생산적인 의사소통의 기본 조건이다. 효과적인 경청을 위해서는 골프 지도자가 골퍼의 말에 단순히 반응하여 판단하는 것이 아니라, 그들의 의도를 적극적으로 수용하고 명확히 이해해야 한다. 골프 지도자가 진정으로 그들을 이해하고 인정하려고 할 때, 골퍼들은 자기 생각과 감정을 솔직하게 공유하려 할 것이다.

☑ **경청한 것의 요약**

상대방의 말을 듣고 관심을 보이는 것만으로는 그 의도를 완벽히 이해할 수 없다. 골프 지도자는 골퍼의 진술에 집중하고 이를 요약하는 능력을 길러야 한다. 유능한 골프 지도자는 들은 내용을 재검토하고, 명확하지 않은 부분을 질문하며, 제시된 아이디어를 비교하고 대조하여 레슨에 활용한다. 골퍼를 효과적으로 지도하려면 골프 지도자가 골퍼의 지식, 생각, 감정, 행동을 이해해야 한다. 이러한 정보는 학습 평가의 하나로 수집하고 분석한다. 평가는 골퍼의 현재 지식과 잠재력 확인, 성취도 측정, 미래 성공 가능성 예측 등을 포함한다. 형성적 평가는 학습 과정 중에, 총괄적 평가는 교육 프로그램 완료 후 이루어진다. 숙련된 골프 지도자는 골퍼를 단순한 기술 수행자가 아닌 사람으로 인식하고, 그들의 사회적, 정서적, 지적, 신체적 발달을 관찰한다. 골퍼의 학습과 발달을 평가하기 위해 다양한 방법을 사용하며, 지필 검사, 직접 관찰, 동영상 분석을 통해 유용한 데이터를 얻는다. 자주 사용되는 효과적인 방법의 하나는 골퍼에게 질문하고 그 대답을 듣는 것이다.

골프 티칭에 필요한 설명과 시범

골프 레슨에서 설명과 시범은 골프 지도자가 사용할 수 있는 중요한 활동이다. 설명과 시범은 골퍼들이 학습 목표를 달성하고 골프 기술을 개선하는 데 필요한 정보를 전달하는 데 사용한다. 효과적인 설명과 시범의 요소를 이해하고 이를 레슨에 포함하는 골프 지도자는 골퍼와 명확하게 의사소통할 수 있다. 설명 및 시범 기술을 개발하려면 상당한 실험과 연습이 필요하지만, 이러한 기술 향상을 위해 시간을 투자하면 골프 지도자와 골퍼 모두에게 더 효과적인 학습 경험을 제공할 수 있다.

레슨 개요와 시작

골프 지도자와 골퍼가 레슨 목표를 설정한 후, 골퍼가 골프 지도자의 지시에 따르려면 활동의 목적을 명확히 제시해야 한다. 초보 골프 지도자들은 자신이 레슨의 주제와 목적을 알고 있으면서 골퍼도 알고 있으리라 가정하는 경우가 많다. 이는 학습의 효율성을 저해할 수 있다. 따라서 골프 지도자는 설명과 시범에서 레슨의 의도와 목적을 명확히 진술해야 한다. 골프 레슨의 목적이 수립되고 골퍼에게 제시된 후에는 레슨 절차와 활동의 개요를 설명하는 것이 다음 차례이다. 이는 골퍼가 레슨 진도를 따라오고, 레슨에서 무슨 일이 일어나고, 왜 그런 일이 일어나는지를 이해하는 데 도움이 된다. 또한, 골퍼가 연습 활동에 몰입하도록 하려면 레슨 초반에 이를 알려야 한다. 이를 통해 골퍼는 레슨 진행을 더 쉽게 따라올 수 있다.

주의 집중과 흥미 유발

유능한 골프 지도자들은 미리 레슨 목표를 확인하고 레슨 내용에 대해 알려야 한다. 이는 레슨 초반에 이루어지며, 골퍼에게 무엇을 학습할 것이며 어떻게 학습할 것인지를 알려준다 (Schempp, et al., 2007). 골퍼에게 호기심, 열정, 흥분을 심어주면 레슨을 기대하게 된다. 열정을 동반한 지도자와 골퍼 간의 상호작용은 레슨을 재미있게 만들며, 효과적인 지도자는 레슨 내내 열정을 유지한다. 골퍼의 흥미를 유발하는 시작은 레슨과 활동을 진행하는 데 필수적이다. 유능한 지도자는 골퍼와 주제를 고려하여 매력적인 레슨을 시작한다. 골퍼가 학습 환경에 들어오면서 시각적 관심을 끄는 것도 중요하다. 이를 위해 훈련 보조 기자재와 장비를 전시할 수 있다. 흥미로운 질문이나 역사적 사실을 제시하는 것도 좋은 방법이다.

관심과 흥미 유지

☑ 변화에 대한 신호의 사용

골프 레슨에서 많은 골퍼가 혼란을 겪는 시점은 한 활동에서 다른 활동으로 이동하거나 변화가 이루어질 때이다. 골퍼가 골프 지도자가 무엇을 가르치고 있는지 알지 못하면 학습이 이루어질 수 없다. 골퍼가 변화가 진행되고 있는 것을 인식하지 못하면 레슨의 방향을 따라오지 못하고, 결국 흥미를 잃게 된다.

지속해서 골퍼가 레슨에 집중하도록 하려면, 골프 지도자는 레슨 방식이나 방향이 변화될 때 명확한 신호를 보내야 한다. 변화에 대한 신호는 골퍼가 레슨의 정보 흐름을 잘 따라오게 도와준다. 골프 지도자가 적절한 어드레스 address를 시범 보이고 골퍼에게 핵심 요점을 연습하게 한다고 가정해 할 때, 골프 지도자는 단순히 연습 방법을 설명하는 대신, 골퍼에게 어드레스를 연습할 시간을 주고, 연습 중에 무엇을 어떻게 해야 하는지 설명해야 한다. 이렇게 변화가 이루어질 때, 골프 지도자는 골퍼가 새로운 자세나 연습 활동을 시작하게 된다는 것을 알리고, 무엇을 할 것인지, 왜 해야 하는지를 설명해야 한다.

☑ 레슨 활동의 변화

아무런 생각 없이 반복하는 골프 레슨은 골퍼에게 즐겁지도 유익하지도 않다. 숙련된 골프 지도자는 골퍼를 다양한 활동에 몰입시키고, 이전 활동을 성공적으로 마쳐야 다음 활동으로 넘어가게 순차적으로 구성하여 최종 목표를 달성할 수 있다. 유능한 골프 지도자는 요점을 골퍼에게 이해시키기 위해 노력하고, 이를 연습할 수 있는 다양한 방법을 찾아낸다. 골퍼가 피로감이나 흥미가 부족한 모습을 보이면 레슨 활동을 변화시켜야 한다는 신호이다. 레슨 활동 변화에는 설명의 속도나 양을 증가시키는 것, 골퍼에게 시범하도록 하는 것, 그리고 다른 연습 방법을 사용하는 것이 포함될 수 있다. 이를 통해 골퍼를 몰입시키고, 레슨을 즐겁고 활기차게 진행할 수 있다.

☑ 다양한 내용의 제공

골프 지도자는 다양한 내용을 제공하여 레슨 내내 골퍼의 흥미를 유지할 수 있다. 레슨 시작 시 골퍼에게 물었던 질문을 통해 얻은 정보를 활용하여 효과적인 레슨을 만드는 것이 중요하다 (Titlelist Performance Institute, 2011). 골퍼들은 다양한 인생 경험을 가지고 레슨에 참여하므로, 이를 잘 활용해야 한다. 예를 들어, 골퍼가 테니스 선수이고 레슨 목표가 다운스윙의 개선이라면, 골프 지도자는 골프 스윙과 포핸드 테니스 스트로크의 유사성을 설명하여 골퍼의 흥미를 끌 수 있다. 골프 지도자가 자신의 개인적인 이야기를 들려주거나 일상적인 경험을 골프 레슨에 비유하는 것도 학습 동기를 유발하는 방법이 될 수 있다. 골퍼의 흥미와 경험을 연결하면 골퍼의 주의 집중을 유지할 뿐만 아니라 학습을 자극하고 촉진할 수 있다.

⛳ 핵심 요점의 제시

☑ 과감한 요점 제시

과감하게 요점을 제시하라는 것은 소리를 지르라는 의미가 아니다. 골프 지도자가 어떤 정보가 골퍼의 성공에 중요하다고 확신할 때, 자신 있게 요점을 전달해야 한다. 중요한 내용을 말하기 전에 잠깐 뜸을 들이면 골퍼가 중요한 정보를 받아들일 준비를 하는 데 도움이 된다. 또한, 골퍼에게 정보를 받아 적게 하는 것도 효과적일 수 있다.

☑ **요약된 요점 제시**

간단하게 제시된 요점은 기억하기 쉽다. 구구절절 설명하는 것은 기억하는 데 도움이 되지 않는다. 요점을 설명할 때는 간략하고 간단하게 제시해야 한다. 많은 내용을 포함한 요점은 기억하기 어려울 뿐만 아니라, 기억한 후에도 쉽게 잊을 수 있다. 지속해서 기억하기 쉽게 하려면 간단하게 요점을 제시하는 것이 필요하다.

☑ **반복적인 요점 제시**

골퍼들에게 개선된 골프 수행으로 전환하려면 핵심 단서를 반복적으로 제시되어야 한다. 이는 골프 지도자가 동일 내용을 계속 반복해야 한다는 의미는 아니다. 대신, 한 가지 요점을 다양한 방식으로 제시하는 방법을 찾아야 한다. 다른 문구를 사용하거나, 그림을 이용하거나, 골퍼에게 다시 물어보거나, 비유나 은유, 이야기 등을 활용하는 등 다양한 방식을 사용할 수 있다. 유능한 골프 지도자는 중요한 요점을 전달하는 여러 가지 방법을 찾아야 한다.

☑ **점진적인 요점 제시**

명확하게 요점을 전달하는 방법은 단서를 점진적으로 제시하는 것이다. 즉, 골프 지도자는 레슨의 요점을 논리적인 순서에 따라 제시하여 골퍼가 요점들을 연관시킬 수 있도록 해야 한다. 요점을 점진적으로 배치하는 방법에는 시간적 순서와 중요도 순서가 있다. 논리적인 순서로 배치된 것이면 어느 것이나 효과적이지만, 골프 지도자는 골퍼에게 어떤 것을 먼저 전달할지 신중하게 결정해야 한다.

시범을 위한 핵심 요소

☑ **계획과 준비**

시범을 준비하는 것이 효과적인 의사소통의 첫 단계이다. 골프 지도자는 충분한 시간을 가지고 생각, 확신, 아이디어를 정리해야 한다. 특히 중요한 정보를 제시할 때는 더욱 철저한 준비가 필요합니다. 준비 과정에는 첫째, 주제를 조사하여 정보가 정확하고 최신이며 완전한지 확인하고, 둘째, 문제가 되는 주제에 대해서는 전문가의 조언을 구하고, 셋째, 골퍼로서의 개인적인 경험을 반영하는 것이 필요하다. 이런 준비 과정을 통해 새로운 접근법과 아이디어를 찾아 제시해야 한다. 준비가 잘 된 골프 지도자는 오래된 아이디어를 끊임없이 새롭게 다듬고 개선하며, 자신의 레슨과 관련된 의사를 전달하기 위해 가능한 모든 자원을 활용하도록 한다.

☑ 명료성과 단순성

그림 4.3
명료성과 단순성을 설명하는 예시

골프 지도자의 명료성은 골퍼의 성취와 직접적으로 연결된다. 골프 교육을 준비할 때, 골프 지도자는 강조해야 할 주요 요점을 항상 고려해야 한다. 무엇을 말할지, 어떻게 말할지를 알기 위해서는 사전 숙고와 계획이 필수적이다. 골프 지도자가 전달하고자 하는 메시지를 명확히 이해할 때, 그것을 명료하게 전달할 수 있다. 명료성을 높이는 열쇠는 단어를 신중하게 선택하는 것이다. 골퍼의 반응을 유발하는 전달 장치로서 단어 선택은 매우 중요하다. 명확하게 말하는 사람은 정보를 전달할 때 정밀하고 정확한 어휘를 선택하며, 이러한 어휘 사용은 설득력을 높인다. 명료성과 단순성은 긴밀하게 연결되어 있다. 스포츠 기술은 복잡하고 다면적일 수 있지만, 유능한 골프 지도자는 복잡한 주제를 단순화할 수 있다. 유능한 골프 지도자는 복잡한 말 대신 잘 선택된 단어를 사용한다.

☑ 열정의 표출

숙련된 골프 지도자는 주제와 골퍼들에 대한 열정을 가지고 있다. 열정은 매우 전염성이 강한 특성 중 하나로, 골프 지도자가 학습에 열정을 보이면 골퍼도 이를 감지하고 받아들인다. 열정은 여러 방법으로 전달될 수 있다. 미소를 짓고, 묘사적이거나 생동감 넘치는 설명을 사용하며, 레슨 계획과 반성에 시간을 투자하는 것 등이 모두 골퍼와 주제에 대한 열정을 전달하는 방법이다. 골퍼가 레슨에서 능동적으로 언어적, 신체적 역할을 하는 것도 열정을 높이게 된다. 골프 지도자는 자신이 하는 일을 사랑하며, 그 열정을 끊임없이 표출한다. 적극적인 골프 지도자는 단순히 골퍼를 관찰하는 골프 지도자보다 레슨과 주제에 대해 훨씬 더 많은 열정을 보여준다.

☑ 목소리의 톤, 높이, 그리고 속도

골프 레슨 환경에서 목소리를 잘 들리게 하려면, 골프 지도자는 적절하게 목소리를 사용해야 한다. 목소리를 높여 소리치는 것이 아니라, 목소리의 톤을 이용해 메시지를 명확하고 자신감 있게, 그리고 자연스럽게 전달해야 한다. 유능한 골프 지도자는 목소리를 긴장시키거나 소리를 지르지 않고, 자연스럽게 대화하듯이 말한다.

목소리 높이와 말하는 속도를 변화시키는 것도 프레젠테이션을 흥미롭게 만드는 데 효과적이다. 단조로운 목소리는 골퍼의 흥미를 유지하지 못하고, 흥미를 잃은 골퍼는 메시지를 이해하려 하지 않는다. 목소리 조절은 골프 지도자를 훨씬 더 흥미롭고 매력적인 존재로 만든다. 강력한 요점을 제시할 때는 강하고 힘찬 목소리를 사용하고, 민감한 점을 제시할 때는 부드럽고 자신 있는 목소리가 효과적이다.

☑ 시간적 간격의 이용

골프 레슨에서 중요한 요점을 강조할 때, 그 전후에 짧은 시간적 간격을 두는 것은 해당 요점을 다른 문장들과 분리하는 효과를 준다. 예를 들어, 중요한 내용을 제시하기 전에 1초간의 침묵은 골퍼의 집중을 끌어오고, 중요한 내용을 제시한 후 1~2초간의 침묵은 골퍼가 정보를 소화할 수 있는 시간을 제공한다.

☑ 행동의 자신감

대부분 사람은 새로운 상대와 대화할 때 불안감을 느끼는 경향이 있다. 불안한 감정을 조절하기는 어려울 수 있지만 골프 지도자는 자기 행동을 어느 정도 통제할 수 있어야 한다. 최소한 자신감 있는 모습을 보이는 한 가지 방법은 철저한 준비를 하는 것이며, 이는 자신감을 얻는 데 매우 중요하다. 골프 지도자가 골퍼의 목표와 관심에 집중할 때, 그들의 불안은 줄어들고 자신감은 커진다. 두 번째 방법으로, 골프 지도자는 본인의 외모, 메모, 장비보다는 골퍼에게 초점을 맞춰야 한다. 골퍼는 골프 지도자가 제공하는 정보가 자신에게 유익할 것으로 기대하므로 골프 지도자는 무엇이 골퍼에게 가장 유리할지에 집중해야 한다.

🏌 골프 기술과 행동의 모델로서의 시범

모델링 modeling 은 다른 사람들이 모방하는 일련의 신호가 된다. 명확하고 정확한 모델은 골퍼에게 유용한 정보 패키지를 제공한다. 전통적으로 골프 지도자는 신체적 기술, 태도, 사회적 행동의 모델 역할을 하였다. 그러나 그들만이 학습 환경에서 유일한 모델은 아니다(Wiren, 1990). 그 외에도 골퍼, 다른 골퍼들, 보조원, 부모 등 학습 환경과 밀접한 관계에 있는 모든 사람이 모델이 될 수 있다. 모델링은 항상 발생하며, 골프 지도자가 의식하든 그렇지 않든 이루어진다. 골퍼들은 골프 지도자와 학습 환경에서 제공되는 모델을 통해 골프 기술뿐만 아니라 사회적 기술, 태도, 사고 패턴, 도덕적 가치관도 학습한다. 골프 지도자가 골퍼들에게 특정 원칙을 강요하면서 자신은 다른 원칙을 적용한다면, 그 신뢰성이 흔들리게 된다.

시범은 골프 기술이나 활동을 수행하는 방법에 대한 구체적인 정보를 전달하는 모델의 한 형태이다. 시범은 특정 목적을 위해 사용되며, 특정 개념이나 기술 요소에 집중된다. 일반적으로 적절한 기술 수행과 관련된 정보를 시각적으로 제공하기 위해 사용되지만, 전략, 규칙, 상황 등도 시범의 대상이 될 수 있다. 골프 지도자는 직접 시범을 보이거나 동영상을 활용하거나, 골퍼나 보조원이 시범을 수행한다(Schempp, et al., 2004). 초보 골퍼들은 다른 초보 골퍼들이 기술을 연습하는 모습을 보며 많은 것을 배우고 자신의 수행을 개선할 수 있다. 시범으로 보여준 골프 기술은 골퍼와 학습 목표에 따라 완전한 골프 기술일 수도 있고, 골프 기술의 일부분일 수도 있다. 시범은 골프 지도자와 다른 골퍼 간의 언어 장벽이 있거나 의사소통에 문제가 있을 때, 또는 골프 기술을 말로 설명하기 어려울 때 특히 유용하다(Schempp, et al., 2007). 시범은 매우 효율적이며, 단 한 번의 시범이 말로 자세하게 설명하는 것보다 훨씬 더 많은 정보를 전달할 수 있다. 더 나아가 시범은 골퍼에게 골프 지도자가 설명하는 기술이 실제로 가능하다는 것을 보여준다.

시범의 활용 방법

☑ 적절한 수준의 시범

골프 지도자는 시범으로 보여주는 골프 기술이 골퍼의 능력, 조건, 흥미, 동기부여, 태도에 적합한지를 확인해야 한다. 시범이 아무리 훌륭하더라도, 골퍼들이 보여준 골프 기술을 성취할 수 없다고 생각하게 되면, 스스로 할 수 없다고 생각하게 된다. 골퍼들은 자신이 보고 있는 시범 골프 기술이 자신의 역량으로 감당할 수 있다는 확신이 필요하다(강방수, 2022). 따라서 골프 지도자는 골퍼에게 연습을 통해 그러한 기술을 제대로 실행할 수 있으며, 앞으로도 실행할 수 있다는 믿음을 제공해야 한다.

☑ 시범의 주의 집중

골퍼가 시범에서 이익을 얻으려면 주의를 집중해야 한다. 숙련된 골프 지도자는 시범을 시작하기 전에 골퍼들이 주의를 집중하여 관찰하고 있는지, 그리고 시범 되는 골프 기술의 핵심적인 특징들을 파악하고 있는지를 확인해야 한다(강방수, 김태연, 2015). 골프 지도자는 시범 중에 말을 줄이면서 골퍼들이 시범에 집중할 수 있도록 도와야 한다. 언어적 단서는 시범 전과 후에 제공하는 것이 적절하며, 시범 중에는 제공하지 않는 것이 바람직하다.

☑ 반복적 시범

시범을 사용할 때는 몇 가지 문제가 발생할 수 있다. 가장 일반적인 문제는 골퍼가 한 번의 관찰로 이해하기에는 너무 많은 정보가 제공된다는 점이다(강방수, 김태연, 2018). 따라서 골프 지도자는 골프 기술을 여러 차례 시범해야 한다. 반복적인 시범과 수행은 학습을 촉진한다. 대부분의 골프 기술의 경우, 최소한 2회의 시범이 필요하며, 3~4회 반복하는 것이 훨씬 더 효과적이다.

☑ 주기적 시범

골퍼들이 학습 과정에서 정보를 재검토하는 것은 매우 중요하다. 따라서 골프 지도자는 시범을 단 한 번만 제공하는 것이 아니라 레슨 전체에 걸쳐 주기적으로 시범을 보여줘야 한다. 골퍼가 골프 기술을 관찰하고, 연습하며, 다시 관찰하고 조금 더 연습하는 과정을 반복할 때 더 많은 학습이 이루어진다(강방수, 2022). 이러한 방식은 골퍼들이 기술을 실행할 때 사용하는 단서들의 정확성을 재점검할 수 있게 도와준다. 골퍼들은 일반적으로 첫 번째 시범에서 놓쳤던 부분을 두 번째 시범에서 파악하게 되며, 초기 정보가 숙달된 후에는 추가적인 이해를 갖게 된다.

☑ 정확한 시범

골퍼가 능숙하게 수행하기 위해서는 골프 기술이 정확하게 시범 되어야 한다. 골퍼는 자신이 본 내용을 재현하게 되므로, 부정확한 시범은 오류와 부적절한 정보를 전달하여 학습을 방해할 수 있다(Schempp, McCullick, & Webster, 2017). 따라서 골프 지도자는 레슨 전에 모델이 될 골프 기술을 미리 연습하여 정확한 시범을 확인해야 한다. 만약 골프 지도자가 골퍼가 더 정확하게 골프 기술을 수행할 수 있다고 믿는다면, 골퍼에게 시범을 요청하는 것이 더 효과적일 수 있다. 동영상이나 사진을 활용하여 골퍼의 시범을 제공하여 동작의 정확성을 파악할 수 있다. 중요한 점은, 시범이 골퍼에게 도움이 되려면 반드시 정확하고 능숙하게 실행되어야 한다는 것이다.

그림 4.4

정확한 시범의 예시- 스윙플래인

☑ 핵심 요점의 단서 제공

　골프 기술의 중요한 부분을 언어적 단서로 강조함으로써, 시범의 특정 구성요소에 골퍼의 관심을 집중시킬 수 있다. 퍼팅 스트로크를 시범하기 전에 골퍼에게 손목이 견고하게 유지되어야 한다는 언어적 단서를 제공하면, 골퍼들은 기술 연습 중에 강조해야 할 시범의 핵심 부분을 기억할 수 있다. 언어적 단서는 시범 전후에 제공해야 하며, 시범 중에는 제공하지 않아야 한다는 점을 유의해야 한다.

☑ 언어적 예행 연습

　골퍼가 배운 골프 기술에 대한 단서들을 언어적으로 예행 연습하는 것은 정보를 기억하고 수행을 개선하는 데 효과적이다. 골프 기술은 골퍼가 연습 중에 언어적으로 예행 연습할 수 있는 구체적인 순서를 가지고 있다. 풀스윙 full swing 셋업 setup 을 연습할 때, 골퍼에게 셋업 순서를 척추, 엉덩이, 발 등의 언어를 사용하여 셋업을 취하도록 지시할 수 있다. 이러한 언어적 예행 연습은 적절한 역학적 설명을 연습할 뿐만 아니라 골프 기술 수행의 순서를 원활하게 학습할 수 있게 도와준다.

참고 문헌

[1] 강방수(2022). *골프티칭*. 에세이퍼블리싱.

[2] 강방수, 김태연(2015). *골프티칭방법론*. 에세이퍼블리싱.

[3] 강방수, 김태연(2018). *골프학습*. 에세이퍼블리싱

[4] PGA of America. (2011). *Advanced teaching and golf club fitting.* A PGA Publication.

[5] Benham, R. H. (2002). *Expertise in sport instruction: Examining the pedagogical content knowledge of expert golf instructors.* Michigan State University.

[6] Madonna, B. J. (2001). *Coaching golf successfully.* Human Kinetics.

[7] Schempp, P. G., McCullick, B. A., & Webster, C. A. (2017). Research on golf instruction and coaching. *Routledge international handbook of golf science,* 433-443.

[8] Schempp, P. G., Webster, C., McCullick, B. A., Busch, C., & Sannen Mason, I. (2007). How the best get better: An analysis of the self-monitoring strategies used by expert golf instructors. *Sport, Education and Society, 12*(2), 175-192.

[9] Schempp, P., McCullick, B., Pierre, P. S., Woorons, S., You, J., & Clark, B. (2004). Expert golf instructors' student-teacher interaction patterns. *Research Quarterly for Exercise and Sport, 75*(1), 60-70.

[10] Titlelist Performance Institute. (2011). *TPI golf instructor level II manual.* Titlelist Performance Institute.

[11] Wiren, G. (1990). *PGA teaching manual: The art and science of golf instruction.* PGA of America.

"스윙 템포는 골프 스윙의 모든 요소를 서로 결합하는 접착제이다."

"Tempo is the glue that sticks all elements of the golf swing together."

— *Nick Faldo* —

"멀리 그리고 정확하게 치기를 원한다면 '천천히(slow), 짧게(shorter), 그리고 부드럽게(softer)' 3S로 백스윙해라."

— *Gary Player* —

골프 스윙 메카닉스

건국대학교 골프산업학과 교수 _
임영태

05

강의 개요

이 과목은 골프 스윙의 과학적 원리를 이해하고 적용하는 것을 목표로 한다. 먼저 골프 역학의 기본 개념과 인체 구조에 대한 이해를 바탕으로, 골프 스윙의 역학적 원리를 탐구한다. 골프 스윙 메카닉스에 관련된 원리를 이해하고, 실제 골프 기술 향상에 적용하는 방법을 탐구하며, 파워와 정확성을 개선하고 부상을 예방하기 위한 전략을 개발한다. 강의의 목표는 과학적 근거에 기반한 골프 기술을 이해하고 개발할 수 있는 능력을 갖추는 데 있다.

골프 역학의 이해 / 68
역학적 기초 지식 / 69
골프 스윙 메카닉스 / 79
골프 스윙의 운동학 및 운동역학적 특성 / 89

골프 역학의 이해

골프 역학 golf biomechanics 은 골프 기술과 수행력 향상을 위해 역학적 원리와 기법을 골퍼의 구조와 기능에 적용하는 학문이다. 골프 스윙의 생체역학적 분석은 동작과 근육 활성화 패턴뿐만 아니라 신체 내·외부의 힘의 분석을 포함한다.

골프 역학 연구의 주요 목적은 세 가지로 나눌 수 있다.

첫째, 골프 스윙의 '이상적인' 특성을 규명한다. 3D 모션 캡처 시스템 motion capture system 을 사용해 프로 골퍼들의 스윙을 분석하고, 공통적인 운동학적 패턴을 식별하여 이상적인 스윙 모델을 구축한다. 개인차를 고려해 여러 유형의 성공적인 스윙 패턴을 분류하고, 각 스윙 단계별 주요 역학적 지표의 최적 범위를 설정한다.

둘째, 골프 수행력을 향상한다. 스윙 효율성을 높이는 운동학적 요인들을 식별하고, 파워 생성을 최적화하는 운동 역학적 원리를 적용한다. 일관성 향상을 위한 반복 가능한 동작 패턴을 개발하며, 다양한 샷 유형에 대한 특화된 기술 모델을 구축한다.

셋째, 골프 관련 부상 위험 및 심각도를 감소시킨다. 고위험 동작을 식별하고 이를 수정하는 기술을 개발하며, 근골격계 모델링을 통해 각 관절과 근육에 가해지는 부하를 정량화한다. 부상 위험을 줄이면서도 수행력을 유지할 수 있는 대체 동작을 연구하고, 맞춤형 부상 예방 프로그램을 개발한다.

골프 역학의 연구 영역은 크게 세 가지로 구분된다.

첫째, 골프 스윙의 운동학적 특성을 연구한다. 주요 관절의 3차원 움직임을 분석하고, 스윙 평면과 클럽 헤드 궤도를 정량화한다. 신체 중심의 이동 경로와 속도를 측정하며, 분절간 협응 패턴과 타이밍을 연구한다.

둘째, 골프 스윙의 운동 역학적 특성을 연구한다. 지면반력 데이터를 수집하여 체중 이동 패턴을 분석하고, 역동역학을 통해 주요 관절의 합성력과 모멘트를 추정한다. 클럽과 볼의 충돌 역학을 연구하여 에너지 전달 효율성을 평가하며, 공기 역학적 요인이 볼 비행에 미치는 영향을 분석한다.

셋째, 골프 스윙 시 근육의 활성화 패턴을 연구한다. 표면 근전도를 사용하여 주요 근육의 활성화 시기와 강도를 측정하고, 근육 협응 패턴과 운동 수행력의 관계를 연구한다. 피로가 근육 활성화 패턴에 미치는 영향을 평가하며, 다양한 기술 수준의 골퍼들 간 근육 사용 패턴의 차이를 비교 분석한다.

골프 역학 연구의 중요성은 세 가지 측면에서 강조할 수 있다. 첫째, 과학적 근거에 기반을 둔 기술 교정과 향상이 가능하다. 객관적인 데이터를 바탕으로 기술적 문제점을 정확히 진단하고, 생체역학적 원리에 기반을 둔 효과적인 교정 방법을 개발한다. 개인의 신체적 특성과 기술 수준에 맞는 맞춤형 기술 향상 전략을 수립하며, 기술 변화의 효과를 정량적으로 평가하고 모니터링한다.

둘째, 골퍼의 신체적 특성을 고려한 맞춤형 기술 개발이 가능하다. 체형, 유연성, 근력 등 개인의 신체적 특성을 평가하고, 각 골퍼의 강점을 극대화하고 약점을 보완하는 개별화된 스윙 패턴을 개발한다. 연령, 성별, 체력 수준 등에 따른 차별화된 기술 모델을 구축하며, 개인의 신체적 제한 요인을 고려한 안전하고 효과적인 기술 대안을 제시한다. 셋째, 부상 예방을 위한 안전한 스윙 기술을 제시할 수 있다. 고위험 동작을 식별하고 이를 수정하는 안전한 스윙 패턴을 개발하며, 근골격계 부하를 균형 있게 분산시키는 기술을 연구한다. 과사용 부상을 예방하기 위한 적절한 훈련량과 휴식 전략을 제시하고, 재활 훈련 시 단계적이고 안전한 기술 습득 프로토콜을 개발한다.

역학적 기초 지식

해부학적 자세와 방향 용어

 인체 분절

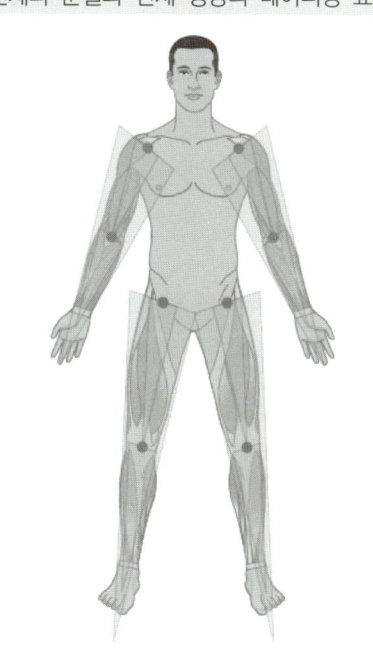

그림 5.1
인체의 분절과 인체 형상의 테이퍼링 효과

인체는 다양한 부분으로 구성되어 있으며, 이를 '인체 분절 body segment'이라고 부른다(그림 5.1). 일반적으로 인체 분절은 손, 상완, 전완, 발, 대퇴, 하퇴, 몸통, 머리 등으로 구분한다. 이러한 인체 분절들은 뼈와 관절을 통해 서로 연결되어 있어, 하나의 통합된 시스템을 형성한다.

인체의 구조는 마치 정교한 기계와 같다. 관절이 축의 역할을 하고, 뼈가 지렛대 역할을 하는 역학적 시스템으로 조직되어 있다. 이 시스템에서 각 인체 분절은 근육의 활동으로 발생하는 힘을 받아 움직이게 된다. 이러한 특성 때문에 우리 인체는 종종 '살아 움직이는 기계'라고 표현되기도 한다. 인체 분절의 특징은 몸통 분절이 질량과 부피가 가장 크고, 몸 끝으로 갈수록 질량과 부피가 점점 작아진다. 이러한 인체의 분절 구조 때문에 몸 중심에서 멀어질수록 움직임이 쉽고 동작이 커지게 되어 운동(회전) 속도가 빨라지게 된다. 물체를 던지거나 차는 동작 등이 마치 채찍을 휘두르는 동작과 같은 특성을 보이는 것은 이와 같은 분절로 연결된 우리 몸의 구조 때문이다.

☑ 해부학적 자세

해부학적 자세 anatomical position 는 일반적으로 사용되는 신체에 대한 기준점이다(그림 5.2). 해부학적 자세란 모든 관절을 편 상태로, 발은 평행하고, 손가락은 모으고 손바닥은 앞으로 향하도록 똑바로 서 있는 사람을 일컫는다. 해부학적 구조의 위치, 움직임, 상대적 위치 등은 실제로 해부학적 자세로 서 있는지와 관계없이 늘 해부학적 자세를 기준으로 설명된다.

그림 5.2
방향이 표시된 해부학적 자세

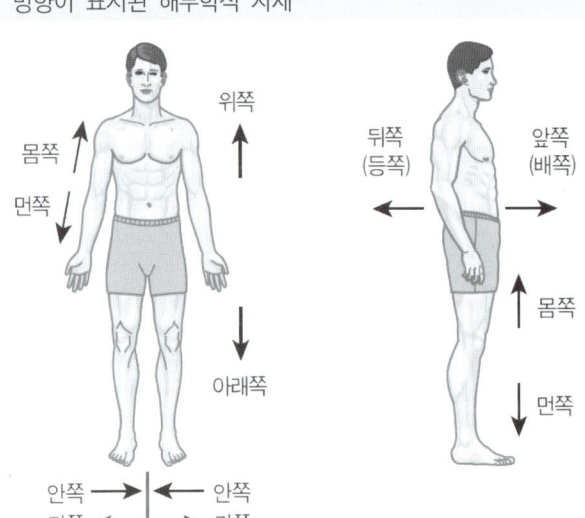

☑ 방향 용어

해부학적 자세와 함께 방향과 관련한 용어를 사용하면 움직임이나 구조의 위치를 더욱 완전하게 설명할 수 있다. 방향과 관련한 용어는 상대적 위치나 자세를 설명하는 데 사용된다는 것을 기억해야 한다. 다음은 가장 흔히 사용되는 방향 관련 용어의 목록이다.

- 위쪽 superior 과 아래쪽 inferior 은 각각 머리와 발 쪽에 가까운 것 또는 향하는 것을 설명할 때 사용된다. 예를 들어, 무릎은 발목보다 상대적으로 위쪽이지만 엉덩이보다는 아래쪽이다. 머리 쪽 cranial 은 위쪽 대신 사용할 수 있으며, 꼬리 쪽 caudal 은 아래쪽 대신 사용하기도 한다.
- 앞쪽 anterior 은 신체의 앞을 향하는 것, 뒤쪽 posterior 은 신체의 뒤를 향하는 것을 뜻한다. 큰가슴근은 심장의 앞쪽에 있다. 앞쪽과 뒤쪽이라는 용어는 각각 배 쪽 ventral 과 등 쪽 dorsal 으로 대체할 수 있다.
- 안쪽 medial 과 가 쪽 lateral 은 각각 몸의 중앙선을 향하거나 멀어지는, 위치나 움직임을 나타낸다. 넙다리네갈래근 중 하나는 중앙선에 가깝고, 하나는 멀리 떨어져 있다. 따라서 각각의 이름은 안쪽넓은근과 가쪽넓은근이다.
- 몸쪽 proximal 은 신체에 대한 팔다리의 부착 지점이 가깝고, 먼 쪽 distal 은 신체에 대한 팔다리의 부착 지점이 먼 위치에 있는 것을 나타낸다. 손목은 손가락보다 몸쪽에 있다.

▶ 얕은 superficial, 깊은 deep 용어는 신체의 표면과 상대적인 근접성을 설명한다. 장딴지근은 가자미근보다 얕은 곳에 있다.

☑ 운동면

인체 분절의 평면 운동은 한 평면에서 발생하는 것으로 설명된다. 기하학적으로 한 평면은 편평한 2차원(2-D) 표면이다. 따라서 '평면 내' 운동은 기술적으로 가상의 평면을 '그리는' 분절의 움직임을 나타낸다. 움직임은 일반적으로 단일 평면(2차원에서 발생) 또는 다중 평면(2개 이상의 평면에서 발생하거나, 3차원 또는 3-D)으로 분류할 수 있다. 대부분의 자연적인 인간의 동작들은 하나의 평면보다는 많은 평면에서 발생하지만, 분절 움직임의 대부분은 하나의 평면에서 개별적으로 나타난다.

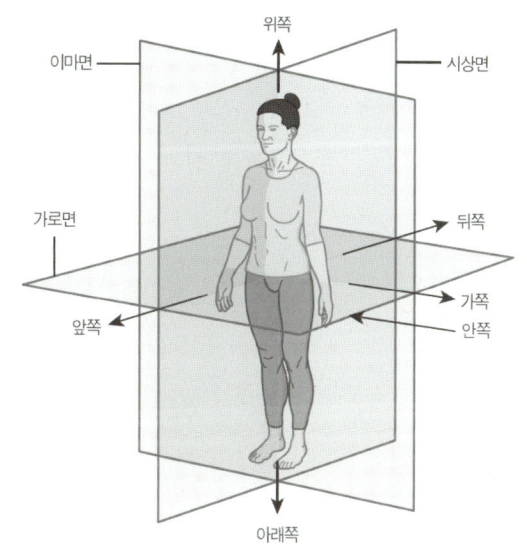

그림 5.3
운동의 시상면, 이마면, 가로면

운동의 세 가지 기본면은 시상면, 이마면, 가로면이다. 이 면들은 서로 직교하거나 수직을 이룬다(그림 5.3). 시상면 sagittal plane, 정중면 / 전후면 은 수직이며 중앙선에 따라 신체 질량을 왼쪽, 오른쪽으로 나눈다. 시상면은 '위에서 아래' 그리고 '앞에서 뒤'로 지나간다. 이마면 frontal plane, 관상면 / 좌우면 은 또 다른 수직면이지만, 중앙선을 따라 신체 질량을 앞과 뒤로 나눈다. 이마면은 '위에서 아래' 그리고 '양 측면'을 지나간다. 가로면 transverse plane, 수평면 은 몸을 수평으로 관통시켜 위와 아래 질량으로 나눈다. 가로면은 '앞에서 뒤' 그리고 '양 측면'을 지나간다.

기본면은 몸의 중앙선을 직접적으로 통과하고 많은 인체 분절이 중앙선에서 바깥쪽에 있어서, 대부분의 동작은 실제 하나의 기본면에서만 일어나지는 않는다. 대부분의 동작은 실제 기본면에 평행한 무수히 많은 평면 중 하나에서 일어나는 것으로 그려진다. 다시 말해, 동작이 시상면(예: 무릎 폄)이나 이마 시상면(예: 윗몸일으키기)에서 나타날 수 있다. 또한 시스템의 움직임은 기본면 중 어느 것에도 해당하지 않는 면에서 일어날 수도 있다(예: 골프 스윙). 이러한 움직임은 대각선 또는 사선면으로 설명한다.

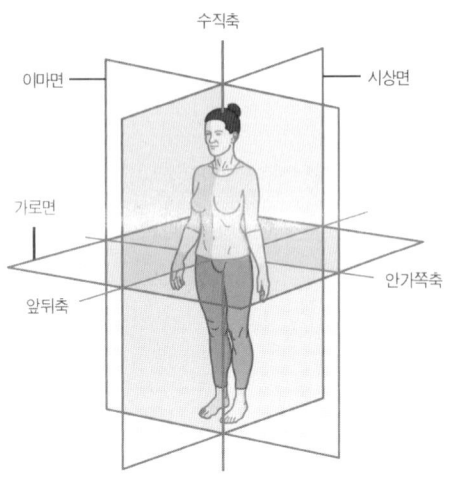

그림 5.4
회전축: 안가쪽축, 앞뒤축, 수직축

☑ 운동축

만일 운동면을 바퀴로 그린다면, 회전축은 바퀴가 돌아가는 차축으로 그려야 한다. 다시 말해서, 분절운동은 가상의 축(축 운동)을 중심으로 회전하는 평면(평면 운동)으로 설명한다. 세 가지의 기본 면이 있듯이, 회전축도 세 가지가 있다. 안가쪽축 mediolateral axis, 앞뒤축 anteroposterior axis 과 수직축 superoinferior axis. 각 회전축은 기술된 평면 중 하나에 수직인 선(축)으로 그려진다(그림 5.4).

안가쪽축 양측면, 앞쪽, 앞-수평, 앞-가로, 가로축 은 수평으로 양측면을 가로지르며 시상면에 직각이다. 앞뒤축 시상, 시상-수평 또는 시상-가로 축 은 수평적으로 앞에서 뒤를 가로지르며 이마면에 직각이다. 수직축 앞-시상, 또는 세로축 은 위아래를 통과하며 가로면에 직각이다. 또한 동작의 대각(또는 사선)면이 있어서, 회전의 사선 축은 각 평면에 직각으로 존재한다. 앞서 설명한 예를 사용하여, 무릎 폄 및 굽힘은 안가쪽축을 중심으로 발생하며, 골프 스윙은 사선 축을 중심으로 나타난다.

☑ 시상면에서의 운동

대부분의 신체 분절 연결(관절)은 시상면에서 자유도를 가지고 있다. 발목, 팔꿈치, 엉덩이, 손가락뼈사이, 척추사이, 무릎, 어깨, 손목. 물론 시상면에서 두 분절의 상대적 움직임은 안가쪽축을 중심으로 일어나며 해부학적 위치에 근거한다(그림 5.5).

예를 들어, 관절의 굽힘 flexion, 굴곡 은 시상면에서 안가쪽축을 중심으로 해부학적 위치를 벗어나는 분절운동이다. 굽힘은 때때로 관절 각도의 감소로 설명된다. 이 관례에서 시각화해야 할 각도는 해부학적 위치에서 관심 있는 분절과 시상면에 의하여 형성된 각도이다.

발목의 굽힘에 대해서는 또 다른 전문용어들이 사용된다. 발등굽힘 dorsiflexion, 배측굴곡 은 해부학적 위치에서 발을 이탈시켜 시상면에서 정강이 앞쪽으로 이동시키는 반면, 발바닥굽힘 plantar flexion, 저측굴곡 은 이와 반대되는 운동으로서 발이 정강이의 뒤쪽 표면을 향하도록 움직이는 것을 말한다 (예: 발가락을 가리키는 것). 폄 extension, 신전 은 시상면에서 안가쪽축을 중심으로 분절을 해부학적 위치로 되돌리고 관절의 각도를 증가시키는 것이다. 만일 폄이 해부학적 위치를 지나서 넘어서면, 그것은 젖힘 hyperextension, 과신전 운동이라고 불린다. 또한 과도한 굽힘 hyperflexion 은 기술상으로는 가능하지만, 대부분 부상 없는 관절에서는 관절의 구조(한 분절이 다른 분절에 접촉하는 것)에 의해 방지된다. 하지만 과도한 굽힘은 건강한 어깨관절에서 수직 이상으로 굽힘이 일어날 때 발생하기도 한다.

그림 5.5
시상면에서의 운동

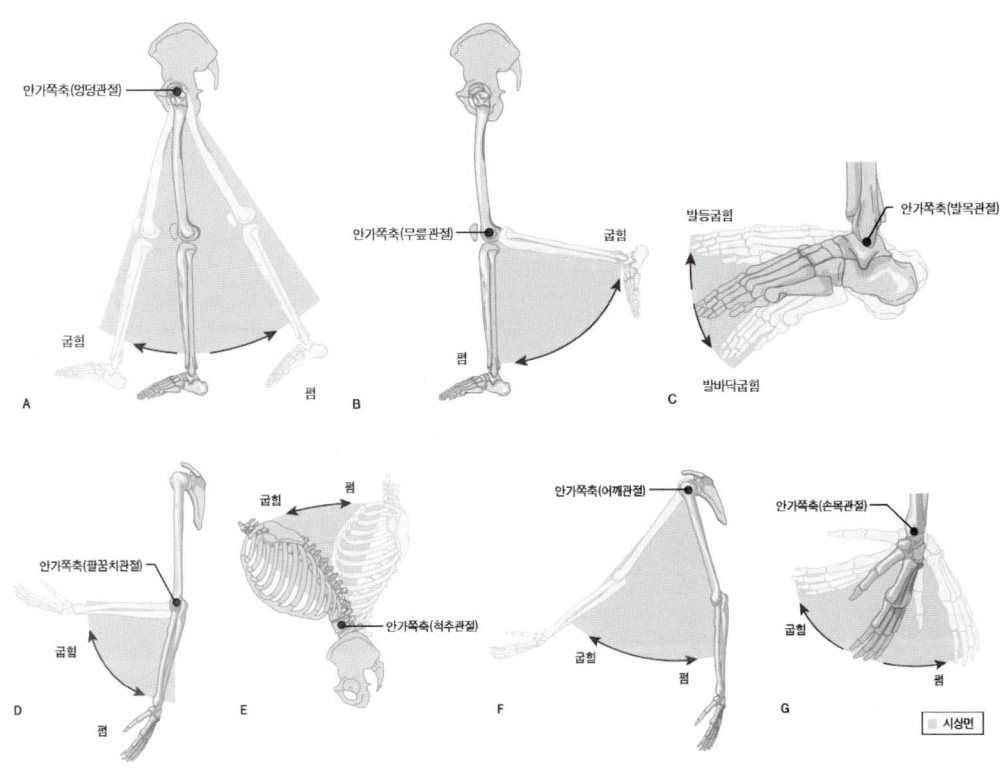

☑ 이마면에서의 운동

이마면 운동(앞뒤축을 중심으로)이 가능한 신체 분절 연결은 발(발목 밑과 가로발목뼈관절), 엉덩이, 척추사이, 손허리손가락, 어깨 및 손목이다(그림 5.6). 다시 한 번 말하지만, 모든 해부학적 동작은 해부학적 위치와 관계되어 설명된다.

이마면에서 앞뒤축을 중심으로 몸통뼈대 척추사이관절의 움직임을 가쪽굽힘 외측굴곡 이라고 한다. 예를 들어, 몸통을 측면으로 기대는 것과 머리를 기울이는 것 모두 가쪽굽힘이다. 엉덩관절, 손허리손가락관절, 그리고 어깨관절은 벌림과 모음이 가능하다. 벌림은 굽힘과 유사한 이마면 움직임이다. 즉, 벌림 abduction, 외전 은 앞뒤축을 중심으로 이마면에서 일어나는 운동으로 해부학적 자세에서 분절을 멀어지게 한다. 대조적으로 모음 adduction, 내전 은 분절을 해부학적 자세로 되돌리는 이마면 운동이다. 예를 들어, 점핑잭 Jumping jacks 은 반복적으로 어깨와 엉덩이를 벌리고 모으는 운동이다. 손허리손가락관절의 벌림은 해부학적 자세로 서서 손가락을 펼치는 것을 통해 시각화할 수 있다.

05_골프 스윙 메카닉스

그림 5.6
이마면에서의 운동

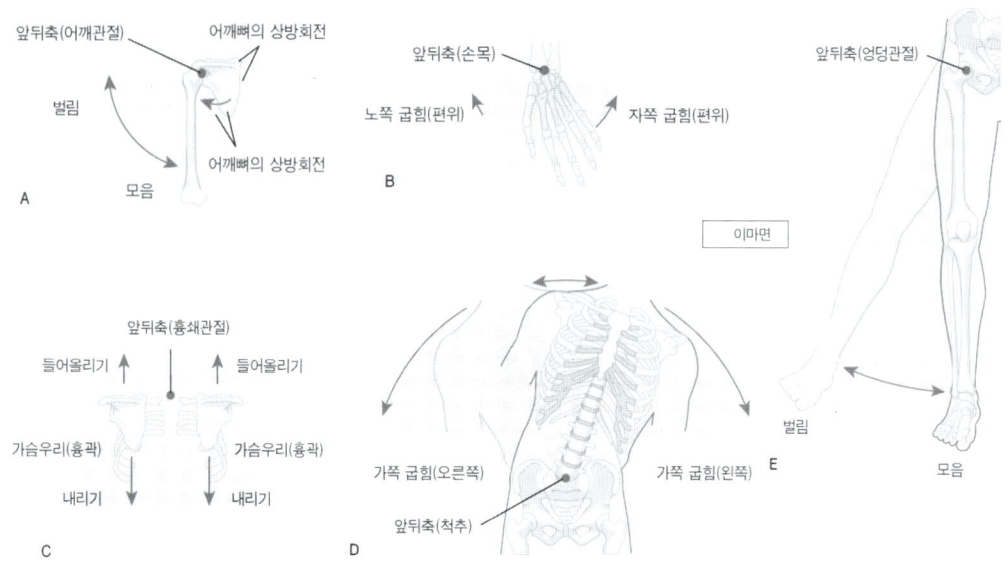

어깨는 자유도의 개수가 많으므로, 그 움직임을 충분히 설명하기 위해서는 전문화된 많은 움직임 용어가 필요하다. 앞에서 언급한 바와 같이, 어깨의 오목위팔관절은 시상면에서 굽힘과 폄이 가능하고, 이마면에서 벌림과 모음이 가능하다. 하지만 어깨의 움직임을 설명할 때는 오목위팔관절 그 이상의 것을 고려해야 한다. 예를 들어, 어깨뼈 어깨 날 는 이마면에서 4개의 동작을 할 수 있다. 이 중 두 가지 동작은 실제로 복장빗장관절 운동과 연관되어 있어 팔이음부위 shoulder girdle 의 운동으로 간주한다. 올림 elevation, 상승 은 어깨뼈 위 운동을 나타내는 용어이고, 어깨뼈 아래 운동을 내림 depression, 하강 이라고 부른다. 이마면에서 어깨뼈의 다른 두 가지 동작은 봉우리빗장관절 운동과 연관되어 있으며, 어깨뼈접시오목의 방향 변화를 근거로 명칭이 붙여졌다. 두 팔을 머리 위로 올릴 때 접시오목의 방향이 바뀐다. 접시오목 glenoid fossa 이 위쪽으로 회전하게 하는 이마 면에서의 어깨뼈 움직임을(척주에서 가쪽 방향으로 이동하는 어깨뼈의 아래쪽 각도) 위쪽 돌림 upward rotation 이라고 한다. 아래쪽 돌림 downward rotation 은 접시오목이 아래로 회전하게 하는 어깨의 움직임이다.(어깨뼈는 이마면에서 앞뒤축을 중심으로 회전하고, 아래 각도는 이마면에서 척주를 향해 안쪽으로 움직인다.) 또 다른 전문용어는 목말밑관절 subtalar joint 과 가로발목뼈관절 transverse tarsal joint 에서 발의 이마면 운동을 위해 존재한다. 가쪽들림 eversion, 외번 은 발바닥을 바깥쪽 또는 가쪽으로 돌리는 것과 같이 앞뒤축을 중심으로 한 이마면 운동이다. 발바닥을 안쪽으로 돌리면 그 움직임을 안쪽들림 inversion, 내번 이라고 부른다.

편위 deviation 는 손목에서 앞뒤축을 중심으로 이마면 운동을 하는 데 사용되는 용어이다. 만일 엄지손가락을 ^{해부학적 자세에서} 노뼈 radial 에 가깝게 움직이면 그 움직임을 노쪽 편위 ^{벌림 및 노쪽 굽힘, 요골굴곡} 라고 한다. 자쪽 편위는 손목이 자뼈 ulnar 를 향해 손의 동작을 만드는 손목의 이마면 운동이다 ^{모음 또는 자쪽 굽힘, 척골굴곡}.

☑ 가로면에서의 운동

해부학적 자세에서 가로면 ^{수직축 중심}의 자유도를 가진 골격 분절의 연결은 엉덩이, 척추 사이, 어깨 및 노자관절이다(그림 5.7). 몸통뼈대는 목과 몸통에서 가로면 운동을 할 수 있다. 왼쪽으로 회전하고 오른쪽으로 회전하면 단순히 머리를 돌리거나 몸통을 양쪽으로 비트는 가로면 운동이 된다.

그림 5.7
가로면에서의 운동

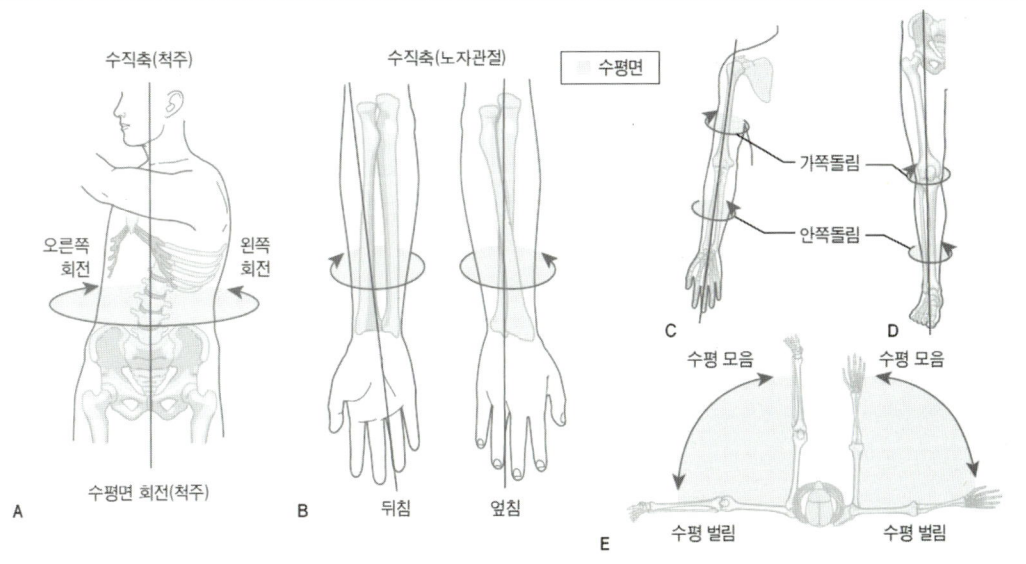

안쪽돌림과 가쪽돌림은 엉덩이와 어깨에서 가능한 운동이다. 예를 들어, 어깨의 안쪽돌림 internal rotation, 내회전은 손바닥이 앞으로 향하는 해부학적 자세에서 손바닥이 안쪽으로 향하다가 마지막에는 뒤로 향하게 되는 수직축을 중심으로 회전하는 팔 분절의 움직임이다. 가쪽돌림 external rotation, 외회전은 분절이 가로면에서 해부학적 위치까지 또는 그 이상 되돌아오는 이전과 반대되는 운동이다(예: 엄지발가락을 바깥쪽 또는 가쪽을 가리키는 것과 같이 엉덩관절에서 다리 분절을 회전시킨다.)

돌림과 더불어 어깨는 2개의 다른 가로면 운동도 가능하다. 팔이음부위는 내밈과 들임을 할 수 있기 때문이다. 내밈 protraction 은 팔이음부위가 척추에서부터 앞쪽으로 멀어지고 어깨뼈의 벌림을 동반한다. 들임 retraction 은 팔이음부위가 척추를 향해 뒤쪽으로 움직이는 것이며 어깨뼈의 모음을 동반한다.

아래팔의 노자관절은 엎침과 뒤침이 가능하며 해부학적 자세에서는 노자관절이 뒤침되어 있다. 엎침 pronation, 회내 은 노자관절에서 수직축을 중심으로 손바닥이 몸통을 향하도록 회전시킨다 안쪽, 뒤쪽. 이 동작을 안쪽돌림과 혼동하면 안 된다. 안쪽돌림은 엉덩이 또는 어깨에서 발생하지만 엎침은 특별히 노자관절에서 발생하며 회전과는 독립적인 동작이다(예: 어깨관절을 전혀 움직이지 않고 손바닥을 안쪽으로 회전시킬 수 있다). 뒤침 supination, 회외 은 노자관절을 해부학적 자세로 되돌리는 가로면 운동이다 손바닥이 앞쪽으로 움직인다. 다시 말해, 뒤침은 어깨의 가쪽돌림과는 독립적이다.

왼쪽과 오른쪽 회전, 안쪽과 가쪽돌림, 엎침과 뒤침 모두 해부학적 자세에서 직접 발생할 수 있다. 일부 가로면 운동은 우선해서 분절을 가로면 안으로 이동시킨 경우에만 가능하다. 예를 들어, 어깨나 엉덩이를 먼저 굽히게 되면 이마면 운동인 벌림과 모음이 가로면에서 나타날 수 있게 된다. 신체 분절이 가로면에 들어올 때까지 엉덩이나 어깨를 굽히고, 그다음 수직축을 중심으로 가쪽으로 회전시킨 경우, 이 움직임을 수평 또는 가로 벌림이라고 부른다 수평 외전. 수평 또는 가로 모음 수평 내전 은 이와 반대되는 운동으로, 분절이 수직축을 중심으로 회전하며 가로면에서 신체 중앙선 안쪽으로 을 향해 회전한다.

🏌 개념 및 법칙

☑ 균형, 신체 중심 및 기저면

균형, 신체 중심, 기저면의 개념은 안정적이고 일관된 골프 스윙을 구사하는 데 중요한 역할을 한다. 이는 정적인 자세뿐만 아니라 동적인 움직임 전체에 걸쳐 적용된다. 개인의 신체적 특성과 스윙 스타일에 맞게 이러한 요소들의 최적화가 중요하며, 지속적인 연습과 피드백을 통해 개선할 수 있다.

균형은 중력중심선이 기저면 안에 위치하고, 신체 중심이 낮으며, 중심이 안정적일 때 향상된다. 중력중심선은 신체를 통과하는 수직선으로, 이 선이 기저면 내에 있을 때 정적 균형이 유지된다. 신체 중심이 낮을수록 전복 모멘트가 감소하여 안정성이 증가하며, 회전 운동의 축 역할을 하여 더 효율적인 힘 전달이 가능하다(그림 5.8). 안정적인 중심은 불필요한 움직임을 줄여 일관된 스윙을 가능하게 하고, 에너지를 효율적으로 전달한다.

신체 중심은 신체의 평균적인 질량 중심점으로, 골프 스윙 시 이동 경로가 중요하다. 백스윙 시 중심이 오른쪽으로, 다운스윙 시 왼쪽으로 이동하며, 이 이동의 타이밍과 정도가 스윙의 파워와 정확성에 영향을 미친다. 신체 중심을 축으로 한 회전 운동이 효율적인 스윙을 만들며, 스윙 중 중심의 수직 이동을 최소화하여 일관성을 높인다.

그림 5.8

사람의 세 가지 다른 자세. 어느 자세가 가장 안정적인가?

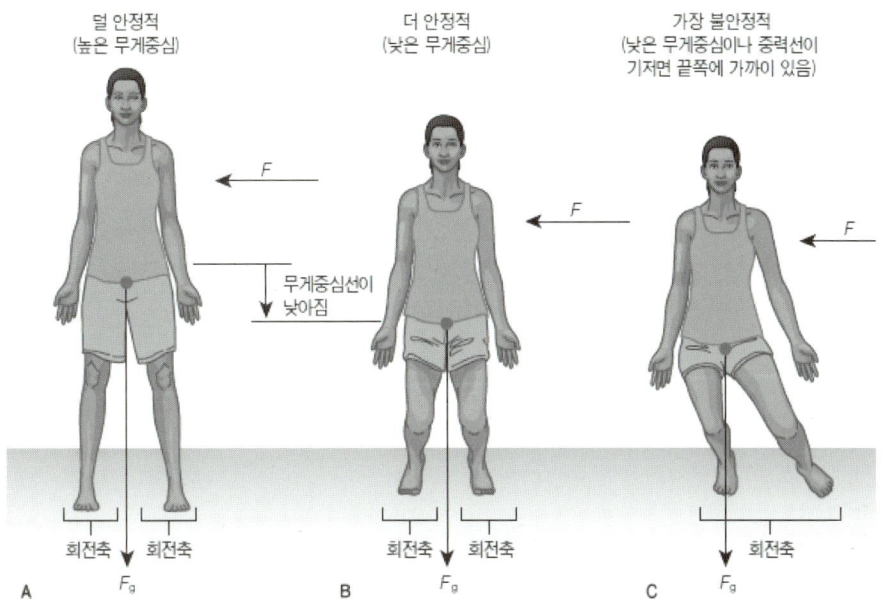

기저면은 양발 사이의 면적으로, 넓을수록 안정성이 향상된다. 넓은 기저면은 더 큰 안정성을 제공하여 균형 유지가 쉬워지고 외부 힘에 대한 저항력이 높아진다. 전후 방향으로 긴 기저면은 전후 안정성을, 좌우 방향으로 넓은 기저면은 측면 안정성을 향상한다.

골프에서의 적용으로는 셋업 시 발을 어깨너비로 벌려 안정성을 확보하고, 스윙 중 신체 중심의 과도한 이동을 방지하며, 동적 균형과 정적 균형 모두를 중요하게 여긴다. 정적 균형은 일관된 셋업을 위해, 동적 균형은 스윙 전체 과정에서 중요하다. 한 발 스윙, 불안정한 지면에서의 연습 등을 통해 동적 균형 능력을 향상할 수 있다.

☑ 변위, 속도, 가속도

변위, 속도, 가속도의 개념을 이해하고 적절히 적용하는 것은 골프 수행력 향상에 매우 중요하다. 이러한 물리적 원리를 바탕으로 개인의 신체적 특성과 기술 수준에 맞는 최적의 스윙 패턴을 개발하는 것이 핵심이다.

변위는 골프 샷의 거리와 방향을 결정하는 중요한 요소이다. 시작점에서 끝점까지의 직선거리와 방향을 나타내는 벡터량으로, 골프에서는 볼의 초기 위치에서 최종 도착 지점까지의 거리와 방향을 의미한다. 거리 조절과 방향 조절에 중요하며, 클럽헤드 속도, 임팩트 각도, 볼 스핀, 대기조건, 지형 등 다양한 요인에 영향을 받는다.

속도는 클럽헤드의 선속도로 각속도와 팔-클럽 시스템의 길이에 비례한다. 클럽헤드 속도는 비거리 증가와 구질 제어에 중요하다. 속도 향상을 위해 각속도를 증가시키고 팔-클럽 시스템을 최적화하는 전략이 필요하다. 가속도는 클럽헤드의 가속도가 볼에 전달되는 힘과 직접적인 관련이 있다. 뉴턴의 제2 법칙에 따라 클럽헤드의 가속도가 클수록 볼에 더 큰 힘을 전달할 수 있다. 골프 스윙에서는 다운스윙 초기에 점진적으로 가속하다가 임팩트 직전에 최대 가속도에 도달하는 패턴이 이상적이다.

골프에서의 적용으로는 임팩트 시 클럽헤드의 선속도를 최대화하고, 다운스윙 시 각속도 증가를 위해 적절한 순서로 신체 분절이 회전하며, 임팩트 직전 손목의 언코킹을 통해 클럽헤드 가속도를 증가시키는 것이 중요하다. 이러한 요소들은 서로 밀접하게 연관되어 있으므로, 통합적인 접근 방식으로 훈련하는 것이 효과적이다.

☑ 힘과 뉴턴의 운동 법칙

뉴턴의 운동 법칙을 이해하고 적용하는 것은 효과적인 골프 스윙 개발에 매우 중요하다. 이러한 물리적 원리를 바탕으로 스윙 메커니즘을 최적화하고, 파워와 정확성을 향상할 수 있다. 또한, 이 법칙들은 장비 선택과 기술 개선에도 중요한 지침을 제공한다. 골퍼들은 이러한 원리를 실제 스윙에 적용하고, 지속적인 연습을 통해 몸에 배도록 해야 한다.

힘은 물체의 운동 상태나 형태를 변화시키는 작용이다. 힘은 크기와 방향을 모두 가지는 벡터량이며, 골프에서는 클럽헤드의 운동 방향과 크기가 중요하다. 힘이 적용되는 특정 지점인 작용점은 골프에서 클럽페이스와 볼의 접촉점이 중요한 역할을 한다. 골프에서의 힘의 종류로는 근력, 중력, 마찰력이 있다. 근력은 골퍼가 스윙을 통해 발생시키는 내부 힘이며, 주요 근육군의 협응된 활동으로 생성된다. 중력은 클럽과 골퍼의 신체에 항상 작용하는 외부 힘으로, 스윙의 역학에 결정적으로 영향을 미친다. 마찰력은 클럽과 지면, 볼과 공기 사이의 상호작용에서 발생하며, 스핀 생성과 볼 비행에 영향을 준다.

뉴턴의 제1 법칙인 관성의 법칙은 외부 힘이 작용하지 않으면 물체는 현재의 운동 상태를 유지하려고 한다는 것이다. 관성은 물체가 현재의 운동 상태를 유지하려는 경향을 말한다. 골프에서는 정적 셋업에서 안정된 자세 유지를 위해 관성을 활용하고, 스윙 중에는 백스윙에서 다운스윙으로의 전환 시 상체의 관성을 이용한다. 뉴턴의 제2 법칙인 가속도의 법칙은 물체에 가해지는 힘은 질량과 가속도의 곱과 같다는 것이다. 골프에서는 클럽헤드 가속과 볼의 초기 속도에 적용된다. 가벼운 클럽헤드일수록 같은 힘으로 더 큰 가속도를 얻을 수 있으며, 임팩트 시 클럽헤드의 질량과 속도가 볼의 초기 속도를 결정한다. 뉴턴의 제3 법칙인 작용-반작용의 법칙은 모든 작용에는 크기가 같고 방향이 반대인 반작용이 존재한다는 것이다. 골프에서는 클럽과 볼의 충돌, 그리고 지면반력에 적용된다. 클럽이 볼을 치는 힘과 볼이 클럽을 미는 힘이 같으며, 골퍼가 지면을 누르는 힘과 지면이 골퍼를 밀어 올리는 힘이 같다.

골프에서 이러한 법칙들은 클럽과 볼의 충돌 시 운동량 보존 법칙 적용, 스윙 시 지면반력을 이용한 파워 생성, 임팩트 시 클럽과 볼 사이의 작용-반작용 이해 등에 적용된다. 이를 통해 더 효과적인 스윙 기술을 개발하고 성능을 향상할 수 있다.

☑ 토크와 지레

토크와 지레의 원리를 이해하고 적용하는 것은 효과적인 골프 스윙 개발에 매우 중요하다. 이를 통해 더 큰 파워 생성과 클럽헤드 속도를 증가시킬 수 있다. 그러나 단순히 큰 토크만을 추구하는 것이 아니라, 정확성과 일관성을 유지하면서 개인의 신체적 특성과 기술 수준에 맞는 최적의 토크 활용법을 찾는 것이 중요하다. 토크는 회전력으로, 힘의 크기와 회전축으로부터 수직거리의 곱이다. 토크는 벡터량으로 크기와 방향을 모두 가지며, 회전축을 중심으로 시계 방향 또는 반시계 방향으로 작용한다. 토크가 클수록 물체 회전 가속도가 증가한다.

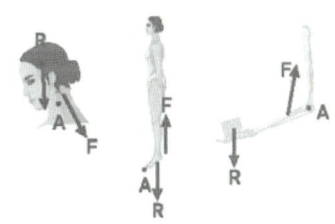

그림 5.9
지레의 종류

- $\tau = F \times r$ (τ: 토크, F: 힘, r: 회전축으로부터의 수직거리) 단위는 N·m(뉴턴 미터).

지레는 일하는 양을 변화시키지 않으나 힘을 많이 들여 거리나 속도의 이득을 보거나 속도와 거리에서는 이득을 보지 못하지만 적은 힘을 들여 움직일 수 있게 하는 이점이 있다. 지레는 축, 힘점, 작용점의 위치에 따라 세 유형을 나뉜다(그림 5.9). 인체의 사지 동작 대부분은 3종 지레에 해당한다. 3종 지레는 축, 힘점, 작용점의 순으로 되어 있고, 힘은 손해를 보지만 거리는 득을 보는 특성이 있다. 팔꿈치 굴곡 동작은 물론 골프 스윙도 여기에 해당이 된다.

골프 스윙 메카닉스

🏌 던지기 동작

골프 스윙은 인간의 기본적인 동작 중 하나로 볼 수 있다. 인간의 기본 동작에는 들어 올리기 lift, 걷기 walk, 달리기 run, 점프 jump, 던지기 throw, 밀기 push, 치기 strike, 당기기 pull, 수영 swim 등이 있

그림 5.10
물수제비 던지기 동작

는데, 이 중 골프 스윙은 본질적으로 던지기 동작의 범주에 속한다. 특히 골프 스윙은 언더암under arm 형태의 던지기 동작으로 분류될 수 있다(그림 5.10). 이러한 관점에서, 골프 스윙을 효과적으로 습득하기 위해서는 먼저 던지기 동작의 기본 원리를 이해하는 것이 중요하다. 그 후에 골프 스윙만의 독특한 특성을 학습하는 것이 바람직한 순서라고 할 수 있다.

던지기 동작의 주요 목적은 두 가지로 요약될 수 있다. 하나는 물체를 최대한 멀리 보내는 것이고, 다른 하나는 물체를 정확하게 목표 지점에 도달시키는 것이다. 이러한 목적을 달성하기 위해서는 물체가 투사되는 순간, 즉 신체의 일부손이나 발 또는 사용하는 도구야구 배트, 골프클럽, 라켓 등와 물체가 접촉하는 시점에서의 속도가 가장 중요한 요소가 된다. 따라서 던지기 동작의 핵심은 인체의 말단 부위를 최대한으로 가속하는 데 있다. 이를 위해서는 여러 인체 분절이 협력해야 하며, 이들 분절은 특정한 순서에 따라 조화롭게 움직여야 한다. 이러한 인체 분절의 조합combination of body segment과 순차적인 움직임sequential segmental movement이 바로 효과적인 던지기 동작, 그리고 궁극적으로는 효율적인 골프 스윙의 기초가 되는 것이다.

2중 지레 운동과 바퀴-축 시스템

2중 지레 시스템

좋은 스윙의 조건은 스피드, 정확성, 그리고 일관성이다. 스윙의 일관성을 유지하기 위해서는 스윙은 단순해야만 한다. 역학적인 관점에서 볼 때 단순한 동작이란 직선 운동일 것이다. 하지만 인체는 각각의 분절들이 관절을 통해 연결된 복잡한 구조로 직선 운동보다는 곡선 운동에 더 적합한 구조이다. 오히려 직선 운동을 하기 위해서는 인위적으로 여러 근육이나 관절 등이 미세하게 움직여야 되어서 더 복잡한 운동이 되고 만다. 일단 축을 고정하면 클럽을 잡은 팔 부분은 원운동을 쉽게 만들어 내는데 인체 동작으로 보아서는 곡선 운동인 원운동이 오히려 훨씬 쉬운 동작이다.

그림 5.11의 왼쪽 그림에서와 같이 단순한 원운동은 (a) 손목을 기점으로 할 수가 있고, 아니면 (b) 손목을 사용하지 않고 팔과 클럽이 하나로 일자가 되어 흔드는 형태로 만들 수 있을 것이다. 이 두 가지 형태는 개별적으로 놓고 볼 때 큰 힘을 내기 위한 이상적인 동작은 아니다. 하지만 (a), (b)가 결합하면 보다 이상적인 스윙이 될 수 있는데 그림 5.11의 오른쪽 그림에서 볼 수 있듯이 2중 지레 시스템으로 손목관절을 중심으로 지렛대가 상, 하로 나뉘어 구성되어 위의 지렛대가 어깨와 팔에 해당하고, 아래 지렛대는 클럽에 해당하며, 이 두 개의 지렛대는 어깨와

그림 5.11
클럽헤드를 이용하여 원운동을 하는 두 가지 방법(좌)과 2중 지레 시스템(우)

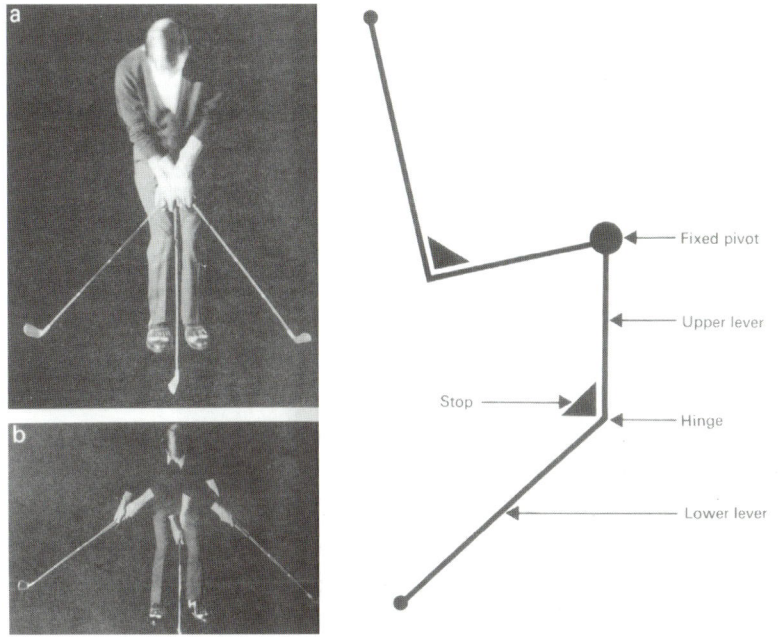

손목을 축으로 움직이게 된다. 다운스윙 시 위 지렛대의 고정된 축을 중심으로 두 지렛대가 순차적으로 움직임에 따라 발생하는 대부분의 힘은 아래 지렛대의 가장 끝부분인 클럽 헤드를 가속하는 결과를 가져온다. 그 결과 임팩트 시 클럽헤드에는 최대, 전체 스윙에서 발생하는 에너지의 약 4/5 정도가 전달되고 이것은 위 지렛대만을 이용하여 동일 에너지를 발생시킬 경우와 비교해 볼 때 두 배로 빠른 속도이다.

☑ 바퀴-축 시스템

특히 하부 지렛대는 바퀴-축 시스템으로 볼 수 있다(그림 5.12). 일반적으로 지레 시스템이 다양한 동작에 효과적이지만, 골프 스윙과 같은 던지기 동작에서는 말단 부위의 속도를 최대화하는 것이 목표이므로 바퀴-축 시스템이 역학적으로 더 유리하다.

지레 시스템은 큰 반경으로 인해 높은 선속도를 낼 수 있지만, 동시에 질량이 축에서 멀리 분포하여 관성 모멘트가 크다. 반면 바퀴-축 시스템은 작은 반경으로 인해 선속도는 낮지만, 질량이 축 근처에 집중되어 관성 모멘트가 작아 매우 빠른 각속도를 낼 수 있다.

이러한 원리를 이용하여 골프 스윙에서는 바퀴-축 시스템을 통해 클럽 헤드의 속도를 효과적으로 증가시킬 수 있다. 결과적으로, 2중 지레 시스템과 바퀴-축 시스템의 결합은 골프 스윙의 파워와 효율성을 극대화하는 데 중요한 역할을 한다.

운동역학 사슬 및 순차적 힘 합산 원리

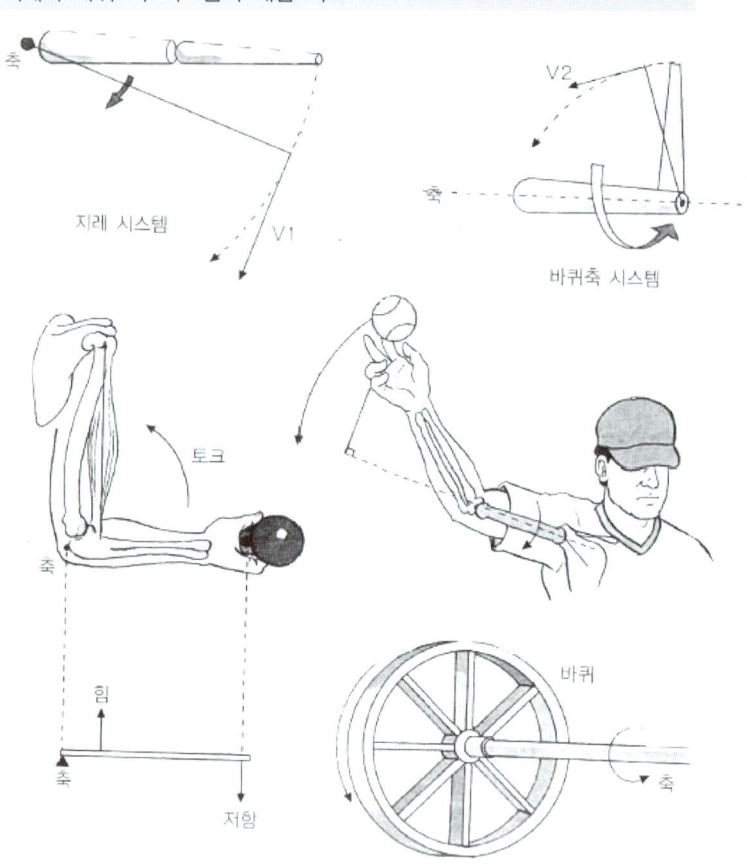

그림 5.12
지레와 바퀴-축 시스템의 개념 비교

　운동역학 사슬과 순차적 힘 합산 원리를 효과적으로 적용하면 더 큰 파워와 일관성을 얻을 수 있다. 이는 단순히 근력만으로는 얻기 어려운 추가적인 클럽헤드 속도를 제공한다. 그러나 이 원리를 완벽히 구현하기 위해서는 많은 연습과 신체 인식이 필요하다.

　운동역학 사슬은 인접한 신체 분절들이 순차적으로 운동에 참여하는 현상을 말한다. 이는 proximal-to-distal sequencing 근위-원위 순서 원리로도 알려져 있다. 운동역학 사슬은 연속성을 가지며, 한 분절의 움직임이 다음 분절의 움직임을 유발한다. 또한, 큰 근육군에서 작은 근육군으로 에너지가 전달되어 효율적인 힘 생성이 가능하다.

　순차적 힘 합산 원리는 근위 분절에서 원위 분절로 순차적으로 힘과 속도가 전달되어 최종적으로 합산되는 원리이다. 각 분절이 순차적으로 가속되면서 속도가 누적되고, 이전 분절의 감속이 다음 분절로 에너지를 전달한다. 이를 통해 최종적으로 더 큰 속도를 얻을 수 있으며, 에너지 효율도 높아진다.

인체의 가속acceleration과 감속deceleration의 원리는 골프 스윙뿐 아니라 모든 인체 움직임의 원리이다. 인체의 각 분절, 즉 팔, 다리, 엉덩이, 무릎 등은 각각 정해진 움직임 범위를 가지고 있다. 이러한 제한된 움직임 범위는 인체의 안정성과 효율성을 위해 필수적이다. 만약 인체 분절의 움직임 범위가 무한정이라면, 우리는 낙지와 같은 연체동물처럼 흐느적거려 걷기조차 힘들어질 것이다. 우리가 걸을 때 자연스러운 움직임을 실현할 수 있는 것도 이러한 가속과 감속의 원리에 따라 팔다리가 움직이기 때문이다.

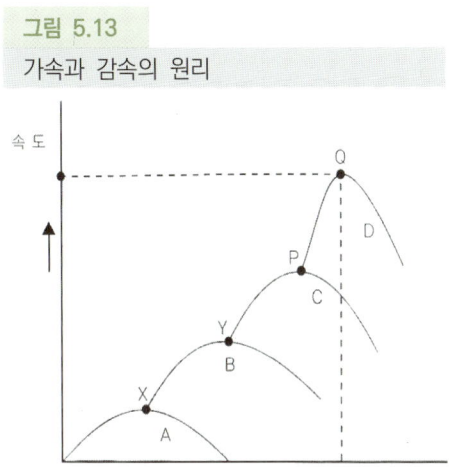

그림 5.13
가속과 감속의 원리

그림 5.13은 던지기 동작에 있어, 인체 분절이 가속 또는 감속되면서 어떻게 최대의 속도에 도달하게 되는지를 보여 주고 있다. 그림에서 가로축은 분절이 움직이는 시간을 나타내는데, 각 분절이 순차적으로 움직이는 모습을 보여 주고 있다. 세로축은 각 분절이 움직이는 속도를 나타내는데, 분절의 움직임이 이어지면서 속도가 점차 증가함을 보여 주고 있다. 그리고 각 분절은 직전 분절과 서로 중복overlapping되면서 움직임을 알 수 있다. 먼저, 다리와 엉덩이(A)는 외부로부터 지면반력을 받아 서서히 회전하기 시작한다. 외부 힘이 지속해서 공급되므로 A는 가속되어 최고 속도 X에 이르게 된다. 이후 A는 운동량을 몸통과 어깨(B)에 전해주면서 서서히 감속되다가 정지한다. B는 A로부터 운동량을 받아 가속되는데, B의 질량이 A의 질량보다 적어서 회전 속도가 더욱 증가한다. 이러한 과정은 계속해서 반복된다. B도 최대 속도 Y에 이르러 다음 분절인 팔과 손(C)에 운동량을 공급하면서 감속, 정지되며, C는 다시 클럽헤드(D)에 운동량을 공급하여 D가 최대 속도에 이르게 한다. 이처럼 인체 분절의 가속과 감속이 순서에 따라 반복되는데, 위로 갈수록 질량관성 모멘트이 작아지므로 이에 따라 분절의 회전 속도도 계속 증가한다.

최종적으로, 마지막 분절인 클럽헤드에 이르러 최대 속도 Q에 도달하게 되는데, 이 시점이 바로 임팩트 시점이 된다. 이러한 가속과 감속의 원리를 이해하고 적용함으로써, 골퍼들은 더 효율적이고 파워풀한 스윙을 구사할 수 있게 된다. 각 분절의 움직임 타이밍과 순서를 최적화하여 클럽헤드가 임팩트 시점에 최대 속도를 낼 수 있도록 하는 것이 골프 스윙의 핵심이라고 할 수 있다.

☑ 각운동량 보존의 법칙

각운동량 보존의 법칙이란 외부로부터 받는 회전력이 없다면 각운동량은 일정하며 그 물체는 현재 진행하고 있는 회전 운동을 그대로 유지한다는 것이다. 여기서 전체 각운동량은 일정하지만 이를 구성하는 자전적 각운동량과 공전적 각운동량은 상호 간 보상하며 변할 수 있다. 즉 외부로부터 유입되는 회전력이 없다면 전신의 각운동량은 일정하나 신체 일부가 각운동량을 만들면 전신 또는 신체의 나머지 부분이 그 각운동량을 보상해서 일정한 각운동량을 유지한다는 법칙이다. 이를 골프 스윙에 적용해보면 다운스윙이 시작되면 몸 전체가 회전하다가 다운스윙 초기에 다리와 엉덩이의 움직임이 먼저 정지된다. 하지만 전체 각운동량은 보존됨으로 팔과 클럽 샤프트의 속도는 상대적으로 그 회전 속도가 매우 빨라지게 된다. 같은 이유에 의해 팔과 클럽 샤프트가 정지하는 순간 클럽 헤드의 회전 속도는 최고로 높아질 수 있다.

그림 5.14
몸통 회전의 원리를 설명하는 스프링에 의해 구동되는 역학적 모델

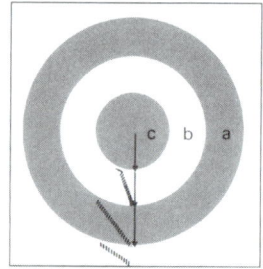 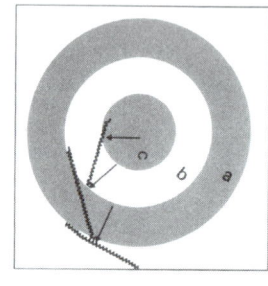 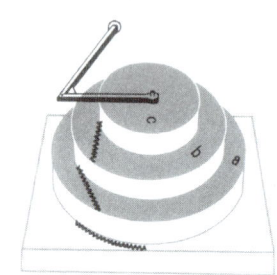

그림 5.14는 3개의 스프링이 연결된 원통의 회전으로 비유되는 인체의 골프 스윙 모델을 보여 주고 있다. 그림에서 보는 바와 같이 a, b, c 세 원통은 모두 중앙 수직축을 기점으로 원운동을 하는데 이때 각 원통은 서로 연결되어 있으며 원통 a의 스프링은 지면에 단단히 고정되어 있다. 이 원통들은 밑에서부터 각각 하체, 상체, 팔로 이해될 수 있을 것이다. 원통이 위로 올라올수록 크기도 작아지는 동시에 스프링의 힘도 적어진다. 왼쪽 그림은 스프링이 늘어나지 않은 상태이다. 즉 어드레스 상태이다. 만일 스프링을 최대한으로 당기면 즉 원통 c를 b에 대해 시계 방향으로 최대한 회전시키고, 그다음은 원통 b를 a에 대해서 최대한 시계 방향으로 회전시키고 그다음 원통 a를 지면에 대해 회전시키면 전체 스프링은 최대한 신전 되어 팽팽한 상태가 된다. 이때가 백스윙 톱의 상태와 유사하다. 여기서 문제는 어떻게 하면 맨 위의 원통이 최대의 회전 속도를 발생시킬 수 있는가이다. 이 문제를 해결하기 위해서는 시계 방향의 꼬임을 만든 백스윙 시와 유사하게 다운스윙 시 정반대 순서로 반시계 방향으로 스프링을 풀면 된다. 즉 원통 a에 연결된 스프링을 맨 먼저 푼다. 이때는 원통 a, b, c가 하나로 결합이 된 상태라 원통 b와 c에 연결된 스프링은 팽팽한 상태 그대로이다. 첫 번째 스프링에 의한 힘이 대부분 위로 옮겨진 후 b와 a를 연결한 스프링을 풀어준다. 이로써 a와 b(a+b)의 움직임이 좀 더 빨라지고 동시에 a의 움직임이 느려진다. 두 번째 스프링에 의한 대부분의 힘이 소모되면 c와 b를 연결한 스프링이 풀어지는 동시에 c가 더 빨라지고 b가 느려진다.

🏌 신장-단축 순환주기 Stretch-Shorten cycle, SSC

단축성 수축 활동 직전에 신장성 장력을 발현시킴으로써 근력의 증강이 나타나는 현상으로 광범위한 연구(그리고 개인적인 경험) 결과에서 활성화된 근육이 신장성 근력 발현 직후 연속적으로 단축성 수축을 수행한 경우 근력 발현이 증강된다고 보고되었다. 신장-단축 수축의 연속을 활용함으로써 나타나는 근력 증강 현상을 신장-단축 순환주기 stretch-shorten cycle 라고 부른다. 신장-단축 순환주기를 포함하는 동작의 예로는 점프, 달리기, 그리고 던지기 동작을 들 수 있다. 수직 점프의 준비 동작에서 반동동작을 활용한다. 던지기나 도구를 사용하는 스포츠에서도 실제 던지는 동작이나 타격에 백스윙이 선행하는 경우가 많다.

신장-단축 순환 주기 SSC 는 근육이 신장된 후 빠르게 단축되는 과정으로, 골프 스윙에서 파워 생성에 중요한 역할을 한다. SSC는 근육의 탄성 에너지를 활용하여 더 큰 힘을 생성하고, 근육의 반사 작용을 통해 더 빠른 수축을 유도한다. 또한 에너지 효율성을 높여 더 적은 대사 비용으로 큰 힘을 발휘할 수 있게 한다.

SSC의 효과를 극대화하기 위해서는 백스윙 속도와 백스윙-다운스윙 전환 시간이 중요하다. 백스윙 속도가 빠를수록 SSC 효과가 증대된다. 빠른 신장 속도는 근육과 건에 더 많은 탄성 에너지를 저장하고, 근방추의 반사 작용을 더 강하게 유발하여 후속 수축력을 증가시킨다. 또한 근육의 점탄성 특성을 활용하여 더 큰 저항력을 생성하며, 이는 후속 단축 시 더 큰 힘 발생으로 이어진다. 백스윙과 다운스윙 사이의 정지 시간을 최소화하는 것도 중요하다. 정지 시간이 길어지면 저장된 탄성 에너지가 열로 소실되기 때문이다. 빠른 전환은 저장된 에너지를 효과적으로 활용할 수 있게 하고, 근육의 활성화 상태를 유지하여 더 강력한 수축을 가능하게 한다. 또한 부드러운 전환은 전체 스윙의 리듬과 타이밍을 향상시킨다.

☑ X-팩터와 X-팩터 스트레치

그림 5.15

X-팩터

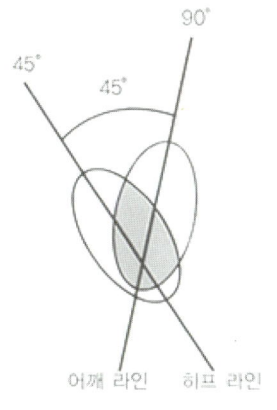

X-팩터 factor 는 1992년 미국 교습가 짐 매클린이 골프 매거진에 처음 소개한 개념으로 백스윙 탑에서 골반 hip 과 가슴(어깨)의 회전 각도 차이를 의미한다(그림 5.15). 이 각도의 차이가 클수록 클럽헤드 스피드와 비거리도 증가한다는 사실이 발견되었다. X-팩터 스트레치 factor stretch 는 다운스윙 초기에 이 차이가 더 증가하는 현상을 말한다. X-팩터와 X-팩터 스트레치는 골프 스윙에서 매우 중요한 역할을 한다. 이들은 상체와 하체의 회전 분리를 통해 더 큰 토크를 생성하고, 근육과 결

합조직의 탄성 에너지를 저장하고 활용한다. 또한 파워풀한 다운스윙을 위한 이상적인 시작 자세를 만든다.

프로 골퍼의 경우 아마추어와 비교해 19% 더 큰 X-팩터 스트레치가 발생한다. 이는 프로 골퍼들의 향상된 유연성, 근력과 제어력, 그리고 기술적 숙련도 때문이다. 프로 골퍼들은 일반적으로 더 나은 체간 유연성을 가지고 있어 더 큰 회전이 가능하며, 강화된 코어 근력으로 더 큰 회전 각도를 안정적으로 유지할 수 있다. 또한 다운스윙 초기에 하체를 먼저 회전시키는 능력이 더 뛰어나다. X-팩터 스트레치는 운동역학 사슬 원리와 신장-단축 순환 주기 SSC를 효과적으로 활용할 수 있게 한다. 운동역학 사슬 원리에 따라 하체에서 시작된 회전이 상체, 팔, 클럽 순으로 전달되어 최종적으로 클럽헤드 속도를 극대화한다. 또한 X-팩터 스트레치는 몸통 근육의 SSC를 최대화하여 회전력을 증가시킨다. 이렇게 저장된 탄성 에너지와 근육의 강력한 단축이 결합하여 폭발적인 회전력을 만든다.

지면반력

인간의 신체가 외부 물체와 상호작용할 때, 흥미로운 물리적 현상이 발생한다. 신체의 특정 부위가 외부 물체에 힘을 가하면, 그 물체는 동일 크기의 힘을 반대 방향으로 인체에 되돌려 준다. 이러한 현상을 과학적으로 '반작용력'이라고 부른다. 이는 뉴턴의 제3 법칙, 즉 작용-반작용 법칙을 실제로 보여 주는 예시이다. 특히 주목할 만한 점은 우리가 서 있거나 걸을 때 경험하는 반작용력이다. 이 경우 우리 신체와 상호작용하는 외부 물체는 바로 지구이며, 이때 발생하는 반작용력을 특별히 '지면반력 ground reaction force, GRF'이라고 칭한다. 이 지면반력은 우리의 일상적인 움직임에서 중요한 역할을 한다.

반작용력, 그중에서도 지면반력은 단순히 이론상의 개념이 아니다. 이는 실제로 우리 몸을 움직이게 하고 이동시키는 외부적인 힘으로 작용한다. 따라서 우리가 걷고, 뛰고, 점프하는 등의 모든 동작은 이 반작용력을 효과적으로 활용하는 과정이라고 볼 수 있다. 이러한 원리는 스포츠 과학이나 운동역학 분야에서 중요하게 다뤄지며, 운동 수행력 향상을 위한 핵심 요소로 여겨진다. 골프 스윙에서 하체를 통해 발생하는 힘은 클럽헤드 스피드 증가에 중요한 역할을 한다. 지면반력의 중요성은 다음과 같다. 지면과의 상호작용을 통해 운동 에너지를 생성하고 전달한다. 효율적인 체중 이동과 회전 동작의 기반을 제공한다. 상체의 파워 생성을 위한 안정적인 기반을 형성한다.

회전력의 발생 메커니즘

골프 스윙 동작 시 작용하는 외력을 표현하면 다음의 FBD 자유체도와 같다(그림 5.16). 골프는 본질적으로 회전 운동을 기반으로 한다. 이러한 특성 때문에, 골프 스윙의 주된 동력원은 회전력 Torque or Moment 이다. 따라서 이 회전력을 최대화하는 것이 스윙 속도를 향상하는 데 있어 가장

그림 5.16

왼쪽 그림은 이마면에서의 회전력 발생기전(GRF moment), 오른쪽 그림은 가로면에서 회전력의 발생 기전(pivoting moment)

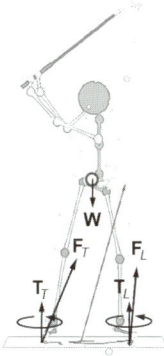

W는 질량중심에 작용하는 체중, F는 지면반력, T는 토크(회전력), Lead foot 앞발(L), Trail foot 뒷발(T)의 약자이다.

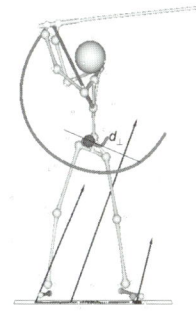 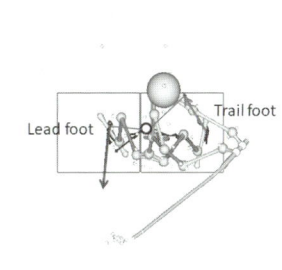

핵심적인 요소라고 할 수 있다.

회전력의 발생 메커니즘은 크게 세 가지 다른 방식으로 나눌 수 있다. 첫째, 인체의 질량 중심 CM에 작용하는 합성 지면반력 GRF에 의해 생성되는 지면반력 모멘트 GRF moment 가 있다. 이는 전체 신체의 회전을 유도하는 주요 요인이 된다. 둘째, 압력 중심 COP에 대해 좌우 발에 작용하는 지면반력에 의해 생성되는 피벗팅 회전력 pivoting moment 이 있다. 이는 골퍼가 지면을 중심으로 회전하는 동작을 가능하게 한다. 셋째, 회전하는 발과 지면 사이의 직접적인 상호작용으로 인해 발생하는 발 접촉 회전력 foot contact moment 이 있다. 이는 골퍼의 발이 지면과 맞닿아 회전하면서 발생하는 힘으로, 전체적인 회전 동작에 도움 된다.

이러한 세 가지 메커니즘이 복합적으로 작용하여 골프 스윙에 필요한 전체적인 회전력을 생성한다. 따라서 효과적인 골프 스윙을 위해서는 이러한 다양한 회전력 발생 원리를 이해하고, 각 요소를 최적화하는 것이 중요하다.

☑ 지면반력의 주요 특성

그림 5.17은 골프 스윙 중 좌우 발에 작용하는 지면반력 중 수직 성분의 패턴을 보여 주고 있다. 지면반력의 주요 특성은 다음과 같다:

첫째, 수직, 전후, 좌우 방향의 최대 지면반력은 체중의 1.6-2.0배, 0.4-0.6배, 0.2-0.3배이다. 수직 방향 (1.6-2.0배)의 경우, 이는 체중의 1.6-2배에 해당하는 큰 힘이 수직으로 작용함을 의미한다. 다운스윙 시 지면을 강하게 누르는 동작으로 발생한다. 이 힘은 상체로 전달되어 클럽헤드 속도 증가에 도움 된다. 과도한 수직력은 안정성을 해칠 수 있으므로 적절한 조절이 필요하다. 전후 방향 (0.4-0.6배)의 경우, 체중의 40-60% 해당하는 힘이 전후 방향으로 작용한다. 백스윙에서 다운스윙으로 전환 시 발생하는 체중 이동과 관련이 있다. 이 힘은 회전 동작의 시작과 가속에 중요한 역할을 한다. 전후 방향의 힘 조절은 타이밍과 밸런스 유지에 핵심적이다. 좌우 방향 (0.2-0.3배)의 경우, 체중의 20-30% 해당하는 상대적으로 작은 힘이 좌우로 작용한다. 회전 동작 중에 발생하는 측면 힘으로, 안정성 유지에 중요하다. 과도한 좌우 힘은 스윙 평면을 흐트러뜨릴 수 있어 주의가 필요하다.

그림 5.17
골프 스윙 중 좌우 발에 작용하는 지면반력 수직 성분 (단위: N)   앞발: 왼발, 뒷발: 오른발

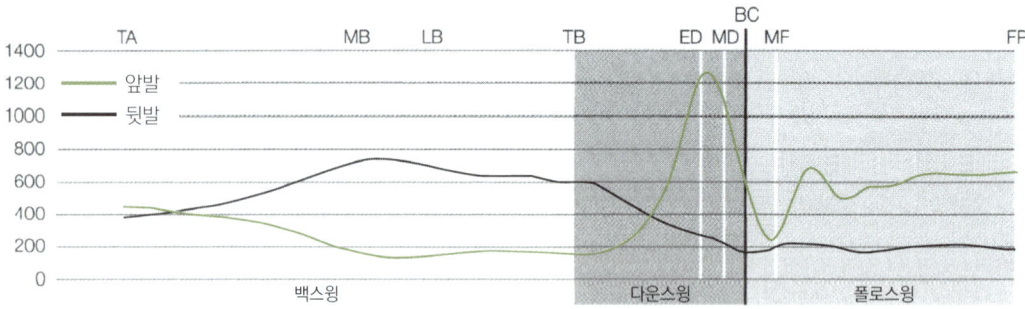

둘째, 백스윙 시 뒷발, 다운스윙 시 앞발에 더 큰 지면반력이 발생한다.

백스윙 시 뒷발의 경우, 체중이 뒤쪽으로 이동하면서 뒷발에 더 큰 압력이 가해진다. 이는 회전축을 형성하고 상체 회전을 위한 안정적인 기반을 제공한다. 뒷발의 지면반력은 다운스윙을 위한 잠재 에너지를 저장한다. 다운스윙 시 앞발의 경우, 빠른 체중 이동으로 앞발에 큰 압력이 집중된다. 이는 회전 가속과 파워 생성의 핵심 요소이다. 앞발의 지면반력은 상체로 전달되어 클럽헤드 속도 증가에 도움 된다.

셋째, 핸디캡이 낮은 골퍼일수록 더 크고 빠른 체중 이동이 발생한다.

더 큰 체중 이동의 경우, 숙련된 골퍼는 체중을 더 효과적으로 사용하여 더 큰 지면반력을 생성한다. 이는 더 큰 회전력과 파워로 이어져 클럽헤드 속도 증가에 도움 된다. 체중의 90% 이상을 앞발로 이동시키는 것이 일반적이다. 더 빠른 체중 이동의 경우, 숙련된 골퍼는 백스윙 탑에서 임팩트까지 체중 이동을 더 빠르게 수행한다. 이는 더 폭발적인 힘 생성과 효율적인 에너지 전달로 이어진다. 빠른 체중 이동은 타이밍과 협응력의 향상을 나타낸다. 일관성의 경우, 낮은 핸디캡의 골퍼는 스윙마다 일관된 체중 이동 패턴을 보인다. 이는 반복 가능한 스윙과 안정적인 퍼포먼스로 이어진다.

지면반력의 효과적인 활용은 골프 스윙의 파워와 일관성 향상에 핵심적이다. 그러나 개인의 체형, 유연성, 근력에 따라 최적의 지면반력 패턴이 다를 수 있으므로, 개별화된 분석과 훈련이 필요하다. 또한, 과도한 지면반력은 부상 위험을 증가시킬 수 있으므로, 적절한 기술과 체력 훈련을 통해 안전하고 효율적인 지면반력 활용 능력을 개발해야 한다.

골프 스윙의 운동학 및 운동역학적 특성

골프 스윙은 복잡한 3차원 운동으로, 셋업, 백스윙, 다운스윙, 임팩트, 폴로 스루의 단계로 구성되어 있다. 단계별 주요 생체역학적 특성을 살펴보자.

셋업

골프 셋업의 주요 목적은 목표에 대한 정렬, 동적/정적 균형 확립, 효과적인 스윙을 위한 생체역학적 자세 구축, 그리고 클럽의 효과적인 그립 형성이다.

목표에 대한 정렬을 위해 발, 힙 hip, 어깨선을 목표 방향과 평행하게 정렬하고, 클럽페이스가 목표를 향하도록 한다. 시선은 볼과 목표 사이를 연결하는 가상의 선을 따라간다. 동적/정적 균형 확립을 위해 발 너비를 어깨너비로 유지하여 안정적인 지지 기반을 만든다. 체중을 양발에 고르게 분배하되, 약간 오른발에 더 실어준다. 무게 중심을 발의 중앙부에 위치시켜 안정성을 높인다. 효과적인 스윙을 위한 생체역학적 자세 구축을 위해 척추를 펴고 자연스러운 곡선을 유지한다. 팔은 자연스럽게 늘어뜨려 어깨와 일직선을 이룬다. 턱을 약간 들어 목의 긴장을 풀고 회전의 자유를 확보한다. 클럽의 효과적인 그립 형성을 위해 왼손(오른손잡이 기준)으로 클럽을 잡고, 오른손으로 감싸준다. 그립 압력은 1-10 스케일에서 4-5 정도로 유지한다. 손목의 각도를 중립 상태로 유지하여 자연스러운 힌지 hinge 를 준비한다.

주요 생체역학적 특성 중 하나는 체중의 50-60%가 오른발에 위치하는 것이다. 이는 백스윙 시 체중 이동을 쉽게 하고, 오른발에 더 많은 체중을 두어 회전축을 안정시킨다. 또한 다운스윙 시 왼쪽으로의 원활한 체중 이동을 준비한다. 무릎 20-25° 굴곡은 또 다른 중요한 특성이다. 적당한 무릎 굴곡은 안정성과 유연성을 동시에 제공한다. 이는 효과적인 체중 이동과 회전을 가능하게 한다. 과도한 굴곡은 파워 손실을, 부족한 굴곡은 유연성 감소를 초래할 수 있다. 몸통 약 45° 전방 굴곡(1차 척추각)도 중요한 특성이다. 이 각도는 효과적인 회전축을 형성하고 파워를 생성한다. 척추의 자연스러운 굴곡을 유지하여 부상 위험을 줄인다. 볼에 대한 적절한 시야와 클럽 헤드 컨트롤을 제공한다. 오른쪽 어깨 약 16° 외측 굴곡 2차 척추각 은 마지막 주요 특성이다. 이는 오른손이 왼손보다 낮게 위치하는 것을 보상한다. 척추의 측면 굴곡과 어깨의 하강으로 인해 형성된다. 효과적인 회전과 파워 생성을 위한 준비 자세를 만든다.

그립 유형에는 강한 그립, 약한 그립, 중립 그립이 있다. 강한 그립은 왼손 손등이 더 많이 보이도록 시계 방향으로 회전시키고, 오른손으로 클럽을 더 깊게 잡는다. 요골 굴곡이 10° 미만인 골퍼에게 적합하다. 장점은 손목의 빠른 릴리스로 더 많은 거리를 낼 수 있다는 것이다. 단점은 정확성이 떨어질 수 있으며, 훅의 위험이 있다는 것이다. 약한 그립은 오른손 손등이 더 많이 보이도록 반시계 방향으로 회전시키고, 왼손으로 클럽을 더 얕게 잡는다. 장점은 페이드 구질을 만들기 쉽고 클럽페이스 컨트롤이 쉬워 정확성이 높아진다는 것이다. 단점은 손목 릴리스 스피드 감소로 거리가 줄어들 수 있으며, 슬라이스의 위험이 있다는 것이다. 중립 그립은 강한 그립과 약한 그립의 중간 지점이다. 양손의 손등이 거의 똑같이 보인다. 요골 굴곡이 약 20°인 골퍼에게 적합하다. 장점은 가장 다재다능하고 일관된 샷을 만들 수 있다는 것이다. 단점은 특정 구질을 의도적으로 만들기 어려울 수 있다는 것이다. 이러한 셋업의 요소들을 개인의 신체적 특성과 기술 수준에 맞게 조정하여 최적의 스윙 기반을 마련하는 것이 중요하다.

백스윙

골프 백스윙의 목적은 크게 세 가지로 나눌 수 있다. 다운스윙을 위한 골퍼의 허브 중심과 클럽헤드 위치 및 정렬, 다운스윙의 운동역학 사슬 kinetic chain 을 위한 기반 연결 제공, 그리고 다운스윙에서 파워 생성에 관여하는 근육 및 관절 구조의 신장이다.

허브 중심 주로 흉골 하단부 을 중심으로 회전을 수행한다. 클럽헤드가 목표선과 평행한 평면을 따라 이동하도록 하며, 백스윙 탑에서 클럽 샤프트가 목표선과 평행하게 정렬되도록 한다. 다운스윙의 운동역학 사슬을 위한 기반 연결 제공을 위해 하체, 코어, 상체, 팔, 클럽 순서로 이어지는 운동역학 사슬의 시작점을 만든다. 주요 근육군 대둔근, 복사근, 광배근 등 을 신장시켜 탄성 에너지를 저장하고, X-factor 어깨와 힙의 회전 각도 차이 를 만들어 회전력을 극대화한다. 다운스윙에서 파워 생성에 관여하는 근육 및 관절 구조의 신장을 위해 회전근개, 광배근, 대흉근 등 상체 주요 근육을 신장시킨다. 고관절 외회전근과 내전근을 신장시켜 하체의 파워를 준비하고, 손목과 전완근을 신장시켜 임팩트 시 빠른 릴리스를 준비한다.

백스윙의 주요 생체역학적 특성은 다음과 같다. 평균 소요 시간은 1초 미만 0.82초: 엘리트 골퍼 기준 이며, 처음 40~60cm 동안은 원피스 테이크어웨이 one piece take-away 를 수행한다. 이는 리듬과 타이밍의 일관성을 나타내며, 너무 빠르면 제어력이 떨어지고, 너무 느리면 파워가 감소할 수 있다. 개인의 체형과 유연성에 따라 약간의 변동이 있을 수 있다. 어깨 회전은 78-102°로, 유연성과 체형에 따라 개인차가 크다. 더 큰 회전은 더 큰 파워 생성 잠재력을 의미하지만, 일관성 유지가 어려울 수 있다. 어깨 회전은 X-factor 생성에 중요한 역할을 한다. 힙 회전은 47-55°로, 어깨보다 적은 회전으로 X-factor를 형성한다. 하체의 안정성을 유지하면서 상체 회전의 기반을 제공하며, 과도한 힙 회전은 파워를 줄이고 일관성을 해칠 수 있다.

오른팔 외전은 75-90°, 외회전은 90°로, 이 각도는 적절한 스윙 너비와 깊이를 제공한다. 외회전은 임팩트 시 파워 있는 내회전을 준비하며, 개인의 유연성과 체형에 따라 조정될 수 있다. 왼팔은 신전, 내회전, 수평 내전을 수행한다. 왼팔을 곧게 유지하여 일정한 호를 그리도록 하며, 내회전과 수평 내전은 클럽을 올바른 경로로 유도한다. 이는 일관된 스윙 평면을 유지하는 데 도움을 준다. 왼쪽 견갑골은 외전, 상승, 외회전을 수행한다. 이 동작은 어깨의 완전한 회전을 가능하게 하고, 상체의 꼬임을 증가시켜 더 큰 파워 생성 잠재력을 만든다. 견갑골의 적절한 움직임은 어깨 부상 예방에도 중요하다.

손목은 90°에 가까운 코킹을 수행한다. 이는 클럽헤드의 가속을 위한 지렛대 역할을 하며, 너무 일찍 풀리지 않도록 백스윙 동안 유지해야 한다. 개인의 손목 유연성과 그립 스타일에 따라 약간의 변동이 있을 수 있다.

체중은 왼발에 약 40% 부하되며, 오른쪽 골반 회전이 일어난다. 이는 오른쪽으로의 체중 이동을 나타내며, 다운스윙 시 왼쪽으로의 빠른 체중 이동을 준비한다. 과도한 체중 이동은 균형을 무너뜨릴 수 있으므로 주의해야 한다. 측면 체중 이동 기술은 클럽헤드 스피드를 높이는데 도움이 안 되며, 전체 선형 속도의 약 10%를 생성한다. 이러한 백스윙의 요소들은 서로 밀접하게 연관되어 있으며, 개인의 신체적 특성과 스윙 스타일에 따라 최적화되어야 한다. 일관된 백스윙은 효과적인 다운스윙과 임팩트를 위한 기초를 제공한다.

다운스윙

골프 다운스윙의 주요 목적은 최대 속도로 정확한 평면에서 볼을 타격하는 것이다. 최대 속도를 위해서는 클럽헤드 속도를 최대화하여 볼에 최대한의 에너지를 전달한다. 순차적인 근위-원위 운동역학 사슬을 통해 속도를 점진적으로 증가시키며, 임팩트 직전 손목의 언코킹을 통해 최종적으로 속도가 증가한다. 정확한 평면을 위해서는 클럽페이스가 타깃 라인과 직각을 이루도록 제어한다. 스윙 경로와 클럽페이스 각도의 조화를 통해 의도한 구질을 만들며, 임팩트 순간의 클럽헤드 움직임을 안정화하여 정확도를 높인다.

다운스윙의 주요 생체역학적 특성은 다음과 같다. 평균 소요 시간은 0.23초(엘리트 골퍼 드라이버 기준)로, 매우 짧은 시간 동안 복잡한 동작이 이루어짐을 나타낸다. 이는 정확한 타이밍과 협응이 중요함을 의미하며, 일관된 소요 시간은 리듬과 타이밍의 안정성을 나타낸다. 다리와 엉덩이에서 시작되어 상체, 팔, 클럽 순으로 진행되는 운동역학 사슬은 큰 근육군에서 작은 근육군으로 힘을 전달하는 효율적인 방식이다. 근위에서 원위 순서로 순차적으로 작동할 때 클럽헤드 속도가 최대에 도달한다. 각 분절의 회전 속도가 점진적으로 증가하여 클럽헤드에서 최대화되며, 이는 각운동량 보존의 법칙을 따른다(그림 5.18).

프로골퍼의 평균 각속도는 엉덩이(498°/s) < 어깨(723°/s) < 팔(1,165°/s) < 클럽헤드(2090°/s) 순이다. 골프 스윙에 대한 관절의 선형 기여도는 엉덩이(5%) = 척추(5%) < 어깨(20%) < 손목(70%)이다.

왼쪽 골반 회전으로 다운스윙이 시작된다. 이는 지면과의 상호작용을 통해 초기 힘을 생성하고, X-factor stretch를 활용하여 상체와의 회전 각도 차이를 증가시키며, 체중 이동의 시작점 역할을 한다. 왼팔은 외회전, 내전을 수행한다. 외회전은 클럽을 올바른 스윙 평면으로 유도하고, 내전은 팔을 몸에 가깝게 유지하여 파워와 제어력을 높인다. 이 동작은 임팩트 시 안정적인 리딩 암 역할을 한다. 오른팔은 내회전, 내전, 신전을 수행한다. 내회전은 클럽페이스를 제어하는데 중요하고, 내전은 파워를 클럽으로 전달하는 데 도움을 준다. 신전은 클럽헤드의 가속을 돕고

그림 5.18
골프 스윙 중 주요 분절의 각속도 변화

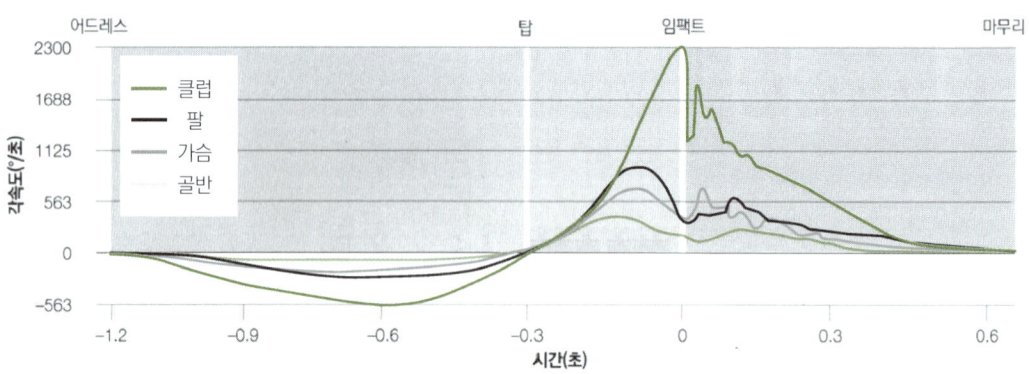

임팩트 후 폴로 스루를 준비한다. 손목은 임팩트 직전까지 코킹을 유지하고, 임팩트 시 수동적 척골 편위를 수행한다. 코킹 유지는 각운동량을 보존하여 최종 릴리스 시 폭발적인 속도를 만든다. 수동적 척골 편위는 임팩트 시 자연스러운 손목 움직임을 나타내며, 이 동작은 클럽헤드의 "채찍 whip-like" 효과를 만들어 최대 속도를 생성한다.

체중은 오른발에서 왼발로 이동한다. 체중 이동은 지면반력을 활용하여 추가적인 파워를 생성하고, 임팩트 시 왼쪽으로 체중이 집중되어 안정적인 타격을 가능하게 한다. 체중 이동의 타이밍과 양은 클럽헤드 속도와 정확성에 직접적인 영향을 미친다. 이러한 다운스윙의 요소들은 서로 긴밀히 연관되어 있으며, 각 요소의 정확한 타이밍과 협응이 효과적인 다운스윙의 핵심이다. 개인의 신체적 특성, 유연성, 근력 등에 따라 이러한 동작을 최적화하는 것이 중요하다. 또한, 일관된 다운스윙 패턴을 개발하고 유지하는 것이 골프 기술 향상의 핵심 요소이다.

폴로 스루

골프 폴로 스루의 주요 목적은 신체와 클럽헤드의 감속이다. 신체의 감속을 위해서는 임팩트 후 발생한 회전 운동량을 안전하게 흡수한다. 근골격계에 가해지는 스트레스를 최소화하여 부상을 예방하고, 다음 스윙을 위한 안정적인 종료 자세를 만든다. 클럽헤드의 감속을 위해서는 클럽헤드의 높은 속도를 점진적으로 줄여 제어력을 유지한다. 클럽의 관성으로 인한 과도한 회전을 방지하고, 임팩트 후 클럽헤드의 경로를 제어하여 샷의 일관성을 높인다.

폴로 스루의 주요 생체역학적 특성은 다음과 같다. 편심성 근수축을 통한 감속이 이루어진다. 주요 근육군 등, 복부, 대퇴이 신장하면서 수축하여 에너지를 흡수한다. 이는 충격을 완화하고 부상 위험을 줄이는 효과적인 방법이며, 근육의 탄성 에너지를 활용하여 더 부드러운 감속이 가능하다. 왼쪽 어깨와 팔은 외전, 외회전을 수행한다. 외전은 팔을 몸에서 멀어지게 하여 회전 반경을 넓히고, 외회전은 어깨관절의 안정성을 유지하고 과도한 내회전을 방지한다. 이 동작은 상체의 회전을 부드럽게 감속시키는 역할을 한다. 오른쪽 어깨와 팔은 내전, 내회전을 수행한다. 내전은 팔을 몸쪽으로 당겨 회전을 제어하고, 내회전은 임팩트 후 클럽의 자연스러운 회전을 따라간다. 이 동작은 오른팔의 에너지를 흡수하고 균형을 유지하는 데 도움을 준다. 양쪽 팔꿈치는 굴곡하여 팔과 몸통 회전을 감속한다. 팔꿈치 굴곡은 회전 반경을 줄여 각운동량을 감소시킨다. 이는 갑작스러운 정지로 인한 관절 스트레스를 줄이는 데 도움이 되며, 클럽의 관성에 의한 과도한 회전을 제어하는 데 중요하다.

몸통은 목표를 향해 회전하며, 약간의 과신전 및 측방 굴곡이 일어난다. 목표를 향한 지속적인 회전은 운동량을 부드럽게 소진된다. 약간의 과신전은 척추의 안정성을 유지하면서 완전한 회전을 가능하게 하며, 측방 굴곡은 체중 이동의 결과이며 균형 유지에 도움을 준다. 왼쪽 다리는 내회전하여 체중을 흡수한다. 내회전은 골반과 하체의 안정성을 제공하며, 이는 상체의 회전 에너지를 지면으로 전달하는 데 중요한 역할을 한다. 체중을 효과적으로 흡수하여 안정적인 마무리 자세를 만든다. 왼쪽 발목은 회외 동작을 수행한다. 회외 동작은 발의 안정성을 높이고 체중을 효과적으로 지지한다. 이는 지면과의 접촉 면적을 늘려 균형 유지에 도움을 주며, 무릎과 고관절의 스트레스를 줄이는 데 기여한다.

폴로 스루는 단순히 스윙을 마무리하는 단계가 아니라, 전체 스윙의 균형과 일관성, 그리고 부상 예방에 중요한 역할을 한다. 효과적인 폴로 스루는 다음 스윙을 위한 준비 상태를 만들며, 전반적인 스윙의 리듬과 타이밍을 향상한다. 개인의 체형, 유연성, 근력에 따라 폴로 스루의 세부적인 특성이 달라질 수 있으므로, 개별화된 접근이 필요하다.

참고 문헌

[1] 김성수(2002). *골프 스윙의 원리*. 전원문화사.

[2] 정철수, 신인식(2005). *운동역학총론*. 대한미디어.

[3] Cochran A., & Stobbs, J. (1968). *Search for the perfect swing*. Triumph Books.

[4] Han, K., Como, C,. Kim, J., Lee, S., Kim, J., Kim D., & Kwon, Y. (2019). Effects of the golfer-ground interaction on clubhead speed in skilled male golfers, *Sports Biomechanics, 18*(2), 115-134.

[5] Hume, P., Keogh, J., & Reid, D. (2005). The role of biomechanics in maximizing distance and accuracy of golf shots. *Sports Medicine, 35*(5), 429-449.

[6] McLester, J., & Pierre, P. S. (2020). *응용생체역학: 개념과 연관 분야* (2판) (임영태, 이기광, 채원석, 윤석훈, 이혜동, 박재범 역). 라이프사이언스. (원저 2019 출판)

[7] Smith, M. F. (2014). *골프의 과학* (김계동 역). 명인문화사. (원저 2013 출판)

"골프 스코어는 그린 주변 70야드에서 결정된다."

― *Ben Hogan* ―

"골프 스코어의 60%는 핀에서 125야드 이내에서 나온다."

― *Sam Snead* ―

쇼트 게임

PGA CLASS A 정회원 _ 김해천

강의 개요

쇼트 게임을 성공적으로 실행하기 위해서는 무엇보다도 셋업을 정확히 해야 한다. 피칭과 치핑에서는 탄도 조절의 능력과 거리 조절에 관한 이론과 테크닉을 숙지하는 것이 중요하다. 벙커샷에서는 먼저 샌드웨지의 기능에 관한 이해를 기본으로 해서 다양한 모래 상태에 따라 실행해야 하는 테크닉과 거리 조절의 방법을 터득해야 한다. 그린에서 퍼팅할 때는 잔디 상태와 빠르기를 파악하는 것이 우선이며, 거리에 따른 퍼팅 개념을 알아야 한다. 또한 부드럽고 안정된 진자 운동의 스트로크로 만들어지는 터치감을 익히는 것은 퍼팅의 핵심 사항이다.

쇼트 게임의 이해 / 96
쇼트 게임의 종류 / 97
쇼트 게임의 티칭 / 99

쇼트 게임의 이해

쇼트 게임의 정의

그린 위 또는 주위에서 가장 적은 타수로 홀에 넣기 위해 플레이하는 샷으로는 치핑, 피칭, 벙커샷, 퍼팅 그리고 그 외에 응용된 샷들이 있다.

그림 6.1
쇼트 게임

쇼트 게임 성공 지침

쇼트 게임을 성공적으로 하기 위해서는 골퍼가 그린 주위에서 한 가지 샷에만 의존하지 말고 상황에 따라 적절히 대처할 수 있는 풍부한 상상력을 가지는 것이 중요하다. 일단 실행에 들어가면 샷을 할 때 힘에 의한 강한 임팩트보다는 리듬감을 살려서 샷을 하는 것이 좋다. 그린 주위에서 샷을 할 때는 가능한 한 굴리는 샷을 먼저 선택하고 상황에 따라 굴릴 수 없는 경우, 띄우는 샷을 선택하는 것이 일반적이다.

쇼트 게임 성공 실행 순서

효과적인 쇼트 게임을 위해서는 다음과 같이 네 가지 단계를 생각하면서 진행하는 것이 필요하다. 1) 먼저 볼이 놓인 상태와 홀까지의 장애 요소를 파악하고, 2) 그 상태에 따라 어떤 샷을 구사할 것인지 결정 굴리는 샷 vs 띄우는 샷 해야 하며, 3) 그 샷을 성공시키기 위한 적정 클럽을 선택하고 4) 마지막으로 자신의 샷을 믿고 실행해야 한다.

쇼트 게임의 종류

🏌 치핑

☑ 치핑이란?

치핑 chipping 은 볼을 비교적 낮은 탄도로 쳐서 땅에서 구르는 거리가 공중에 떠 있는 거리보다 긴 샷이라고 정의할 수 있다 More ground distance than air distance.

그림 6.2
치핑

☑ 치핑 샷을 사용해야 할 경우

치핑 샷은 주로 가까운 그린 주위에서 실행하는 쇼트 게임으로써 홀 쪽으로 잔디 상태가 양호할 때와 볼 진행 방향에 장애물 벙커, 물, 언덕 이 없을 때 주로 사용한다.

🏌 피칭

☑ 피칭이란?

피칭 pitching 이란 비교적 높은 탄도로 쳐서 공중에 떠 있는 거리가 구르는 거리보다 긴 샷이라 정의할 수 있다 More air distance than ground distance.

☑ 피칭 샷을 사용해야 할 경우

피칭 샷을 사용해야 하는 경우는 그린 앞에 장애물이 있는 경우 벙커, 워터 해저드, 언덕, 깊은 러프 나 홀이

그림 6.3
피칭

그린 주변에 벙커, 해저드, 러프 언덕 등 장애물이 앞에 있다면 볼을 띄워 치는 피치 샷을 한다.

그린 앞쪽 에지 edge 에서 가까이 있는 경우, 그리고 그린이 내리막 경사가 되어 볼이 부드럽게 착지 되어야 할 때이다.

☑ 성공적인 피칭을 하기 위한 개념

피칭은 볼을 토스하는 원리와 같다. 볼을 띄우는 실질적인 요소는 손목의 동작이 아니고 클럽 페이스의 로프트이므로 볼을 띄우기 위해서는 손목을 사용이 아닌 클럽 페이스의 각도를 믿고 샷을 해야 한다. 볼을 부드럽게 띄우기 위해서는 코킹 cocking 을 적절하게 사용해야 하며, 정확하고 반복적인 스윙을 위해서 최대한 몸의 리듬을 살려서 해야 한다. 이때 팔과 손의 긴장은 임팩트의 느낌을 반감시킨다.

🏌 벙커 샷

☑ 벙커 샷이란?

벙커 bncker 란 골프 코스 안의 장애물로써 움푹 들어간 부분에 모래로 채워져 있거나 풀이 깔린 곳을 말하며, 그곳에서 쳐내는 샷을 벙커 샷이라 한다.

☑ 벙커의 종류

벙커의 종류에는 그린 주위에 배치된 그린사이드 벙커 greenside bunker, 페어웨이 중간에 있는 페어웨이 벙커 fairway bunker, 움푹 들어간 곳에 모래 대신 풀이 깔린 그라스 벙커 grass bunker, 그리고 모래와 덤불 등이 뒤섞인 웨이스트 벙커 waste bunker 등이 있다.

🏌 퍼팅

☑ 퍼팅이란?

퍼팅 putting 은 골프 게임에서 또 하나의 독립된 게임으로 그린 위에서 퍼터를 사용하여 홀컵을 향하여 공을 치는 동작이며 스코어의 40% 이상을 차지하는 중요한 부분이다.

그림 6.4
벙커 샷

그림 6.5
퍼팅

쇼트 게임의 티칭

치핑

치핑의 셋업

치핑을 위한 셋업 set up 동작은 1) 백스윙을 제한하고 방향 감지를 쉽게 하도록 거리에 따라 스탠스를 좁히고 오픈시킨다. 2) 정확도와 컨트롤을 위해서 거리에 따라 그립을 내려 잡는다. 3) 낮은 탄도와 하향 타격을 위해 볼의 위치는 오른발 쪽에 놓는다. 4) 로프트 loft 를 세워서 볼이 더 구르도록 손의 위치는 타깃 방향으로 리드시킨다. 5) 한 개의 안정된 축을 이용하고 뒤땅 치는 것을 방지하기 위해 체중은 더 왼발 쪽에 둔다.

그림 6.6
치핑의 셋업

06_쇼트 게임

☑ 치핑 테크닉

칩샷을 위한 백스윙은 손목이 경직되지 않는 상태에서 의도적으로 코킹을 제한하는 것이 좋다. 다운스윙 때 손을 타깃 쪽으로 리드하여 가속화된 스트로크로 하향 타격한다. 임팩트 포지션에서도 손의 위치는 볼보다 타깃 쪽으로 앞서있는 모습을 유지하여야 한다. 폴로 스루^{follow through}를 할 때는 손목 로테이션을 제한한다.

그림 6.7
치핑 테크닉

☑ 치핑의 연습 방법

칩샷의 정확도를 높이기 위한 연습 방법으로는 1) 임팩트 백을 이용해서 스윙하는 동안 손이 볼보다 앞서는 동작과 하향 타격하는 동작을 익힐 수 있어 매우 유용한 연습 방법이 될 수 있으며 2) 또 한 가지 방법은 칩 스틱을 이용하여 치핑 시 손목 사용을 제한하는 동작을 익힐 수 있다.

그림 6.8
치핑 연습 방법

☑ 클럽별 구르는 거리

치핑 시 클럽별 공중거리와 구르는 거리의 비율은 플레이어의 스윙 스타일에 따라 달라질 수 있다. 클럽 샤프트가 수직을 이룰 때 칩샷의 클럽별 구르는 거리 비율을 비교해보자.

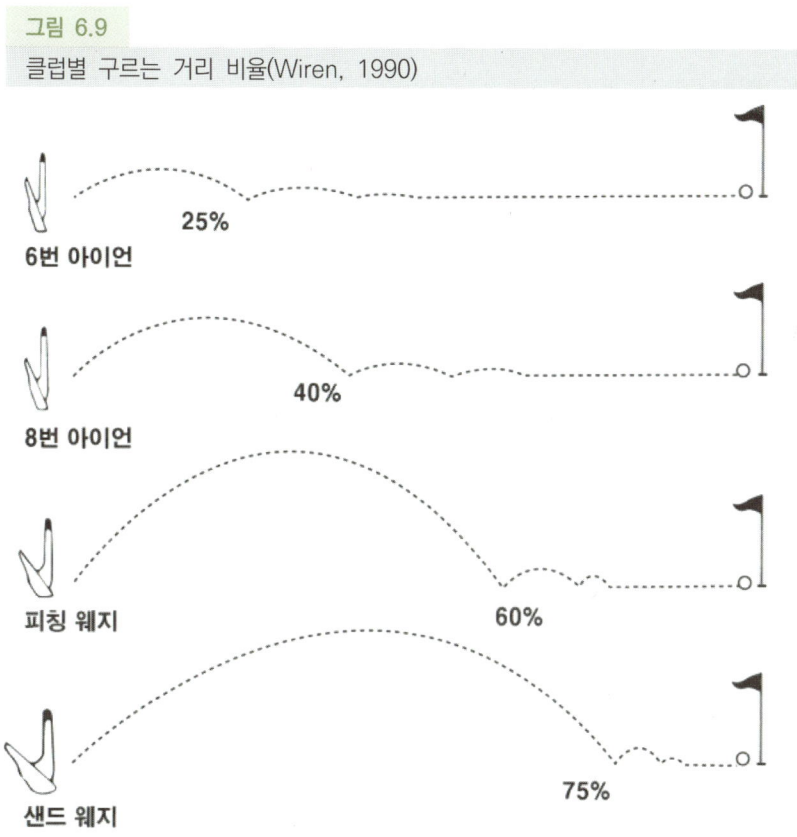

그림 6.9
클럽별 구르는 거리 비율(Wiren, 1990)

☑ 2020년 PGA 투어 그린 주위에서 치핑 세이브 Top 5

골프 선수들의 경기력에 영향을 미치는 요소는 수없이 많지만 그린 주위에서의 샷 수행 결과는 스코어에 눈에 띄게 드러나게 된다. PGA 투어에서 그린 주위의 프린지fringe로부터 30야드 거리까지 세이브율을 살펴보면 다음의 표와 같다(PGA TOUR, 2020).

표 6.01
프린지에서의 세이브율

순위	선수 이름	시도 횟수	성공 횟수	세이브율
T1	Paul Casey	35	35	100.00%
T1	Danny Willett	17	17	100.00%
T1	Michael Thompson	33	33	100.00%
T1	Kevin Chappell	22	22	100.00%
T1	Patton Kizzire	27	27	100.00%

투어 전체평균 89.62%

표 6.02
10야드 이내 세이브율

순위	선수 이름	시도 횟수	성공 횟수	세이브율
1	Ian Poulter	46	46	100.00%
2	Seamus Power	28	27	96.43%
3	Justin Thomas	81	77	95.06%
4	Austin Cook	60	57	95.00%
5	Adam Long	82	77	93.90%

투어 전체평균 83.97%

표 6.03
10~20야드 세이브율

순위	선수 이름	시도 횟수	성공 횟수	세이브율
1	Doug Ghim	58	45	77.59%
2	Kevin Na	157	119	75.80%
3	Nick Watney	70	52	74.29%
4	Brendon Todd	141	141	73.82%
5	Brice Garnett	68	68	73.12%

투어 전체평균 63.40%

표 6.04

20~30야드 세이브율

순위	선수 이름	시도 횟수	성공 횟수	세이브율
1	Jamie Lovemark	31	22	70.97%
2	Ian Poulter	24	17	70.83%
3	Micheal Gligic	20	14	70.00%
4	Fabian Gomez	51	9	69.23%
5	Zach Johnson	52	27	69.23%

투어 전체평균: 49.84%

피칭

☑ 피칭의 셋업

그림 6.10
피칭의 셋업

쇼트 게임을 할 때 정확한 셋업은 성공적인 샷의 필수 조건이다. 피칭 샷을 위한 셋업을 할 때 1) 백스윙을 제한하고 방향을 감지할 수 있게 거리에 따라 스탠스를 좁히고 오픈시킨다. 2) 정확도와 컨트롤을 위해서 거리에 따라 그립을 내려 잡는다. 3) 클럽으로 볼을 정확하게 치기 위해서는 볼의 위치는 몸의 가슴 중심 스윙센터 하단, 즉 스탠스의 중간 쪽에 놓는다. 샷 탄도의 변화를 주기 위해서는 볼의 위치를 앞뒤로 조정해서 놓을 수 있다. 4) 다운블로 down blow로 볼을 견고하게 치기 위해서는 손의 위치를 볼보다 타깃 쪽으로 약간 앞서게 기울인다. 5) 볼의 탄도를 더 띄워야 하는 경우 클럽 페이스를 오픈시킨다. 6) 가까운 거리에서는 체중을 왼발 쪽에 먼 거리에서는 양발 쪽에 균일하게 놓는다.

☑ 피칭 테크닉

피칭을 실행할 때는 먼저 볼을 띄워야 함을 염두에 둬야 하며, 백스윙 시에는 투 레버 two lever-코킹 이용하는 것이 효과적이다. 다운스윙 때는 클럽헤드를 가속해야 하며 가까운 거리에서 피칭 샷을 할 때는 볼을 부드럽게 착지시키기 위해 양팔 로테이션을 제한해주는 것이 좋다. 스윙하는 동안 팔과 몸의 회전 비율을 같게 해서 부드러운 리듬을 이용해야 하며 폴로 스루는 백스윙 크기 이상으로 해주는 것이 좋다.

그림 6.11
피칭 테크닉

짧은 거리에서 띄워 칠 때는 손목코킹을 이용하여 헤드무게를 느끼면서 부드럽게 친다.

☑ 2020년 PGA 투어 30야드 이상에서 피칭 샷 세이브 순위 Top 5

표 6.05
30야드 이상 피치샷 세이브율 (PGA TOUR, 2020)

순위	선수 이름	시도 횟수	성공 횟수	성공률
1	Justin Rose	39	18	46.15%
2	Brandt Snedeker	49	22	44.90%
3	Webb Simpson	39	17	43.59%
4	Andrew Putnam	51	22	43.14%
5	Tony Finau	52	22	42.31%

투어 전체평균: 28.34%

☑ 피칭 샷의 응용 동작

피칭 샷의 응용 동작에는 여러 가지가 있으나 대표적인 것이 로브샷 lob shot 과 플롭샷 flop shot이 있다. 실전에서는 이 샷들을 사용해야 할 경우가 빈번하게 생기기 때문에 잘 익혀 두는 것이 좋다. 고난도의 샷이기 때문에 익숙해질 때까지 많은 연습이 필요하다.

표 6.06
로브샷 과 플롭샷

구분		로브샷	플롭샷
차이	상황	페어웨이 같은 양호한 라이	러프 같은 열악한 라이
셋업	그립	뉴트럴 그립으로 짧게 내려 잡는다.	뉴트럴 그립으로 짧게 내려 잡는다.
	볼 위치	스탠스 중간이나 약간 왼쪽에 둔다.	스탠스 중간보다 약간 오른쪽에 둔다.
	체중	양발에 균일 또는 왼발에 더 많이 둔다.	왼발에 더 많이 둔다.
	클럽 페이스	적당히 오픈시킨다.	많이 오픈시킨다.
스윙	백스윙	손목을 부드럽게 사용한다.	손목을 많이 사용한다.
	다운스윙	아웃 투 인	가파르게
	스윙형태	U자형	V자형
	주요 개념	팔을 길고 느리게 움직이며 몸과 팔이 같은 비율로 회전하여 풀스윙을 천천히 하는 느낌이다.	스윙의 폭을 좁게 하여 몸의 회전보다 팔과 손목을 이용하여 클럽헤드가 볼 밑으로 지나가게 한다.

출처: 김해천(2014)

🏌 벙커 샷

☑ 효율적인 그린사이드 벙커샷을 위한 개념

벙커샷 bunker shot 은 볼이 모래 벙커에 들어갔을 때 쳐내는 특수한 형태의 샷이다. 그린사이드 벙커에서의 샷은 클럽이 볼을 직접 컨택하는 것이 아니고 클럽을 이용하여 모래로 볼을 밀어내는 샷이다 sand moves the ball. 벙커샷을 할 때는 특별하게 고안된 클럽 샌드웨지을 사용하는 것이 일반적이며 클럽의 바운스를 이용해서 모래를 가격함으로써 볼이 벙커로부터 빠져나갈 수 있도록 한다.

그림 6.12
벙커 샷의 개념과 샌드웨지

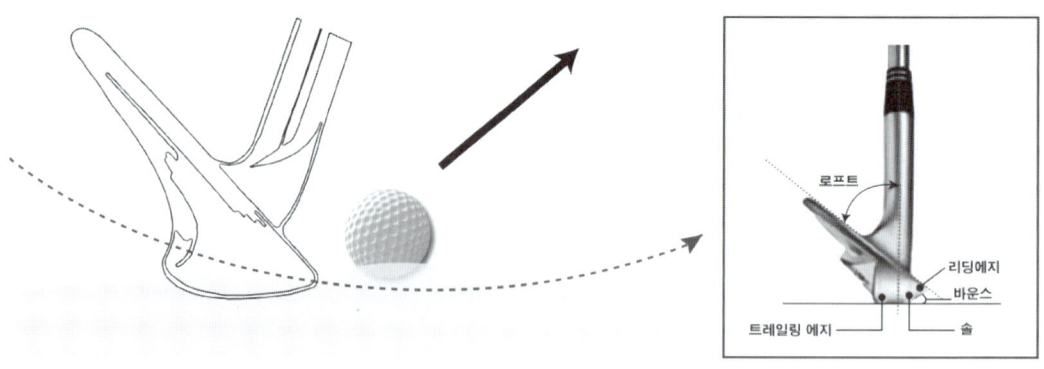

샌드웨지의 이해

벙커샷을 잘하기 위해서는 샌드웨지의 특성을 이해하면 도움이 많이 된다. 샌드웨지는 1931년 진사라 센이 비행기의 고도 상승 원리로부터 착안해 만들었다. 샌드웨지의 바닥sole 모양이 일반 아이언 클럽보다 넓으며 리딩 에지보다 트레일링 에지가 더 낮게 설계되어 있다. 또한 다른 클럽보다 헤드가 더 무거우며 4-9 포인트 스윙 웨이트가 더 나간다.

그림 6.13
샌드웨지의 헤드 모양

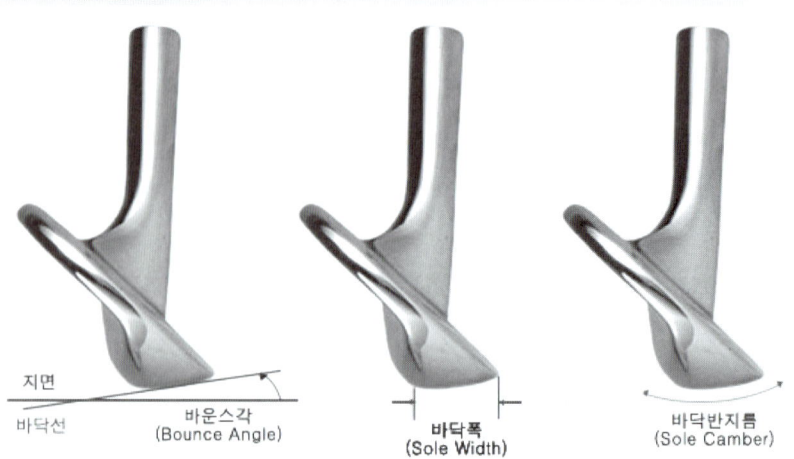

☑ 벙커샷의 셋업 그린사이드

벙커샷을 위한 셋업을 할 때는 1) 모래 위에서 스탠스가 불안정하므로 두 발을 모래에 비벼 안정시킨다. 2) 클럽 페이스를 오픈 상태로 유지하기 위해 그립을 중립 neutral 으로 잡고 스탠스는 오픈시킨다. 3) 볼의 위치는 클럽이 볼에 컨택하기 전에 모래를 먼저 칠 수 있도록 몸의 센터라인보다 앞쪽에 둔다. 4) 체중은 일반적으로 왼발 쪽에 더 많이 두고 샷의 거리가 먼 경우 양발 위에 균일하게 둔다.

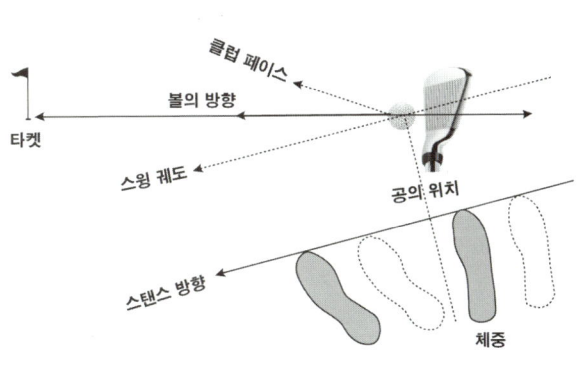

그림 6.14
벙커샷의 스탠스

그림 6.15
벙커 샷의 셋업

☑ 벙커샷 테크닉

벙커샷을 실행은 백스윙 때 일반 아이언 스윙보다 손목 코킹 hinging 을 이용하는 것이 좋으며 다운스윙 때는 클럽헤드가 오픈 스탠스의 양발 끝 선 tow line 방향으로 진행할 수 있도록 스윙한다. 임팩트 때는 클럽으로 볼의 5~10cm 정도 뒤 모래를 가격하여 그 모래가 볼을 앞으로 밀어낼 수 있도록 해야 한다. 모래를 칠 때 클럽헤드가 모래에 깊이 박히지 않도록 샌드웨지의 리딩 에지로 치지 않고 클럽의 하단 부분 sole 으로 모래를 쳐서 클럽이 모래에서 부드럽게 빠져나올 수 있게 한다. 모래를 치는 동안 클럽의 토 tow 보다 힐 heel 이 앞서나가도록 유지해야 하고 모래를 가격함으로써 클럽의 속도가 줄어들게 되므로 반드시 가속해야 한다.

그림 6.16
벙커샷 테크닉

☑ 벙커샷의 거리 조절

그린 주위의 벙커에서 핀까지의 거리가 모두 다르므로 샷의 거리를 맞춰서 치는 것이 중요하다. 거리 조절은 대게 3가지 방법이 있는데, 그중 자신에게 적합한 1가지를 선택하여 사용한다. 1) 폴로 스루와 피니시의 크기에 따라 거리 조절이 가능한데 먼 거리는 더 크게 가까운 거리는 더 작게 피니시를 한다. 2) 가까운 거리에서는 볼에서 비교적 더 먼 지점의 모래를 더 많은 모래의 양을 퍼내며 먼 거리일수록 볼에 더 가까운 지점의 모래를 쳐서 퍼내는 모래의 양이 더 적게 쳐야 한다. 페어웨이 벙커같이 먼 거리에서는 클럽이 모래에 닿기 전에 볼을 먼저 가격해야 제 거리를 칠 수 있다. 3) 클럽 페이스의 오픈 정도로도 거리를 조절할 수 있는데 가까운 거리는 클럽 페이스를 더 오픈시키고 먼 거리에서는 스퀘어 페이스로 놓고 치면 된다.

☑ 그립과 벙커샷의 관계

벙커샷을 할 때 그립의 모양에 따라 샷의 결과가 달라진다. 스트롱 그립 closed face grip 으로 잡게 되면 스윙할 때 토우가 힐보다 앞서게 진행되어 더 모래를 깊이 파게 된다. 반면에 위크 그립 open face grip 을 취하면 클럽헤드 바닥 sole 의 바운스 bounce 이용이 쉬워지고 모래에서 클럽헤드가 잘 빠져나간다. 그러므로 벙커샷을 할 때는 위크 그립이나 뉴트럴 neutral 그립을 하는 것이 보통이다.

벙커샷을 할 때 골퍼마다 그립을 잡는 악력이 다를 수 있는데 그립을 견고하게

그림 6.17
그립의 모양

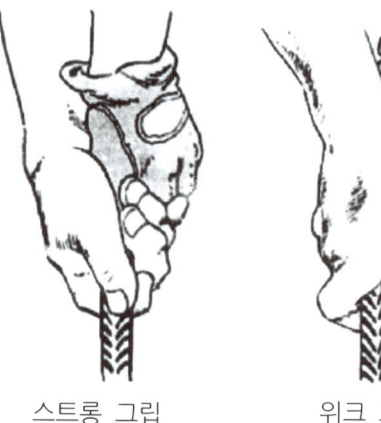

스트롱 그립   위크 그립

잡게 되면 샷의 일관성을 높여 실수의 발생을 줄일 수 있으며, 부드러운 악력으로 잡으면 골프 샷의 감각과 터치가 좋아져서 핀에 가까이 붙이는 확률을 더 높일 수 있으나 샷의 일관성은 줄어들게 된다. 그러므로 벙커샷을 할 때의 악력의 세기는 그 나름의 장단점이 있으므로 골퍼의 선택에 달려있다.

☑ 스윙 모양 shape 과 벙커샷의 관계

벙커샷을 할 때 벙커의 형태에 따라 적합한 스윙을 해야 한다. 일반적으로 그린 주위의 턱이 높지 않고 비교적 평평하며 모래가 많은 벙커에서는 스윙 플레인 swing plane 을 넓고 완만하게 하는 U자형 스윙을 하는 것이 좋다. 이렇게 스윙하면 탄도가 비교적 낮아지며 볼이 그린에 떨어질 때 더 많이 구르는 것을 염두에 두어야 한다. 만일 벙커의 형태가 좁고 깊다면 pot bunker 손목 코킹을 이용하여 스윙 플레인을 가파르게 하는 V자형 스윙을 하는 것이 바람직하며 이럴 경우, 샷의 탄도가 더 높아지고 비거리가 짧아지며 볼이 그린에 부드럽게 되어 많이 굴러가지 않고 바로 멈추게 된다는 것을 염두에 두어야 한다.

그림 6.18
벙커 턱의 높이에 따른 스윙 모양

백스윙은 가파르게, 다운스윙은 넓게 U자형으로 한다.   스윙 아크를 가파르게 V자형을 한다.

그림 6.19
일반벙커와 팟(pot)벙커

☑ 모래의 성질에 따른 올바른 클럽 사용

벙커 안에 있는 모래의 성질에 따라 적절한 클럽을 사용해야 하며 클럽 페이스의 오픈 정도를 이용하여 더 효과적인 벙커샷을 할 수 있다. 벙커 안의 모래가 젖어있거나 딱딱한 모래일 때는 샌드웨지 바닥이 좁고 바운스 각도가 작은 클럽 사용이 좋으며, 가는 모래나 부드러운 모래에서는 클럽의 바닥이 넓고 바운스 각도가 큰 클럽을 사용하는 것이 좋다.

그림 6.20
딱딱한 모래와 부드러운 모래

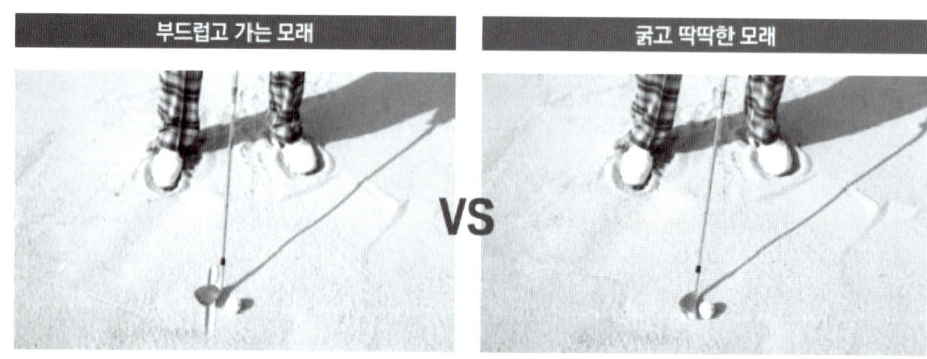

☑ 벙커샷의 효과적인 연습 방법

벙커샷을 잘하기 위해서 연습하는 방법 drills 에는 여러 가지가 있으나 PGA 플레이어들이 가장 많이 연습하는 방법을 소개한다. 1) 지폐를 이용한 연습 방법으로 먼저 모래 위에 천 원짜리

지폐(같은 크기의 종이)를 놓고 그 위 중간에 볼을 올려놓고 벙커샷을 한다. 지폐 면적만큼의 모래를 퍼내어 볼이 잘 나가는 것을 경험할 수 있을 것이다. 이 연습은 벙커샷을 할 때 적당량의 모래를 퍼내어 볼이 잘 탈출하기 위한 연습이다. 2) 모래 안에 나무판을 묻고 그 위에 볼을 올려 놓고 벙커샷을 하면 샌드웨지의 바닥이 모래 아래에 있는 나무판에 부딪혀 잘 튕겨 나오게 되어 있다. 이 방법은 벙커샷을 할 때 모래를 클럽헤드의 리딩 에지 leading edge 로 쳐서 클럽이 모래에 처박히는 것을 방지하는 데 매우 효과적이다. 3) 모래에 라인을 긋고 치는 연습은 그 라인을 정확하게 침으로서 클럽이 볼의 너무 뒤를 쳐서 탈출하지 못하거나 볼을 직접 쳐서 홈런 치는 것을 방지하고자 하는 연습 방법이다.

그림 6.21
벙커샷의 연습 방법

☑ 2020년 PGA 투어 샌드 세이브 순위 Top 5

표 6.07
샌드 세이브 순위

순위	선수 이름	시도 횟수	성공 횟수	성공률
1	Bud Cauley	103	69	66.99%
2	Jason Day	113	74	65.49%
3	Adam Headwin	103	67	65.05%
4	Bryson DeChembeau	97	61	62.89%
5	Justin Thomas	104	65	62.50%

투어 전체평균 49.68%

표 6.08

샌드 세이브 순위(10~20야드)

순위	선수 이름	시도 횟수	성공 횟수	성공률
1	Doug Ghim	16	12	75.00%
2	Jason Day	47	35	74.47%
3	Chris Stroud	41	29	70.73%
4	Bud Cauley	57	40	70.18%
5	Brendon Todd	59	41	69.49%

투어 전체평균 52.49%

표 6.09

샌드 세이브 순위(20~30야드)

순위	선수 이름	시도 횟수	성공 횟수	성공률
1	Justin Rose	17	15	88.24%
2	Ryan Brehm	15	12	80.00%
3	Matt Kuchar	20	20	74.07%
4	Shane Lowry	15	11	73.33%
5	Tommy Fleetwood	11	8	72.73%

투어 전체평균 48.26%

그림 6.22

퍼팅의 기본자세

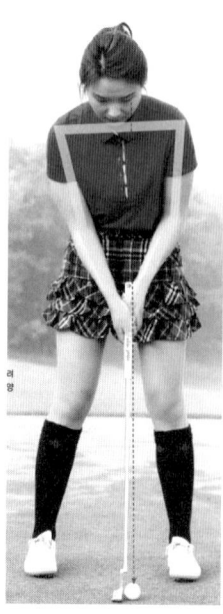

팔꿈치-손-퍼터를 거쳐 모두 일직선이 되도록 한다.

퍼팅

퍼팅의 기본자세 set up

퍼팅은 지극히 개인적인 감각에 의존하는 골프 게임 안의 또 하나의 게임이다. 그러므로 일정하게 지켜야만 하는 자세나 동작은 명시할 수 없으나 과거 PGA 대회를 통하여 퍼팅을 잘하는 선수들의 공통된 의견은 배워두는 것이 필요하다. 셋업할 때 1) 눈은 볼의 수직 선상 바로 위쪽에 위치해야 하며 2) 클럽 페이스는 스퀘어를 유지하며 3) 볼 위치는 스탠스 중간 바로 앞쪽에 놓으며 4) 체중은 왼발 쪽에 더 둔다.

☑ 퍼팅 테크닉

그림 6.23

퍼팅 메커니즘: 헤비퍼터

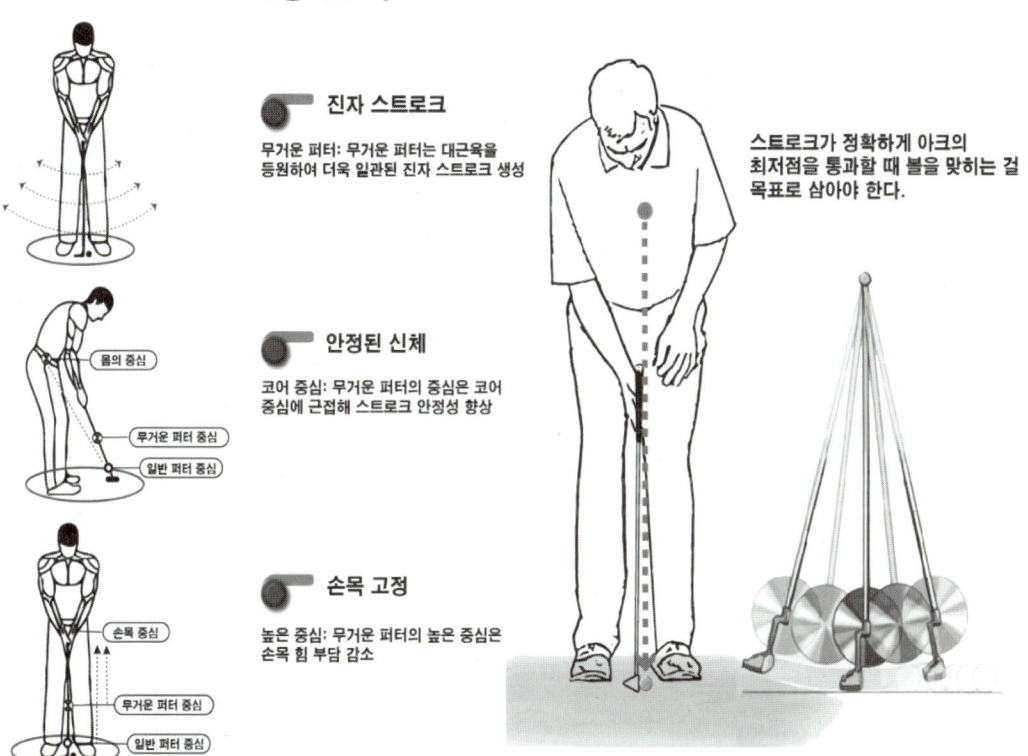

출처: Heavy Putter (2021).

　　퍼팅을 시도할 땐 정확성을 위하여 손목과 몸의 움직임을 제한하고 firm wrist 어깨와 팔을 사용하여 스윙한다. 또한 스트로크할 때 어깨부터 클럽까지 한 덩어리로 시계추 같이 움직여야 하고 pendulum stroke 가속화된 스윙을 해야 한다. 볼을 칠 때는 볼의 구름 roll 을 롤을 최대한으로 하기 위해서 스위트스폿 sweet spot 으로 쳐야 하며 폴로 스루 백스윙보다 길게 해주는 것이 보통이다.

그림 6.24

퍼팅 테크닉

☑ 퍼팅에 관한 과학적 관찰

- 내리막 퍼팅이 오르막 퍼팅보다 경사에 관한 영향을 더 많이 받는다.
- 퍼팅한 볼이 처음 15% 거리 안에서는 미끄러지듯 구르며 경사의 영향을 미약하게 받고, 속도가 떨어진 후반부에 그린 표면의 변화와 브레이크에 영향을 많이 받는다.
- 탑 스핀 스트로크로 퍼팅을 하면 7.5m당 23cm 정도 더 굴러가나 일관성이 없어진다.
- 공격적인 퍼팅으로 홀을 1m 이상 지나가는 퍼트는, 볼이 홀의 정중앙으로 굴러가도 홀에 들어가지 않고 넘어간다.
- 경사가 있는 보통 퍼팅의 경우 홀 주위 1m 이내에서 영향을 많이(60%) 받는다.
- 퍼팅 시 약 75cm 거리에서 홀에 넣을 수 있는 페이스 정렬의 허용오차는 4도이다.

☑ 2020년 PGA 투어 퍼팅 부문 순위 Top 5

표 6.10

라운드당 원 퍼트 성공률(%)

순위	선수 이름	시도 횟수	성공 횟수	성공률
1	Ian Poulter	864	392	45.37%
2	Kevin Na	1278	570	44.60%
3	Patrick Reed	1332	591	44.37%
4	Daniel Berger	1152	505	43.84%
5	Brendon Todd	1548	677	43.73%

투어 전체평균 39.13%

표 6.11
라운드당 평균 퍼팅 수

순위	선수 이름	라운드 수	총 퍼팅 수	라운드당 평균 퍼팅 수
1	Ian Poulter	48	1338	27.88
2	Patrick Reed	74	2064	27.89
3	Brian Harman	78	2187	28.04
4	Brendon Todd	86	2414	28.07
5	Kevin Na	71	1994	28.08

투어 전체평균 29.03

〈출처: www.pgatour.com, statistics〉

☑ **퍼팅을 잘하기 위한 골퍼의 필요조건**

퍼팅을 잘하기 위해서는 골퍼가 반드시 그린 속도를 감지하는 능력과 그린 경사를 판단하는 능력, 그리고 자신의 판단을 동작으로 정확하게 실행하는 능력을 갖추어야 한다.

☑ **퍼팅의 거리에 영향을 미치는 요소**

외적 요소

이미 조성되었거나 환경에 의해 만들어진 요소로써 잔디 결 grain, 그린의 오르막 내리막 경사, 그린의 빠르기, 이슬, 물기 등으로 골퍼에 의해서 변형하거나 개선할 수 없는 요소이다. 골퍼는 이러한 그린의 상태에 적응하여 플레이해야 한다.

그림 6.25
거리에 영향을 미치는 외적 요소

내적 요소

골퍼가 훈련을 통하여 개선할 수 있는 요소를 내적 요소라 하며 스트로크 방법, 임팩트의 강도, 스윙의 크기, 터치감 등을 통해서 거리 조절을 할 수가 있다.

☑ 방향에 영향을 미치는 요소

외적 요소

이미 조성되었거나 환경에 의해 만들어진 요소로써 그린의 옆 경사, 주위 지형 및 환경, 산, 햇빛, 바다, 배수구, 바람 등이 있다. 마운틴 브레이크, 오션 브레이크 등 이에 속한다.

그림 6.26
방향에 영향을 미치는 외적 요소

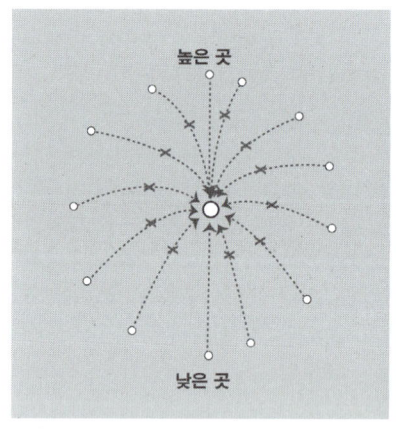

내적 요소

골퍼가 훈련을 통하여 개선할 수 있는 요소로써 클럽 페이스 club face 와 스윙 궤도 swing path 를 통하여 방향을 개선할 수 있다.

☑ 거리별 퍼팅 요령

쇼트 퍼트

쇼트 퍼트 short putt 는 성공을 꼭 해야 하는 상황이므로 방향성을 더 중요하게 생각하고 실행해야 하며 메커니즘을 충실하게 지켜야 하고 퍼터 헤드 스윙 궤도를 앞뒤 일직선으로 움직이게 해야 하며 straight back - straight through 스트로크 도중 손목이 꺾이지 않게 한다.

미들 퍼트

미들 퍼트 middle putt 는 성공시킬 수 있는 확률이 있는 퍼트이기 때문에 거리와 방향이 모두 중요하게 생각해야 한다. 보통 볼이 홀을 지나가도록 쳐주는 것이 좋으며 40cm 정도 홀을 지나칠 수 있는 퍼팅이 가장 성공 확률이 높다고 한다.

롱 퍼트

롱 퍼트 long putt 는 방향보다는 거리를 맞추는 것이 중요하다. 거리를 보내야 하므로 터치 감각을 최대한 살려서 스위트스폿으로 정타를 맞추는 것이 무엇보다도 중요하다. 이때는 손목을 유연하게 사용하거나 부채꼴의 궤도도 자연스럽게 이루어지도록 하는 것이 좋다.

☑ 경사면에서의 퍼팅

내리막 퍼팅 downhill putt

내리막 경사에서는 볼을 살짝만 쳐도 많이 구르기 때문에 가장 조절하기가 어려운 퍼트이다. 퍼팅을 실행할 때 클럽을 짧게 내려 잡고 볼을 더 왼발 쪽에 두며 홀의 앞부분으로 흘러 들어갈 수 있는 스피드로 친다 dying putt. 이때 클럽 페이스의 토 toe 나 힐 heel 로 치는 방법은 속도를 줄일 수는 있어도 방향성을 보장받지는 못한다.

그림 6.27 내리막 퍼팅

오르막 퍼팅

오르막 퍼팅 uphill putt 은 경사면의 중력을 거슬러 올라가야 되어서 볼이 잘 굴러가지 않는다. 그러므로 홀이 실제 거리보다 더 멀리 있다고 상상하고 퍼팅해야 한다. 볼의 위치는 평소보다 오른쪽에 두고 퍼터 페이스의 스위트스폿으로 정타를 맞추는 것이 중요하다. 볼이 굴러가서 홀의 뒷벽을 맞고 들어갈 수 있도록 평지 퍼트보다 강하게 임팩트를 해야 한다 pharging putt.

그림 6.28 오르막 퍼팅

그림 6.29
옆 경사 퍼팅

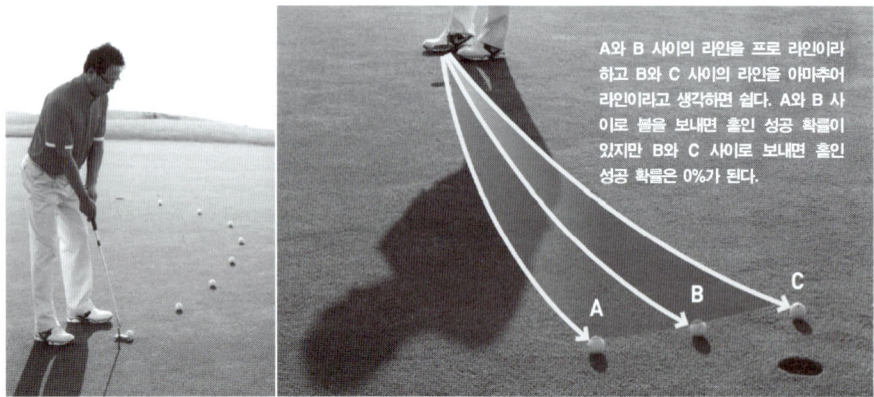

A와 B 사이의 라인을 프로 라인이라 하고 B와 C 사이의 라인을 아마추어 라인이라고 생각하면 쉽다. A와 B 사이로 볼을 보내면 홀인 성공 확률이 있지만 B와 C 사이로 보내면 홀인 성공 확률은 0%가 된다.

옆 경사 퍼팅 sidehill putt

옆 경사에서 퍼팅할 때는 먼저 머릿속에 휘어지는 가상의 퍼팅 라인을 상상한 다음, 홀을 목표하는 것이 아니라 커브 선의 가장자리 쪽을 에임 하여 볼을 쳐서 그 지점을 지나 홀로 흘러서 내려가게 해야 한다. 이때는 볼이 홀보다 낮은 쪽으로 진행하게 되면 성공 확률이 전혀 없으므로 홀보다 더 높게 pro line 굴러갈 수 있도록 퍼팅해야 한다.

☑ 퍼팅 입스

입스 yips 란?

과거 실패의 경험으로 인해 심리적으로 영향을 받아 불안감이 커지고 긴장이 고조되어 손과 클럽의 조절 능력을 잃어버리는 상태를 말하며 대게 쇼트 퍼팅을 할 때 일어나지만 쇼트 게임을 할 때도 발생한다.

입스의 극복 방법

입스에 걸리게 되면 골퍼에게 치명적인 실수를 안겨주게 되고 극복할 때까지 오랜 세월이 걸릴 수도 있으므로 가능한 입스로부터 빨리 탈출하는 데 힘써야 한다. 그 방법으로는 퍼팅하기 위해 어드레스를 할 때 불안해지므로 과거에 자신이 잘했던 좋은 기억을 살려서 불안감을 없애는 것이 중요하다. 또한 일관성 있는 프리 샷 루틴을 시행해서 불안한 예감이 들어올 틈을 주지 않는 것이 중요하다. 만일 멘탈을 개선했음에도 불구하고 입스가 계속된다면 자신의 퍼팅 스타일이나 퍼터를 교체하는 것도 큰 도움이 된다. 연습할 때는 짧고 쉬운 퍼팅부터 성공 확률을 높이는 방법이 효과적이다.

그림 6.30
입스의 극복 방법

☑ 그린 읽기

빠른 그린

그린의 빠르기는 관리 상태나 롤러를 사용하여 잔디를 누르는 작업에 따라 차이가 심하다. 이런 인위적인 조건을 제외하면 일반적으로 햇빛이 강한 지역의 딱딱한 그린이나 바람이 많고 건조한 지역의 그린은 비교적 빠른 편이다. 그리고 잔디가 자라는 방향이 홀 쪽을 향하고 있으면 순결이 되어 볼이 잘 구르게 된다.

느린 그린

그린 위 발자국이 오래 남는 경우와 그린이 얼어서 딱딱한 경우 그리고 그린위에 이슬이 맺혔거나 물기가 있는 경우는 느린 그린이 된다. 또한 잔디 결이 역결일 경우 매우 느려짐을 고려해야 한다.

잔디 결의 방향

잔디 결의 방향 grain 을 판단하는 데 도움이 되는 방법은 다음과 같다. 그린이 반짝이고 환하게 보이면 순결이고 어둡게 보이면 역결이다. 햇빛이 강한 쪽으로 잔디가 향한다. 물이나 배수구가 있는 쪽으로 잔디가 향한다. 바람 가는 쪽으로 잔디가 향한다. 홀컵 안쪽갈색으로 변해있는 방향으로 잔디가 향한다.

주위 지형에 따른 경사 파악

일반적으로 산이 있는 쪽이 경사가 높으며 mountain break 물이 있는 쪽이 경사가 낮고 ocean break 배수구가 있는 쪽이 경사가 낮다 collection area.

그린 스피드를 측정하는 방법

그린 위 평평한 곳에서 한 방향으로 스팀프미터 stimpmeter 를 20°로 기울여서 3개의 볼을 굴려서 평균 거리를 구한다. 만일 굴러간 3개 볼의 반경이 20cm를 벗어나면 다시 실시한다. 같은 방법으로 반대 방향으로 3개의 볼을 굴려서 평균 거리를 구한다. 양방향의 평균 거리를 합한 후 그 수를 2로 나눈 값이 그린 스피드이다.

그림 6.31
그린 측정: 스팀프미터

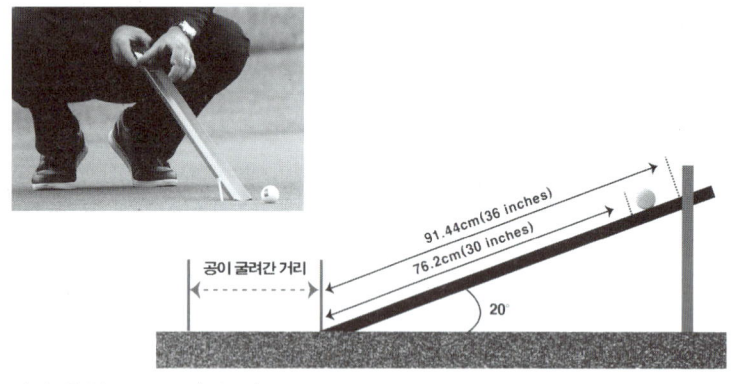

사진 출처: Naver (2021).

표 6.12
그린 스피드 기준표

빠르기	토너먼트 코스		일반 코스	
빠름	< 10.5ft	3.2m 이상	< 9.5ft	2.9m 이상
약간 빠름	9.5ft	2.9m	8.5ft	2.6m
보통	8.5ft	2.6m	7.5ft	2.3m
약간 느림	7.5ft	2.3m	6.5ft	2.0m
느림	6.5ft	2.0m	5.5ft	1.7m

출처: Hoos (1982)

☑ 유명 퍼터들의 퍼팅에 관한 조언

- Paul Runyan - Never up, never in
- Bobby Locke – 홀컵 반경 1m를 집중해서 읽는다.
- Billy Casper – 그린을 읽고 셋업이 끝났다면 가능한 한 빨리 퍼팅한다.
- Jack Nicklaus – 연습 스트로크를 실제 퍼팅으로 여기고 한다.
- Arnold Palmer – 압박감 속에서 퍼팅할 땐 그립을 살살 잡고 스윙을 천천히 그리고 백스윙을 충분히 완성한다.
- Seve Ballesteros – 거리를 연습할 때는 홀컵이 안 보이는 어두울 때 연습한다.
- Ben Crenshaw – 머릿속에 완벽하게 성공하는 퍼팅을 그린 후 퍼팅한다.

참고 문헌

[1] 김해천(2014). *핵심만 배우는 골퍼*. 싸이프레스.

[2] Heavy Putter (2021). 기술소개: 해비퍼터 디자인. http://www.heavyputter.kr/

[3] Hoos, D. D. (1982). The green section's Stimpmeter Most think friend-some think enemy. *USGA Green Sectior Rec.* July/Aug. 1982. pp. 9-10.

[4] Naver (2021). 이미지: 스팀프미터.
https://search.naver.com/search.naver?where=image&sm=tab_jum&query=

[5] PGA TOUR (2020). Statistics. https://www.pgatour.com/stats.html

[6] Wiren, G. (1990). *PGA teaching manual: The art and science of golf instruction.* PGA of America.

"골프에서 가장 중요한 샷은 다음 샷이다."
"The most important shot in golf is the next one."

— *Ben Hogan* —

"드라이버는 쇼이고, 퍼팅은 돈*(Dough*, 빵*)*이다."

— *Bobby Locke* —

골프 장비와 클럽 피팅

삼양인터내셔날 골프사업부 부장,
중앙대학교 체육대학 겸임교수 _
우원희

07

강의 개요

골프 장비는 골프의 시작부터 현재까지 골프 클럽이 어떻게 변화해왔는지를 이해하고, 오늘날 클럽 설계 시 중요한 요소들을 세부적으로 이해한다. 또한 클럽의 각 요소가 어떻게 볼의 구질 변화에 영향을 미치는지 이해한다. 또한, 골프 전문가로서 반드시 숙지하여야 할 클럽 피팅의 필요성과 피팅 절차 등을 이해하고, 클럽별 피팅이 어떻게 이루어지는지 이해한다.

클럽 장비 변천사 / 124
골프클럽의 이해 / 126
샤프트의 이해 / 128
볼 구질의 원리 / 131
클럽 피팅의 이해 / 133
클럽 피팅 시장의 변화 / 136
클럽별 피팅 방법 / 137

클럽 장비 변천사

🏌️ 골프대회 시작과 협회 탄생

1744년 3월 영국 스코틀랜드의 중심 도시인 에든버러시 Edinburgh 의 링크 골프 코스에서 세계 최초의 공식 골프대회가 열렸다. 이후 1764년 세인트 엔드류스 St_Andrewes 코스의 대대적인 개보수로 11홀을 9홀로 축소하고 2회 경기로 변경하였으며, 오늘날의 18홀 1라운드의 효시가 되었다.

골프대회가 점점 커지고 많은 사람이 골프를 즐김에 따라 골프클럽도 많은 발전과 변화를 가져왔으며 오늘날의 클럽으로 발전하였다. 골프클럽은 공식 대회를 위한 공인 클럽과 그렇지 않은 비공인 클럽으로 나뉜다. 공식 대회 클럽으로 사용하기 위해서는 전 세계에서 사용하는 골프 규칙을 제정하고 있는 영국왕립골프협회 The Royal and Ancient Golf Club of St. Andrews, R&A 와 미국 골프 협회 United States Golf Association, USGA 의 규정을 통과하여야 한다.

R&A는 1754년 영국에서 귀족 신사 2명이 모여 골프 협회를 창립한 이래로 오늘날의 협회로 성장하였으며, USGA는 1894년 미국에서 골퍼들이 모여서 공식적인 단체를 설립함으로써 시작되었다. 처음에 두 협회가 각각의 골프 규정을 만들었으며 미국과 캐나다, 멕시코에서는 USGA 규정을, 이 외의 다른 국가에서는 영국의 R&A 규정을 적용하고 있다. 이러다 보니 선수들이 대회에 참가 시 국가에 따라 서로 다른 규정으로 인해 혼선이 발생하는 일이 일어남에 따라, 1952년 두 협회가 단일화하여 골프 규정을 통일하였다.

🏌️ 골프클럽의 규제 강화

골프클럽은 과학의 발달과 더불어 나날이 새로운 기술이 적용되어 발전하고 있다. 특히 2,000년대 이후에는 더욱 빠른 속도로 발전하고 있다. 이에 골퍼들은 더욱 재미있는 골프를 즐길 수 있게 되었으며 선수들 또한 이전보다 훨씬 향상된 플레이를 할 수 있게 되었다. 하지만 선수별 실력에 대한 변별력이 떨어지고 골프 코스의 변화에도 영향을 주게 되어 두 협회는 골프클럽 규정을 점점 더 강화해 나가고 있다. 그러나 이러한 규정들이 오히려 골프클럽의 발전을 저해하고 있으며, 골프를 조금 더 즐길 수 있는 권리를 제한하고 있다는 의견들도 제시되고 있다.

이러한 클럽에 대한 규제로 골프클럽 제조회사들의 신제품 개발에도 영향을 주게 되었고 골퍼들의 피팅 fitting 에 대한 관심이 높아짐에 따라 골퍼가 직접 로프트 loft 나 구질을 변경할 수 있는 클럽 피팅이 가능한 제품들을 출시하고 있다.

표 7.01
클럽 규제 변동 주요 사항

연도	내용
1894	• R&A 고무공 사용 승인
1924	• 스틸 샤프트 steel shaft 사용 승인
1939	• 클럽 수 14개로 제한
1973	• 그라파이트 샤프트 graphite shaft 사용 승인
2003	• 드라이버 반발계수 COR, coefficient of restitution 제한(반발계수 0.83 이하까지 허용, 로프트 35도 이하 모든 클럽-단, 퍼터 제외)
2004	• 드라이버 driver 헤드 크기 제한(460cc까지 허용) • 샤프트 길이 규제(드라이버는 48in까지, 퍼터는 18in 이상만 가능) • 반발계수 측정 방법 변경[COR 테스트 – CT characteristic time 테스트 239마이크로초 이하] • 골프공 테스트 강화
2006	• 관성 모멘트 moment of inertia 규제
2010	• 페이스 그루브 face groove 규제 강화
2022	• 드라이버 길이 규제 48in 이하 → 46in 이하

표 7.02
장비 변천 주요 사항

연도	내용
1959	• 카스턴 솔하임 Karsten Solheim 1-A로 불리는 세계 최초의 힐토우 웨이트 heel-toe-weighted 퍼터 개발
1962	• 커스텀 클럽 custom club 피팅 세계 최초 PING사에서 시작
1963	• 세계 최초 PING사에서 주조 방법으로 골프클럽 제작
1968	• Ram사에서 합성수지 커버를 사용한 골프공 출시 • Spalding사에서 최초로 투피스 two-piece 골프공 출시
1969	• PING사에서 앤서 Anser 로 알려진 최초의 가변형 무게 중심 아이언 출시 • 그라파이트 샤프트 graphite-shaft 발명
1972	• Aldila사에서 그라파이트 샤프트 대량 생산 시작
1975	• Cobra Golf사에서 현재 유틸리티 클럽의 시조인 "Baffler" 7번 우드 출시

연도	내용
1978	• USGA에서 그린 속도를 측정하는 스팀프미터 stimpmeter 출시
1979	• Taylormade사에서 최초의 상업용 메탈우드 출시
1988	• PGA투어에서 처음으로 메탈우드가 감나무 우드 사용자 추월 • USGA에서 PING의 Eye2 아이언의 'U'자형 groove를 비적합으로 판정
1989	• Callaway에 Big Bertha 드라이버 출시, 190cc로 기존 드라이버보다 약 1/3 커짐
1990	• 골프공 크기가 1.68in로 표준화됨
1993	• 대부분의 골프클럽 제조사들이 감나무 헤드 클럽 생산 중단
1996	• 스팔딩사에서 스트라타 Strata 로 알려진 최초의 여러 층의 실로 감지 않은 골프볼 출시 • Bridgestone사에서 세계 최초 3피스 골프공 출시
1999	• 폴 에이징어 Paul Azinger 선수가 롱 퍼터를 잘라 그의 배에 대고 사용하는 밸리퍼터 Bally putter 사용 • USGA에서 메탈우드의 스프링 효과에 관한 테스트 시작 이후 COR, CT테스트로 발전
2000	• Titleist사에서 딱딱한 코어의 우레탄 커버를 가진 V1 출시

출처: Chris Carter/ Ping enginner(2008)

골프클럽의 이해⟨1⟩

골프클럽 설계 시 중요 요소

☑ **관성 모멘트**

그림 7.1
MOI 측정 장비

관성 모멘트 moment of inertia, MOI 란 외부에서 뒤틀림 토크 torque 가 가해질 때 회전에 대한 저항 특성을 의미하는데, 골프에서의 MOI는 골프공의 MOI, 클럽 헤드의 MOI, 클럽 자체의 MOI 등을 나타내며, 이 가운데 클럽 헤드의 MOI는 무게 중심 축 기준의 MOI와 샤프트 축 기준의 MOI로 나누어진다. 이 가운데 클럽 헤드 무게 중심 축 기준의 MOI는 빗맞은 타구에 대한 관용성이라고 한다.

MOI 측정은 헤드의 비틀림 진동을 이용한 도립형 비틀림 진자 방식으로 측정하는데, 영국의 R&A와 미국의 USGA 규정에 따라 Iyy의

⟨1⟩ 집필 내용은 클럽회사인 PING에서 나온 Fitting manual을 기본으로 하였음. 그림의 출처는 PING Fitting manual임

MOI가 5,900g-cm² 이하만 대회에서 사용할 수 있다. MOI는 질량 x (무게 중심축으로부터의 거리)² 이므로 최근 우드류에 많이 사용되는 무게추는 MOI를 극대화하기 위한 디자인이다.

MOI는 수평축을 기준으로 하는 Ixx MOI 와 수직축을 기준으로 하는 Iyy MOI로 나눌 수가 있는데, Ixx는 탄도의 높낮이, Iyy는 좌우 방향성에 영향을 미치며, 드라이버의 헤드 모양상 절대로 Ixx MOI는 Iyy MOI보다 클 수 없으므로 R&A 와 USGA에서는 Iyy MOI만 제한하고 있다(그림 7.2 참조).

그림 7.2
Iyy와 Ixx의 비교

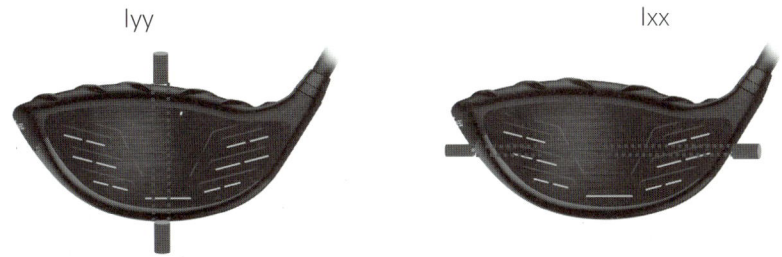

결과적으로 MOI가 클수록 빗맞은 타구에 대한 헤드의 뒤틀림이 작아지므로, 관용성이 높아지는 매우 중요한 기술로, Iyy MOI의 방향성뿐만 아니라 탄도에 영향을 미치는 Ixx MOI도 높게 만들면 상하 / 좌우 잘못 맞는 미스샷에서도 조금 더 좋은 구질을 만들어 줄 수 있는 매우 중요한 기술이다.

☑ 무게 중심

무게 중심 center of gravity 이란 물체의 종류와 관계없이 물체를 실에 매달았을 때, 물체가 균형을 이루는 내부의 한 점으로 무게 중심은 클럽 디자인에서 핵심적인 요소이다. 무게 중심의 위치에 따라 적정한 로테이션양, 적정한 발사각, 적정한 스핀양을 만들 수 있는데 일반적으로 무게 중심이 낮을수록 볼이 중심 위에서 맞게 되므로 스핀 spin 이 감소하고 또 무게 중심이 페이스로부터 뒤로 갈수록 임팩트 impact 시 동적 로프트 loft 를 높일 수 있어 발사각이 커진다.

그림 7.3
헤드 디자인에 따른 무게 중심 위치의 변화

☑ 스윙 웨이트

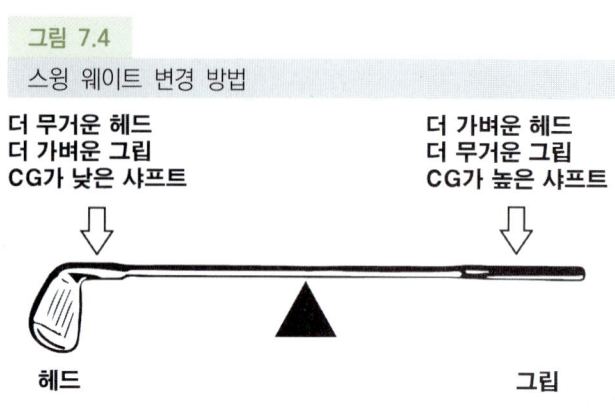

그림 7.4 스윙 웨이트 변경 방법

스윙 웨이트 swing weight 란 골프클럽의 헤드 끝과 그립 끝의 무게 간의 관계로 클럽의 그립 쪽 부분과 샤프트 14in 아래를 고정한 다음 측정한다. 측정값은 문자와 숫자 조합을 사용하여 표시한다 예, C5, D0. 스윙 웨이트가 높을수록 골프 스윙 중 무거운 느낌을 만들고 반대로 스윙 웨이트가 낮을수록 스윙 중 가볍게 느껴진다. 참고로 드라이버의 경우 약 2g에 1포인트 point 가 변경되는데, 예를 들어 어떤 드라이버의 스윙 웨이트가 현재 D1인데 D3로 2포인트 무겁게 변경하고자 하면 헤드 쪽에 약 4g의 무게를 증가시키면 된다. 반대로 C9으로 2포인트 가볍게 변경하고자 하면 약 4g의 무게를 감소시키면 된다. 만약 헤드 쪽에 무게를 증가시키거나 감소시키기 어려울 경우는 반대로 그립 쪽에 무게를 증가시키거나 감소시켜 스윙 웨이트를 맞출 수 있다. 다만 스윙 웨이트를 맞추기 위해 무게를 감소 또는 증가시키는 경우 클럽 전체의 무게도 변화가 생기므로 목표한 스윙 웨이트를 맞추기 위해 너무 많은 무게의 증가나 감소 시에 문제가 발생할 수도 있다.

샤프트의 이해

🏌 무게와 무게 중심

샤프트의 전체 중량은 클럽 제작 시 매우 중요한 부분이며, 샤프트 무게에 따라 스윙 웨이트도 달라진다. 또한 샤프트에도 무게 중심이 있는데, 동일 무게의 샤프트라 할지라도 무게 중심의 위치에 따라 스윙 웨이트가 달라질 수 있다. 샤프트의 무게는 클럽 전체의 무게에 영향을 미치므로 스윙에도 매우 큰 영향을 미친다.

🏌 강도

샤프트의 강도는 일반적으로 가장 약한 여성용 L-Flex부터 A, R, SR, S 그리고 가장 강한 X-Flex로 구분되는데, 이 강도의 기준이 정해져 있지 않아 클럽과 샤프트 회사별, 샤프트 모델

별로 샤프트 강도 표시는 같지만 동일 강도를 가지고 있지 않다. 이 때문에 많은 골퍼가 샤프트 선택 시 매우 어려운 점들이 발생하고 있어, 영국의 R&A는 샤프트 회사 측에 강도에 대한 표준화를 요구하고 있으나 아직 샤프트 회사들은 각자의 기준으로 샤프트 강도를 구분하여 출시하고 있다.

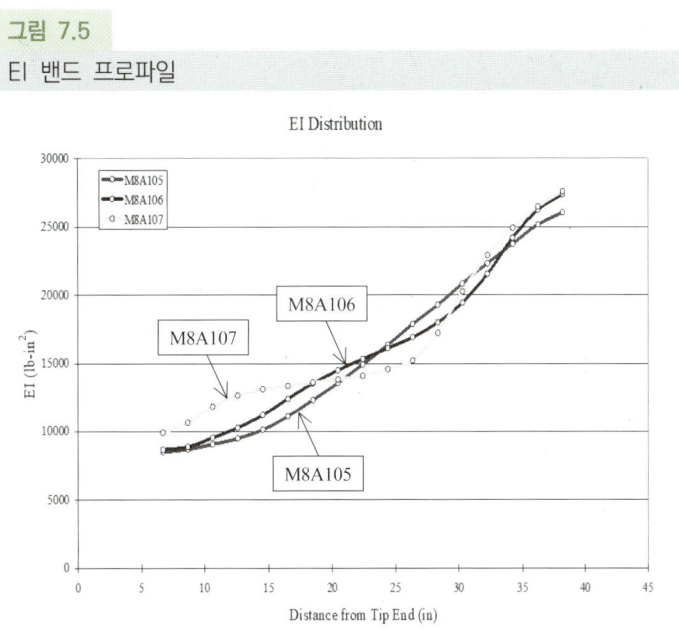

그림 7.5
EI 밴드 프로파일

샤프트 강도는 샤프트 선택 시 매우 중요한 부분으로 샤프트 강도를 측정하는 방법이 점차 전문화되고 세분화하고 있으며, 그 측정 방법도 다양한 방식으로 측정하고 있다.

일반적으로 샤프트 강도 측정 방법은 이전에는 플렉스 보드 flex board를 사용하다 최근에는 샤프트를 튕겼을 때 1분당 몇 번 상하로 움직이는지를 측정하는 CPM cycle per minute 측정 방법이 가장 많이 사용되고 있다. 하지만 CPM 측정 방법으로는 샤프트의 팁 tip, 헤드 쪽에서부터 버트 butt, 그립 쪽까지 세세히 구분한 강도를 알 수 없어서 최근에는 더 전문적인 샤프트 강도 분석 프로그램 EI bend profile을 사용하거나 팁 강도를 별도로 구분하여 측정하는 방법 등이 사용되고 있다.

토크

샤프트 토크 torque란 샤프트의 비틀림의 정도를 각도로 표시한 것이다. 샤프트는 다운스윙 시 헤드에 샤프트를 장착한 힐 쪽보다 헤드 끝부분인 토 쪽에 공기의 저항을 많이 받게 되어 샤프트가 뒤틀리는 현상이 발생한다. 이러한 비틀림은 타구의 방향성과 타구감 등에 영향을 미치는데, 그렇다고 토크가 무조건 낮은 것이 좋은 것은 아니다. 오히려 자신의 헤드 스피드에 비해 너무 낮은 토크를 사용할 경우, 볼이 우측으로 밀리거나 낮은 탄도가 만들어지며 딱딱한 타구감을 느끼고, 반대로 자신의 헤드 스피드보다 너무 높은 토크를 사용하는 경우는 볼이 좌측으로 당겨질 수 있어 골퍼의 스윙에 적정한 토크를 사용하는 것이 좋다.

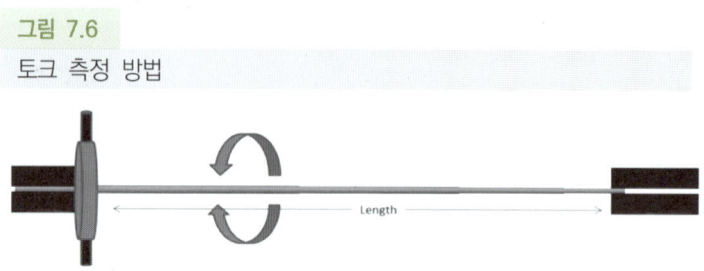

그림 7.6
토크 측정 방법

킥 포인트

킥 포인트 kick point 란 다운스윙 시 샤프트에서 가장 많이 휘어지는 지점을 말한다. 킥 포인트라는 용어와 함께 밴드 포인트 bend point 라 말하기도 하는데, 밴드 포인트는 샤프트를 좌, 우측을 고정한 후 양쪽에서 힘을 가할 때 가장 많이 휘어지는 지점으로 동적인 움직임을 측정하는 킥 포인트와는 측정 방법이 다르다. 다만 킥 포인트와 거의 비슷한 위치로 측정되는 경우가 많으므로 거의 같은 의미로 사용한다.

킥 포인트는 헤드 쪽에 가까울수록 로 킥 low kick, 그립 쪽에 가까울수록 하이 킥 high kick, 그리고 이 둘의 중간 정도는 미들 킥 middle kick 으로 구분되며, 때에 따라서는 미들 로 킥, 미들 하이 킥 등으로 좀 더 세분화하기도 한다.

킥 포인트는 주로 샤프트의 팁 강도에 의해 영향을 많이 받는데 일반적으로 로 킥 포인트인 경우, 부드러운 타구감과 높은 발사각, 스핀양을 만들어 주며 하이 킥 포인트인 경우, 좀 더 딱딱한 타구감과 낮은 발사각, 스핀양을 만들어 준다.

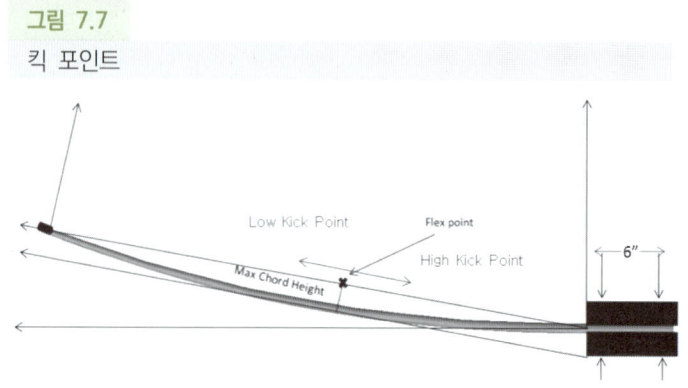

그림 7.7
킥 포인트

 탄도 효과 trajectory effective

샤프트는 골퍼의 다운스윙 시 처짐, 비틀림, 가속도, 방향, 임팩트 위치 등에 영향을 미치는데, 이것은 샤프트의 무게, 강도, 토크, 킥 포인트 등의 모든 요소가 복합적으로 탄도에 영향을 미친다. 그래서 샤프트 선택 시에는 어느 특정한 사양만을 볼 것이 아니라 위에서 말한 무게, 무게 중심, 강도, 토크, 킥 포인트 등을 모두 고려해서 선택하여야 적정한 발사각과 스핀양을 만들어 줄 수 있다.

볼 구질의 원리

볼의 구질

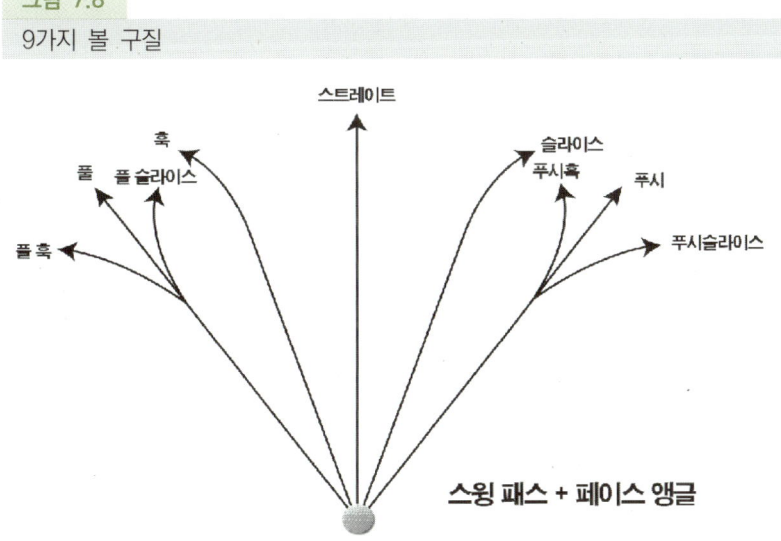

그림 7.8
9가지 볼 구질

일반적으로 볼의 구질을 크게 9가지로 나눈다. 볼의 구질이 만들어지는 것은 임팩트 시 스윙 패스 swing path 와 페이스 앵글 face angle 에 따라 만들어진다. 임팩트 시 인-아웃 in-out, 아웃-인 out-in 등 클럽이 만드는 길을 스윙패스 또는 클럽 패스 라 하며 임팩트 시 클럽의 페이스가 타깃 target 방향을 기준으로 닫히거나 열렸을 때의 각도를 페이스 앵글이라고 한다.

골프공은 특정한 속도로 하나의 중심축을 중심으로 회전 spin 하는데, 그 축은 특정 방향으로

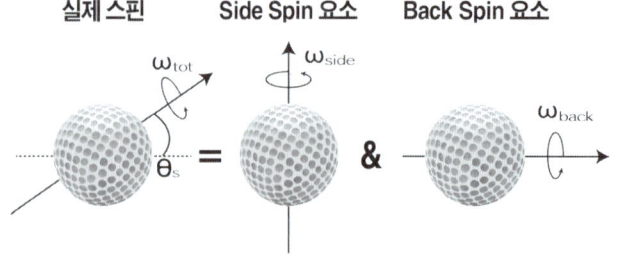

그림 7.9
스핀 축의 이해

실제 스핀   Side Spin 요소   Back Spin 요소

표시하며, 이를 스핀 축으로 한다. 스핀 축을 기준으로 백스핀 back spin과 사이드스핀 side spin으로 나눌 수 있다. 이러한 백스핀과 사이드스핀으로 탄도와 구질이 만들어진다.

스핀양에 영향을 주는 요소

볼의 스핀에 영향을 주는 두 가지 요소는 클럽 헤드 스피드와 임팩트 시 헤드가 만드는 각도들인데 그림 7.10과 같이 타깃 라인 target line을 기준으로 클럽 패스 club path 각도에 대비한 페이스 각도는 사이드스핀에 영향을 주며 이 각도가 클수록 더욱 많은 사이드스핀이 만들어진다.

타깃 라인을 기준으로 클럽 패스 각도에 대비한 페이스 각도는 좌, 우측의 측면으로 보았을 때를 말하고 페이스가 상, 하로 이루는 각을 스핀 로프트라 한다. 스핀 로프트는 클럽헤드가 임팩트 시 바닥과 클럽이 이루는 위, 아래 각도인 어택 앵글 attack angle과 스윙 시 볼에 맞는 순간의 실제 로프트 각도인 다이내믹 로프트 dynamic loft가 이루는 각을 말하며 볼의 백스핀에 영향을 준다.

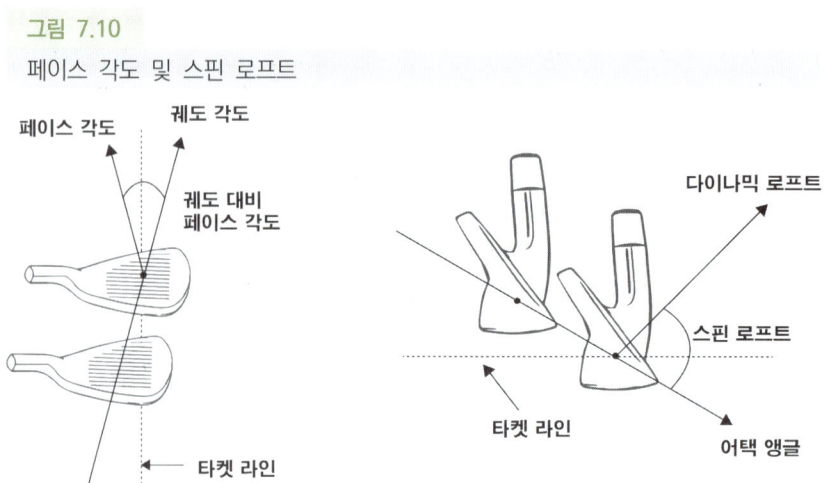

그림 7.10
페이스 각도 및 스핀 로프트

클럽 피팅의 이해

🏌 클럽 피팅

클럽 피팅 club fitting 은 골퍼의 체형, 스윙, 구질 등을 분석하여 골퍼의 특성에 적합하게 클럽을 맞추어 주는 일련의 과정을 말한다. 간혹 클럽 피팅은 그립이나 샤프트를 바꾸고, 스윙 웨이트를 조절하는 등의 작업을 클럽 피팅이라고 생각하는 경우가 많은데, 이것은 피팅의 일부분인 수리 repair 라고 볼 수 있으며, 클럽 피팅은 이러한 클럽 수리 작업에 더하여 레슨의 일부분도 포함된다.

클럽 피팅 시장이 확대됨에 따라 피팅을 전문으로 하는 피터 fitter 라는 전문 직업군이 생겼으며 주로 골프클럽 수리를 위주의 피팅숍에서 스윙 및 구질 분석을 포함하는 보다 전문적인 피팅숍이 늘어나는 추세이다.

🏌 클럽 피팅의 필요성

간혹 클럽 피팅은 어느 특정한 골퍼 즉, 선수나 프로, 상급자들만 필요하다고 생각하는 경우가 많고 실제 이러한 골퍼들을 대상으로 한 클럽 피팅이 많이 이루어져 왔다. 하지만 최근에는 골프를 시작하고 얼마 안 되는 아마추어부터 심지어는 여성 골퍼들 또한 클럽 피팅에 많은 관심을 가지고 실제 피팅까지 이어지는 경우가 많아졌다. 클럽 피팅은 골프를 처음 시작하는 입문자부터 초보자, 중급자, 상급자 그리고 성별, 나이 등에 상관없이 모든 골퍼에게 필요하며 골프를 즐기는 데 많은 도움을 줄 수 있다. 다만 클럽 피팅은 좀 더 나은 플레이를 위해 보완을 위한 방법이지 골프클럽을 만능 도깨비방망이로 만들어 주는 것은 아님을 명심하여야 할 것이다.

🏌 클럽 피팅 절차

클럽 피팅 절차는 크게 5단계로 나누어서 진행된다. 피팅을 진행할 때는 일반적으로 피팅 기록지를 작성하게 되는데 피팅 기록지는 골퍼의 체격, 현재 사용 클럽, 구력, 핸디, 현재 문제점, 선호하는 탄도, 그리고 피팅 결과까지의 모든 것을 기록하게 된다.

클럽 피팅 절차를 진행하는 동안 피터는 골퍼와 지속적인 교감을 가져야 하고 골퍼의 의견을 잘 반영한 피팅으로 진행하여야 한다.

☑ 1단계: 인터뷰

피팅 절차의 첫 번째 단계로 골퍼에 관련된 중요한 정보를 얻기 위한 대화를 포함하는 단계이다. 골퍼에게 다양한 질문 등을 통해 현재 골퍼의 문제점을 파악하고 개선할 수 있는 방법을 찾는 첫 단계로 매우 중요한 단계이다. 잘못된 인터뷰는 피팅의 방향을 잘못 잡게 되므로 꼭 필요한 질문들로 이루어져야 한다. 인터뷰 단계에서는 현재 사용 중인 클럽의 제원을 측정하는 것도 포함하여야 한다.

☑ 2단계: 신체 측정

신체 측정은 골퍼의 신체를 측정하는 단계로 골퍼의 신장, 지면에서부터 손목까지 길이, 손 크기 등의 체형을 분석하여 클럽을 추천해 주는 단계이다. 이 단계는 주로 아이언, 퍼터 피팅 시 주로 사용되며 드라이버, 우드 피팅 시에는 사용하지 않는다. 신체 측정에서는 각각의 회사들이 제공하는 피팅 관련 차트 등을 활용하게 되는데, 이러한 차트를 사용하여 골퍼에게 적정 신체 측정 방법은 아래의 그림 7.11과 같은 방법으로 진행하며 측정한다.

그림 7.11
신체 측정 방법

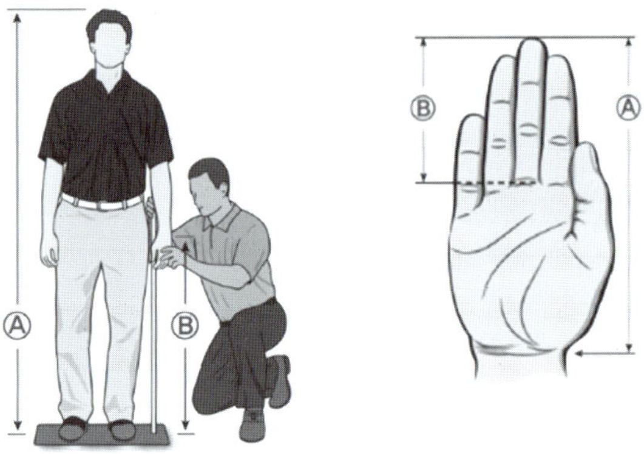

☑ 3단계: 스윙 분석

스윙 분석은 골퍼의 스윙을 분석하는 단계로 골퍼의 현재 스윙을 개선할 필요가 있는지, 기존 스윙에 맞추어 클럽을 피팅할 것인지를 결정하여야 한다. 이때에는 아이언이나 웨지의 경우 라이 보드를 이용하거나 론치 모니터 등을 이용하는 것이 좋다.

☑ 4단계: 구질 분석

구질 분석은 1, 2, 3단계를 거쳐 추천된 클럽으로 볼을 직접 친 다음 구질을 분석하는 단계이다. 이 단계는 이전에는 볼의 구질을 직접 볼 수 있는 드라이빙 레인지 연습장이나 필드에서 진행하였으나 최근에는 실내에서도 구질 분석이 가능한 론치 모니터 등의 측정 장비들이 많이 개발되어 타석만 있으면 어떠한 장소든지 분석할 수 있다. 이러한 론치 모니터들은 구질 분석뿐만 아니라 볼의 스핀양, 발사각도 등과 임팩트 시 클럽이 볼과 맞는 위치, 어택 앵글, 페이스 앵글 각도 등의 다양한 정보를 얻을 수 있어서 피팅 시 활용성이 매우 높다. 다만 이러한 장비들도 실내에서 사용 시에는 약간의 데이터오류가 발생할 수 있으므로 이러한 점을 피터가 이해하고 잘 활용하여야 한다.

그림 7.12
론치 모니터 launch monitor

* 덴마크 ISG사 트랙맨(TrackMan)

* 남아공 EDH사, 플라이트스쿠프

* 미국 Foresight사, GC쿼드

☑ **5단계: 결과 확인** 모니터링

1, 2, 3, 4단계를 거쳐 완성된 클럽을 보완하는 단계로 피팅의 마지막 단계이다. 골퍼는 피팅된 클럽으로 여러 번의 라운딩을 한 후 또 다른 문제점은 없는지, 개선사항은 없는지 등에 다시 한번 점검하고 만약 좀 더 개선이 필요한 부분이 있다면 피터와 재상담을 통해 보완해 주는 단계이다.

클럽 피팅 절차 활용 방법

피팅 절차는 모든 골퍼에게 똑같이 적용하지 않는다. 예를 들어 골프를 처음 입문하거나 스윙이 아직 완벽하지 않은 초보자들의 경우에는 스윙 및 구질 분석 등이 어렵기 때문이다. 또한 선수나 프로들처럼 일정한 스윙과 구질을 가지고 있는 경우에는 피팅 시 스윙을 교정하는 일은 없어서 절차 단계 중 일부는 적용하지 않는다. 우선 골퍼를 크게 세분류로 나누어 볼 필요가 있다. 먼저 프로들이나 선수의 경우에는 이미 상당히 일정한 스윙과 구질을 가지고 있어서 2단계의 신체 측정과 3단계의 스윙 분석은 진행하지 않고 바로 인터뷰 다음으로 구질 분석으로 진행한다. 입문자나 초급자의 경우 현재 스윙이 없거나 일정한 스윙 및 구질을 가지고 있지 않기 때문에 2단계 신체 측정만으로도 피팅을 끝낼 수 있다. 또한 입문자나 초급자의 경우 구질 분석이 반드시 요구되는 드라이버, 우드, 하이브리드 등의 클럽은 정확한 피팅을 하기에는 어려운 점이 있다. 이 클럽들은 아이언에서 나온 피팅 결과를 가지고 피터의 재량으로 추천해 줄 수밖에 없다.

많은 골퍼가 과연 '입문자나 초보자들도 피팅이 꼭 필요한가?'라는 질문을 많이 하고 있다. 클럽 피팅 시장에서조차 별로 중요하게 생각하지 않는 경향이 있다. 하지만 이러한 입문자나 초보자의 경우 피팅은 매우 간단하며 그 효과는 장기적으로는 엄청난 효과를 볼 수 있다, 이유는 바로 '잘못된 클럽이 잘못된 스윙 습관을 만든다'라고 한다. 처음 골프를 배우거나 연습할 때 골퍼 자신의 체형과 맞지 않는 클럽을 사용하게 되면 자연스럽게 골프클럽에 스윙을 맞추게 되므로 올바른 스윙을 만들기가 어려워질 수 있다. 최근 골프 선진국인 미국의 경우 처음 골프를 시작할 때 사용하는 미들 아이언 7번, 8번을 미리 체형 분석을 통해 골퍼에게 맞추어진 클럽으로 레슨을 시작하는 방법 등도 많이 사용되고 있다.

일반 아마추어 중, 상급자의 경우에는 위의 모든 절차에 따라 진행된다. 우선 현재 사용 중인 클럽이 체형에 맞지 않을 확률이 높아서 신체 측정이 필요하고 스윙과 구질도 어느 정도의 일관성을 가지고 있어 스윙 분석 및 구질 분석 등 모든 절차가 필요하다.

클럽 피팅 시장의 변화

전 세계적으로 골프 산업 규모는 미국, 일본에 이어 우리나라가 세 번째로 큰 시장을 가지고 있다. 시장 자체를 분석해 보면 오히려 스크린골프장, 론치 모니터가 설치된 높은 수준의 골프 연습장, 특화된 골프 의류, 용품 등 더욱 다양한 골프 산업을 만들어 가고 있다. 특히 스크린 골프는 우리나라에서 만들어진 독특한 산업이며 국내 성공을 발판으로 이제는 세계시장으로 확대해 나가고 있다. 하지만 골프클럽에서만큼은 미국과 일본회사들이 거의 세계시장을 독점하고 있으며, 우리나라 골프 클럽회사는 없는 실정이다. 현재 세계 골프클럽 시장은 테일러메이드, 핑, 켈러웨이, 타이틀리스트 등을 주축으로 하는 미국 회사들이 주도하고 있는 가운데 브릿지스톤, 던롭, 미즈노 등의 일본 브랜드들이 따라가는 추세이다. 약 10여 년 전까지만 해도 우리나라 골프클럽 시장은 일본 브랜드의 점유율이 매우 높았으나 미국 회사들의 지사 설립과 '아시안 스펙'이라는 한국인 체형에 맞는 클럽들을 개발하여 현재는 국내 시장도 미국 회사들의 시장점유율이 일본회사를 앞지르고 있다.

그림 7.13
피팅 시장 변화

골프 시장이 커짐에 따라 골퍼들은 좀 더 다양한 요구를 하고 있으며 여기에 맞추어 골프클럽 피팅 시장도 점점 더 커지고 있다. 이전에는 골프클럽 피팅은 선수나 프로, 상급자들이 주로 찾았으나 지금은 일반 아마추어들, 심지어 골프를 처음 입문하는 골퍼들도 피팅에 관심을 두고 있다. 또한 이전에는 클럽 피팅이라면 소규모 피팅숍에서 이루어지는 샤프트, 그립을 바꾸거나 길이를 조정하는 등의 수리 위주의 피팅에서 최근에는 다양한 스윙, 구질 분석 장비들이 설치되어 있는 골프숍 및 피팅숍의 증가로 분석 위주의 피팅으로 발전되고 있다. 골프클럽 피팅 시장의 확대는 일반 골프회사들의 클럽개발에도 영향을 미치고 있는데 골퍼들의 피팅에 대한 관심이 커지고, 또한 USGA 및 R&A에서의 골프클럽 규제가 강화됨에 따라 골프클럽 회사들의 클럽개발에 어려움을 겪게 되자 일반 골프클럽에 골퍼가 직접 로프트나 구질을 바꿀 수 있는 피팅이 가능한 클럽들을 출시하고 있다. 그동안 피팅숍에서나 이루어지던 다양한 샤프트 옵션들도 구매 시 선택할 수 있게 되었으며 골퍼가 직접 체험할 수 있는 피팅 카트를 판매처에 공급하고 있다. 이러한 결과로 피팅은 소규모 피팅숍에서 골프숍으로, 수리에서 분석으로의 시장 변화가 이루어지고 있다.

그림 7.14
브랜드별 피팅 카트

 ## 클럽별 피팅 방법

드라이버 피팅

☑ **로프트 각도 선택**

로프트 loft 는 클럽페이스가 지면에 직각인 선에 대한 클럽페이스의 각도를 말한다. 로프트는 샤프트 타입이나 모델 같은 다른 요소들 이상으로 볼의 탄도와 스핀에 상당한 영향을 미친다.

만일 골퍼의 탄도가 너무 낮으면 현재의 로프트보다 더 높은 로프트를, 반대로 탄도가 너무 높으면 현재의 로프트보다 더 낮은 로프트를 추천한다. 단 골퍼가 좀 더 정확한 샷을 원한다면 로프트를 더 높은 로프트를 추천하는 것이 좋다. 최근 제품들에는 골퍼가 직접 로프트를 조절할 수 있는 기능이 탑재된 제품들이 많이 출시되고 있으므로 이 기능을 적절히 활용하면 클럽을 교체하지 않고 골퍼에게 알맞은 로프트를 선택할 수 있다. 골프 회사인 PING의 연구에 의하면 로프트가 1도 증가하면 발사각은 약 0.7도, 스핀양은 약 220rpm이 증가한다고 한다.

그림 7.15
로프트 측정 방법

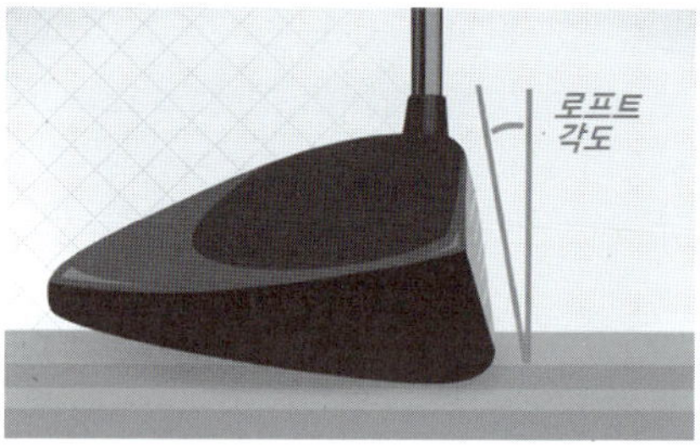

☑ 무게 중심 조절

골프클럽에서 무게 중심 center of gravity, CG은 탄도 및 방향성에 매우 큰 영향을 미친다. 최근 제품의 대부분은 헤드에 움직일 수 있는 무게추를 장착하여 골퍼가 직접 무게 중심의 위치를 조절할 수 있도록 출시되고 있다. 무게추의 위치를 조절하면 방향성을 조절할 수 있다. 이러한 무게추 조절 기능이 장착되지 않은 클럽들은 납테이프 등을 사용하여 무게추와 같은 효과를 볼 수 있다. 무게추 또는 납테이프를 이용하여 힐 쪽에 무게를 증가시키면 임팩트 순간 클럽헤드의 로테이션을 빠르게 하여 즉, 토 쪽을 빨리 닫게 하여 슬라이스 slice 또는 페이드 fade를 줄여주는 효과가 있으며, 반대로 토우 쪽에 무게를 증가시키면 임팩트 순간 클럽헤드의 로테이션을 느리게 하여 토 쪽이 빨리 닫히는 것을 방지하여 훅 또는 드로우 draw를 줄여주는 효과가 있다. 다만 무게추 기능이 없는 클럽의 경우 납테이프를 붙인 만큼 헤드의 무게가 증가하고 스윙 웨이트도 달라지기 때문에 너무 많은 무게의 납테이프를 사용하면 전체 무게 및 스윙 웨이트의 변화도 같이 고려하여야 한다.

☑ 샤프트 선택 요령

샤프트는 위에서 말한 바와 같이 매우 복잡한 변수들을 가지고 있다. 샤프트 무게, 킥 포인트, 토크 등이 골퍼의 구질, 탄도, 타구감 등에 영향을 미친다. 샤프트 피팅 시에 이러한 모든 요소를 고려해서 골퍼가 선호하는 구질 및 타구감 등을 찾아 주어야 한다. 일반적으로 드라이버 피팅 시 론치 모니터 등의 분석 장비가 활용되는데 분석 스윙 전에 반드시 점검해야 할 부분이 티 높이다. 티 높이는 드라이버의 탄도와 거리를 최적화하는 데 중요하다. 티가 너무 낮으면 볼은 일반적으로 많은 스핀에 낮은 탄도를 보이며 티가 너무 높으면 볼은 페이스 윗면에 맞기 쉽고 적정 탄도보다는 높은 탄도에 너무 낮은 스핀을 만들 수 있다. 그러므로 분석 전 골퍼의 평상시 사용하는 티 높이와 같은지 반드시 확인하여야 한다.

☑ 탄도 분석

탄도 분석은 주로 론치 모니터 등의 분석 장비가 사용된다. 론치 모니터는 피팅에 필요한 여러 가지의 데이터를 제공하는데, 이 가운데 피팅 시 가장 많이 활용되는 데이터는 헤드 스피드, 볼 스피드, 페이스 앵글, 발사각도, 스핀양 등이 주로 많이 활용된다. 탄도에 가장 많은 영향을 미치는 것은 발사각과 스핀양이다. 발사각 launch angle 은 임팩트 후에 볼이 헤드에서 튕겨서 나갈 때 지면과 이루는 각도를 말하며, 스핀양은 헤드에서 튕겨서 나간 볼에 만들어지는 회전을 말하며, 이 스핀양은 크게 백스핀과 사이드스핀으로 나뉜다. 백스핀은 주로 탄도의 높낮이에 사이드 스핀은 주로 좌, 우 방향에 영향을 미친다.

탄도 분석의 목적은 최적의 탄도와 방향성을 찾아 비거리를 증가시키는 것이다. 탄도가 너무 높다면 로프트 각을 낮추고 샤프트는 좀 더 강한 샤프트 또는 하이 킥 포인트 샤프트를 사용하는 것이 좋으며 탄도가 너무 낮다면 로프트 각은 좀 더 누이고 샤프트는 좀 더 약한 샤프트 또는 로우 킥 포인트 샤프트를 사용하는 것이 좋다.

그림 7.16
PING 드라이버 헤드 스피드 및 볼 스피드에 따른 최적의 발사각 및 스핀양

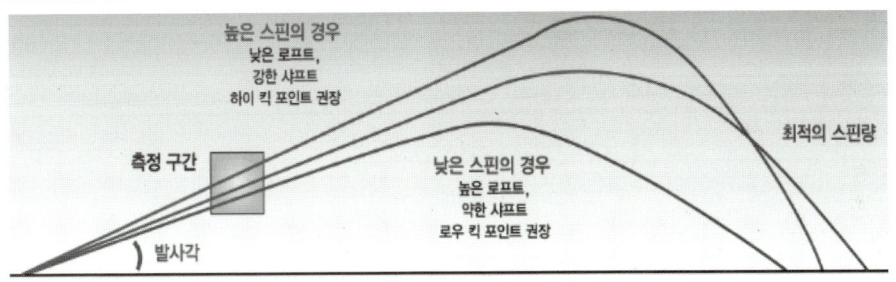

헤드 스피드	볼 스피드	최적의 발사각도	최적의 스핀양
75 to 80 mph 121 to 129 km/h	112 to 120 mph 180 to 193 km/h	14° to 16°	2750 to 3000 rpm
80 to 85 mph 129 to 137 km/h	120 to 127 mph 193 to 204 km/h	14° to 15°	2750 to 3000 rpm
85 to 90 mph 137 to 145 km/h	127 to 135 mph 204 to 217 km/h	14° to 15°	2500 to 2750 rpm
90 to 100 mph 145 to 161 km/h	135 to 150 mph 217 to 241 km/h	13° to 14°	2500 to 2750 rpm
100 to 110 mph 161 to 177 km/h	150 to 165 mph 241 to 266 km/h	12° to 13°	2500 to 2750 rpm
110 to 120 mph 177 to 193 km/h	165 to 180 mph 266 to 290 km/h	11° to 12°	2250 to 2500 rpm
> 120 mph > 193 km/h	> 180 mph > 290 km/h	10° to 11°	2250 to 2500 rpm

☑ 샤프트 길이 분석

샤프트의 길이가 길면 길수록 거리는 증가한다. 하지만 샤프트가 길어진 만큼 볼을 정확히 맞히기 어려워 오히려 거리가 감소하거나 잘못된 방향성을 만들 수 있다. 그러므로 거리를 증가시키기 위해 샤프트를 길게 사용하는 것은 신중해야 한다. 만약 골퍼가 기존 샤프트의 길이보다 더 긴 길이의 샤프트를 원한다면 페이스 임팩트 분석이 필요하다. 이때 필요한 것은 페이스 테이프, 스프레이 등을 사용하여 길이가 길어짐에도 볼을 정확히 스위트스폿 sweet spot 에 맞출 수 있는지를 점검한다.

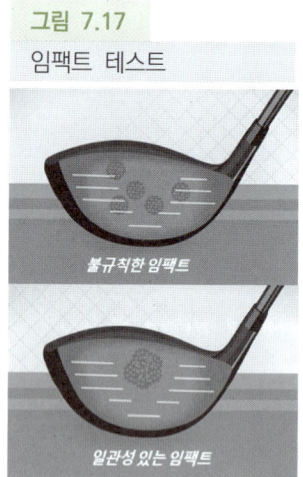

그림 7.17 임팩트 테스트

🏌 아이언 피팅

아이언 피팅 시 고려해야 할 부분들이 많으나 가장 중요한 부분은 크게 라이각, 클럽 길이, 헤드 디자인, 샤프트 종류 및 강도, 그리고 그립 사이즈 등 총 5가지로 나뉜다.

☑ 라이각 피팅

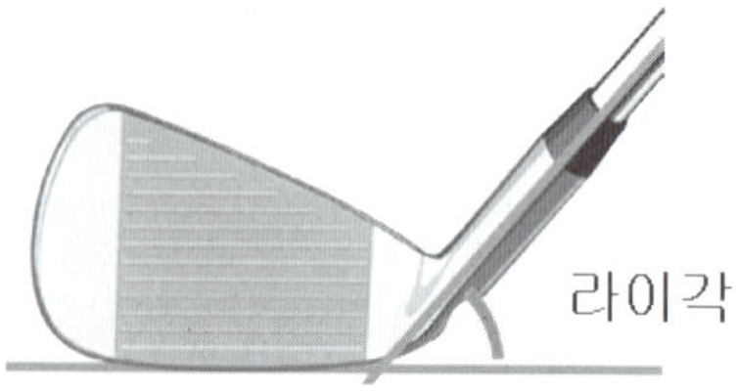

라이각 lie angle 은 클럽의 솔과 샤프트의 중심선 간의 각도를 측정한 것이다. 라이각은 샷의 방향에 영향을 미치는 매우 중요한 요소이다. 라이각은 어드레스보다는 임팩트 순간의 라이각이 볼의 구질에 영향을 미치는데, 임팩트 시 솔이 지면과 수평을 이루어야 하지만 그림 7.19 첫 번째 그림과 같이 토우 쪽이 들리면 볼은 훅 또는 드로우의 구질을 만들며, 힐 쪽이 들리면 슬라이스 또는 페이드 구질을 만든다. 이렇게 토 쪽이 들리는 것을 피팅에서 '업라이트 upright 한 라이각이라 하고, 반대로 힐 쪽이 들리는 것은 플랫 flat 한 라이각 이라고 한다. 라이각 측정 방법은 골퍼의 신장 및 지면에서부터 손목까지의 길이를 측정해서 찾는 신체 측정 방법과 라이보드 lie board 와 라이테이프 lie tape 를 이용하여 스윙 시 임팩트 순간의 라이각을 측정 스윙 분석 방법을 사용하는데 일반적으로 초보자들은 신체 측정 방법을 중, 상급자인 경우는 스윙 분석 방법, 그리고 초, 중급자인 경우, 신체 측정 방법과 스윙 분석 방법을 같이 사용하는 경우가 많다.

라이각의 변화에 따른 구질 분석 테스트 결과를 보면 라이각이 1.5도 변할 때 약 2~3야드의 좌, 우 편차가 생기며, 특히 롱 아이언보다는 숏 아이언으로 갈수록 라이각에 따른 구질 변화가 점점 커진다.

그림 7.18 라이각 측정 방법

그림 7.19
라이각에 따른 구질 변화

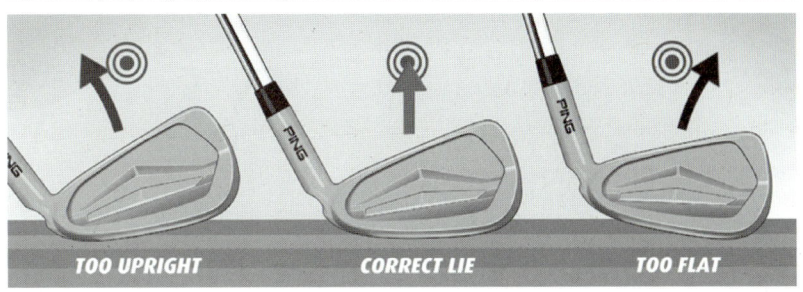

☑ 샤프트 길이

　샤프트 길이는 어드레스에 많은 영향을 미친다. 신장이 큰 골퍼의 경우 아이언 길이가 너무 짧으면 어드레스 시에 불편함을 느끼며 신장이 작은 골퍼도 아이언의 길이가 너무 길면 부담스럽고 볼 샷을 정확히 하기 어려워진다. 그러므로 골퍼의 신장과 팔길이 등에 따라 적정한 길이를 사용하여야 한다. 드라이버와 마찬가지로 클럽 길이가 길어지면 볼 샷을 정확히 하기가 어려워 클럽 길이를 길게 사용하려면 신중해야 한다. 특히 아이언의 경우 드라이버와는 다르게 거리를 증대시킬 목적으로 하기보다는 정확도 향상을 목적으로 피팅을 하는 경우가 많다. 그래서 아이언의 경우, 신장이 큰 골퍼들의 경우 클럽 길이를 증가시키기보다는 라이각을 좀 더 업라이트한 라이각으로 조정하는 것을 추천하는데 이렇게 하게 되면 골퍼가 어드레스 시 그립 잡는 위치가 올라가기 때문에 상대적으로 클럽 길이가 길어지는 효과가 발생한다.

☑ 헤드 디자인

　헤드 디자인은 페이스 뒷면의 형태에 따른 머슬백 muscle bag 과 캐비티백 cavity bag, 오프셋 offset의 정도에 따른 블레이드 blade 타입과 오프셋 타입으로 나눈다. 머슬백은 헤드 뒷면이 아무런 파임 없이 매끈하고 크기도 작은 경우가 많다. 머슬백의 경우 스위트스폿이 작아 빗맞았을 경우 방향성 및 비거리에 영향을 줄 수 있으나 조작성이 뛰어나며 페이스가 두꺼워 부드러운 타구감을 제공한다. 캐비티백의 경우 헤드 뒷면이 깊게 파여 있고 상대적으로 헤드가 크다. 무게 중심을 페이스 중앙을 기준으로 주변에 배치하여 넓은 스위트스폿을 가지고 있으며 볼을 띄우기가 쉽다.
　오프셋이란 그림 7.20과 같이 샤프트 오른쪽 수직 라인과 리딩에지 leading edge 와의 간격을 말한다. 오프셋이 클수록 임팩트 시 헤드가 열려 맞는 것을 방지해주어 슬라이스를 줄여줄 수 있다. 이러한 오프셋이 큰 헤드를 오프셋 타입이라 하고 작을수록 블레이드 타입이라 하는데 블레이드 타입의 경우 오프셋 타입보다 헤드의 조작성이 좋아 원하는 구질을 잘 만들 수 있다.

☑ 샤프트 선택

아이언의 경우 드라이버와 달리 스틸 샤프트와 그라파이트 샤프트 두 종류가 가장 많이 사용된다. 일반적으로 스틸샤프트의 경우 그라파이트 샤프트보다 좀 더 일관성이 있고 잘 맞았을 때와 잘못 맞았을 때 피드백이 명확한 장점이 있으며, 그라파이트 샤프트는 스틸 샤프트보다 가벼워서 헤드 스피드가 증가하여 거리가 증가하고 임팩트 시 진동을 잘 흡수하여 부드러운 타구감을 만든다. 많은 골퍼가 스틸 샤프트와 그라파이트 샤프트 중 어떤 샤프트를 사용해야 할지 고민하는 경우가 많은데 꼭 정해져 있는 것은 아니니 각 샤프트의 장단점을 잘 파악한 후 골퍼 본인에게 알맞은 샤프트를 선택하면 된다.

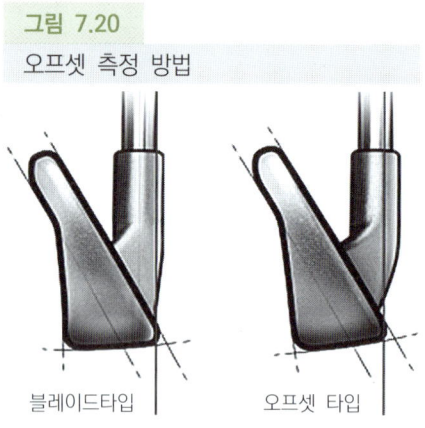

그림 7.20
오프셋 측정 방법

블레이드타입   오프셋 타입

☑ 그립 사이즈

골퍼마다 손 크기에 따라 골프장갑을 사용하듯이 그립도 사이즈 size 가 있으며 골퍼의 손 크기에 알맞은 크기의 그립을 사용하여야 한다. 그립 사이즈만 맞추어도 아이언 피팅의 20%가 끝났다고 할 정도로 중요한데 그립이 자신의 손 크기보다 너무 가늘면 헤드가 빨리 닫혀 훅이나 드로우가 발생할 수 있으며, 반대로 그립이 너무 굵으면 헤드가 열려 슬라이스나 페이드의 구질이 발생할 수 있다.

🏌 웨지 피팅

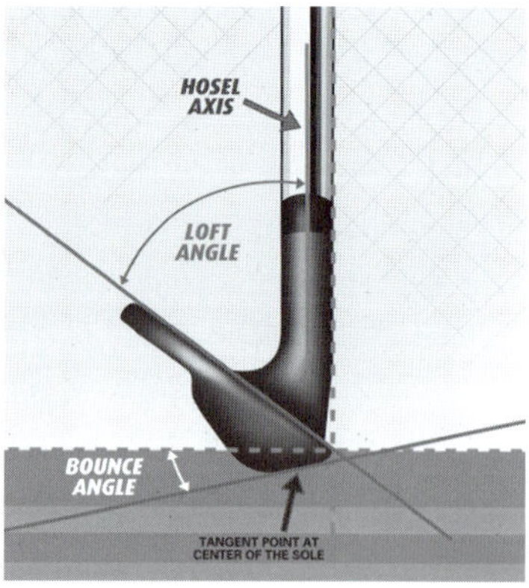

웨지 피팅 시에는 솔 sole 디자인과 바운스 bounce 각이 중요하다. 바운스 각이란 그림 7.21과 같이 헤드를 스퀘어 square, 직각로 지면에 놓았을 때 리딩에지와 지면과 이루는 각도를 말한다. 웨지샷의 경우 가파른 다운스윙으로 볼을 타격하게 되는데 이때 솔 디자인과 바운스 각이 지면에 클럽이 박히지 않고 잘 미끄러져 나가도록 도와준다.

골퍼의 어택 앵글이 -10도 이상이면 급격한 다운스윙으로 큰 바운스 각을 -6도 이하이면 완만한 다운스윙으로 작은 바운스 각을 사용하는 것이 좋다. 만약 어택 앵글 측정이 어려우면 평소 잔디의 디벗 divot 형태를 점검하는 것도 좋은 방법이다. 그림 7.22에서 보는 바와 같이 디벗이 크면

그림 7.21
바운스각 측정 방법

클럽이 지면에 박히지 않는 큰 바운스 각이 너무 작으면 볼과 지면 사이로 잘 파고들 수 있는 작은 바운스 각을 선택하는 것이 좋다.

그림 7.22
디벗 형태에 따른 어택 앵글 측정 방법

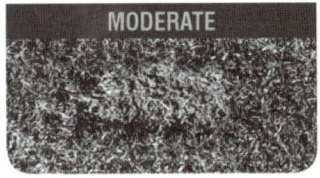
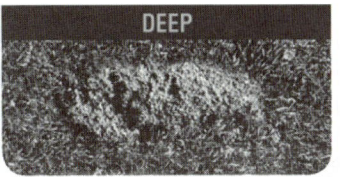

퍼터 피팅

퍼터 putter 피팅 시에는 스트로크 유형을 분석하는 것이 매우 중요하다. 퍼터는 그림 7.23과 같이 헤드의 밸런스 balance 형태에 따라 나눌 수 있는데 스트로크 stroke 유형에 따라 알맞은 밸런스 타입을 사용하여야 한다. 골퍼의 스트로크도 그림 7.24와 같이 크게 3가지 타입으로 나눌 수 있다. 스트레이트 아크 straight arc 유형의 골퍼이면 페이스 밸런스형, 슬라이트 아크 slight arc 유형의 골퍼이면 중간 밸런스형, 그리고 스트롱 아크 strong arc 유형의 골퍼라면 토 toe 밸런스 타입을 사용하는 것이 좋다. 만약 스트로크 분석이 어렵다면 일반적으로 오른손잡이를 기준으로 했을 때, 왼쪽으로 당겨치는 미스샷이 많이 나오면 토 밸런스 타입이, 반대로 오른쪽으로 밀리는 미스샷이 많이 나오는 경우는 페이스 밸런스 타입의 퍼터를 사용하는 것이 좋다.

그림 7.23
퍼터 밸런스 유형

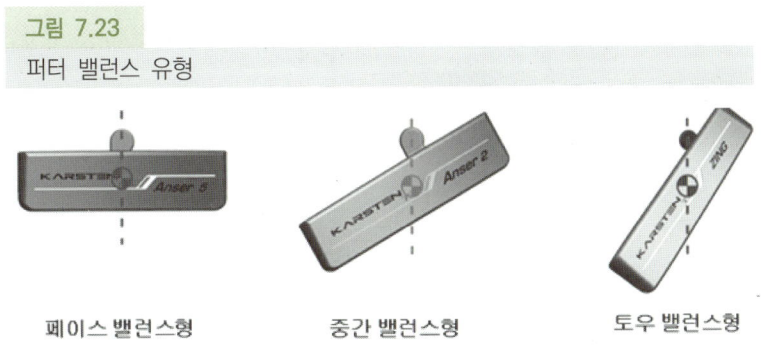

페이스 밸런스형   중간 밸런스형   토우 밸런스형

헤드 디자인은 전통적인 디자인인 일자형 블레이드 blade 타입과 반달형 말렛 mallet 타입으로 크게 나눌 수 있는데 최근에는 기하학적 모양의 헤드들도 많이 출시되고 있다. 헤드 디자인 선택

그림 7.24
스트로크 유형

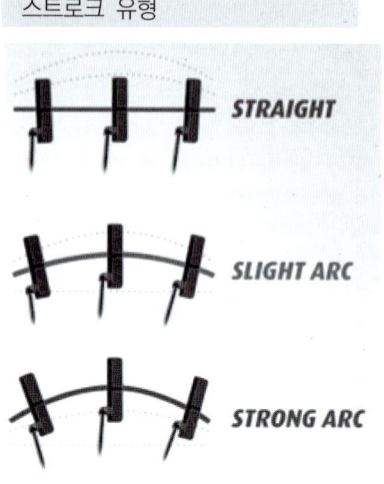

은 무엇보다도 골퍼가 어드레스 시 안정감이 있어야 하며 볼과의 정렬이 쉬운 디자인을 선택하는 것이 중요하다.

퍼터의 경우 다양한 샤프트 넥 neck을 가지고 있다. 그림 7.25에서 보는 바와 같이 크게 4자기 타입으로 나눌 수 있는데, 플럼버넥 plumber neck은 샤프트가 퍼터 페이스보다 좀 더 나와 있는 형태로 어드레스와 임팩트 순간 퍼터 페이스를 퍼팅 라인과 직각으로 맞추는 데 도움을 준다. 플레어 팁 넥 flare tip neck은 호젤 hosel이 헤드의 힐 쪽에 있는 형태로 주로 토우 밸런스 타입에 많이 사용되는 넥으로 임팩트 순간 페이스가 닫히는 것을 줄여 당겨치는 골퍼에게 유리하다. 더블밴드 넥 double bend neck은 헤드에 샤프를 두 번 구부려서 바로 꽂은 형태로 주로 페이스 밸런스 타입 퍼터에 많이 사용되며 스트레이트 아크형의 골퍼에게 유리하다. 마지막으로 센터 샤프트 넥 center shaft neck은 호젤이 퍼터 헤드 중앙에 바로 꽂힌 형태로 임팩트 시 명확한 피드백을 주며 스위트스폿에 빗맞으면 헤드가 좌우로 틀어질 수 있으나 볼에 대한 시안성이 좋아 주로 상급자들이 선호하는 편이다.

그림 7.25
퍼터 넥(putter neck) 유형

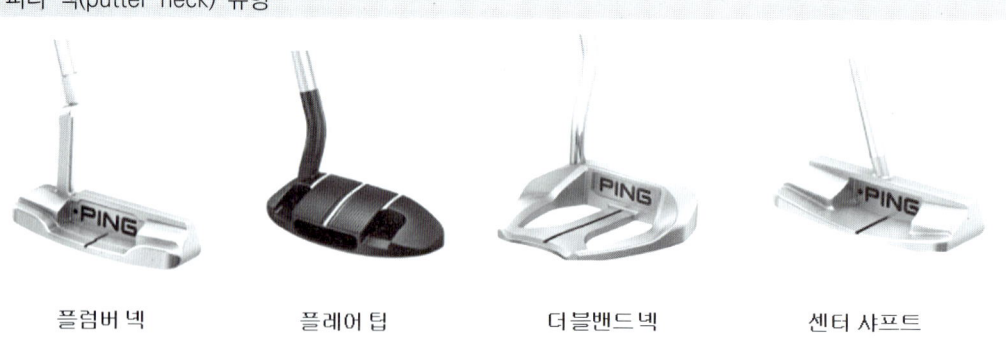

플럼버 넥   플레어 팁   더블밴드 넥   센터 샤프트

최근에는 헤드 무게도 다양하게 선택할 수 있는데 헤드 무게 피팅에는 템포 tempo를 측정한다. 템포는 다운스윙 시간 대비 백스윙 시간의 비율인데, 예를 들어 2초에 백스윙을 하는 골퍼가 다운스윙은 1초에 한다면 템포는 2.0이다. 템포가 빠른 경우 1.8 이하에는 좀 더 가벼운 헤드를 사용하고, 템포가 느린 경우 2.2 이상에는 좀 더 무거운 헤드를 사용하는 것이 좋다. 또한 짧은 퍼팅의 성공률을 높이려면 좀 더 무거운 헤드를 긴 퍼팅의 성공률을 높이려면 좀 더 가벼운 헤드를 사용하는 것도 좋은 방법이다.

그립의 경우에는 손목을 많이 움직이는 골퍼의 경우 굵은 그립을 사용하여 손목의 움직임을 줄여줄 수 있으며, 너무 경직된 스트로크를 하는 골퍼의 경우에는 가는 그립을 사용하여 손목의 움직임을 좀 더 줄 수 있다. 이외에도 임팩트 시 샤프트의 좌우 그리고 앞뒤의 기울기를 측정하여 퍼터의 로프트 및 라이 각을 조절한다. 일반적으로 퍼터의 로프트는 2~4도 정도인데, 만약 골퍼가 퍼팅 시 손목이 너무 앞으로 나가거나 볼을 눌러 치는 경향이 있다면 좀 더 큰 로프트를, 반대로 임팩트 시 손목의 위치가 볼보다 뒤에 있거나 올려 치는 경향이 있다면 좀 더 작은 로프트를 사용하여야 볼의 직진 회전이 좋아져 퍼팅의 성공률을 높일 수 있다.

지금까지 피팅 시 클럽별 중요한 부분을 설명하였다. 이 외에도 피팅 시 고려해야 할 부분들은 많다. 좀 더 정확한 피팅을 원한다면 전문가와 상의하는 것을 추천한다. 다만 한 가지 명심할 부분은 클럽 피팅이 매우 중요하기는 하나 어디까지나 스윙을 보완해 주는 것이며 피터의 역할은 클럽을 결정해 주는 것이 아니라 골퍼가 올바른 클럽을 선택할 수 있도록 도와주는 것임을 명심하여야 할 것이다.

참고 문헌

[1] Issuu (2021). PING Fitting manual.
https://issuu.com/pingeurope/docs/ping_custom_fittingmanual_2020_final_edited

"골프가 그토록 짜증 나는 게임인 이유 가운데 하나는 배운 것을 너무나 쉽게 잊어버리고 해마다 결함이 생겨 이를 바로잡아야 하는 어려움을 겪고 있기 때문이다."

"One reason golf is such an exasperating game is that a thing we learned is so easily forgotten and we find ourselves struggling year after year with faults we had discovered and corrected time and again."

— *Bobby Jones* —

"한 번에 하나의 오류를 수정하라. 극복하고 싶은 한 가지 결함에 집중하라."

"Correct one fault at a time. Concentrate on the one fault you want to overcome."

— *Sam Snead* —

골프 트레이닝 방법론

호서대학교 골프산업학과 교수 _
조상우

08

강의 개요

골프 트레이닝 방법론은 골프 경기에서 필요로 하는 전문 체력을 바탕으로, 정확하고 다양한 샷을 수행할 수 있는 스윙 기술력과 위기 상황에도 흔들리지 않는 심리상태를 유지할 수 있도록 골프 전문 트레이닝의 기본 원리, 구성요소, 기본절차, 체력 트레이닝에 이르는 내용을 학습한다.

골프 트레이닝 / 148
골프 전문체력 / 151
골프 스윙과 근수축 / 152
골프 스윙 시 사용되는 근육 / 154
근력 트레이닝 / 157
순발력 트레이닝 / 162
유연성 트레이닝 / 163
지구력 트레이닝 / 164

골프 트레이닝

스포츠 경기에서 최상의 컨디션 condition 으로 최고의 경기력을 발휘하기 위해서는 체력, 운동 기술, 정신력이 필요하다. 골프 경기에서 필요로 하는 체력 요소에는 근력, 근파워, 근지구력, 유연성 등이 있다. 이 체력 요소들을 융합하여 정확하고 다양한 샷 shot 을 할 수 있는 스윙 기술력과 위기 상황에서도 흔들리지 않는 심리상태를 가질 수 있다면 실전에서 더 좋은 경기력을 발휘할 수 있을 것이다.

일반적으로 많은 스포츠 종목의 경우, 체력훈련을 기반으로 기술훈련을 하고 있다. 그러나 골프 경기의 경우에는 대부분 스윙 개선을 위한 기술훈련을 더 많이 하는 실정이다. 골프 경기력을 효과적으로 향상하기 위해서는 근력, 근파워, 근지구력, 유연성 등의 체력 요소들을 증진하여 스윙 기술력을 향상할 수 있는 체력 트레이닝이 필요하다. 골프 체력 트레이닝은 스윙 메커니즘을 바탕으로 생체역학, 생리학, 영양학 측면을 모두 고려한 골프 컨디셔닝이 필요한 것이다. 골프 체력 트레이닝을 통해 체력 요소의 증진은 물론, 골퍼의 체형과 신체의 자세 교정을 통해 스윙 자세와 기술력의 향상으로 더 좋은 경기력을 갖도록 하는 것이다. 예를 들어, 체중 증가로 인해 복부에 살이 많이 쪘다면, 신체의 무게 중심은 허리가 복부 쪽으로 만곡하게 되어 앞으로 이동하게 된다. 이러한 체형 상태에서 어드레스 자세를 만들어 상체를 숙이게 된다면 복부를 전방으로 더 내밀게 되고, 백스윙 시에는 유연성의 감소로 스윙아크의 축소와 역 체중 현상이 발생하게 된다. 그리고 다운스윙 시에는 밀려 나온 복부로 인해 조기에 헤드업을 유발하여 슬라이스 구질을 만들어 내기도 한다. 체중 증가로 인한 체형의 변화는 스윙 자세를 변형시켜 스윙 메커니즘에 연속적인 부작용을 만들어 내기 때문에 골프 체력 트레이닝은 더욱더 골퍼들에게 요구되고 있다.

일반적으로 체형에는 보통 체형, 마른 체형, 살찐 체형으로 구분한다. 보통 체형은 전체적인 비율로 보았을 때 보통 체구의 일반적인 균형 잡힌 체형을 말하며, 마른 체형은 골격이 가늘고 가슴 폭이 좁은 몸매를 가진 체형을 말한다. 그리고 살찐 체형은 체구가 크고 뼈대가 굵으며 가슴이 큰 체형을 말하며, 지방과 근육이 차지하는 비중이 높아서 유연성이 떨어지는 단점을 가지고 있다. 이러한 체형의 차이는 스윙시에도 서로 다른 특징을 나타내고 있다. 보통 체형의 피니시 자세는 오른쪽으로 기울어진 사이드 C자형, 마른 체형은 허리를 뒤로 젖히는 역 C자형, 살찐 체형은 일자형 자세를 만들게 된다. 이러한 것들은 모두 체형에서 오는 결과이기 때문에 자신과 다른 체형의 스윙 동작을 가진다면, 스윙 동작의 부자연스러움과 함께 이로 인한 부상도 주의해야 할 것이다. 그러므로 골퍼는 항상 자신의 체형에 적합한 스윙을 가지는 것이 골프 상해로부터 자유로워질 수 있을 것이다. 아무리 좋은 골프 레슨이 주어진다고 해도 이를 수행해 내는 신체가 바른 자세를 유지하고 있지 못하다면 좋은 스윙을 만들어 내지 못하기 때문에 스윙에 적합한 신체를 만들고 그 자세를 유지할 수 있는 신체를 만드는 것은 모든 골퍼에게 필수적인 요소이다.

본 장에서는 골프 체력 트레이닝을 실시하기 위한 트레이닝의 기본 원리부터 구성요소와 기본 절차에 이르기까지 체력 트레이닝을 위한 기본적인 내용을 알아보고자 한다.

트레이닝의 기본 원리

트레이닝의 기본 원리에는 과부하의 원리, 점진성의 원리, 반복성의 원리, 개별성의 원리, 특이성의 원리, 주기화의 원리가 있으며, 이것들은 상호 연관성이 있어 한 가지의 원리가 제외된다면 전체적인 트레이닝의 효과에 영향을 미치게 된다.

과부하의 원리는 일반적으로 받게 되는 운동 부하량보다 강한 운동 자극을 주어 운동의 효과를 얻는 원리로 운동의 안전한계와 유효한계 사이에서 자극을 준다. 트레이닝 과정에서 낮은 과부하는 생리적인 반응만 일으키게 되어 체력 향상 효과를 나타내지 못하고, 적정 과부하는 체력 증진 효과를 가져오며, 과도한 과부하는 인체가 적응할 수 있는 한계를 초과하게 되어 피로를 유발하여 체력 저하와 함께 부상의 위험에 노출되게 된다. 따라서 트레이닝 시에는 적정한 과부하로 인체가 과부하에 대해 반응과 적응을 할 수 있도록 유도하여 강도를 점증시키며 실시한다.

점진성의 원리는 과부하의 원리를 적용하여 운동의 양과 부하를 점차 증가시켜 나가는 원리로 운동 부하의 증가를 계단식으로 적절한 주기에 맞춰 실시하는 것을 말한다. 트레이닝 과정에서 급격한 운동의 양과 부하는 인체에 강한 자극을 주어 역효과를 초래할 수 있다. 그러므로 운동 부하는 가벼운 것에서 무거운 것으로, 쉬운 것에서 어려운 것과 느린 것에서 빠른 것 등으로 실시해 주는 것이 필요하다.

반복성의 원리는 반복적 훈련을 통해 인체의 기관과 조직이 생리적, 신경적 반응에 적응하는 원리로 운동 기술과 전술 훈련 등에 많이 사용되며, 특히 골프 스윙 훈련을 하는 것이 바로 이 원리에 해당한다.

개별성의 원리는 트레이닝의 과정에서 개인의 특성 성별, 연령, 체형, 건강 상태, 체력수준, 운동경력 등 을 고려하여 실시함으로써 보다 큰 효과를 얻고자 하는 원리로 특히 골프 스윙 훈련을 반복적으로 하는 것이 바로 이 원리에 해당한다.

특이성의 원리는 트레이닝 과정에서 실시한 운동 형태, 운동 강도, 운동시간 등에 따라 트레이닝에 사용된 근육, 부하 및 동작 형태에 대해서만 그 효과가 나타난다는 원리이다.

주기화의 원리는 트레이닝의 목적에 따라 단계적으로 프로그램 일정을 수립하는 것으로 시합이나 대회에 맞춰 최상의 경기력을 발휘하도록 일정을 대주기, 중주기, 소주기로 구분하고, 주기마다 훈련 목적과 목표를 설정하여 단계적이고 체계적인 훈련을 하는 원리이다.

🏌 트레이닝의 구성요소

트레이닝을 실시하기 위해서는 트레이닝의 기본 원리에 맞추어 운동의 형태, 주기, 시간, 빈도, 강도 등과 같은 요소들을 고려해야 한다. 이러한 요소들을 트레이닝의 구성요소라 부르며, 트레이닝의 구성요소는 질적 요소와 양적 요소로 구분된다.

트레이닝의 질적 요소에는 운동 양식, 운동 시기, 운동 강도가 있다. 운동 양식은 트레이닝 과정에 적용할 운동 종목, 운동유형, 운동 형태를 선택하는 것으로, 유산소 또는 무산소 운동을 선택할 것인지, 간헐적 또는 지속적 운동을 선택할 것인지, 전신 또는 국부적인 운동을 선택할 것인지, 등장성, 등척성 또는 등속성 운동을 선택할 것인지, 개인의 운동능력, 운동 기술, 운동 경험, 흥미, 시설, 여건 등을 고려하여 선택하도록 한다. 운동 시기는 개인의 일정과 상황에 따라 선택하도록 하고, 운동강도는 트레이닝의 효과를 얻을 수 있는 범위 내에서 선택하도록 하는데, 운동 형태에 따라서 kg, °/sec, m/sec, 회/분 등과 같은 부하로 나타낸다. 웨이트트레이닝 같이 중량을 이용하는 경우 kg, 유/무산소 트레이닝과 같이 심박수를 이용하는 경우 회/분을 사용한다.

트레이닝의 양적 요소에는 운동시간, 운동 빈도, 운동 기간 등이 있으며, 운동시간은 정해진 운동 강도로 얼마나 오랫동안 운동을 지속할 것인가를 의미하는 것으로 시간의 의미 외에도 세트를 사용하기도 한다. 운동 빈도는 트레이닝 프로그램을 주 몇 회 실시할 것인가를 의미하는 것으로 주 3~5회 정도 실시하며, 운동과 운동 간격이 최대 48시간이 넘지 않도록 한다. 운동 기간은 목표로 하는 체력 요인에 따라 그 기간을 달리하여, 근력 증진의 경우에는 10~12주, 심폐지구력의 경우에는 12~16주, 유연성의 경우에는 8주 정도의 기간을 설정하도록 한다.

🏌 트레이닝의 기본절차

트레이닝의 기본절차는 문진 검사, 운동부하검사, 체력진단, 운동처방, 운동 실행, 효과 판정, 재처방의 순서로 이루어진다.

① 문진 검사 : 트레이닝을 실시하기 전, 문진을 통하여 운동 가능 여부, 건강 상태, 운동 상해 등에 대해 확인하여 대상자에 대한 정보를 수집한다.
② 운동부하검사 : 운동부하검사는 운동 중에 발생할 수 있는 심혈관계의 위험 상황을 미리 확인할 수 있으며, 유·무산소성 트레이닝 과정에서 필요한 운동강도를 설정해 줄 수 있는 검사이다.
③ 체력진단 : 문진 검사와 운동부하검사에 이상이 없어 운동이 가능한 경우, 근력, 근지구력, 심폐지구력, 순발력, 유연성, 전신반응, 신체 구성 등을 검사한다.
④ 트레이닝 프로그램 : 체력진단 결과에 따라 개인의 체력 수준과 목적을 고려하여 트레이닝 기본 원리와 구성요소에 적합하도록 프로그램을 작성한다.

⑤ 트레이닝 실시 : 목표기간 동안 트레이닝 프로그램을 규칙적으로 실시한다.
⑥ 트레이닝의 효과 판정 : 트레이닝 기간 동안 실시한 체력 요인들의 향상도를 평가하여 운동 효과를 판정하는 과정으로 체력진단을 한다.
⑦ 재처방 : 트레이닝 효과 판정에 따라 트레이닝의 양적 및 질적 요소를 조정하는 과정으로, 운동 발현 능력이 향상 또는 정체되면 운동강도, 운동지속 능력이 향상 또는 정체되면 운동시간, 운동 조정 능력이 향상 또는 정체되면 운동 빈도를 재조정하여 트레이닝을 한다.

골프 전문체력

체력은 인간의 신체적 능력을 의미하는 것으로, 일반인들은 체력을 향상하여 건강을 증진하고, 운동선수들은 체력을 향상하여 경기력에 도움을 주고자 체력 트레이닝을 실시한다.

체력은 행동체력과 방위체력 등으로 구분된다. 행동체력은 운동을 일으키는 능력 근력, 순발력, 행동을 지속하는 능력 근지구력, 전신지구력, 행동을 조절하는 능력 민첩성, 평형성, 교치성, 유연성으로 구분되며, 방위체력은 물리·화학적 기온, 기압 등, 생물적 세균, 바이러스 등, 생리적 공복, 갈증, 피로 등, 정신적 불안, 긴장, 고민 등 스트레스에 견디는 능력으로 구분된다. 행동체력은 근골격계, 호흡·순환계, 신경계의 상호작용으로 운동수행이 이루어지게 해주고, 방위체력은 외부의 스트레스로부터 신체를 보호하여 생명을 유지하는 역할을 한다.

체력 요소에서 근력은 근육이 수축할 때 내는 힘으로 근육의 횡단면적에 비례하며, 순발력은 단위 시간에 발휘하는 최대의 힘을 의미하는 것으로 힘이 강할수록, 속도가 빠를수록 순발력은 증가한다. 전신지구력은 전신의 운동을 일정한 강도로 일정 시간이나 횟수를 지속할 수 있는 능력을 의미하는 것으로 심폐 기능과 관계가 깊으며, 근지구력은 근육의 수축을 지속하거나 반복할 수 있는 능력을 나타낸다. 민첩성은 단시간에 운동 방향을 재빠르게 바꿀 수 있는 능력을 의미하며, 평형성은 신경계의 지배로 신체의 평형상태를 유지하는 것이며, 교치성은 신체 여러 기관의 분리된 능력을 통합하여 나타내는 능력으로 조정력, 협응력이라고 부른다. 유연성은 관절의 가동성, 근육의 신전, 수축성, 인대의 탄력성을 나타내는 것으로 신경계의 지배를 받는다. 이상과 같은 체력 요소들의 수준은 운동능력을 나타내는 기초체력이라 하며, 모든 스포츠 종목은 힘, 속도, 지속시간, 운동 가동범위 등의 요소를 하나 이상을 포함하고 있다.

각 스포츠 종목에는 그 종목의 운동 기능과 기술을 효과적으로 수행하는 데 필요로 하는 체력 요소들이 있다. 이러한 종목의 특수성을 가진 체력 요소들을 '전문 체력'이라고 부르며, 골프 경기에서는 근력, 순발력(근파워), 지구력, 유연성, 평형성 등의 전문 체력이 있다.

그림 8.1
체력의 구분

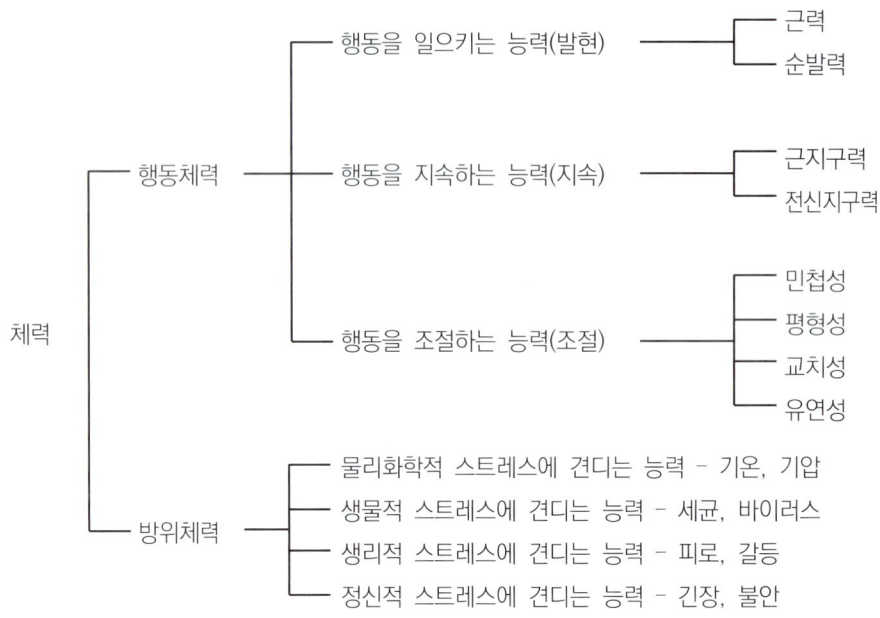

 ## 골프 스윙과 근수축

골프 스윙은 어드레스 address 에서 피니시 finish 동작에 이르기까지 신체의 크고 작은 관절을 교차하는 근육들에 의해 리듬감 있는 하나의 동작으로 이루어진다. 골프 스윙은 어드레스, 테이크백 take back, 백스윙 back swing, 탑스윙 top swing, 다운스윙 down swing, 임팩트 impact, 릴리스 release, 피니시 등으로 나뉜다. 이렇게 스윙을 세분화하는 것은 신체의 근육과 뼈, 관절들의 움직임을 스윙의 각 국면에 따라 나누어 스윙을 지도하고 분석하는데 쉽게 하기 위함이다.

골프 스윙은 상지와 하지 관절과 뼈의 회전과 함께 근육의 신전과 수축으로 이루어진다(Kelly, 1999). 스윙 시 큰 파워를 내기 위해서는 근육의 수축만을 이용하여 스윙하는 것 보다 근육의 탄성력을 활용하여 스윙하는 것이 더 빠른 스윙 속도를 얻을 수 있다. 특히 샤프트의 길이가 긴 클럽일수록 더 큰 파워를 필요로 하므로, 골퍼들은 근육의 탄성력을 이용하는 스윙이 필요하다. 골프 스윙의 각 과정에서 동원되는 관절과 근육들이 스윙 과정에 적절하게 사용된다면, 그 기능을 효율적으로 사용할 수 있어 좋은 경기력을 발휘할 수 있다.

근육의 탄성력을 극대화하여 파워를 증대시킬 수 있는 골프 스윙을 만들기 위해서 하반신은 힘을 발생시키는 발전기의 역할을 하고, 상반신은 하반신에서 발생한 힘을 연계 받아 더욱 가속하는 추진기의 역할을 하도록 해야 한다(David, 1993). 이러한 스윙을 만들기 위해서는 근파워를 향상하는 기술적인 스윙 과정이 필요한데, 그 과정을 세분화하여 구분하면 근파워 축적과정 address → backswing → top, 근파워 전환과정 top → downswing, 근파워 추진과정 downswing → impact → finish 으로 분류한다. 이 과정의 내용을 살펴보면 다음과 같다.

근파워 축적과정

근파워 축적과정 address → backswing → top 은 근육의 탄성력을 살리기 위한 동작으로 백스윙을 통하여 다운스윙에서 사용될 근육들을 신장시켜 근육에 최대의 힘을 비축하는 과정이다. 백스윙 과정에서 고정된 하반신과 회전하는 상반신의 회전차가 크면 클수록 다운스윙 시 만들어지는 근파워가 커지므로 팔과 손에 의한 스윙보다 테이크백에서 어깨 회전에 의한 상체의 움직임에 초점을 맞춰야 한다. 근파워를 효율적으로 축적하기 위해서는 어드레스 때 가지고 있던 발목, 무릎, 엉덩이, 허리의 각도를 최대한 유지하며 상체를 회전시켜 하지와의 회전차가 커지도록 한다. 이 과정에서 어깨와 몸통의 회전이 충분하게 만들어졌더라도 무릎과 엉덩이가 같이 회전한다면 회전차가 작아져서 근육이 충분히 신장 되지 못해 큰 파워를 만들지 못하게 된다.

근파워 전환과정

근파워 전환과정 top → downswing 은 탑 스윙에서 다운스윙이 진행되는 과정으로 백스윙 과정에서 신장시킨 각 분절의 근육들(다리, 엉덩이, 허리, 몸통, 어깨, 팔)의 탄성력을 극대화하는 과정이다. 백스윙 과정에서 신장이 된 이 근육들은 다운스윙 과정에서 신장성 수축을 하며 근육의 탄성력을 나타낸다. 신체의 근육들은 백스윙과 다운스윙 과정을 거치며 근육의 길이가 늘어났다 줄어들면서 강력한 수축력에 의한 근 탄성력을 발휘하게 되고, 이때 큰 파워를 만들어 낸다. 백스윙에서 다운스윙이 이루어지는 과정까지 근의 신전운동과 신장성 수축이 없다면 근 탄성력을 이용하지 못하고 근의 수축력에만 의존하여 스윙하게 되기 때문에 큰 파워를 만들지 못하게 된다. 또한 탑 스윙 구간에서 스윙이 정지하였다가 다운스윙이 이루어진다면 하지에서 만들어진 힘의 전이가 이루어지지 못해 근의 탄성력을 이용하지 못하게 된다.

근파워 추진과정

근파워 추진 과정 downswing → impact → finish 은 다운스윙에서 임팩트에 이르는 구간으로 근파워 축적과정과 전환과정에서 만들어진 근력과 근육의 탄성력을 최대의 스윙 파워로 만들어 공에 전달하는 과정이다. 근파워 추진과정에서 만들어지는 파워는 어드레스 자세에서 백스윙 과정을 거치며 시작된 신체 각 부위 축의 이동과 회전을 따라 발에서 무릎, 무릎에서 골반, 골반에서 몸통, 몸통에서 어깨, 어깨에서 팔꿈치, 팔꿈치에서 손목, 손목과 손에 있는 근육들에 순서대로 작동되어야 클럽 헤드에 강한 파워를 전달하여 공을 더 멀리 보낼 수 있는 스윙 파워를 만들게 된다. 그러나 다운스윙 과정에서 손이나 팔이 몸통보다 먼저 동작하게 되면 하지에서 만들어진 근력을 이용한 근육의 탄성력을 연계 받지 못하고 손과 팔의 작용으로 만들어진 힘만을 사용하여 스윙하게 된다.

신체의 대근육은 큰 힘을 만들어 낼 수 있으나 수축 속도는 느린 단점이 있고, 소근육은 큰 힘을 만들어 낼 수는 없으나 수축 속도가 빠른 장점이 있다. 즉 대근육은 힘을 만들어 내고, 소근육은 빠른 속도를 만들어 낼 수 있어서 골프 스윙 과정에서 대근육과 소근육이 조화를 이루어 작동된다면 큰 파워를 만들어 낼 수 있어 비거리 향상에 도움이 된다. 따라서 스윙 중에 하지(대퇴, 엉덩이)의 대근육들은 부하가 크고 수축 속도가 느린 시기에 작용하도록 하고, 어깨와 팔에 있는 소근육들은 부하가 작고 수축 속도가 빠른 시기에 작용하도록 한다면 파워를 극대화하는 스윙을 만들어 낼 수 있어 경기력 향상에 도움이 된다.

골프 스윙 시 사용되는 근육

골프 스윙 과정에서 동원되는 주동근을 강화하고 상지와 하지의 협응성을 향상한다면, 일관성 있는 스윙과 비거리를 증대하는 데 큰 도움을 줄 수 있다(안완식, 2001). 골프 스윙에 동원되는 근육군들의 동원순서와 기여도는 각 스윙 국면별에 따라 차이가 있으므로, 스윙 메커니즘에 따라 각 근육의 역할을 이해한다면 체력 트레이닝에 큰 도움을 준다.

골프 스윙에 대한 근육의 동작은 근전도계 EMG를 사용한다. 각 스윙 구간별 분석 결과에 따르면, 어드레스에서 탑 스윙 구간에는 삼각근, 상완이두근, 상완삼두근(권승민, 2001), 척추기립근(정구영, 1998)이 동원되고, 임팩트 구간에서는 삼두근, 상완이두근, 대퇴직근, 비복근(박찬희 등, 1997)이 동원된다. 특히 대퇴사두근 임팩트 시 스윙 축과 궤도를 유지하는 데 가장 큰 역할을 하므로 가장 큰 부하가 걸리며, 안정된 스윙을 하기 위해서는 대퇴직근에 대한 집중적인 트레이닝이 필요하다(정성태 등, 2000). 그리고 폴로 스루 구간에서는 비복사근(안완식, 2001), 상완이두근(권승민, 2001), 광배근(정구영, 1998), 요측수근굴근(김창욱 등, 2001)이 동원된다. 골프 스윙 과정에서 동원되는 근육 활동은 골퍼의 경기력 수준에 따라 동원되는 근육과 그 순서가 다르게 측정되기도 한다. 또한 근골격계에 상해나 질환이 있는 경우에도 동원되는 근육에 차이가 있을 수 있어 파워 있는 스윙을 하기 위해서는 체력 트레이닝을 통해 자신에게 적합한 스윙을 해야 한다.

어드레스

어드레스 자세는 안정된 스윙을 하기 위한 준비 자세로 정적인 동작이다. 그러나 스윙 동작의 첫 단계로 무릎, 엉덩이, 허리, 등 부위의 각도, 어깨와 팔, 손 근육의 긴장 상태, 다리와 발의 체중 분배 등의 상태에 따라 전체 스윙 과정에 영향을 미칠 수 있기 때문에 매우 중요한 자세이다. 어드레스에서 체중은 발바닥 2/3 지점에 있는 골간근에 위치하도록 하여 백스윙에서 임팩트 구간까지 회전축의 중심이 이동되지 않도록 하여 올바른 스윙 궤도를 만들도록 한다. 또한 척추와 골반의 각도를 유지해주기 위해 동원되는 신체의 가장 긴 근육 중 하나인 척추기립근, 요추부에 넓게 위치한 요방형근, 척추와 골반을 연결해 주는 대요근과 복부의 복횡근, 복직근의 근력은 어드레스뿐만 아니라 골프 스윙 전반에 걸쳐 주요한 근육군들이다. 특히 복부의 근육들은 스윙 과정에서 복압을 지탱하는 코어 core 근육으로 스윙 자세뿐만 아니라 볼의 비거리에도 영향을 미치는 근육군들이다. 어드레스 자세에서 허리를 숙여 상체를 앞으로 기울이게 되면 체중이 발 앞꿈치 방향으로 이동하게 되어 신체의 중심을 잡기 어렵게 된다. 그래서 어드레스 자세에서 무릎을 자연스럽게 구부려 중심을 잡게 되는데, 이때 동원되는 근육이 대퇴근과 비복근이다. 대퇴근과 비복근은 어드레스에서 피니시 구간까지 회전축의 중심을 견고히 해주는 역할과 힘을 만들어 내는 발전기 역할을 하고 있어 강한 근력이 필요한 근육군이다.

백스윙

백스윙은 하지를 견고하게 버티고 있는 상태에서 어깨의 견갑하근, 극상근, 극하근을 이용하여 상지와 하지의 꼬임을 크게 만들며 회전하여 근육을 최대한 신전시켜 근의 탄성력을 확보한다. 따라서 어드레스에서 왼쪽 팔을 과도하게 뻗어 신전시키는 동작은 어깨의 긴장 상태를 유발하여 백스윙 과정에서 어깨 주변 근육 견갑하근, 극상근, 극하근 들을 긴장시키고, 몸통의 광배근에도 영향을 미쳐 백스윙의 크기를 줄어들게 한다. 백스윙 과정에서 복부 주변 근육들(복직근, 내외복사근, 복횡근)과 대퇴사두근의 근력이 부족하면 어드레스 때 가지고 있던 허리와 무릎의 각도를 유지하지 못하고 상체와 하체를 펴는 동작을 만들기 때문에 이 근육들의 근력이 필요하다. 또한 엉덩이의 중둔근과 우측 다리의 외측광근의 근력이 부족하면, 백스윙 과정에서 골반을 중심으로 한 회전운동이 흔들리거나 체중이 밀리는 스웨이 sway 현상이 일어나게 된다.

탑스윙

어드레스에서 탑스윙에 도달할 때까지 허리와 무릎의 각도를 최대한 유지하며 충분한 어깨 회전으로 백스윙을 통해 탑스윙을 완성한다. 백스윙 과정에서 좌측 무릎이 점점 굽혀지게 되어 적당한 각도를 유지하지 못하게 되면 상대적으로 우측 무릎이 펴지게 된다. 이때 우측 무릎이 펴지는 영향으로 인하여 우측 대퇴 관절은 회전하지 못하고 후방으로 밀리게 된다. 이 동작으로 백스윙이 원활하게 이루어지지 못하게 되어 탑스윙은 완성되지 못하게 되고, 이러한 문제로 골퍼는 백스윙을 완성하기 위해 손이나 팔을 이용하여 클럽을 들어 올리게 되어 상체의 역 체중 동작을 만들게 된다. 탑스윙을 유지하여 다운스윙을 자연스럽게 유도해 내기 위해서는 이동된 체중을 유지하고 지지해주는 우측 다리의 외측광근, 전경골근, 비복근의 근력이 필요하며, 골반의 유연성을 이용하여 복부의 외복사근과 체간부에 위치한 광배근의 근 탄성력을 이용해야 한다.

다운스윙

다운스윙 과정은 백스윙 과정에서 축적된 힘의 에너지를 클럽 헤드에 속도 에너지로 전환하는 과정으로 어드레스에서 탑스윙 구간까지 사용되었던 근육군들을 모두 사용하여 상지와 하지의 꼬임을 만들었던 반대 순서로 스윙하게 된다. 다운스윙을 정확하게 하기 위해서는 허리와 무릎의 각도를 어느 구간까지 유지하며 스윙하느냐에 달려있다. 무릎부터 복부까지 위치한 대퇴사두근, 대퇴이두근, 대둔근, 중둔근, 복직근, 내외복사근, 요방형근, 척추기립근, 대요근 등의 근력이 부족하다면 다운스윙 구간에서 골반을 중심으로 한 회전축이 밀리거나 허리 또는 무릎을 펴고 일어나게 되는 동작을 유발하게 되고, 이러한 결과는 임팩트에서 헛스윙이나 탑핑 topping 을 만들어 내는 결과를 초래하게 된다.

그리고 강한 스윙을 만들기 위해 과도하게 힘을 사용한다면 상완근과 전완근의 수축 속도가 감소하여 오히려 클럽의 스윙 속도는 임팩트에 가까울수록 감소하며, 반대로 상완근과 전완근의 근력이 약하게 되면 다운스윙 구간에서 클럽의 스윙 속도에 대한 부하를 견디지 못하고 언코킹 uncoking 동작이 조기에 나타날 수 있다. 그래서 다운스윙을 힘에 의존하는 것 보다 근육의 탄성력을 이용하여 임팩트 전까지 가속하는 방법이 더 효과적이다.

임팩트

임팩트 순간은 스윙 과정에서 동원되는 모든 근육의 파워가 최고에 이르는 순간으로 동원되는 근육군의 근력이 부족하게 되면 파워의 손실은 물론 스윙 자세도 정상 스윙 궤도를 벗어나 골프 상해의 위험에도 노출되게 된다. 임팩트 과정에서 대요근과 복직근은 척추의 각도를 유지해주는 역할을 하게 되는데, 이 근육들의 근력 부족은 상체를 일으켜 세우며 골반의 밀림 현상을 유발하게 된다. 이러한 영향으로 좌측 무릎은 조기에 신전하게 되어 정확한 임팩트를 만들어 내지 못하게 되고, 복압을 상실하게 되어 비거리가 감소하는 결과를 초래한다.

큰 파워를 내기 위해서는 임팩트 순간에 좌측 무릎을 순간적으로 강하게 신전시켜 지면반력을 이용해야 한다. 이때 좌측 무릎의 외측 인대는 반복적으로 큰 부하를 받게 되며, 근력이 약한 경우에는 이 부위에 인대 손상이 오기도 한다. 따라서 파워 있는 강한 스윙을 견뎌 내고 스윙 자세를 유지하기 위해서는 대퇴사두근, 전경골근, 비복근의 근력을 강화시키는 운동이 필요하다.

피니시

피니시는 임팩트 동작을 지나 릴리스 자세를 거쳐 스윙이 마무리되는 구간으로, 임팩트 순간 최고의 근파워와 최대의 클럽 헤드 속도를 공과의 충돌로부터 신체의 중심을 유지하며 스윙을 마치는 과정이다. 이때 스윙에 동원되는 관절, 인대, 근육은 신체에 가해지는 물리적 스트레스를 흡수하여 안정된 자세를 유지하게 된다. 피니시 자세를 유지하기 위해서는 골반과 허리, 몸통 부위 근육과 관절의 유연성은 물론 하지와 복부, 요추부의 근력이 필요하다. 골반을 비롯한 몸통의 유연성과 근력이 부족하면 임팩트 이후의 클럽 헤드에서 강한 원심력을 이기지 못해 좌측 발바닥의 뒤꿈치가 지면을 지지하지 못하고 앞꿈치를 축으로 회전하여 볼의 타깃 target 라인 line 과 평행을 이루게 되는 동작을 만든다. 또한 피니시 자세에서는 좌측 무릎이 신전하며 스윙 자세를 마무리해야 하는데 하지의 근력 부족은 임팩트 시 강한 파워와 클럽 헤드의 속도를 버티지 못하고 좌측 무릎이 굽혀진 상태로 피니시 자세를 만들어 회전축이 밀리는 동작과 더불어 공의 구질에도 영향을 미치게 된다. 마지막으로 복부와 요추부의 근육은 피니시 자세까지 클럽 헤드에 작용하는 강한 원심력에 대항하여 상체가 일어나지 않도록 릴리스 자세를 만들어 주는 역할을 하는데, 이 부위의 근력이 부족은 릴리스 자세를 만들지 못하고 조기에 피니시 자세를 만들게 된다. 골퍼들은 올바른 스윙 동작은 반복된 스윙 연습으로 만들어지고 유지될 수 있다고 믿고 있다. 그러나 스윙을 만들어 내는 근육과 관절에 대한 근력, 유연성, 평형성, 협응성의 유기적인 상호작용이 없다면, 파워 스윙을 만들어 내지 못하기 때문에 골프 체력 트레이닝은 모든 골퍼에게 필요하다.

근력 트레이닝

근력 트레이닝은 많은 스포츠에서 기초가 되는 트레이닝으로, 근력은 경기력을 좌우하는 중요한 요인이다. 따라서 근력 트레이닝을 실시하여 특정 부위의 근력뿐만 아니라 순발력, 근지구력을 향상할 수 있다면 경기 성과에도 긍정적인 효과를 가져올 수 있다.

근력은 근육의 수축으로 생성된 장력을 나타내는 것으로 근력 강화를 위한 훈련을 하면 증가하고, 훈련하지 않는다면 감소하는 가역성을 가지고 있어서 근력을 증가시키거나 유지하기 위해서는 지속적인 트레이닝이 필요하다. 근력 트레이닝 과정에는 근육의 길이가 변하지 않는 정적 수축 형태인 등척성 수축 운동이 있고, 근육의 길이가 변화하는 동적수축 형태의 등장성 수축 운동과 등속성 수축 운동 형태가 있다. 등장성 수축 형태의 운동에는 단축성 수축 운동과 신장성 수축 운동이 있다.

등척성 수축 운동은 근섬유의 길이가 변화하지 않고 주어진 부하에 대하여 정적인 근의 수축이 일어나는 것을 의미하며, 철봉의 오래 매달리기나 벽 밀기, 플랭크 자세와 같은 형태의 운동을 말한다. 이 운동은 특별한 장비가 필요하지 않기 때문에 장소의 제약이 없고 운동 소요 시간도 작을 뿐만 아니라 운동에 따른 근육통의 유발도 없는 장점이 있다. 그러나 관절의 전 가동범위에 걸쳐 트레이닝을 하지 않으면 가동범위에서의 근력 발달을 기대할 수 없고, 근육의 정적인 수축만 있어 신경계의 운동도 일어나지 않을 뿐만 아니라 근력의 향상도를 판단하기 어려운 단점이 있다.

등장성 수축 운동은 근육이 수축하면서 근육에 주는 부하는 변하지 않고 근육의 길이가 변하는 동적인 수축을 의미하는 것으로, 등장성 수축 운동에서 근육의 길이가 짧아지면서 장력이 발생하는 단축성 수축 운동과 근육의 길이가 길어지면서 장력이 발생하는 신장성 수축 운동이 있다. 예를 들어, 이두근 운동을 위해 덤벨을 가지고 몸쪽으로 당기게 되면 이두근은 단축성 수축 운동을 하게 되고, 덤벨을 다시 반대 방향으로 내려놓게 되면 이두근은 신장성 수축 운동을 하게 되는 것이다. 골프 스윙 과정에서 우측 팔의 이두근이 어드레스 자세에서는 펴져 있다가 백스윙에서 탑 스윙을 이루는 과정에서 굽혀지며 단축성 수축을 하고, 다운스윙에서 임팩트를 하는 과정에서는 이두근이 다시 펴지며 신장성 수축을 한다. 이렇게 신장성 수축 운동은 근육이 수축과 이완을 반복하며 근육의 길이가 변하면서 근력을 발생시킨다. 등장성 수축 운동은 관절의 전 운동 범위의 훈련이 가능하여 근육과 신경계 모두 운동 효과를 얻을 수 있고, 트레이닝에 따른 운동 부하 증가를 쉽게 알 수 있다. 그러나 과도한 운동 부하로 인해 근육통이나 상해에 대한 위험성을 가지고 있으며, 장비를 사용해야 하므로 시설을 갖추는데 경제적 부담이 따르는 단점이 있다.

그림 8.2
근수축의 구분

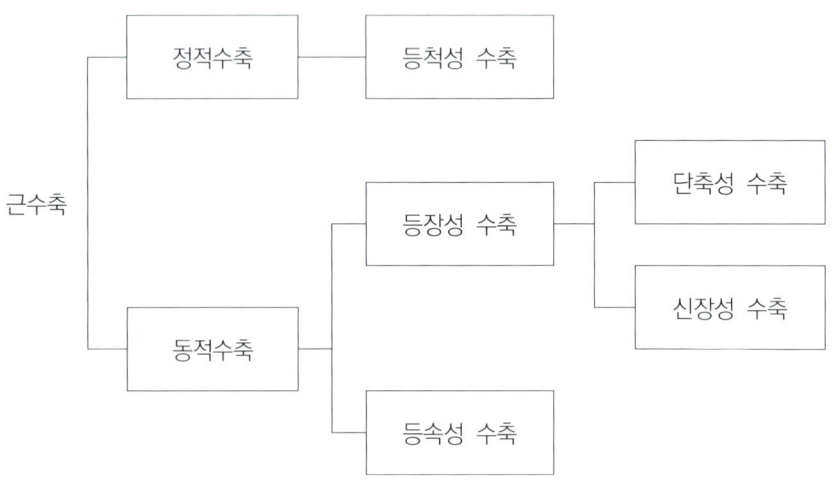

등속성 수축 운동은 운동 속도를 일정하게 조절하여 최대의 힘을 발휘하며 동일 속도로 운동하게 하는 근수축 운동 형태로 특수 장비를 사용하여 실시한다. 등속성 수축 운동은 관절의 전 가동범위에서 근육에 최대 저항을 부과할 수 있어서 트레이닝 시간이 짧으며, 다양한 스피드에서 훈련이 가능하다. 그러나 등속성 수축 운동은 고가의 특수 장비에 의해서만 가능하므로 장비 운용에 대한 전문성이 필요하고, 1대의 장비로 여러 운동을 할 수 있어서 운동 부위를 달리할 때는 장비 조정에 많은 시간이 필요하다. 또한 운동 강도를 웨이트트레이닝 등과 같은 다른 트레이닝 방법들과 비교할 수 없는 단점이 있다.

골퍼들은 체계적인 근력 트레이닝을 실시함으로써 근력 증진은 물론 근파워와 근지구력을 향상할 수 있다. 근력 트레이닝을 통하여 비거리 증가, 안정된 스윙, 과사용에 의한 근골격계의 상해를 예방할 수 있다.

근력 트레이닝을 하기 위해서는 트레이닝의 목표를 분명히 하는 것이 필요하다. 어떤 운동 기능의 향상을 위한 것인지, 신체 전반적인 근력 향상을 위한 것인지, 특정 부위의 근력 향상을 위한 것인지, 재활을 목적으로 하는 것인지, 비거리 향상을 위한 것인지 등에 대한 트레이닝 목표를 세워야 그 효과를 보는 데 도움이 된다.

근력 트레이닝을 위한 운동 양식의 대표적인 방법은 웨이트트레이닝과 같은 저항성 운동이 있다. 웨이트트레이닝은 바벨과 덤벨을 이용한 프리웨이트 free weight 운동 방법과 중량에 케이블 cable 이나 와이어 wire 가 연결되어 있어 당기거나 밀어 올리는 고정형 웨이트 weight 기기를 이용한 운동 방법이 있다. 웨이트트레이닝은 신체 부위별 운동이 가능하므로 골프 스윙 과정에서 사용되는 근육군들을 그 역할에 맞도록 운동강도를 설정하여 실시해 주면 경기력 향상에 도움을 받을 수 있다. 웨이트트레이닝을 실시할 때 신체 부위별 운동순서는 대근육 운동을 먼저 한 다음에 소근육을 운동한다. 소근육 운동을 먼저 하면 근육이 피로해져서 대근육 운동을 하는 데 어려움이 있어 전반적인 운동 효과가 떨어진다. 또한 근육군의 운동순서가 연속적으로 진행되지 않도록 운동순서는 상완 운동을 한 다음은 대퇴, 몸통, 어깨 등의 순서로 만들어 동일 근육군의 연속성을 배제한다.

근력 트레이닝을 계획하면서 겨울철 같은 비시즌에는 신체 전반에 걸친 근력 발달을 위한 트레이닝을 실시하여 최대 근력을 향상하고, 골프 시즌이 다가오면 스윙 과정에서 작용하는 주동근의 최대 근력을 발달시켜 주동근의 근파워를 향상하도록 한다. 그리고 골프 시즌에는 근력, 근파워, 유연성을 유지할 수 있는 적절한 운동강도와 빈도로 실시한다.

근력 트레이닝에서 주당 운동 일수는 훈련 상태나 개인차를 고려하여 초보자는 주 2~3회, 중급자는 3~4회, 상급자는 4회 이상 실시한다. 기본적으로 주당 운동 일수는 격일제로 하며, 충분한 휴식을 취하는 것이 원칙이지만 중·상급자의 경우에는 운동 일수가 많으므로 요일에 따라 운동 부위, 운동강도, 세트 수의 조정을 달리하여 피로가 축적되지 않도록 한다. 신체 부위별로 1세트 운동으로는 충분한 자극을 줄 수 없으므로, 동일 부위에 연속적으로 3세트를 실시하는 것보다 다른 부위를 순환하며 실시해 주는 것이 근 피로를 최소화하는 방법이다.

표 8.01
신체 부위별 웨이트트레이닝

신체 부위	웨이트트레이닝
가슴 chest	벤치/덤벨 프레스, 딥스, 인클라인/디클라인 벤치 프레스, 덤벨 플라이, 케이블 크로스 오버, 팩덱 플라이
등 back	벤트 오버 로우, T-바 로우, 치닝, 데드 리프트, 시티드 케이블 로우, 머신 로우, 랫 풀 다운, 랫 풀 다운
복부 abdominal	크런치, 케이블 크런치, 싯업, 레그레이즈, 사이드 밴드, 벤트 오버 트위스팅
상완 이두근 biceps	바벨/덤벨/머신 컬, 딥스, 원-암 덤벨 익스텐션
상완 삼두근 triceps	딥스, 라잉 트라이셉스 익스텐션, 원-암 덤벨 익스텐션, 덤벨 킥백, 케이블 프레스다운, 머신 트라이셉 익스텐션
어깨 deltoid, shoulders	비하인드 넥 프레스, 바벨/덤벨 프레스, 숄더프레스, 사이드 래터럴 레이즈, 벤트 오버 래터럴 레이즈,
하체 quadriceps & hamstrings, calves-thigh	스쿼트, 레그 프레스, 레그 익스텐션, 레그 컬, 카프 레이즈

　웨이트트레이닝을 실시할 경우, 운동강도 설정은 중량 부하와 반복 횟수가 반비례하게 설정하는 것이 필요하다. 고중량일 경우에는 반복 횟수를 줄이며, 저중량일 경우에는 반복 횟수를 증가시켜 운동강도를 조절한다. 근력 강화를 목적으로 할 때는 최대 근력의 60% 정도에서 시작하여 점증적으로 80~90% 수준까지 증가시키고, 근파워 강화를 목적으로 할 때는 최대 근력의 60% 정도에서 시작하여 70~80% 수준까지 증가시킨다. 그리고 근지구력 강화를 목적으로 할 때는 최대 근력의 30% 정도에서 시작하여 40~50% 수준으로 증가시켜 유지하도록 한다.

　운동강도는 최대 반복 횟수 repetition maximum: RM를 이용하여 운동강도를 결정하는 것으로, 1RM은 최대 근력을 의미한다. 1RM의 측정 방법으로는 반복측정에 의한 직접 측정법과 추정식에 의한 간접 측정법이 있다.

　1RM 반복측정에 의한 직접 측정법은 적정무게 하체=자신의 체중, 상체=체중의 ½로부터 시작하여 점차 무게를 점증시켜 1회에 들어 올릴 수 있는 최대중량을 찾아내며, 다음과 같은 방법에 따라 실시하도록 한다(체육과학연구원, 2002).

① 충분한 시간 동안 준비운동 스트레칭을 실시한다.
② 최대 부하를 찾을 때까지 중량을 반복적으로 증가시킨다.
③ 매회 측정 후, 5분 정도 충분한 휴식 후에 다시 실시한다.
④ 선택한 무게는 1회만 들어 올린다.
⑤ 1회 들어 올린 중량을 1RM으로 기록한다.

% 최대 근력에 대해서 반복할 수 운동 횟수는 표 8.02와 같다.

표 8.02
% 최대 근력과 최대 반복 횟수 RM

최대 근력에 대한 %	최대 반복 횟수	효과
100	1	집중력
90	3~6	근력
80	8~10	근력/순발력
70	12~15	
60	15~20	근력(근지구력)
50	20~30	
40	50~60	

추정식에 의한 간접 측정법은 중량과 반복 횟수를 이용하는 측정법으로 7~8회 반복 가능 중량 부하를 이용하여 반복한 횟수를 다음의 운동 부하 Weight: W와 반복 횟수 Repetition : R에 대한 다음 공식에 대입하여 1RM을 산출한다.

아래 간접 측정법에 따라 임의의 중량 50kg을 사용하여 최대 8회 반복하였다고 하면, W1= 50 × 0.025 × 8=10, 1RM= 50+10=50kg이 된다.

▶ 추정식에 의한 간접 측정법(O'Shea 등, 1989)

$1RM = W_0$ 무겁다고 느끼는 무게 $+ W_1$

$W_1 = W_0$ 무겁다고 느끼는 무게 $\times 0.025 \times R$ 반복 횟수

표 8.03
반복 횟수를 이용한 1RM 추정

% 1-RM	최대 반복 횟수
100	1
99 ~ 90	2 ~ 3
89 ~ 80	4 ~ 6
79 ~ 70	7 ~ 10
69 ~ 60	11 ~ 15
59 ~ 50	16 ~ 20
49 ~ 40	21 ~ 30
39 ~ 30	31 이상

표 8.04
반복 횟수와 계수를 이용한 1RM 추정

반복횟수	계수
1	1.00
2	1.07
3	1.10
4	1.13
5	1.16
6	1.20
7	1.23
8	1.27
9	1.32
10	1.36

또한 간단한 1RM 간접 측정법으로는 표 8.03과 같이 반복 횟수를 이용하여 1RM을 측정하는 방법이 있다. 만약 최대 반복 횟수가 10회였다면, % 1RM은 표 8.03과 같이 약 70%에 해당하게 된다.

그 외에도 다른 간접 측정법으로는 반복 횟수에 따라 산정되어 있는 계수에 최대 반복 횟수를 곱하여 1RM을 추정하는 방법이 있으며, 반복 횟수별로 산출된 계수는 표 8.04와 같다. 이 간접 측정법은 대근육을 사용하는 벤치 프레스와 스쿼트 등의 트레이닝에 적합하고, 소근육군을 사용하는 트레이닝에는 신뢰도가 떨어지기 때문에 소근육군의 트레이닝에는 사용하지 않는다. 표 8.04에 따라 만약 100kg 중량을 4회 반복하였다고 하면, 100kg × 1.13 = 113kg이 산출되고 1RM이 된다.

순발력 트레이닝

골프 경기에서 순발력은 스윙 과정 중 폭발적인 임팩트 impact 를 만들기 위한 필수적인 체력 요소이다. 순발력은 파워 power 라 불리기도 하며, 스포츠 기술이나 동작에 있어서 그 성공 여부가 파워에 좌우된다. 파워를 발휘할 때는 강한 근력과 스피드를 필요로 하는데, 스피드를 증가시키는 데는 한계성이 있으므로 최대 근력을 향상하는 방법이 효과적이다. 따라서 스피드보다 힘이 더 중요한 스포츠에서는 최대 근력을 향상하는 트레이닝을 실시하고, 힘보다 스피드가 더 중요한 스포츠에서는 스피드 향상 트레이닝을 실시한다. 스포츠 종목의 특성에 따라 이 두 가지 방법을 선택하여 트레이닝을 실시하는 방법도 있지만, 두 가지를 모두를 병행하여 트레이닝을 실시하기도 한다. 그러나 모든 경우에 있어서 최대 근력이 커지면 파워 증가에 도움이 된다.

근력은 느린 동작에서 최대한 발휘가 되지만 빠른 동작에서는 그 힘을 최대한 발휘하기 어렵다. 그래서 파워는 최대하 근력을 사용하는 범위에서 더 효과적으로 발휘할 수 있다. 경기력 향상을 위한 파워 트레이닝은 대근육 중심의 전면적 근력 트레이닝과 경기 기술과 관련한 주동근의 근력 트레이닝으로 최대 근력을 향상하고, 이를 바탕으로 근력을 경기 기술로 전환하는 트레이닝을 실시하여 파워를 증가시킨다. 골프 경기에서는 정확한 스윙 동작을 순간적인 파워를 이용하여 임팩트 순간에 빠른 헤드 스피드를 만들어 비거리를 증가시킨다. 그래서 운동 동작이나 기술과 관련 없는 파워의 증가는 경기력에 효과적인 도움을 주지 못한다. 골프 경기에서도 클럽의 스윙 스피드를 향상하기 위해 스윙 동작과 관련된 운동기구들이 개발되어 나오는 것도 모두 근력을 경기 기술로 전환하여 파워를 증진하기 위한 것이다.

중량 부하를 이용하여 파워 트레이닝을 할 경우, 운동 속도를 최대가 되도록 하여 실시해 준다. 이때 운동강도는 60~80% 범위에서 실시하도록 하고, 운동강도가 낮은 경우에는 운동 속도를 천천히 하게 되면 파워의 증진보다 근지구력을 향상하는 결과를 만들게 된다.

파워 트레이닝의 운동 방법으로는 웨이트트레이닝, 탄성 밴드 트레이닝, 메디신볼 트레이닝, 플라이오 메트릭 트레이닝이 있으며, 가장 많이 이용되는 파워 트레이닝 운동 방법은 웨이트트레이닝, 탄성밴드 트레이닝, 메디신볼 트레이닝이다. 이 같은 트레이닝 방법을 골프의 스윙 동작에 적용하여 다운스윙 동작과 비슷한 우드-촙 wood chop 을 비롯한 골반 턴 turn, 다운스윙, 코킹 동작 등에 관련한 파워 트레이닝으로 경기력을 높인다.

유연성 트레이닝

골프 경기에서 유연성은 스윙 동작의 크기는 물론 스윙의 안정성에도 영향을 미친다. 인체에는 250여 개의 관절이 있으며, 운동할 때는 이들 관절의 가동범위 내에서 상호 작용하고 있다. 관절의 가동범위는 인대, 건 등의 결체 조직에 의해 제한되어 가동범위 이상을 벗어나지 못하게 인체를 보호하고 있다. 따라서 관절 부위의 가동범위를 제한하는 결체 조직에 대하여 신전운동을 실시해 줌으로써 유연성을 개선할 수 있다.

유연성은 어느 한 부분의 관절에 집중되어 최대치로 늘어나는 것이 아니라 골프 스윙에 동원되는 근육과 인대, 건 등의 결체 조직도 함께 균형 잡힌 유연성을 가지고 있느냐가 더 중요하다. 근력 트레이닝을 통해 근비대가 일어나게 되면 근육의 횡단면적 증가로 인해 유연성이 떨어진다. 따라서 근력 트레이닝을 하는 경우, 반드시 유연성 트레이닝을 병행하여 주는 것이 필요하다. 유연성이 좋은 경우에는 백스윙의 크기가 커져 스윙 스피드 증가로 인해 비거리가 증가한다. 반대로 유연성이 부족한 경우에는 백스윙이나 폴로 스루에서 스윙 동작이 작아지게 되어 다운스윙에서 클럽의 스윙 스피드를 높이는데 장애요인이 된다. 신체의 관절 중에서 골프 스윙 동작에 주요하게 사용되는 부위는 손목, 팔꿈치, 어깨, 허리, 골반 등의 관절이며, 그 부위의 인대와 건 등의 결체 조직의 신전운동을 통해 유연성을 향상하도록 한다.

유연성 트레이닝의 대표적인 운동으로는 스트레칭이 꼽힌다. 스트레칭에는 동적 스트레칭, 정적 스트레칭, 고유수용성 신경근 촉진법이 있다. 동적 스트레칭은 근육과 결체 조직을 신장시키기 위해 전-후-좌-우의 반동을 이용한 탄력적 굴신 동작들로 구성되고, 정적 스트레칭은 근육이 잘 늘어나도록 힘을 조금씩 사용하여 관절의 가동범위 내에서 근육의 길이를 늘이고 고정 상태를 유지한다. 그리고 고유수용기 신경근 촉진법은 근육의 이완을 유지하면서 해당 근육이나 관절을 정적 스트레칭 자세로 유지하는 스트레칭 방법으로 정적 스트레칭 자세를 약 10초간 유지한 후, 다시 약 10초간 보조자 또는 다른 외력에 의해 강한 등척성 수축 자세를 유지하는 운동 방법이다. 초기 유연성 트레이닝에서는 정적 신전운동을 실시하여 주고, 유연성이 커지게 되면 동적 신전운동을 실시한다.

골프 경기에 필요한 스트레칭 동작으로는 손목, 어깨, 등, 요추, 고관절, 대퇴, 종아리 부위의 관절을 비롯한 근육과 인대를 신전시키는 스트레칭이 필요하다. 골프 경기나 연습 전후 이상의 신체 부위들의 신전 스트레칭을 통해 상해 예방은 물론 경기력 향상에 도움이 되도록 8주 이상의 트레이닝을 실시한다.

지구력 트레이닝

골프 경기는 스포츠 종목 중에서 경기 시간이 4시간 이상 오래 소요되는 경기로, 골프 코스 course 에서의 이동 거리는 10km 이상의 거리를 장시간 걷는 경기이다. 골프 경기의 운동강도는 다른 스포츠 종목에 비해 낮게 평가되고 있으나 이동 거리는 길고, 운동시간이 많이 소요된다는 점에서 지구력이 필요하다. 골프 경기에서 필요로 하는 지구력에는 정확한 스윙을 반복적으로 실시할 수 있는 근지구력과 장시간 골프 코스를 걸어야 하는 심폐지구력이 필요하다. 근지구력과 심폐지구력이 좋고 나쁨에 따라 스윙에도 영향을 미치는 것뿐만 아니라 경기에 집중할 수 있는 정신력에도 영향을 미치게 된다. 근지구력은 근력 트레이닝에 의해서도 증가하나 심폐지구력은 유산소성 트레이닝을 통해 향상된다. 유산소성 트레이닝은 장시간 소요되는 스포츠 경기에서 필요로 하며, 대상자의 트레이닝 정도나 운동 경험, 환경적 요인에 따라 운동 형태를 정하고 종목 수행에 요구되는 지속시간과 운동강도를 설정한다. 유산소성 트레이닝의 형태로는 기계를 사용하는 트레드밀, 고정식 자전거, 스테퍼 stepper 등이 있으며, 걷기, 달리기, 조깅, 수영 등의 운동도 가능하다. 이상과 같이 다양한 유산소 트레이닝에 적합한 운동강도 설정은 긍정적인 운동 효과를 얻을 수 있으며, 운동강도의 설정이 적절하지 못하면 오버 트레이닝 over training 으로 인한 상해나 트레이닝의 효과를 볼 수 없다.

다음은 최대심박수와 안정 시 심박수의 차이를 이용하여 여유 심박수 heart rate reserve : HRR 를 산출하고, 설정된 운동강도인 목표심박수를 산출하여 그 범위 내에서 유산소 트레이닝을 실시한다. 다음의 공식은 여유 심박수의 백분율에 의한 운동강도 산출 방법이다.

- ▶ 여유 심박수의 백분율에 의한 운동강도 산출 공식
- 연령 추정 최대심박수 = 220 − 연령
- 여유 심박수 = 연령 추정 최대심박수 − 안정 시 심박수
- 목표심박수 = (여유 심박수 × 운동강도) + 안정 시 심박수

공식에 따라 40세 남성, 안정 시 심박수 60회/분, 운동강도 목표심박수 60~70%를 여유 심박수의 백분율 공식을 이용하여 산출하면 다음과 같다.

- 최대심박수 = 220 - 40세 = 180회/분
- 여유 심박수 = 180 최대심박수 - 60회 안정시 심박수 = 120회/분
- 목표심박수(60%) = (120 × 0.6) + 60 안정시 심박수 = 132회/분
- 목표심박수(70%) = (120 × 0.7) + 60 안정시 심박수 = 144회/분

참고 문헌

[1] 권승민(2001). *골프 드라이버 스윙시 상지근육의 근활동에 관한 연구*. 미간행 석사학위논문. 연세대학교 대학원.

[2] 박찬희, 오성기, 백승국, 김창욱(1997). 골프스윙시 초보자와 숙련자의 근전도에 관한 비교 연구. *동아대학교 부설스포츠과학연구논문집, 15*, 195-204.

[3] 안완식(2001). *골프 드라이버 스윙 동작에 대한 근력의 기여도 분석*. 미간행 박사학위논문. 단국대학교.

[4] 정성태, 전태원, 우재홍, 정영수, 정덕조, 엄우섭, 박익렬, 박성태(2000). 프로골프 선수들의 슬관절 등속성 근력에 관한 굴곡근과 신전근의 비교연구. *운동과학, 9*(1), 201-209.

[5] 정구영(1998). *골프 드라이버 스윙시 EMG를 이용한 각 근육의 기여도 분석*. 미간행 석사학위논문. 수원대학교 교육대학원.

[6] 체육과학연구원(2002). *1급 생활체육지도자 연수교재(운동처방편)*. 체육과학연구원.

[7] David, H, P. (1993). *Isokinetic exercise and assessment.* Human Kinetics Publishers.

[8] Kelly, B. (1999). *Exercises for elite golf performance.* Human Kinetics.

[9] O'Shea, J. P., Simmons, J., & O'Connor, B. (1989). *Weight training today.* West Publishing.

"골프는 무엇보다도 자신감이 우선이다. 다음은 정신 문제로 집중하는 마음이다. 끝으로, 볼 어드레스에 앞서 미리 샷을 생각하라. 좋은 위치에 볼을 보내는 것을 상상해 그리는 것 이외에 다른 모든 것을 마음속에서 지워라."

"First and foremost, you must have confidence. Your second mental problem is concentration. Think the shot through in advance before you address the ball. Draw a mental image of where you want it to go and then eliminate everything else from your mind, except how you are going to get the ball into that preferred spot."

— *Sam Snead* —

"골프의 구성요소 중 50%는 정신적인 문제이고, 40%는 세트업이며, 그리고 나머지 10%는 스윙이다."

— *Jack Nicklaus* —

골프 심리학 이해

중앙대학교 스포츠과학부
교수 _ 설정덕

09

강의 개요

골프 경기는 심리, 기술, 체력 다양한 요인들의 구성으로 이루어지는 복잡 다변한 스포츠 종목이다. 상급자의 경우 80~90%가 심리적 요인에 대한 자기통제, 전략, 합리적인 수행요건이 필수적으로 요구되기 때문에 심리기술에 관한 전반적인 연구가 진행되고 있으며 본 장에서는 심리기술에 대한 필요성, 훈련 방법 등을 소개한다.

골프 멘탈 게임 / 168
골프 경기에서 요구하는 심리요인 / 168
골프 심리기술 / 176
슬럼프 극복 / 187
스포츠 심리상담사 자격 / 189

골프 멘탈 게임

세계적인 골프선수들부터 일반 아마추어 골퍼들까지 모두 "골프는 멘탈 mental 게임이다"라고 한다. 그렇다면 왜 골프를 멘탈 게임이라고 이야기하는 것일까? 골프라는 스포츠는 기술과 체력이 성공을 달성하는 데 있어 필수적인 요소라는 것은 명백하다. 세계적인 골프선수 가운데 많은 선수가 기술적, 체력적으로 매우 뛰어나다는 것은 자명한 사실이다. 미국프로골프협회 PGA 투어에서 활동하고 있는 브라이슨 디섐보는 압도적인 체력과 기술을 가지고 있음에도 매번 우승하지 못하며, 신체 능력이 상대적으로 떨어지는 선수가 우승하기도 한다. Nicklaus & Bowden(1998)은 경기에서 승리를 좌우하는 요인은 20%의 기술과 80%의 정신력이라고 하였다. 골프 경기에서 선수들은 중압감을 느낄 수 있는 상황이나 결정적인 순간에 심리적으로 흔들려서는 안 되며, 이러한 상황 속에서 자신의 골프 수행력을 최대한 발휘해야 비로소 다른 선수들과의 경쟁에서 승리할 수 있다. 특히, 모든 선수는 개개인의 고유한 정신적인 특성이 있는데, 그중 어떠한 특성들은 선수들을 심리적으로 위축시키기도 하고 경기력의 저하를 가져오는 원인으로 작용할 수 있다(김경백, 2015). 이렇듯, 골프와 관련된 다양한 선행연구들에서 심리적 요인과 정신적인 특성이 골프 경기에 지대한 영향을 미친다는 것을 알 수 있으며, 실제로 많은 선수가 경기에서 승리한 이유에 대해서 기술적 요인들보다도 개인의 정신적 특성들과 경기중 압박감 또는 중요한 순간의 긴장 등 심리적 요인을 잘 통제하고 극복하였기 때문이라고 말하는 것을 볼 수 있다. 따라서, 선수 개개인의 멘탈을 경기 중에 잘 관리하고 통제함으로써 성공적인 결과를 만들어 낼 수 있으며, 이러한 중요성 때문에 골프를 멘탈 게임이라고 부르는 것이다.

[참고] ▸ 펜싱 국가대표의 심리 전략 '할 수 있다': https://youtu.be/CbanaefvtK8

골프 경기에서 요구하는 심리요인

심리적 요인이 경기에 미치는 영향에 관해서는 많은 스포츠 심리학자들뿐만 아니라 지도자와 선수들도 관심 있는 문제이다. 특히, 신체 능력, 체력, 기술이 비슷한 선수들의 경우에는 골프 경기 내에서 심리적 요인이 지대한 영향을 미친다는 사실은 모두가 알고 있는 사실이다(신정택, 육동원, 정재은, 2003). 이렇듯, 골프 경기에서는 다양한 심리요인이 요구되며, 이러한 심리요인으로는 크게 목표 성향 goal orientation, 자신감 confidence, 불안 anxiety 등 세 개가 있다. 이러한 심리요인들을 얼마나 잘 조절하고 활용하는지에 따라 성공적인 성과를 달성할 수 있다. 많은 사람이 흥분, 스트레스, 불안이라는 용어를 서로 바꿔 사용하지만, 스포츠와 운동 심리학자들은 그것들을 구별하는 것이 중요하다고 한다. 심리학자들은 공통의 언어를 가지고, 혼란을 줄이고, 설명을 길게 할 필요성을 줄이기 위해 그들이 연구하는 현상에 대해 정확한 정의를 사용한다.

각성

각성 arousal 은 사람의 생리적, 심리적 활동의 결합으로, 어떠한 순간에 동기부여의 강도 차원을 말한다. 각성의 강도는 자극이 전혀 이루어지지 않은 상태(즉, 혼수상태)부터 완전한 흥분상태에 이르기까지 연속체(즉, 광란 : Gould, Greenleaf, & Krane, 2002)를 따라 떨어진다. 흥분상태가 많이 증가한 사람은 정신적, 육체적으로 활동이 일어나는데, 심박수, 호흡, 그리고 땀이 증가한다. 각성은 유쾌하거나 불쾌한 일들과는 자동으로 연관되지 않는다. 예를 들어, 어떤 사람이 천만 달러를 땄다는 것을 알게 된다면 크게 흥분할 수 있다. 또는, 사랑하는 사람의 죽음을 알게 된다면 똑같이 흥분하게 될 것이다.

불안

일반적으로 불안 anxiety 은 신경질, 걱정, 불안으로 특정되며 신체의 활성화 또는 흥분과 연관된다. 불안이란 신체의 각성 상태를 수반하는 초조함, 걱정, 우려 등의 부정적인 정사 상태를 말하며, 스포츠 환경에서 불안이란 "압박이 있는 과제의 수행과 관련하여 인지된 스트레스에 대응한 불쾌한 심리"를 말한다(Cheng, Hardy, & Markland, 2009). 골프에서 불안은 신체 각성을 고조시키는 주관적인 감정을 의미한다. 불안의 종류는 인지적 불안, 신체적 불안 또는 특성불안, 상태불안으로 나눌 수 있다.

☑ 특성불안과 상태불안

특성불안은 상황의 객관적 위협 수준과 관계없이 비위협적인 상황을 위협적으로 지각하는 개인의 행동 경향을 의미한다. 상태불안은 각성을 수반하는 상황에 따라 변하는 초조함, 걱정, 우려 등의 부정적 정서를 의미한다.

☑ 인지적 불안과 신체적 불안

인지적 불안은 상황에 따라 변하는 걱정이나 부정적 생각을 의미한다. 신체적 상태불안은 상황에 따라 변하는 지각된 생리적 반응을 의미한다. 이처럼, 불안은 다양한 종류로 분류되며 신체의 각성을 증대시킨다. 각성이란 흥분의 정도 및 조절 상태를 의미하는데, 각성은 그 정도에 따라 운동수행에 영향을 미치는 것으로 알려져 있으며 이를 증명하기 위한 많은 이론이 존재한다. 그림 9.1, 그림 9.2, 그림 9.3은 불안과 각성에 대한 이론으로 적정수준 이론, 최적수행지점 이론 ZOF, 카타스트로피 이론 파국이론을 나타내고 있다.

그림 9.1
적정수준이론

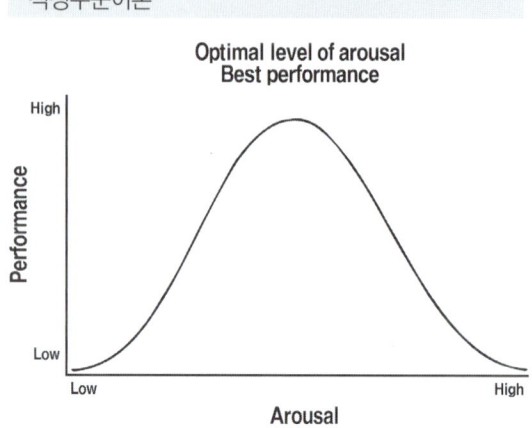

적정수준 이론은 역 U자 이론으로도 불린다. 적정수준 이론은 특정 지점까지 각성의 증가는 수행력을 증가시키지만, 이후의 지속적인 각성의 증가는 수행력을 떨어뜨린다고 한다. 적정 각성수준에 영향을 미치는 요인은 개인의 특성불안 수준, 수행할 과제의 난이도, 수행자의 능력 수준 등이 있다. 각성수준이 아주 높거나 낮을 경우, 경기력은 저하되며, 적정수준의 각성 상태를 유지해야 경기력을 극대화할 수 있다는 것이다. 그러나 이 이론은 개인의 적정한 각성수준이 어느 정도이며 어떻게 경기력을 미치는가를 규명하지 못한다는 단점이 존재한다.

그림 9.2
최적수행지점 이론 ZOF

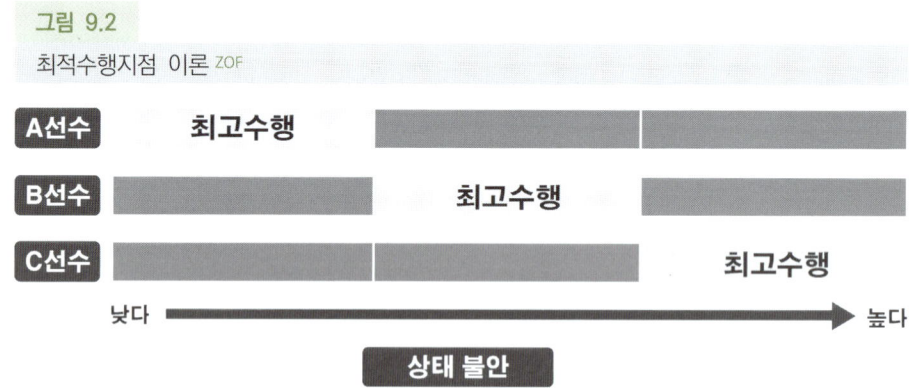

최적수행지점 이론 Zone of Optimal Functioning, ZOF 은 사람마다 각성 상태가 서로 상이하다는 이론으로, 상태불안 수준에는 개인차가 매우 크며, 개인마다 최고의 수행을 발휘하는 고유한 불안 수준이 있다는 것이다. 이 이론의 장점으로는 경쟁 전에 자신의 각성수준이 최적 수행범위에 있는지 예상할 수 있다는 점이다.

카타스트로피 catastrophe 이론 파국이론 은 스포츠 상황에서 선수들이 불안을 느끼면 운동수행 능력은 점점 감소한다는 이론으로, 일정한 불안 수준이 아닌 임계점을 넘어서면 운동수행 능력이 급격하게 감소한다는 것을 의미한다. 특히, 이는 각성에 따른 운동수행이 역 U자 형태를 나타내며 인지 불안 수준이 낮은 상태에서 증가할수록 운동수행이 점차 증가하는 형태를 그리고, 특정

지점에서부터 수행이 급격히 추락하는 형태를 보인다. 이외에도 각성 상태에 따른 운동수행의 변화를 설명한 많은 다양한 이론들이 존재하며, 각성 상태와 불안은 운동수행에 영향을 미치는 중요한 요인임을 알 수 있다. 각성이 운동수행에 영향을 미치는 이유는 주의 영역의 변화와 근긴장의 변화로 설명할 수 있는데, 낮은 각성은 넓은 영역에 주의를 기울이며 불필요한 정보까지 받아들여 수행에 방해가 되고, 높은 각성은 좁은 영역에 주의를 기울이며 필요한 정보도 받아들이지 못하게 된다. 따라서, 적절한 각성수준이 필요한 정보에만 주의를 집중할 수 있으며, 수행을 증대시킨다. 또한, 각성과 불안이 과도하게 증가하면 근육은 긴장하게 되고 협응 동작에 지장을 주며, 몸 곳곳에 힘이 들어가 수행을 감소시킨다. 결론적으로, 불안은 골프 경기에 영향을 미치는 심리요인으로써 불안을 조절하고 적절한 상태를 유지한다면 최고의 수행이 가능하므로, 개인에 맞는 적정 각성수준과 최적 각성수준을 찾아 적용하는 것이 중요하다.

그림 9.3
카타스트로피 이론(파국이론)

목표 성향

목표 성향 goal orientation 이란 개인이 도전적인 과제나 난관에 직면하였을 때, 자기 능력을 '개발'하거나 '증명'하려는 특성을 의미한다(위키백과, 2021). 골프에서는 잘한다는 느낌, 유능감과 관련하여 두 가지 성향으로 나타난다. 첫째는 과제 성향 task 으로 자신과의 비교, 기술 향상, 노력을 중시하는 성향이다. 둘째는 경쟁 성향 ego 으로 타인과의 비교, 승리/우승, 재능을 중시하는 성향이다. 이에 따라 나타나는 성취 행동으로는 수행 수준과 노력 그리고 지속과 과제 선택이 있다. 본인이 어떠한 성향인지에 대해서는 표 9.01을 통해 알 수 있다.

표 9.01
목표 성향 검사지

N	나는 ○○○○ 때 골프에서 내가 "참 잘한다." 라 생각하며 성공감을 느낀다.	전혀 그렇지 않다	그렇지 않다	그저 그렇다	그렇다	매우 그렇다
1	내가 어떤 플레이나 기술을 나만 잘할 때	1	2	3	4	5
2	새로운 기술을 배우고 그것을 더 많이 연습하고 싶어질 때	1	2	3	4	5
3	다른 사람에 비해서 더 잘할 때	1	2	3	4	5
4	다른 사람이 나만큼 못할 때	1	2	3	4	5
5	기술이나 전략 등을 재미있게 배울 때	1	2	3	4	5
6	다른 선수들이 잘 안되는 것을 내가 잘할 때	1	2	3	4	5
7	새로운 기술이나 전략을 배우기 위해 열심히 노력할 때	1	2	3	4	5
8	정말로 열심히 노력하고 연습할 때	1	2	3	4	5
9	시합에서 나만 잘할 때	1	2	3	4	5
10	습득한 기술이나 전략을 더 연습하여 내 것으로 만들려고 노력할 때	1	2	3	4	5
11	내가 최고로 잘할 때	1	2	3	4	5
12	배운 기술이나 전략을 올바르고 정확하게 사용하고 있을 때	1	2	3	4	5

◎ 과제성향 : 2+5+7+8+10+12 = 점 (30점)
◎ 경쟁성향 : 1+3+4+6+9+11 = 점 (30점)

☑ 과제 성향과 경쟁 성향의 심리 행동적 차이

과제 선택

과제 성향은 실현 가능한 과제, 약간 어려운 과제를 선택한다. 경쟁성향은 매우 쉬운 과제, 달성 불가능한 과제를 선택한다.

노력 투입

과제 성향은 자유시간에 연습 증가, 운동 시 노력을 많이 한다. 경쟁 성향은 자유시간 연습 감소, 운동 시 노력 부족으로 나타난다.

내적동기

과제 성향은 내적동기가 증가하고 몰입체험이 증가한다. 경쟁 성향은 내적동기가 감소하고 몰입체험이 감소한다.

지각된 유능성

과제 성향은 지각된 유능성이 증가하고, 실패의 영향이 적다. 경쟁 성향은 지각된 유능성이 감소하고, 실패의 영향이 크다.

성공 이유 정서 반응

과제 성향은 노력, 협동, 긴장 및 불안이 감소한다. 경쟁 성향은 기술, 재능, 상대 압도, 긴장 및 불안이 증가한다.

이처럼, 선수들은 본인의 목표 성향을 통하여 본인의 장점·단점을 파악하고 이를 극복하기 위한 노력을 하는 것이 중요하다.

🏌 자신감

골프에서 스스로 잘할 수 있다는 자신감은 중요하다. 자신감 confidence 은 수행을 강하게 예측하고 생각과 감정으로 나타나며, 자신감은 구체적인 상황에서 잘할 수 있다는 믿음 즉, 자기효능감으로 이어진다. 예를 들어, 선수들은 드라이버 driver, 어프로치 approach, 벙커샷 bunker shot, 트러블샷 trouble shot 같은 다양한 상황 속에서 성공의 믿음을 가진다는 것이다. 자신감이 높은 사람들은 도전을 추구하고, 열심히 연습하고 지속하는 경향이 나타난다. 반면, 자신감이 낮은 사람은 도전을 회피하고, 어려운 상황이 오면 보다 걱정에 잠기거나 우울감에 빠지곤 한다. 이렇듯, 모든 골프 플레이어 golf player 들은 자신감을 높이기 위한 노력이 필요하다. 실제로 자신감이 골프 경기에 미치는 영향에 관한 많은 선행연구가 있으며, 자신감이 경기력에 긍정적인 영향을 미친다는 수많은 결과가 있었다. 자신감은 자아존중감과도 연결된다. 자아존중감이 높은 사람과 낮은 사람 간에 많은 차이가 있음을 알 수 있는데, 아래 표 9.02에서 제시하였다.

표 9.02
자아존중감이 높은 사람과 낮은 사람과의 차이

High Self-esteem	Low Self-esteem
명랑하다.	우울하다.
의욕적으로 행동한다.	의욕이 없다.
자신에 대해 만족한다.	자신에 대해 만족하지 못한다.
의사를 분명히 표시한다.	의사를 잘 표현하지 못한다.
잘 모르면 질문을 한다.	몰라도 가만히 있는다.
다른 사람들과 잘 협동한다.	어울리지 못하고 물러나 있다.
일을 시작하면 끝을 본다.	매사에 끝을 짓지 못한다.
어려운 일에 도전한다.	쉽게 포기해 버린다.
스스로 일을 찾아서 한다.	보상이 주어져야 움직인다.

이처럼 자아존중감이 높은 사람과 낮은 사람은 많은 상황 속에서 상반된 행동을 보여주며, 이는 골프 경기중에도 차이를 나타낼 수 있다. 또한, 자신감을 높이기 위해선 자기효능감이 높아야 하는데 자기효능감의 4가지 원천을 살펴보면 이를 알 수 있다.

☑ 자기효능감의 4가지 원천

수행완수 : 개인의 성공 경험

어려운 과제를 성취한 경험, 실패에서 배운 경험을 말한다. 반복된 성공 경험은 잘할 수 있다는 기대감을 증가시키고, 반복된 실패 경험은 잘할 수 있다는 기대감을 감소시킨다.

간접경험 : 관찰, 성공적인 장면 시범

설득 : 언어적 설득, 긍정적 혼잣말, 피드백, 인지 전략

설득자의 신뢰, 전문성, 권위는 자기효능감을 높이는 긍정적인 원인이 될 수 있다.

정서적·생리적 각성

긴장과 불안을 수행에 대한 기대감으로 해석한다. 같은 각성은 다른 결과를 나타낼 수 있다. 불안은 실패를 예측하지만 기대감은 성공을 예측한다.

심리상태 질문지

그림 9.4는 심리와 관련된 검사지 예시이다.

그림 9.4
참여자 동기 질문지

내적동기 문항	전혀 그렇지 않다	그렇지 않다	보통이다	그렇다	매우 그렇다
1. 나는 골프 하는 것을 좋아한다.	1	2	3	4	5
2. 나는 골프를 상당히 잘한다고 생각한다.	1	2	3	4	5
3. 나는 골프에 노력을 많이 한다.	1	2	3	4	5
4. 골프를 열심히 하는 것이 중요하다.	1	2	3	4	5
5. 골프를 할 때 긴장한다.	1	2	3	4	5
6. 골프를 할 때 매우 열심히 노력한다.	1	2	3	4	5
7. 골프를 하는 것은 재미있다.	1	2	3	4	5
8. 골프 하는 것은 흥미 있다고 말하고 싶다.	1	2	3	4	5
9. 내 골프 실력에 만족한다.	1	2	3	4	5
10. 골프를 할 때 외부의 압력을 받는다.	1	2	3	4	5
11. 골프를 할 때 불안해진다.	1	2	3	4	5
12. 평소에 골프를 열심히 하지 않는다.	1	2	3	4	5
13. 가끔씩 이 골프 운동이 무척 좋다는 생각이다.	1	2	3	4	5
14. 골프를 한 뒤 보통 내 실력 성장을 생각한다.	1	2	3	4	5
15. 골프를 할 때 몸과 마음이 매우 느긋해진다.	1	2	3	4	5
16. 내 골프 기술은 꽤 좋은 편이다.	1	2	3	4	5
17. 운동이나 스포츠에는 관심이 없다.	1	2	3	4	5
18. 나는 운동을 잘하지 못한다.	1	2	3	4	5

성취 목표 지향성 문항	전혀 그렇지 않다	그렇지 않다	보통이다	그렇다	매우 그렇다
1. 나는 운동 시 나만이 어떤 플레이나 운동 기술을 할 수 있는 사람이라 느낄 때 가장 잘했다는 느낌이 든다.	1	2	3	4	5
2. 나는 새로운 기술을 배우고 그것을 더 많이 연습할 때 가장 잘했다고 느낌이 든다.	1	2	3	4	5
3. 나는 다른 고객들에 비해서 더 잘할 때 가장 잘했다는 느낌이 든다.	1	2	3	4	5
4. 나는 다른 고객들이 나보다 못할 때 가장 잘했다는 느낌이 든다.	1	2	3	4	5
5. 나는 재미있는 무엇인가를 배웠을 때 가장 잘했다는 느낌이 든다.	1	2	3	4	5
6. 나는 다른 고객들은 실수하지만 나는 그렇지 않을 때 가장 잘했다는 느낌이 든다.	1	2	3	4	5
7. 나는 열심히 노력하여 새로운 기술을 배울 때 가장 잘했다는 느낌이 든다.	1	2	3	4	5
8. 나는 정말로 열심히 연습할 때 가장 잘했다는 느낌이 든다.	1	2	3	4	5
9. 나는 혼자서 역할을 거의 다할 때 가장 잘했다는 느낌이 든다.	1	2	3	4	5
10. 나는 무엇인가를 배우고 나서 더 많은 연습을 할 때 가장 잘했다는 느낌이 든다.	1	2	3	4	5
11. 나는 내가 일등을 하거나 제일 잘할 때 가장 잘했다는 느낌이 든다.	1	2	3	4	5
12. 나는 내가 배운 운동 기술을 정확하게 했다는 생각이 들 때 가장 잘했다는 느낌이 든다.	1	2	3	4	5
13. 나는 최선을 다할 때 가장 잘했다는 느낌이 든다.	1	2	3	4	5

출처: 유승원(2005). 골프지도자의 지도 행동 유형에 따른 성취 목표 지향성, 내적동기 및 지도 효율성의 관계. 용인대학교 대학원. 미간행 박사학위논문

골프 심리기술

골프 심리기술이란?

불안한 정서와 생각의 조절을 통해 골프 상황에서 겪는 심리적 문제를 극복하고 경기력을 극대화하는데 필요한 정신적인 전략과 기법을 말한다. 골프 심리는 많은 다양한 요소들과 연관되어 있는데, 그림 9.5는 골프 심리기술과 관련된 다양한 요소들을 나타내고 있다.

그림 9.5
골프 심리기술 마인드맵

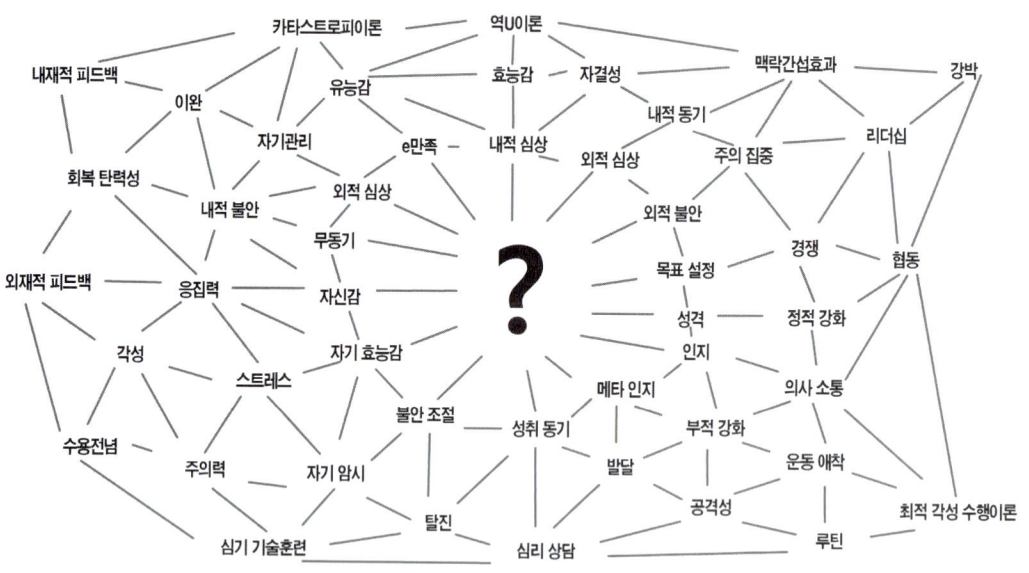

김상태, 설정덕(2001)은 경기력은 신체적 능력에 의해서만 결정되지 않는다는 것을 알 수 있으며, 동등한 수준의 기술을 보유하고 있는 우수한 선수들은 신체적 능력보다는 심리적 기술의 차이가 경기의 승패를 좌우한다는 것을 알 수 있다고 하였다. 또한, Foster(1986)는 모든 스포츠 경기는 신체적 능력 근력, 스피드, 균형감각, 협응력 등과 심리적 능력 집중력, 자신감, 불안 등의 조화에 따라 승패가 갈리는데, 실제 스포츠 경기에서는 최소 50% 이상은 심리기술에 의해서 좌우되며, 골프와 같은 스포츠는 80~90% 정도가 심리기술에 의하여 결정된다고 하였다. 이처럼 골프는 심리기술이 매우 중요한 스포츠이며 심리기술 훈련을 통하여 골프 수행력을 향상할 수 있다는 것을 알 수 있다.

골프 심리기술 훈련

골프 심리기술 향상을 위한 다양한 훈련 방법들이 존재한다. 심리기술훈련을 통한 골프 수행 능력의 향상을 알아보는 다양한 선행연구들이 있었으며, 김상태, 설정덕(2001)의 연구에서는 심리기술훈련을 통한 국가대표 골프선수들은 훈련 후에 심리적 기술과 경쟁상태불안 그리고 심상의 요인들이 향상되었으며, 실제 골프 경기 중 드라이버샷과 퍼팅 putting 수행 능력이 향상되었다고 하였다. 표 9.03은 김상태, 설정덕(2001)의 연구에서 진행된 골프 심리기술훈련 프로그램이다.

표 9.03

김상태, 설정덕(2001)의 심리기술훈련 프로그램

주	프로그램	내용	비고
1주차	심리기술훈련의 개념	1. 정신훈련의 중요성 2. 정신훈련 활동일지 작성 요령 숙지 3. 정신훈련을 적용한 선수들의 성공사례	심리기술훈련 일지
2주차	목표설정 훈련	1. 목표설정의 중요성 2. 목표설정 지침 3. 목표설정 기록지 작성	정신훈련 활동일지 Gould(1993)의 목표설정 원리 목표설정 기록지
3주차	이완훈련	1. 이완훈련의 중요성 2. 점진적 이완훈련 3. 단기 이완훈련	정신훈련 활동일지 Jacobson(1938)의 점진적 이완훈련 목표설정 기록지 이완 연습 기록지
4주차	심상 훈련	1. 심상 훈련의 중요성 2. 일반적인 심상 훈련(시각 심상, 청각 심상)	정신훈련 활동일지 목표설정 기록지 이완 연습 기록지
5주차	심상 훈련	1. 일반적인 심상 훈련 (감각 심상, 분위기 심상) 2. 골프에서의 심상 훈련	정신훈련 활동일지 목표설정 기록지 이완 연습 기록지
6주차	주의집중 훈련	1. 주의집중 훈련의 중요성 2. 주의집중을 높이기 위한 연습	정신훈련 활동일지 목표설정 기록지 이완 연습 기록지
7주차	주의집중 훈련	1. 주의집중을 유지할 수 있는 연습 2. 골프에서의 주의집중 훈련 3. 집중 격자 연습	정신훈련 활동일지 목표설정 기록지 이완 연습 기록지

주	프로그램	내용	비고
8주차	이완훈련 + 심상 훈련	1. 단기 이완훈련 2. 일반적인 심상 훈련 3. 골프에서의 심상 훈련	정신훈련 활동일지 목표설정 기록지 이완 연습 기록지
9주차	이완훈련 + 주의집중 훈련	1. 단기 이완훈련 2. 주의집중을 높이기 위한 연습 3. 집중을 유지할 수 있는 연습 4. 골프에서의 주의집중 훈련	정신훈련 활동일지 목표설정 기록지 이완 연습 기록지
10주차	실전 적용 이완훈련 + 심상 훈련 + 자신감 훈련	1. 단기 이완훈련 2. 골프에서의 심상 훈련 3. 자화 훈련	정신훈련 활동일지 목표설정 기록지 이완 연습 기록지
11주차	실전 적용 이완훈련 + 심상 훈련 + 자신감 훈련	1. 단기 이완훈련 2. 골프에서의 주의집중 훈련 3. 자화 훈련	정신훈련 활동일지 목표설정 기록지 이완 연습 기록지
12주차	실전 적용 이완훈련 + 주의집중 훈련 + 심상 훈련 + 자신감 훈련	1. 단기 이완훈련 2. 골프에서의 심상 훈련 3. 골프에서의 주의집중 훈련 4. 자화 훈련	정신훈련 활동일지 목표설정 기록지 이완 연습 기록지

☑ 목표설정 훈련

목표설정 훈련은 나의 목표 리스트를 작성하고 이를 실행해 나가는 훈련이다. 시각화된 목표설정은 생각을 단순화시켜 운동수행에 집중할 수 있도록 도와주는 기능을 제공한다. 또한, 긍정적으로 기술된 목표는 동기유발의 효과를 가져오며, 구체적인 목표를 설정하는 것은 모든 능력과 에너지, 목표 달성을 위한 확신을 투입하는 기능을 한다. 목표를 설정하기 위해서 목표는 구체적이어야 하며, 측정이 가능한 것이어야 한다. 또한, 실천적이어야 하며, 항상 현실보다 우위에 있고 실현 가능성을 내포하고 있어야 하고, 목표 달성을 하였다 하더라도 적합한 시간에 달성하지 못한다면 가치를 인정받을 수 없다. 그림 9.6, 그림 9.7은 자신의 목표설정 방법과 목표설정을 위한 리스트 작성의 예시이다. 이처럼, 목표설정 훈련을 통하여 개인의 심리기술 향상을 이룰 수 있다.

그림 9.6

목표설정 방법

S Specific(구체적으로): 목표는 구체적이야 한다.
구체적인 목표를 정하기 위해서는 목표점에 대한 충분한 이해가 선행되어야 한다.

M Measurable(측정할 수 있도록): 목표는 측정 가능한 것이어야 한다.
심정적인 태도 변화를 목표로 삼았더라도 그 목표가 실현되었을 때 나타나는 행동 변화를 수량적 단위로 바꾸어서 표현해야 함.

A Action oriented(실천적이고): 목표는 실천적인 것이어야 한다.
인생은 마음먹은 만큼이 아니라 실천한 만큼 바뀌기 때문에 목표는 마음먹기보다 행동 지향적이고, 실천 항목들을 염두에 두지 않는 목표는 진정한 목표가 아님.

R Realistic(현실적이며): 목표는 항상 현실보다 우위에 있지만 실현 가능성을 내포하고 있어야 한다.
목표가 망상이나 공상과 달리 이상으로 여겨지는 것은 목표가 가진 실현 가능성 때문

T Timely(마감시간이 있는 목표): 목표를 이루었다고 하더라도 적합한 시간에 달성하지 못한다면 가치를 인정받을 수 없다.
목표를 설정할 때 반드시 한계시간 설정을 해야 하는데, 시간 설정은 그 목표의 가치를 최고 정점에 이르게 함

그림 9.7

목표 리스트

나의 목표 리스트 실습

나의 목표 예	
장기 목표	한국 최고의 프로 되기, LPGA 진출하여 우승하기
중기 목표(7월)	-4언더 스코어 기록하기
단기 목표(주/월)	퍼팅 성공률 _% 높이기, 유연성 훈련
수행 목표	전반 2언더 치기, 1라운드 4언더 치기
기술 목표	손목 고정하기, 스윙 시 볼에 집중하기
행동 목표	침착하게 행동하기, 최선을 다해 노력하기, 냉철하게 시합하기
목표 강화훈련	매일 마음으로 5회 외치기, 큰 소리로 3회 외치기, 내 방에 표어 붙이기

☑ 자기관리 훈련

자기관리란 자신의 행동을 변화시키려고 행동적 학습원리를 활용하는 것을 말한다. 자기관리의 핵심은 학습자 자기의 행동을 관리하고 행동을 책임지는 것이다. 골프에서의 자기관리 훈련은 어떤 행동을 변화시키기 위해서 기술이나 전략들을 사용하여 변화를 주도하는 과정의 훈련을 말한다. 자기관리 훈련의 목적은 자기관리는 운동선수뿐만 아니라 개인의 삶의 방향을 이끌어나가는 원동력이 될 수 있고, 개인이 통제하거나 변화시키고 싶은 특정한 행동의 수정뿐만 아니라 자신 행동에 대한 책임감과 자율성을 키워 줄 수 있다. 예를 들어, 그림 9.8과 같이 구체화할 수 있다. 구체화 된 자기관리 목표를 본인만의 점검표 check list를 통해 자신이 일상생활에서의 자기관리 요소 중 중요한 요소 3~4가지 정도를 써보고 잘 지키고 있는지 매일매일 스스로 점검하는 습관이 중요하다. 또한, 본인의 일과표를 작성하여 중요한 일과와 불필요한 일과를 구분하여 필요 없는 일과를 삭제시키면서, 선택과 집중을 할 수 있다.

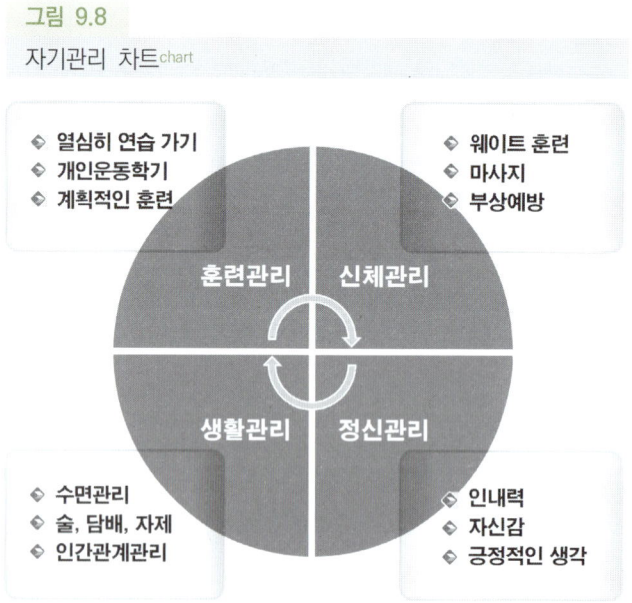

그림 9.8
자기관리 차트 chart

☑ 심상 훈련

심상 imagery, 心象이란 사전적 의미로 실제 대상, 장면, 사건 등이 발생하지 않아도 그러한 지각적 경험과 상당히 비슷하게 발생하는 마음속의 영상을 의미한다. 골프에서의 심상은 마음속의 영상을 통하여 단순히 운동에 관한 생각을 정리하는 것이 아니다. 제대로 된 심상은 방해받지 않는 장소에서 운동 시간과 같은 시간으로 훈련해야 하며 그 과정 중 오감을 느낄 정도가 되어야 심상 효과를 볼 수 있다. 심상은 내적심상과 외적심상으로 나눌 수 있다.

내적심상

내적심상은 개인이 실제 상황에서 기대할 수 있는 장면을 심상에 근접시키는 것이다. 즉, 1인칭 시점을 의미하며, 나의 행동을 직접 느낄 수 있다. 또한, 외적심상보다는 큰 신경 근육의 반응이 발생한다.

외적심상

비디오에 찍힌 자신의 모습을 보는 것과 같이 자신이 성공적으로 수행하는 모습을 관찰자 시점에서 상상해 보는 것이다. 즉, 3인칭 관찰자 시점을 의미하며, 내가 동작하는 것을 전체적으로 조망하는 것이다. 이는, 기술을 수정하거나 피드백할 때 효과적이다.

심상 훈련에서는 선명도와 조절력이 중요하다. 실제 보는 것과 마음속으로 그리는 것이 같을수록 이미지트레이닝 되고 있다고 이야기할 수 있다. 심상의 선명도를 높이기 위해서는 오감이 동원되어야 하며, 경기장에서 느끼는 감정까지도 모두 떠올려야 한다. 또한, 심상을 할 때 선명한 이미지를 떠올리는 것도 중요하지만, 부정적인 생각이 들어올 때 긍정적 생각으로 빠르게 전환할 수 있는 능력도 중요하다. 그림 9.9 참고.

그림 9.9 심상 훈련

☑ 자신감 훈련

앞서 말했듯이, 골프 경기에서 선수의 자신감은 경기력에 큰 영향을 미친다. 그래서 자신감을 키우는 훈련을 통하여 골프 심리기술의 향상과 긍정적인 수행 결과를 얻을 수 있다. 자신감을 키우는 훈련 방법은 크게 4가지가 있다.

자기암시

자기암시란 자신의 머릿속에서 이루어지는 내면의 대화를 말한다. self-talk라고도 이야기하며 스스로 자신감을 키우는 방법의 하나이다. 자기암시에는 표 9.04와 같이 두 가지의 형태가 존재한다.

표 9.04
자기암시의 2가지 형태

긍정적 자기암시	부정적 자기암시
동기 유발형 • 더 노력하게 해주는 자기암시	자기 비난형 • 무능력감 암시, 자신감, 집중력, 의욕 저하
동작 집중형 • 동작에 집중하게 해주는 자기암시	부정 예측형 • 집중력 저하, 불안 높임, 실현됨

경기분석

자신이 어떻게 경기하고 있으며, 기술은 어떻게 사용하고 있는지 인지하고 있어야 더 큰 발전을 이룰 수 있다. 실제 자신이 경기하고 있는 상황 속에서 무의식적으로 나오는 행동이나 어려운 상황에서 어떻게 대처하는지 영상을 통해 알아보고 분석하는 방법이다.

자화 자기 대화

거울을 보며 나 자신과 대화하는 방법이다. 다른 사람들이 보기에는 이상한 사람으로 보일 수 있는 행동이지만 개인의 자존감을 높이는 방법의 하나로 사용되고 있다. 골프선수들은 갤러리나 코치, 동반 경기자를 의식하는 경향이 있다. 그러나 남에게 잘 보이기 이전에 자신에 대해 생각해보고 자신의 장점을 찾는 것이 더 중요하다. 또한, 혼잣말을 통해 심리훈련을 하는 방법도 있다. 혼잣말의 종류는 3가지로서 지도적 혼잣말, 동기적 혼잣말, 긍정적 혼잣말 등이다. 지도적 혼잣말은 스스로 지도하듯이 하는 혼잣말로 예를 들면, "떨어트릴 목표 위치를 정하고", "손목과 어깨의 힘을 빼고", "하체를 단단히 고정하고", "여유를 가지고 스윙 속도를 적당히"처럼 말한다. 동기적 혼잣말은 스스로 동기를 부여하듯 이야기하는 혼잣말로 "멋지게 해내야지", "욕심내지 말자", "잘 좀 하자", "이건 성공해야 해" 등이 있다. 긍정적 혼잣말은 말 그대로 긍정적인 말을 본인에게 하는 것이다. 예를 들어, "잘하고 있어", "좋아, 바로 그거야" 등이 있다. 이처럼, 스스로와 대화하는 훈련은 자신감을 높이기 위한 좋은 훈련 방법의 하나이다.

세리머니

세리머니 ceremony 는 자신감을 북돋아서 각성을 조절할 때 사용하는 의식으로, 경기중에 목표를 달성하였을 때 자신에게 맞는 세리머니를 만들어 사용한다면 자신감을 얻을 수 있고, 경기력에 도움을 줄 수 있다. 실제로 프로선수들을 보면 각자 개성 있는 세리머니를 가지고 있는 것을 볼 수 있다. 세리머니는 무의식적, 의식적 두 가지의 형태가 있는데, 무의식적 형태로는 2002년 월드컵 당시 안정환의 반지 세리머니를 예로 들 수 있고, 의식적 세리머니로는 기성용의 젖병 세리머니가 대표적인 예이다.

표 9.05
내적동기 향상

내적동기 향상 방법
1. 성공 경험을 갖게 한다.   - 자신감, 효능감 고취
2. 언어적 비언어적 칭찬을 자주 한다.   - 칭찬, 격려를 긍정적 피드백

3. 연습내용과 순서를 바꾼다.
  - 지루함, 단조로움을 극복하기 위해
    연습내용 및 절차 변화
  - 기술연습, 연습게임 순서,
    공·수 교체로 동료 이해

4. 목표설정과 의사결정에 참여
  - 의사결정이나 규칙 적용에 선수를 참여
  - 주관계획 작성, 주전선수 결정, 선후배 역할

5. 실현 가능 목표설정
  - 결과지향 목표 보다는 횟수,
    기술 향상, 감정조절, 집중력

그림 9.10
Bernard Weiner의 귀인이론

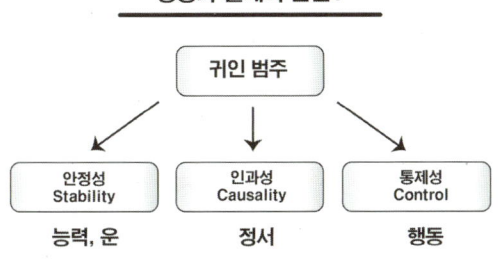

Weiner의 귀인 차원

내적동기 향상

내적동기 향상을 위해서는 성공 경험을 갖게 해야 하며, 언어적, 비언어적 칭찬을 자주 해야 한다. 또한, 연습내용과 순서를 바꾸어 지루함과 단조로움을 극복하고 서로의 역할을 바꿈으로써 동료를 이해한다. 목표설정과 의사결정에 참여하기도 하며, 실현 가능 목표설정 결과지향 목표보다는 기술 향상, 감정조절, 집중력 등을 통해 내적동기의 향상을 가져올 수 있다(표 9.05).

내적동기의 향상은 욕구동기 이론(귀인이론)으로 설명할 수 있다. 동기 motivation 의 어원은 '움직이다'라는 뜻이다. 동기라는 용어는 매우 다양한 의미로 사용되는데, 한마디로 정의하기는 어려움이 있다. 동기란 노력의 방향과 강도로 정의될 수 있다. 노력의 방향은 어떤 사람이 특정 상황이나 행동을 추구하고 거기로 갈 것인지를 말하며, 노력의 강도는 어떤 사람이 어떤 상황에서 얼마만큼의 노력을 투입하는지를 의미한다. 동기를 높이기 위해 많은 학자가 동기에 관한 연구를 하였으며, 그 가운데 가장 널리 알려진 것이 귀인이론이다. 귀인이론은 Bernard Weiner에 의해 연구되었다(그림 9.10). 귀인이란 자신이나 타인의 행동을 보고 그 원인을 추론하는 과정을 말한다. 귀인이론은 사람들이 성공과 실패의 원인이 무엇이라고 생각하는가를 다루는 이론으로, 성공과 실패를 어떤 탓으로 돌리는지를 규명하는 것이다. 이 이론에 따르면 어떤 사건의 원인을 무엇이라고 생각하는가에 따라 개인의 감정, 미래의 수행

기대, 동기 등이 크게 달라진다고 한다. Bernard Weiner는 귀인의 차원을 세 가지로 구분하였는데, 안정성, 인과성, 통제성 등으로 구분하였다. 안정성은 사건의 원인이 비교적 안정적이고 영구적인지 아니면 불안정적 인지를 말한다. 인과성은 내적 요인과 외적 요인으로 구분된다. 통제성은 사건의 원인이 개인이 통제할 수 있는 것인지 아니면 개인의 통제 밖에 있는지를 의미한다. 즉, 귀인이론에서의 성공과 실패는 귀인의 차원을 어떻게 생각하는지에 따라 미래 수행에 대한 동기가 달라진다는 것이다.

☑ 집중력 강화훈련

프레임 기법

프레임 기법이란 특정 장면이나 인물을 생각하면 운동욕구가 생기고, 무엇이든 할 수 있을 것 같은 마음을 갖게 하는 기법이다. 어려운 상황이나 집중하고 싶을 때 각성을 높이거나 낮춰 줄 수 있는 장면을 하나씩 생각하면 집중력을 높일 수 있다.

음악 조절 기법

골프 주니어 선수들이나 프로선수들을 보면 유독 연습할 때나 경기 전 클럽하우스에서 음악을 듣는 선수들이 많이 있는 것을 볼 수 있다. 실제로 어떠한 선수는 "음악을 들으면 긴장이나 불안을 낮춰 주는 것 같고, 연습할 때 들으면 생각 없이 볼을 칠 수 있어서 좋다." 한다. 수영선수 박태환 또한 음악을 들으며 각성을 조절하는 대표적인 선수이다. 개인마다 각성을 조절할 수 있는 음악이 다를 것이고 좋아하는 장르도 다를 것이다. 자신에게 맞는 음악을 찾아서 듣는 것이 각성을 조절하고 집중력을 높이는 데 도움이 될 수 있다.

오감을 이용한 주의집중 훈련

오감을 이용한 주의집중 훈련은 몸의 모든 감각을 하나씩 이용하여 집중력을 높이는 훈련이다. 예를 들어, 청각을 이용하여 1분 동안 눈을 감고 들리는 소리를 모두 분리하여 들어보는 방법, 촉각을 이용하여 눈을 감고 자신 앞에 있는 물건을 손끝으로 느껴보는 방법이 있으며, 시각을 이용하여 앞에 있는 사물들을 응시하면서 주변의 사물을 가능한 한 많이 본 다음 천천히 시야각을 좁히면서 응시하고 있던 사물만 쳐다보는 방법도 있다. 이 외에도 다른 감각을 사용하여 집중력을 높이는 훈련을 할 수 있다.

☑ 자기효능감 프로파일

> **그림 9.11**
> 자기효능감 실습 검사지와 프로파일

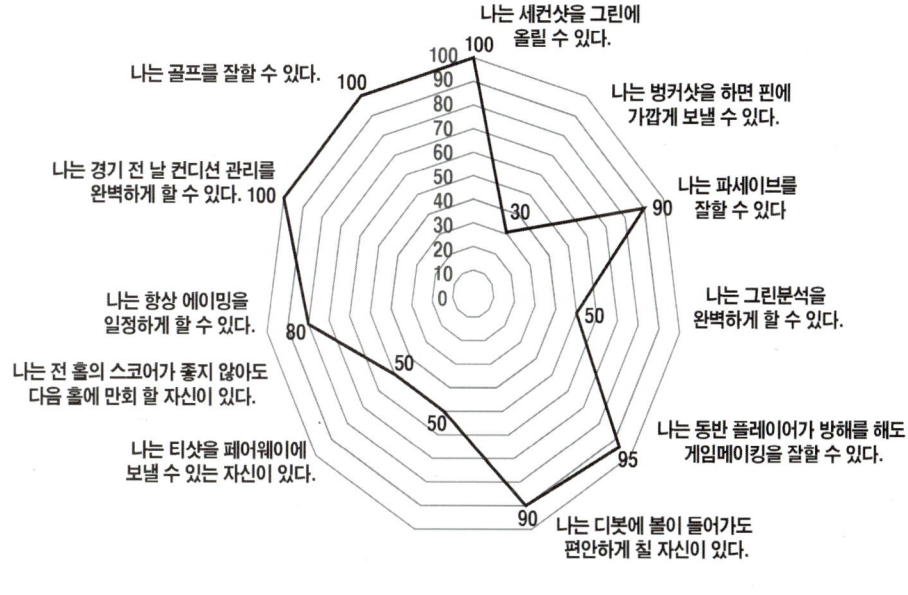

GSEQ

질문을 보고 본인이 생각하기에 10~100% 중 나는 OO에 대해서 몇 %의 자신감이 있는지 괄호 안에 적어주시면 됩니다. 예시 : (75%)

①	나는 세컨샷을 그린에 올릴 수 있다.	%
②	나는 벙커샷을 하면 핀에 가깝게 보낼 수 있다.	%
③	나는 파세이브를 잘할 수 있다.	%
④	나는 그린 분석을 완벽하게 할 수 있다.	%
⑤	나는 동반 플레이어가 방해해도 게임 메이킹을 잘할 수 있다.	%
⑥	나는 디봇에 볼이 들어가도 편안하게 칠 자신이 있다.	%
⑦	나는 티샷을 페어웨이에 보낼 수 있는 자신이 있다.	%
⑧	나는 전 홀의 스코어가 좋지 않아도 다음 홀에 만회할 자신이 있다.	%
⑨	나는 항상 에이밍을 일정하게 할 수 있다.	%
⑩	나는 경기 전날 컨디션 관리를 완벽하게 할 수 있다.	%
⑪	나는 골프를 잘할 수 있다.	%

골프 루틴

루틴이란?

플레이어가 최상의 성과를 달성하는 데 필요한 이상적인 조건을 갖출 수 있도록 자신만의 고유한 동작 또는 절차를 말한다. 골프 루틴 routine을 설계하는 방법은 여러 가지가 있으며, 다양한 상황 속에서 본인만의 루틴을 만들어서 적용할 수 있다. 세계적으로 유명한 선수들은 각자 고유의 루틴을 가지고 있는 것을 볼 수 있으며, 이를 통해 매우 중요한 요소임을 알 수 있다. 그림 9.12 참고.

그림 9.12
골프 루틴의 예

생활루틴
생활 안에서 불필요한 시간을 줄이기 위해 행동하는 루틴이다.

경기 전 루틴
경기 시작 전부터 컨디션 관리를 위해 행동하는 루틴이다.

스윙 전 루틴
타구 전 준비동작으로 프리 샷 free shot 루틴이라고도 부른다.

스윙 루틴
스윙하는 동안 행동하는 루틴으로써 운동 기술 요인이 포함된 루틴이다.

스윙 후 이동루틴
스윙 후에 다음 샷을 위해 이동하는 동안 행동하는 루틴이다.

골프 루틴의 효과

골프 루틴은 심리적으로 많은 긍정적 효과를 유발할 수 있다. 시합 전 점검해야 할 중요한 사항들을 빠뜨리지 않고 체크할 수 있고, 상황이 달라져도 편안함을 유지할 수도 있다. 생각이나 느낌, 행동에서도 일관성을 높일 수 있으며, 자신감과 집중력의 증대와 긴장감의 감소 효과도

얻을 수 있다. 에너지 소비량 또한 줄여 줄 수 있다. 하지만, 이러한 루틴도 아무렇게나 만들어도 효과를 얻을 수 있는 것은 아니다. 루틴 설계 시에 주의할 점으로는 부정적 행동보다는 긍정적 행동으로 설계한다. 시간이나 행동에 제약을 걸어서도 안 된다. 이는, 실천하지 못하였을 경우, 징크스로 바뀔 위험이 있기 때문이다. 골프 루틴을 설계할 때는 여러 가지 요소들을 스스로 평가해 보아야 한다. 직접 실천할 수 있는 루틴을 만들었는지, 루틴 안에 불필요한 행동들이 포함되어 있는지, 심리적인 요소 또한 포함되어 있는지, 자신의 루틴이 자신에게 도움이 될 것 같은지 등을 평가해 보고 실천으로 옮기는 것이 필요할 것으로 보인다.

슬럼프 극복

슬럼프란?

슬럼프 slump 란 어느 순간 운동이나 학습 또는 노래에서, 훈련이나 연습을 반복해도 효과가 없고 실제 성적이 좋아지지 않는 경우를 슬럼프라고 부른다. 우선 슬럼프에 빠졌을 때는 일단 왜 슬럼프가 왔는지 생각해보아야 한다. 지쳤다면 반드시 휴식을 취해야 할 것이고, 자신이 잘못된 방식을 고수해왔던 것을 깨닫게 되었다면 그것을 교정해야 할 것이다. 그림 9.13은 슬럼프에 빠지게 되는 과정을 보여주고 있다.

그림 9.13
슬럼프에 빠지는 과정

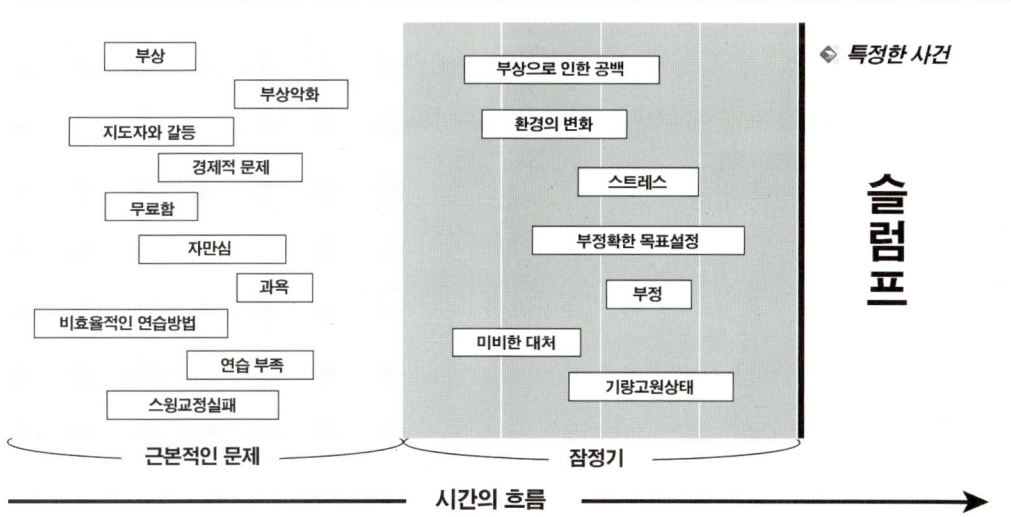

골프 슬럼프 바운스백

골프 슬럼프 바운스백 bounceback이란 사전적 의미로 병이나 곤경에서 회복을 뜻하는 용어를 말한다. 골프에서는 이전 홀에서 보기 이상의 스코어를 기록한 후 바로 다음 홀에서 버디를 기록한 비율을 의미한다. 그림 9.14는 슬럼프 바운스백의 과정을 보여주고 있다. 슬럼프 바운스백의 과정을 살펴보면 전환, 탄력, 유지 단계로 이루어진다. 실제로 슬럼프를 겪고 있는 선수들은 동기부여로 인해 긍정적 심리로의 전환 과정을 거치고 긍정적 심리가 유지되면서 심리적 안정을 얻게 되는 이러한 과정을 거치면서 슬럼프를 극복하게 된다.

그림 9.14
슬럼프 바운스백의 과정

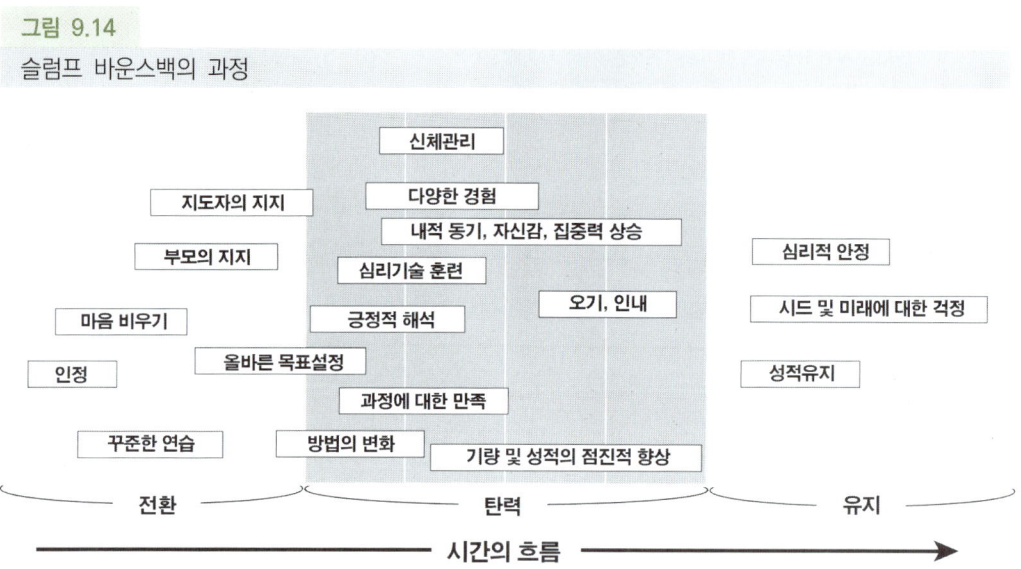

긍정심리자본

긍정심리자본 positive pychological cpital이란 조직행동 연구를 시작으로 발전된 개념으로 자기효능감, 낙관주의, 희망, 회복탄력성 4개 요인으로 구성되어있다. 먼저, 자기효능감은 자신의 삶에 영향을 미치는 문제에 영향력을 행사하여 일정한 수준의 결과를 산출해 낼 수 있다는 자신의 능력에 대한 믿음을 말한다. 두 번째, 낙관주의는 어려운 문제에 직면했을 때 자신감과 끈기를 갖고 성공적으로 문제를 해결할 수 있다는 생각은 물론 현실을 수용하고 가능한 최선으로 선택하려 노력하는 적극적인 대처전략을 말한다. 세 번째, 희망은 실패보다는 성공에 초점을 맞추게 하여 목표 달성에 대한 가능성을 많이 자각하게 할 뿐 아니라 열정과 용기 등 긍정적인 정서 상태를 유지하게 하는 영향력을 말한다. 네 번째, 탄력성은 개인 및 환경의 변화에 유연하게 대처할 수 있는 개인의 능력과 자원을 의미한다.

스포츠 심리상담사 자격

스포츠 심리상담사는 운동선수들의 심리적 안정과 경기력 향상을 위해 심리기술훈련 및 심리상담, 선수 케어링을 하는 직업이다. 스포츠 심리상담사의 일반적인 업무는 심리상담, 심리기술훈련, 선수관찰, 연구 등이 있다.

상담 절차

상담 절차는 그림 9.15와 같이 진행되며, 스포츠 심리상담 안내 단계에서는 점수면접 및 일정 조율을 진행하고, 신청서 및 선수 정보, 상담 방향 설정, 상담윤리 및 비용설명이 이루어진다. 상담 접수 및 신청 후에는 스포츠 심리학 안내 및 교육이 진행되고 상담 목적을 설정한다. 이후 프로파일 작성 간에는 스포츠 심리기술을 설명하고, 면담을 통한 문제점을 구조화한다. 심리상담 시에는 지속적인 모니터링(시합 및 훈련관찰)을 진행하고 과제를 부여한다. 상담이 종료되면 지속적인 케어링 서비스와 개인의 심리상태를 평가한다.

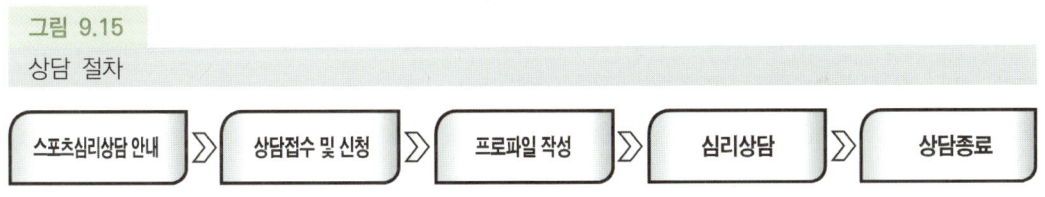

그림 9.15
상담 절차

스포츠 심리기술 훈련 절차

스포츠 심리기술훈련 절차는 그림 9.16과 같이 진행된다.

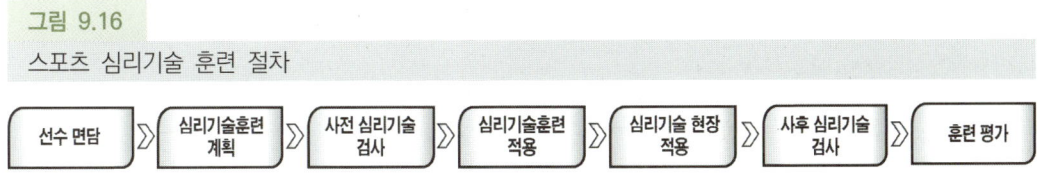

그림 9.16
스포츠 심리기술 훈련 절차

자격절차 및 연수

자격절차는 한국 스포츠 심리학회에 가입 후 자격연수 신청을 통하여 진행할 수 있다. 그림 9.17, 그림 9.18 참고.

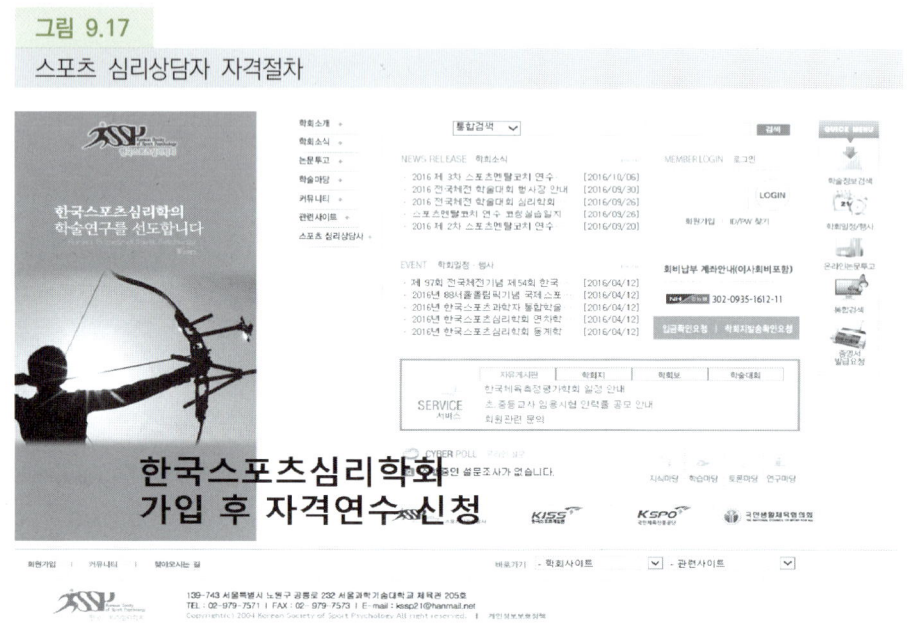

그림 9.17 스포츠 심리상담자 자격절차

그림 9.18 스포츠 심리상담자 자격연수

스포츠 심리상담사 분류

☑ 1급 스포츠 심리상담사

스포츠 심리상담을 할 수 있는 충분한 전문지식이 필요하며, 스포츠 및 운동과 관련된 현장에서 스포츠 심리 프로그램을 개발 및 감독하고, 2급 및 3급 스포츠 심리상담사를 양성한다. 또한 스포츠 심리 측정 및 분석 서비스 등을 수행한다.

☑ 2급 스포츠 심리상담사

스포츠 심리학에 관련된 전문지식이 요구되며, 스포츠와 운동 참가자를 대상으로 심리상태를 평가한다. 심리기법을 적용하며 그와 관련된 적절한 상담과 심리기술훈련 수행이 가능하다.

☑ 3급 스포츠 심리상담사

스포츠 심리학에 관련된 기본지식이 있어야 하며, 스포츠와 운동 현장에서 참가자의 참여와 수행을 촉진하는 역할을 한다.

참고 문헌

[1] 김경백(2015). *골프멘탈검사지 개발 및 타당성 검증*. 미간행 박사학위논문. 국민대학교.

[2] 김상태, 설정덕(2001). 골프선수들의 심리기술훈련 효과. **한국체육학회지, 40**(1), 129-146.

[3] 신정택, 육동원, 정재은(2003). 이전수행과 스포츠자신감이 골프경기 수행에 미치는 효과. **한국스포츠심리학회지, 14**(3), 29~41.

[4] 위키백과(2021). 목표성향. https://ko.wikipedia.org/wiki/

[5] 유승원(2005). *골프지도자의 지도행동 유형에 따른 성취목표지향성, 내적동기 및 지도효율성의 관계*. 미간행 박사학위논문. 용인대학교.

[6] Gould, D., Greenleaf, C., & Krane, V. (2002). Arousal-anxiety and sport behavior. In T. S. Horn (Ed.), *Advances in sport psychology* (p. 207-236). Human Kinetics.

[7] Cheng, W. N. K., Hardy, L., & Markland, D. (2009). Toward a three-dimensional conceptualization of performance anxiety: Rationale and initial measurement development. *Psychology of Sport and Exercise, 10*(2), 271-278

[8] Nicklaus, J., & Bowden, K. (1998). *Fireside. Golf my way.*

[9] Poter, K., & Foster, J. (1986). *The mental athlete: Inner training for peak performance.* WMC. C. Brown, Publishers.

"롱 클럽으로 완벽하게 직선 타구를 날리려 하는 것은 요행이다."

"A perfectly straight shot with a big club is a fluke."

— *Jack Nicklaus* —

"골프는 우리와 아이를 바보라고 호소한다. 골프 플레이어가 5 이상 셀 수 없는 데서 아이 같다는 것을 증명하고 있다."

"Golf appeals to the idiot in us and the child. Just how childlike golf players become is proven by their frequent inability to count past five."

— *John Updike* —

골프산업 이해와 마케팅

경희대학교 골프산업학과 교수 _ 이정학

강의 개요

국내 사회적 변화와 경제적 불황과 함께 최근 골프관련 사업은 공급과잉시대로 들어서면서 신규고객 모집이 저조하고 기존고객은 감소함으로써 수익이 저하되는 경영난을 겪고 있다. 이러한 경영악화의 직접적 요인은 골프관련 산업 공급과잉에 따른 동종 업종간의 경쟁가열에 기인한다. 따라서 전반적인 골프산업 경쟁우위 확보를 위해 골퍼들의 소비행동과 이 시대가 요구하는 패러다임을 이해하고 이에 부합한 마케팅 전략적 접근과 미래 골프산업을 전망해 보고자 한다.

골프산업의 이해 / 194
골프소비자의 유형과 소비자행동 영향 요인 / 197
골프소비자의 구매 의사결정 과정 / 203
골프산업의 패러다임과 마케팅 전략 / 205
스크린 골프 시장과 미래 골프산업 / 209

골프산업의 이해

2009년 10월 IOC에 의해 골프가 올림픽 정식종목으로 채택됨에 따라 2016년 브라질 리우 하계올림픽에서 박인비 선수가 금메달을 수상하였다. 우수한 한국 프로골퍼들의 세계무대에서의 활약상은 한국 골프 수준을 널리 알리는 계기가 되고 있다. 이는 국내 주니어 골프 인구 확대 및 골프에 관한 관심 증가로 이어지며 국내 골프산업 활성화에 긍정적 영향을 미치고 있다.

이러한 가운데 2017년 국내 골프 활동 경험 누적 인구는 약 761만 명에 이르렀고 20세 이상 10명 중 1.8명이 골프 활동 경험이 있는 것으로 보고되었다. 이는 20세 이상 4,203만 명 인구 대비 18.1%로 지난 2014년 15.5% 대비 2.6% 증가한 수치이다. 그뿐만 아니라 2017년 골프를 배우거나 활동 참여 의향이 있는 잠재 골프 인구는 약 956만 명이었으며, 2017년 한해 해외 골프 경험인구는 211만 명으로, 2014년 132만 명보다 79만 명이 증가하였다고 보고하고 있다(대한골프협회, 2018). 그러나 「부정청탁금지법」의 일환인 「김영란법」의 적용으로 인해 당시 골프산업 전반의 위기에 봉착하는 등 사회, 정치, 문화, 경제의 큰 변화 속에 국내 골프산업의 길은 그리 녹녹하지 못할 것으로 예상되었다. 그렇지만 2017년 한해 골프 활동 인구는 2014년 대비 1.8% 증가한 약 636만 명으로 보고되었다(대한골프협회, 2018).

또한 2020년 1월 기준 국내 골프장 수는 최소 533개소에 달한 것으로 보고되었다(골프경제신문, 2020). 여기에다 지방공기업에서 퍼블릭 골프장 사업에 진출하여 전국적으로 건설 중인 골프장은 19개소로 국내 골프장 수는 총 533 ~ 542개일 것으로 예상하였다. 이러한 가운데 향후 골프장업계의 구조조정이 본격화되면서 서비스와 시설 환경수준에 따라 등급이 자연스럽게 형성되고 경쟁력 없는 골프장의 도산이 속출할 것으로 예측되었다. 이는 골프 시장의 외형적인 성장에 비추어볼 때, 골프 시장은 공급자(사업자) 주도시장에서 수요자(골프소비자) 주도시장으로 변모하게 됨을 의미한다. 그러나 국내 골프장 수준은 전인 스포츠의 장으로서 역할을 담당할 만큼 충분한 여건이 형성되어 있지 못하다(권민진, 2017). 특히 1990년 후반에 4년제 대학교에 골프 학과가 최초로 설립된 이래 2년제 대학에 이르기까지 골프 관련 학과가 잇따라 신설되고 있고, 각 대학과 골프 관련 기관에서 양성되는 골프지도자들의 급증에 비해 교육프로그램은 다양하지 못하며, 일부 골프장에서는 지도자의 자질 향상을 거론하고 있지만 골프장 관련 시설의 확충은 미흡하고 골프를 교육할 수 있는 환경은 그에 따르지 못하고 있다. 게다가 향후 국내의 골프 관련 사업은 사회적 변화, 경제적 불황과 함께 공급과잉 현상이 일어나면서 신규고객 모집은 저조하고 기존고객이 감소함에 따라 수익이 저하되어 경영난을 겪게 될 것으로 예상된다. 이러한 경영악화의 직접적 요인은 골프장의 과잉 공급에 따른 동종 업종 간의 경쟁에서 비롯된 것이다. 따라서 오픈만 하면 고객이 확보되는 시기는 지나 골프장 간 경쟁우위 확보를 위한 노력이 절실히 요구되고 있다.

이러한 시점에 2019년 원인을 알 수 없는 코로나바이러스 감염증 COVID-19에 대해 세계보건기구 WHO는 팬데믹 pandemic을 선언하였다. 코로나-19는 분비물과 비말 그리고 비말로 오염된 물건 접촉으로 집단감염이 쉽게 되는 특성이 있어 사람 간의 접촉을 최소화하는 사회적 거리두기라는 비대면 방역 조치가 있었다. 이에 따라 교통, 오락, 외식업 등과 같은 대면과 집단 활동이 절대적으로 요구되는 다양한 서비스 업종 등의 소비패턴과 경제활동을 비롯한 변화가 전 세계 사람들의 일상을 바꾸어 놓았다. 대한민국 또한 예외가 될 수 없었다. 정부는 집단감염에 대한 우려를 표하며 사람이 많이 모이는 장소에 대한 주의와 함께 전국 지자체 행사 및 공연과 모임 자제, 연기, 취소할 것을 권고하였고 각종 스포츠 활동, 관람 등의 출입을 제한하는 등 국가적 사회적 거리두기를 적극적으로 실행하였다. 이러한 여파는 스포츠산업 전반에까지 영향을 미쳤으며 전 세계 스포츠 시장 대부분이 중단 상태에 들어갔다. 특히 프로스포츠 경기와 이벤트 대부분이 취소 및 잠정 중단되어 코로나-19는 스포츠산업 전반에 큰 타격을 입혔다. 이러한 현상은 국내 스포츠 시장에도 그대로 반영되었다. 문화체육관광부에 따르면 2020년 스포츠산업 매출 총액은 전년 대비 40% 급감하였고 그 중 사회적 거리두기 2.5단계가 시행되면서 운영 제한 업종이었던 체육시설업과 스포츠서비스업의 매출은 크게 영향을 받아 전년 대비 54% 감소한 수치를 보였다(스포츠 큐, 2020).

이러한 상황에도 불구하고 국내 골프산업 영역에서는 대조적인 현상이 일어났다. 코로나-19로 인해 해외여행의 발길이 막히자 국내 골프장은 골프 참여자들의 유일한 탈출구가 되었다. 골프산업 중 스크린골프업체는 2020년 1분기에 전년 대비 매출액 50% 증가하는 실적을 기록하였고, 골프장 부킹 사이트의 예약 건수는 전년 대비 137% 증가하였다. 골프산업 호황은 골프의류 업계로도 이어졌는데 대부분의 골프의류 온라인 매출은 전년 대비 2배가량 증가한 것으로 보고되었다(한국경제, 2020). 코로나-19 여파로 소비가 감소하는 등 산업 전반이 불황을 겪고 있으나 골프산업은 호황이었다. 바이러스가 지속하면서 특수효과로 국내 골프산업이 빠르게 성장하였다. 이는 실내 스포츠보다 감염위험이 상대적으로 덜한 것으로 인식되고 해외 골프를 즐기던 골퍼들의 발길이 국내에 묶인 것이 주된 요인으로 분석되고 있다(김소영, 2021). 이러한 배경을 바탕으로 2021 한국골프지표 자료에 따르면 국내 골프장 산업의 규모는 코로나 이전인 2019년 총 6.7조 원에서 2023년 9.2조 원으로 가파른 상승률을 보였으며, 2019년부터 2020년까지 골프 활동을 실제로 않았으나 2021년 골프 활동을 처음으로 시작한 신규 활동 인구는 311만 명으로 가파른 상승 추이를 보였다(김지헌, 2024).

또한 최근 골프 시장의 블루오션으로 인식되는 MZ세대의 골프 입문 증가 현상이 있다. MZ세대는 대한민국 국민의 36%에 달하며, 이들의 행동 특성 중 하나는 자기표현이 강하다는 것이다. 이들은 솔직하고 자기표현 욕구가 강한 세대이며, 자기 개발을 중요시하기 때문에 대개 이타적이기보다는 개인주의적 성향이 있다. 이들의 이런 개인주의적인 성향은 다른 세대보다 개방적인 부모 세대의 영향으로 인한 성장배경에 있다고 볼 수 있다. 이들은 삶의 질, 일과 삶의 균형 등의 요소를 삶의 가치관에서 중요한 것으로 여겨 개인의 삶을 보장받고 외부에 의해 제한받는 것을 선호하지 않는 집단으로 기존 세대와는 가치관에서의 차이를 보인다. 특히 이들 MZ세대는 소비 행동 및 심리에는 몇 가지 특징적 요소가 있는데 첫째로 가치소비이다. 고정적 관념보다는 새로운 것과 다양성에 중점을 두는 세대로 자신의 가치관을 매우 중요시하여 소비 행동에 있어서 자신이 생각했을 때 가치가 있다고 생각된다면 시간과 돈을 아낌없이 지출하는 플렉스Flex 문화를 보인다. 이러한 문화는 관심 있는 상품이나 서비스의 값이 비싸더라도 자신의 가치관과 부합한다면 구매하려는 태도를 의미하며, 이는 확실히 기존과는 다른 가치소비의 형태이다. 둘째, 디지털 및 모바일을 적극적으로 활용하는 소비 행동 및 심리이다. MZ세대는 모바일을 활용한 온라인 쇼핑을 선호하고, SNS를 통해 인플루언서 influencer 및 유명인의 착용 제품에 관심을 보이고 이를 통한 소비 결정을 내린다. 즉 많은 시간을 들이지 않고 인스타그램, 유튜브 등의 SNS로 정보와 지식을 습득하고, 인터넷 쇼핑몰 등을 통하여 소비하는데, 특히 최근에는 당근마켓이라는 중고 거래 플랫폼을 이용하여 또 하나의 소비 트렌드trend를 형성하고 있다.

골프에 유입된 MZ세대는 골프를 매개로 그들의 자기표현, 가치소비 등을 표출하였다. 단순히 기술적 성장에 중점을 두었던 기성세대와는 달리 MZ세대는 골프에 참여함으로써 SNS를 통하여 자기 자신을 표현하는 것에도 높은 가치를 부여하였다. 또한 골프 복장, 골프용품 등에도 과감하게 투자하는 모습을 보이며 기존 골프 인구와는 다른 방식으로 골프를 즐겼다. 하지만 최근 MZ세대는 시간적, 경제적 이유로 골프 활동 참여가 현저히 감소하고 있다. 이들의 활동은 시간적, 경제적으로 가능하며 자신의 가치소비와 자기표현을 극대화할 수 있는 타 스포츠 종목으로 활동이 전이되고 있다. 이에 따른 골프산업 시장은 코로나 이전의 매출 수준으로 급락하는 추세이다. 따라서 자신의 가치와 부합한다면 과감하게 소비하는 성향인 MZ세대의 골프 활동의 이탈과 기존 골프 활동 참여인구의 감소 추세에 따라 최근 국내 골프 시장은 혹한기를 맞이하고 있다. 따라서 이에 부합한 방안 및 상품 판매 전략을 새롭게 펼쳐야 할 시점이다.

이러한 시점에서 골프산업에 대한 시장은 WTO 협정에 따라 국내 시장이 개방되고, 정부의 시장진입에 대한 여러 규제 조치가 폐지되면서 국내 및 외국 기업의 신규 참여가 늘어나 과거의 동일 업종 내의 타 기업과 경쟁이 지금은 업종 간의 경계가 완화되면서 경쟁의 폭과 경쟁구조가 과거에 비해 훨씬 더 심해졌다. 더구나 전 세계적인 팬데믹에 대처하는 대응능력과 4차 산업혁명이라는 뉴노멀new normal 시대에 봉착한 골프 시장은 새로운 도약과 성장 그리고 위험이라는 키워드key word로 표현되었다. 이에 국내 골프 시장의 특수효과를 극대화하고 사회 환경변화에 대응하고자 국내 기업들은 고객 확보 및 유지를 위해 높은 품질과 뛰어난 서비스를 제공하는 차원을 넘어 고객의 총체적인 만족과 안전을 추구하고자 노력하고 있다. 이는 기업의 관점에서 고객을 얼마나 장기적으로 유지하고 관리하느냐에 따라 기업의 이익이 창출되고 증가하기 때문에 고객과의 유대관계를 지속하여 발전시키고 향상할 필요가 있다. 이는 장기 고정고객의 반복 구매뿐만 아니라 기업과 제품에 대한 호의적인 구전 광고를 통해 새로운 고객을 창출하고 기업의 판촉 비용을 경감시켜 줌으로써 기업의 수익성 확보에 필수적이기 때문이다.

이처럼 기존고객과 강한 유대관계를 형성하고 유지하며 발전시키는 마케팅 활동이 기존고객 유지를 위한 보유 마케팅retention marketing이다. 기존고객 유지 마케팅의 진정한 목표는 기존고객 유지이며 기존고객 유지를 통한 신규고객의 창출을 높이는 마케팅 활동을 의미한다. 따라서 이러한 마케팅 활동은 신규고객의 획득 보다는 기존고객의 유지 및 이탈 방지에 대한 노력과 함께 기존고객들에게 연계성이 있고 수익성이 높은 제품이나 서비스를 제공하기 위하여 고객의 욕구 변화를 계속 맞추어 주어야 한다. 또한 골프 시장은 코로나-19로 인해 타 시장과는 다르게 예외적으로 빠르게 성장하였다. 코로나-19 이후 성장한 골프장 간, 골프 관련 사업 간의 치열한 경쟁 시장이 예측됨에 따라 이에 대한 다양한 방안을 모색하여야 한다. 이러한 맥락에서 경제활동과 소비 행동 그리고 사회 환경의 빠른 변화와 불확실성의 시대에 부합한 블루오션 blue ocean 전략이 국내 골프산업 영역에 그 어느 때보다도 요구되고 있다. 시장점유율을 확보하기 위해 애쓰는 것이 아니라 매력적이고 차별화된 골프 제품과 서비스를 통해 자신만의 독특한 시장 곧 경쟁하지 않고 이길 수 있는 시장을 만들어 내어야 함을 의미한다. 이에 시대변화에 따른 골프산업을 이해하고 변화에 대응하기 위한 전략적 대안으로 블루오션과 기존고객 유지를 위한 보유 마케팅에 관한 내용은 골프산업의 패러다임과 마케팅 전략 부분에서 설명하고 이해하도록 하자.

골프소비자의 유형과 소비자행동 영향 요인

기존 고객 유지 마케팅 전략 수립을 위한 전제조건은 바로 소비자를 얼마나 잘 이해하고 있느냐? 그리고 그 시대가 요구하는 산업적 패러다임을 이해하고 있는가? 가 관건이 된다. 마케팅의 본질은 모든 것을 소비자의 관점에서 생각하고 행동하는 일련의 과정이다. 따라서 성공적인 골프 마케팅 전략은 그 출발점이 소비자일 때에만 가능하며 소비자를 정확히 파악하지 못하면 이에 기초한 차별화된 골프 제품 및 상품개발은 실패할 가능성이 있다.

급변하는 시장 환경 속에서 더 다양한 욕구를 가진 소비자 계층이 최근 출현하게 되었고, 이를 충족시키기 위한 경쟁이 더욱 치열해지고 있다. 또한 골프소비자의 구매 의사결정에 직접적인 영향을 미치는 소비자 정보도 그 양적 증대와 질적 심화를 거듭하고 있을 뿐만 아니라, 간접적인 영향을 미치는 환경적 요인들도 더욱 다양해져서 소비자에 대한 체계적이고 지속적인 이해를 더욱 어렵게 하고 있다(이정학, 2012). 이러한 불확실한 사회 환경에서 골프소비자들의 행동에 관한 이해는 골프소비자의 행위를 유인하는 내·외적인 환경을 이해하는 데 도움을 주며 골프경영 및 관리자들이 더 나은 경영전략과 마케팅 전략을 결정하기 위해서는 골프소비자들이 개별적으로 소비를 결정하는 이유와 방법에 대한 이해가 선행되어야 한다. 이는 골프소비자들의 소비 행동을 확실히 이해하는 골프경영 관리자들은 시장경쟁에서 우위를 가질 수 있음을 의미한다. 따라서 마케팅 전략은 소비자 만족이 관건이므로 골프소비자들의 소비 행동에 대한 이해가 매우 중요하다.

이에 골프소비자의 소비 행동을 살펴보면 최근 골프소비자는 단순한 소비자가 아니다. 제조사가 만든 것 또는 골프 관련 기업체가 제공하는 서비스를 그냥 구매하는 수동적 입장에서 벗어나 골프 관련 제품개발과 판매 그리고 서비스에 영향을 미치고 자신의 개성에 따라 골프용품과 서비스를 구매하는 소비자가 늘고 있다. 이에 골프 시장에 존재하는 다양한 소비자(네이버 지식백과, 2021)를 살펴보면 다음과 같다.

골프소비자의 유형

- 프로슈머 prosumer : 소비는 물론 제품 생산과 판매에도 직접 관여하여 해당 제품의 생산 단계에서부터 유통에 이르기까지 소비자의 권리를 행사하는 소비자로 시장에 출시된 제품이나 서비스를 소비하는 수동적 소비자가 아닌 자신의 취향에 맞는 제품을 스스로 창조해나가는 능동적 소비자를 의미한다.

- 크리슈머 cresumer : 신제품개발이나 디자인, 서비스 등의 문제에 적극적으로 개입하며 자신의 의견을 내놓은 소비자들을 의미한다. 크리에이티브 creative, 창조적 와 컨슈머 consumer 의 합성어로 소비를 통해 욕구를 충족하는 수준을 넘어 자신의 개성을 표현하는 창조적인 소비자를 의미한다.

- 트윈슈머 twinsumer : 인터넷의 사용 후기를 참고하여 물건을 구매하는 소비자로 생각, 취미, 반응, 소비 등의 성향이 유사한 소비자를 의미하며 트윈 twin, 쌍둥이 과 컨슈머 consumer 의 합성어이다. 이들은 다른 사람의 제품 사용 경험을 중요하게 여겨 물건을 구매할 때 그 물건을 구매한 사람의 의견을 참고하여 결정하는 소비자를 의미한다.

- 스포슈머 sporsumer : 스포츠 sports 와 컨슈머 consumer 의 합성어로 스포츠관전, 스포츠 활동, 스포츠 정보탐색, 스포츠 장비나 의류 구매 등 스포츠 소비 의향이 높은 소비자를 의미한다.

- 맨슈머 mansumer : 맨 man, 남성 과 컨슈머 consumer 를 합성한 용어로 소비에 적극적이고 자기 취향이 확실한 남성 소비자로 외모를 중시하는 사회적 분위기가 확산함에 따라 최근 미용이나, 패션에 관심이 많은 남성 소비자가 늘어감에 따른 소비자를 의미한다.

- 뷰티슈머 beautesumer : 뷰티 beauty 아름다움 와 컨슈머 consumer 를 합성한 말로서 아름다움을 추구하는 소비자를 말한다. 현대 소비자들은 자신의 아름다움에 투자하는 것은 물론이고 구매하는 상품에도 아름다움을 중시하는 소비자를 의미한다.

- 그린슈머 greensumer : 친환경 유기농 제품을 선호하고 생각하는 소비자로 그린 green, 친환경과 컨슈머 consumer 의 합성어이다. 기본적으로 환경문제에 관한 관심이 높고 소비 및 구매 행동에 있어 환경보호를 추구하고자 하는 소비자를 의미한다.

- 프로츄어 proteur : 프로페셔널 professional 전문가과 아마추어 amateur 일반인의 합성어이다. 취미생활만으로 전문가 못지않은 식견과 전문성을 가진 일반인을 의미한다.

이처럼 스포츠 시장 내의 소비자는 공격적으로 변해가고 있다. 다양한 골프 소비 형태를 가진 이들이 골프 시장에 존재하며 사회 환경 변화와 소비 흐름에 따라 새로운 소비자가 계속해 등장하고 있다(이정학, 2012). 이러한 맥락에서 지속해서 변화 또는 진화해가고 있는 골프소비자의 이해는 성공적 골프 마케팅 전략 수립에 절대적 요소임을 잊지 말아야 할 것이다. 이에 골프소비자의 행동을 더 깊게 이해하기 위해서는 골프소비자 행동에 영향을 미치는 요인들의 이해가 동반되어야 한다. 이에 골프소비자 행동에 영향을 미치는 요인을 살펴보면 다음과 같다(이정학, 2012).

소비자행동에 영향을 미치는 요인

문화

문화 culture 는 한 세대에서 다음으로 이어지는 가치, 개념, 태도 및 인간 행동과 그 행동 요소를 형성하기 위하여 인간이 만들어내는 상징을 의미한다. 즉 문화는 사람들이 여러 시대를 거치는 동안에 남겨놓은 사회적 유산이며, 한 사회 특유의 라이프스타일 life style 즉, 그 사회가 직면하는 환경에 적응하며 생활하였던 방식을 반영한다. 따라서 문화는 사회적으로 학습되고 사회구성원들에 의해 공유되기 때문에 욕구 충족의 기준이 되고 행동의 규범을 제공한다. 이와 같은 문화적 가치는 한 문화 내의 가족이나 학교 등에서 사회적 상호작용을 통하여 학습되어, 어떤 자극(제품)에 대한 사회구성원들의 반응을 표준화시킨다(이정학, 2012). 따라서 골프소비자들의 문화적 가치와 조화를 이룬 마케팅 전략이나 소비자들의 가치를 변화시킬 수 있는 제품이나 프로그램이 필요하며, 이를 위해서 골프 마케팅관리자는 한 사회의 기본적인 문화의 가치구조를 이해해야 한다.

사회계층

인간 사회는 어느 곳이든 일정한 형태의 사회계층 social class 이 있다. 사회계층은 한 사회에 존재하는 수직선 사회 구분으로서 동일 계층에 속하는 사람들은 유사한 가치와 요구, 라이프 스타일, 행동 등을 보이는 것으로 알려져 있다(이정학, 2012). 사회계층에는 몇 가지 특성이 있는데, 첫째, 동일 사회계층의 사람들은 상당히 유사한 행동을 보인다. 둘째, 사람들은 자신의 사회계층에 따라 높은 지위 또는 열등한 지위를 차지하고 있다고 지각한다. 셋째, 한 사람의 사회계층은 직업과 소득, 재산, 교육, 가치 등 여러 변수에 의해서 결정된다. 넷째, 사람들은 살아가는 동안 자신의 계층을 상향 이동하거나 하향 이동할 수 있다. 이러한 이동성의 정도는 사회계층의 엄격성에 따라 다르다. 사회계층 요인은 사회적으로 유사한 위치에 있는 사람들의 집단을 의미한 만큼 유사한 사회계층에 속한 골프소비자 간에는 유사한 소비 형태를 보이기 때문에 골프소비자의 행동을 이해하는 데 중요한 변수로 이용되고 있다. 따라서 골프소비자들의 사회계층 구성원들은 유사한 라이프 스타일, 교육환경, 인적 연결망, 소비패턴, 직업, 습관 등 비슷한 유대관계를 가지는 성향이 있으며 그들의 활동, 관심, 태도 등에서 동질성을 갖는 경향이 있음으로써 사회계층의 특성에 부합한 특정의 가치에 따라 골프 관련 제품개발, 서비스 등이 제공하여야 한다.

☑ 준거집단

준거집단 reference group에는 회원집단과 비회원집단으로 나누어 설명할 수 있는데, 특정 개인이 소속되어 있고, 그 집단과의 상호작용을 통하여 영향을 받는 집단이 회원집단이다. 회원집단에는 가족, 친구, 직장동료 등과 같이 빈번하게 접촉하는 1차 집단이 있고, 종교단체, 노동조합, 직장 관련 협회나 조합처럼 접촉 빈도가 낮고 공식적 관계를 유지하는 2차 집단이 있다(이정학, 2012). 준거집단의 영향은 제품의 성격에 따라 다르게 나타난다. 즉, 당해 제품이 필수품인가 사치품인가 그리고 공적 제품인가 사적 제품인가에 따라 그 제품의 구매 여부와 상표 선택에 미치는 영향의 크기가 결정된다. 필수품은 모든 사람이 보유하고 있어서 준거집단은 그 제품의 구매 여부에 크게 영향을 주지 못하지만, 사치품의 경우에는 강한 영향을 준다. 제품 구매와 사용이 주위 사람들에게 가시적인 공적 제품의 경우 상표 선택에 강한 영향을 주고, 사적 제품의 경우에는 약한 영향을 준다. 따라서 골프소비자는 어떤 골프 제품을 구매하거나 서비스에 참여할 때 준거집단의 조언을 구하게 됨으로써 골프 관련 마케팅관리자는 어떤 준거집단 구성원이 구매행위에 얼마나 영향력을 발휘하는지 파악하거나 이해하고 있어야 할 것이다.

☑ 가족

가족은 같이 먹고 동거하는 혈연집단으로 정의되며 여러 가지 사회적 요인에 따라 그 모습이 변해왔다. 가족이라는 요인이 골프소비자 행동 연구에 있어 중요한 것은 가족 구성원이 가족 공동용 제품뿐만 아니라 개인용 제품의 구매 행동에도 서로 영향을 주고받기 때문이다. 가족은 준거집단 중 구성원의 가치, 태도 및 행동에 가장 큰 영향을 미치는 1차 집단으로서 가족은 구매와 관련하여 두 가지 중요한 역할을 하는데, 하나는 구성원의 사회화이고 다른 하나는 개인의 구매 결정에 미치는 영향이다. 가족 구성원들은 가족 내에서 수행하는 각자의 역할을 통해서 개인의 구매 결정에 영향을 미친다. 따라서 골프 관련 마케팅관리자는 특정 구매에 관하여 남편과 아내 및 자식이 수행하는 역할과 각자의 상대적 비중을 파악해야 한다. 전통적으로 주부는 가족의 주 구매자로서 역할과 가족 구성원 각자의 상대적 비중을 파악해야 한다. 전통적으로 주부가 가족의 주 구매자로 역할을 담당해왔고, 식품이나 필수 의류, 잡화 등의 경우 특히 그러한 경향이 강하다고 볼 수 있기 때문이다. 따라서 특정 골프 제품이나 서비스를 결정하거나 구매할 때 가족 중 누구의 영향이 더 크게 미치는지를 평가하고 또한 가족 구성원들이 골프소비자의 구매 의사 결정이나 행동에 도달하기 위해서 어떻게 상호작용하는지를 파악해 볼 필요가 있다.

☑ 라이프 스타일

라이프 스타일은 사람들의 독특한 생활양식을 말한다. 동일 하부문화나 사회계층에 소속된 사람일지라도 매우 다른 라이프 스타일을 보일 수 있다. 라이프 스타일을 사람의 생활 혹은 시간과 돈을 소비하는 유형으로서, 소비 행동에 영향을 주는 주요한 인적 특성이며, 개인이 문화, 사회집단, 가족 등의 영향을 받아 습득한 것이지만 구체적으로 개인의 가치 자체나 개인적 특성의 파생물로 보았다. 따라서 라이프 스타일에 따라 각 개인의 의식 및 행동이 결정될 수 있으며, 이러한 라이프 스타일은 특정 개인이나 가족, 특정 계급 또는 집단의 생활양식, 가치관, 태도, 행동 등의 통합된 체계로서 소비 행동에 직·간접적인 영향을 미친다고 할 수 있다. 라이프 스타일은 AIO activity, interest, opinion 항목에 의하여 측정되는데, 활동 activity 은 사람들이 시간을 활용하는 형태를 말하고, 관심 interest 은 자신과 주위 환경에서 중요하게 생각하는 것은 어떠한 것들인가를 말하며, 의견 opinion 은 자신과 주변에 관한 생각을 말한다. 오늘날 많은 골프 제품들은 '라이프 스타일 제품'이라 할 수 있을 정도로 골프소비자의 개성과 스타일에 따른 다양한 제품과 독특한 이미지 제품들이 제공되고 있다. 따라서 골프소비자의 라이프 스타일을 연결한 제품전략과 이미지 포지셔닝 positioning 이 강조되어야 할 것이다.

☑ 개성과 자아개념

개성 personality 이란 개인이 다양한 주위 환경에 대하여 일관성 있게 행동하게 만드는 독특한 심리적인 특성으로 정의된다. 이는 사회성, 친화력, 자기과시, 적응성, 과대망상 등과 같은 여러 가지 행동 성향으로 표현된다. 따라서 어떠한 개성과 특정 제품 혹은 상표의 선택 사이에 강한 상관관계가 존재한다면 마케팅관리자는 이를 매우 유용하게 이용할 수 있다. 자아개념 self-concept 은 사람들이 자신에 대해서 가지는 생각과 느낌을 총체적으로 말하는 것이다. 자아개념은 '나는 실제 어떤 사람인가'하는 실제 자아개념 actual self-concept 과 '나는 어떤 사람이고자 하는가'하는 이상적 자아개념 ideal self-concept 으로 구분된다. 이는 사람들은 자신의 자아개념에 부합되는 제품을 선호함을 의미한다. 따라서 골프 관련 기업이나 제품/서비스 개발자는 골프소비자의 개성과 자아개념을 이해함으로써 자사 제품이 골프소비자의 실제 자아개념의 유지나 강화에 도움을 주거나 실제 자아개념을 이상적 자아개념으로 발전시키는 데 도움을 주는 측면을 이해할 수 있는 주요 요인이 된다.

☑ 동기

소비자행동의 동기 motive 를 이해한다는 것은 골프소비자가 왜 그러한 행동을 했는가를 이해하는 것이다. 인간의 모든 활동에 바탕이 되는 것은 욕구이다. 그런데 이 욕구가 외적 또는 내적으로 자극 받아서 활성화되면 동기로 변한다. 즉, 인간의 활성화된 상태의 욕구가 곧 동기인 셈이다. 동기란 사람들을 행동하도록 강요하는 내적 추진력으로 정의할 수 있는데, 이러한 추진력은 긴장 상태에 의해서 제공되며, 그것은 충족되지 않은 욕구의 결과로 존재한다(이정학, 2012). 사람들은 의식적 혹은 무의식적으로 그들의 욕구를 충족시켜줄 행동을 통해서 이 긴장을 제거하려고 노력한다. 이러한 동기는 소비자행동이 활성화될 수 있도록 활력을 제공하고 그 행동의 방향을 결정짓는다. 따라서 골프 활동에 참여하는 소비자, 또는 골프 제품을 구매하는 소비자의 참여 또는 구매동기는 상황이나 개인의 특성에 따라 상이하다. 예를 들어 골프 레슨을 받고자 하는 골프소비자는 골프 활동 참여에 대한 동기는 건강을 위해 또는 즐거움, 성취감, 사교, 기술 습득 등 다양한 동기에 의해 참여함으로 골프소비자의 다른 욕구를 충족시켜줄 수 있는 프로그램 개발이 요구되며 이러한 프로그램 개발은 골프소비자의 동기가 무엇인가가 기준이 되어 설계될 수 있다.

☑ 지각

지각 perception 이란 소비자는 주위에서 접하게 되는 수많은 제품과 상표 그리고 광고나 판매원을 통하여 전달되는 제품 정보들을 어떻게 이해하고 있는가? 소비자가 지각하는 정보의 이해정도를 극대화하기 위해 우선 그 대상이 소비자의 시각, 청각, 촉각, 미각, 후각 등의 감각기관에 노출되어야 한다. 그리고 감각 정보가 감각 신경을 통하여 두뇌로 전달되어야 하는데, 이 과정을 주목이라고 하고, 다음으로 두뇌에서 전달받은 감각 정보를 해석하는 과정이 필요하다. 이처럼 어떤 자극에 대한 노출과 주목 및 해석 과정을 지각이라고 한다. 이처럼 지각은 지각된 감각 정보에 따라 소비자는 특정 제품에 대한 이미지와 제품의 수준이나 정도가 상이하게 인식하게 된다. 따라서 특정 골프 제품에 대한 소비자의 지각 정도는 제품 구매 의사결정에 중요한 요인으로 활용되고 있으며 소비자가 특정 골프 제품이나 서비스에 대한 지각 정도를 높이기 위한 전략적 수립을 위해 지각은 골프소비자 행동의 주요 요인으로 활용되고 있다.

☑ 학습

소비자의 행동은 대부분 본능적 반응이라기보다는 과거 경험이나 사고에 의해 학습된 결과로 볼 수 있다(이정학, 2012). 학습 learning 은 인간 행동의 중요한 결정 요인이며 문화적 가치, 태도, 욕구, 성취적 행동, 환경에 대한 지식, 동기, 개인 및 사회적 욕구 충족의 방법 등은 모두 학습의 결과라 할 수 있다. 학습은 정보처리의 결과로 발생하는 사람들의 기억 내용 또는 구조상의 변화를 말한다. 우리의 사고 능력이나 문제해결 능력을 통하여 아이디어와 개념을 습득하고, 직접 경험이나 강화 없이 자극 간의 관계를 파악하는 것은 모두 인지적 학습 cognitive learning 이다. 가장 단순한 인지적 학습은 동일 메시지에 여러 번 노출되어 그 내용을 암기하는 것이고, 더 복잡한 형태로는 타인의 행동 결과를 보고 또는 모방을 통하여 새로운 내용을 습득하는 행동적 학습이 있다. 행동적 학습 behavioristic learning 은 창조적 사고를 통하여 기존 지식과 새로운 정보 간의 연계를 형성하는 학습을 말한다. 따라서 골프소비자들의 골프 제품 구매나 서비스 활동 참여 활성화를 위해 골프소비자의 인지적 학습을 강화하여 높은 관심이나 좋은 감정을 유인하여 행동적 학습으로 유도하는 전략 수립을 위한 행동 요인으로 학습이 활용되고 있다.

골프소비자의 구매 의사결정 과정

그림 10.1 골프소비자의 구매 의사결정 과정

문제 인식 → 정보 탐색 → 대안 평가 → 구매 → 구매 후 평가

소비자들은 매일 일상생활의 여러 측면과 관련된 무수히 많은 의사결정을 하며 살아가고 있다. 일반적인 의미로 의사결정은 둘 또는 그 이상의 대안 alternatives 중에서 어느 하나를 선택하는 행위를 말하는 것이다. 오늘날 골프소비자들은 무수한 종류의 제품이나 서비스, 상표, 소매점 등 선택할 대안들이 너무 많이 존재하는 상황에 있다. 그렇지만 그들이 어떠한 제품, 상표, 소매점을 선택하느냐 하는 것은 곧 그 기업의 성패를 결정하므로 마케팅관리자는 그들의 결정 과정을 면밀하게 조사하여야 한다. Hawkins, Best & Coney는 소비자의 구매 의사결정은 다음과 같은 과정을 거치게 된다고 하였다(이정학, 2012).

소비자의 구매 의사결정 과정

☑ 문제 인식

문제 인식 problem recognition 은 모든 형태의 의사결정과정의 첫 번째 단계로서 욕구 발생단계라고 하며, 문제를 인식하였을 때 인간은 활발하게 움직이게 되고 목적에 대한 추구가 시작된다. 외관

상으로는 무관한 행위들이 이제는 이 자극된 상태를 충족시키려고 조직화 된다. 문제 인식은 소비자가 어떤 사안에 대한 자신의 실제 상태 actual state 와 이에 상응하는 바람직한 상태 desired state 간의 차이가 크다는 것을 인식할 때 발생한다. 이러한 단계는 소비자의 내면적 심리작용과 관련되는데, 특히 소비자의 정보처리나 동기의 작용과 관계가 깊다. 따라서 골프소비자의 문제 인식이 의사결정을 거쳐 구매로 이어지기 위해서는 충분한 문제 인식 즉 동기가 부여되어야 한다.

☑ 정보탐색

소비자가 문제의 존재를 인식한 후의 단계는 정보탐색 information seeking 및 평가 evaluation 로 진행된다. 정보탐색 활동은 문제를 해결하기 위한 행동의 과정을 평가하는데 유용한 정보를 수집하고자 행해지는 것이다. 정보탐색에 있어 골프소비자들은 일반적으로 제품 및 서비스 대한 존재여부, 골프 제품 속성에 관한 일반적이거나 특수한 자료, 대체 상표들의 장점 및 단점, 가격 및 판매 조건 그리고 제품의 질 등에 관한 정보를 구하게 된다. 이러한 정보탐색 과정은 크게 내적탐색과 외적탐색에 의해 정보탐색을 구현하게 된다.

내적탐색

골프소비자가 정보를 탐색하는 과정은 먼저 기억에 내재한 정보를 회상하는 것에서부터 시작되며 이를 내적탐색 internal search 이 라 한다. 소비자의 기억에는 과거의 경험에 의한 정보, 광고, 타인들로부터의 구전 정보, 언론기관으로부터의 정보 등 많은 정보가 내장되어 있다. 따라서 골프소비자는 특정 제품군에 대한 의사결정의 첫 단계로서 기억 속에 저장된 정보를 자연스럽게 회상한다. 이렇게 회상한 정보가 문제해결에 충분하면 골프소비자는 외적탐색의 과정을 거치지 않고 내적탐색에만 의하여 구매 의사결정을 한다.

외적탐색

저관여의 상황에서는 주로 내적탐색에 의하여 의사결정을 내리게 되지만, 소비자의 관여도가 높아질수록 보다 많은 정보를 외부에서 찾기 위하여 외적탐색 external search 을 하게 된다. 골프소비자는 외적탐색과 관련하여 외적탐색 정도와 정보획득의 원천에 관한 결정을 한다. 외적탐색의 정도는 외적탐색으로부터 얻게 되는 정보의 기대 가치와 정보탐색에 수반되는 비용을 고려하여 결정하게 된다.

☑ 대안 평가

소비자는 내적탐색과 외적탐색을 거쳐서 수집된 정보를 바탕으로 여러 대안을 평가한다. 대안 평가는 평가 기준과 방식의 설정으로부터 시작된다. 평가 기준 evaluation criteria 이란 여러 대안을 비교·평가하는데 사용되는 제품 속성을 말하고, 평가방식 evaluation rule 이란 최종적인 선택을 위하여 여러 평가 기준에 대한 소비자의 평가를 통합·처리하는 방법을 말한다. 골프소비자들은 동시에 한 상표를 평가하기도 하고, 특별한 속성을 조사한 후 몇 가지 다른 속성의 상표를 조사하여 비교하기도 한다.

☑ 구매와 구매 후 평가

소비자는 여러 대안에 대한 비교·평가과정을 거쳐 최종적으로 상표를 선택한다. 그러나 소비자의 의사결정 과정의 결과로 결정되는 상표가 항상 구매로 이어지는 것은 아니다. 예를 들어, 의사결정 이후 구매가 곧바로 이어지지 않고 상당 시간 이후에 이루어진다면 골프소비자 자신의 변화나 새로운 대안의 출시 등 시장 상황의 변화에 따라 다른 상표를 구매할 때도 발생한다. 또한 소비자는 제품을 구매하여 사용한 후 만족 또는 불만족을 느끼게 되는데 소비자가 느끼는 만족·불만족은 구매 이전의 기대와 구매 후의 제품성과에 대하여 소비자가 느끼는 불일치 정도에 따라 결정된다. 즉, 소비자가 지각하는 제품성과가 구매 이전의 기대보다 적어도 같거나 클 때 소비자는 만족하며 반대의 경우에 불만족하게 된다. 이러한 골프소비자의 만족·불만족은 기억 속에 저장되어 자신의 재구매 의사에 반영되며 심지어는 불만족한 제품을 생산한 해당 기업 전체의 이미지에도 부정적인 영향을 미칠 수도 있다.

골프산업의 패러다임과 마케팅 전략

성공적인 골프사업 개발 및 시장 개척을 위해서는 그 시대의 산업적 패러다임을 얼마나 이해하고 있느냐가 매우 중요하다. 패러다임이란 paradigm 소비자, 고객, 또는 사람들이 생각하고 있는 중요한 가치로 설명된다. 미국의 철학자 Thomas Kuhn은 그 시대의 사람들에 의해 언제나 혹은 집단에 의해 공식적으로 인정된 모범적인 틀이 있는데 이 모범적인 틀이 패러다임이다. 그러나 이 패러다임은 전혀 새롭게 구성되는 것이 아니라 기존의 가치의 틀에서 혁명적으로 생성되고 쇠퇴하며 다시 새로운 패러다임으로 대체된다고 하였다. 따라서 오늘날처럼 급변하는 사회에서 산업 패러다임에 신속하게 대응하고 적응하지 않으면 언제든지 퇴출, 도태된다. 이러한 중요한 가치로 설명되는 패러다임은 두 가지 특징을 가지고 있다. 첫째, 지나가면 돌아오지 않는다. 둘째, 못 따라가면 망할 수 있다. 21세기 산업의 패러다임은 바로 풍요라는 단어로 설명되고 있다. 21세기 산업의 패러다임 주요 키워드로는 스마트 smart, 안전 secure, 그린 green, 행복 happy 이 중요가치로 인식되고 있다(삼성경제연구원, 2018). 이 시대의 골프산업 또한 골프소비자가 생각하는 중요한 가치, 즉 이러한 4가지 키워드의 가치의 틀이 골프 마케팅 활동이나 효과적인 전략 수립을 위한 기준점이 되어야 한다.

블루오션 Blue Ocean 전략

국내 경제 여건과 사회현실 등을 고려하면 코로나-19 이후 골프산업의 변화는 골프 관련 사업과 운영에 적지 않은 어려움을 겪게 할 것이다. 이를 타개하기 위하여 고객 만족을 위한 질 높은 서비스 제공 및 환경 제공이 더욱 요구된다. 특히 골프장 관련 업체는 고객 만족 서비스 제공을 위하여 노력을 많이 하고 있으나 실질적인 효과를 거두지는 못하고 있다. 따라서 향후 골프장의 효율적 운영을 위해서 외부의 잠재고객인 신규 회원 확보도 중요하지만, 현재 이용하고 있는 내부 최종고객인 골프소비자들의 이용 정도를 극대화하여 이용 빈도를 높여주는 것이 더욱 중요할 것이다. 신규고객을 끌어들이는 데 필요한 비용은 현재의 고객을 유지하는 데 필요한 비용보다 더 많이 소요되므로 골프장 이용 빈도를 높게 한다는 것은 골프장 운영에 필요한 마케팅 비용의 절감으로 이어져 골프장 운영을 더 원활하게 할 수 있게 될 것이다. 따라서 골프장 이용 빈도를 높이기 위해서는 고객이 원하는 것과 필요로 하는 것이 무엇인지 파악하여 그것을 제공하여야 한다. 즉, 고객 만족 경영을 통하여 골프소비자들이 골프장에서 제공하는 모든 서비스인 방역, 지도자, 교육프로그램, 시설, 서비스 등 골프장 환경에 대한 만족을 느끼게 해야 함은 물론이고 골프소비자의 지적·정서적·사회적 발달을 도모하는 효과 측면에서도 만족과 안전감을 느끼게 해야 할 것이다. 이러한 고객 만족이 무한 경쟁 시대에서 경쟁우위를 점하게 하고 나아가 골프 관련 사업의 활성화에 도움이 될 것이다.

표 10.01
블루오션과 레드오션의 전략 비교

블루오션 전략	레드오션 전략
경쟁자 없는 시장 공간 창출	기존시장 공간에서의 경쟁
경쟁을 무의미하게 만듦	경쟁에서 이기는 것을 목표로 함
신규 수요 창출 및 적용	기존수요 활용
가치-비용 전환 없앰	가치-비용 전환 지지
저비용, 차별화를 동시에 추구하여 전체적 활동 시스템에 조화	저비용, 차별화 중 하나를 선택하여 전체적 시스템에 조화

출처: 김위찬, 르네마보안(2018), 블루오션전략(개정판), 교보문고

이러한 맥락에서 성공적인 골프 마케팅을 위한 도전은 블루오션 전략 blue ocean strategy 을 통해 가능하다. 블루오션 전략이란 차별화된 저비용을 통해 경쟁 없는 새로운 시장을 창출하려는 경영전략으로 수많은 경쟁자가 우글거리는 레드오션 red ocean 과 상반되는 개념으로 경쟁자들 없이 무경쟁시장을 의미한다. 즉 산업혁명 이후로 기업들이 끊임없이 거듭해온 경쟁의 원리에서 벗어나 발상의 전환을 통해 고객이 모르던 새로운 시장을 창출해야 한다는 전략이다. 따라서 기존의

치열한 경쟁시장 속에서 시장점유율을 확보하기 위해 애쓰는 것이 아니라 매력적인 골프 제품과 서비스를 통해 자신만의 독특한 시장 곧 경쟁하지 않고 이길 수 있는 시장을 만들어 내어야 함을 의미한다.

 기업이 이익을 창출하는 시장에는 블루오션과 레드오션 두 가지 시장이 존재한다. 경쟁기업들과 경쟁을 통해 이익을 쟁취하는 레드오션을 추구하는 기업의 경우 수요의 점유율을 향상하기 위해 경쟁사보다 경쟁우위를 점하기 위하여 노력하기 때문에 경쟁사가 많으면 성장과 수익 창출이 어려워진다. 하지만 블루오션은 아직 알려지지 않은 시장이나 지금까지 존재하지 않는 시장이나 제품영역에서 시장 수요가 경쟁으로 얻어지는 것이 아니고 창조로 얻어지므로 빠른 성장과 높은 수익을 가능하게 만든다. 따라서 블루오션은 경쟁자 없는 시장 공간을 창출하며 이에 따라 경쟁은 무의미하며, 가치-비용 상쇄 효과가 없다. 또한 차별화와 저비용을 동시에 추구하는 방향으로 기업 전체 활동 시스템을 조화시키는 전략이다. 반면, 레드오션의 경우 기존시장 공간에서 경쟁할 때, 경쟁에서 이기는 것을 목표로 하는 기존수요를 활용한다. 또한 차별화나 저비용 중에 하나를 선택해 기업 전체적 시스템을 조화시켜야 한다(김형일, 2020). 따라서 기존의 시장경쟁에서 승리하는 것이 아니라 경쟁 없는 새로운 시장을 창출하는 전략으로 경쟁자를 모방하지 않고 독자적인 법칙으로 새로운 수요를 창출하여 고성장과 고수익을 지속하는 경영전략이다. 불확실한 최근 상황에서 성장과 수익의 새로운 기회를 찾기 위해서는 블루오션을 창출해야 한다. 이러한 맥락에서 블루오션 전략 수립을 위해서는 그 시대가 요구하는 가치의 기준, 즉 골프 관련 시장의 패러다임을 읽어야 하며, 골프소비자를 얼마나 이해하고 있느냐, 그리고 골프소비자를 지속해서 유지 관리하고 기존고객 유지를 위한 마케팅 전략 구현이 전제되어야 한다.

기존고객 유지를 위한 보유 마케팅 retention marketing

 일반적으로 마케팅 전략 수립의 방향성은 신규고객 확보와 기존고객 유지 간의 우선순위를 통해 결정되며 이러한 결정에 따라 마케팅 요소의 실행 역시 달라진다. 신규고객 확보전략은 최초 구매를 늘려 단기적으로 매출 확대를 추구하며 장기적으로는 수익의 확대를 도모할 수 있다. 따라서 신규고객 확보에 우선적 가치를 두는 경우 골프 제품에 대한 불확실성을 줄이는 방향의 제품믹스 및 온라인 또는 SNS와 같은 프로모션 커뮤니케이션 실행이 우선시되어야 한다. 반면 기존고객 유지 전략은 꾸준한 수익성을 확보할 수 있으며 골프 제품이나 서비스 구매 경험이 있는 소비자로 타 골프 제품에 대한 불확실성 또한 비교적 해소된 상황을 전제하며 해당 제품에 대한 누적된 만족도에 의해 구매 의도를 갖는다. 따라서 기존고객 유지에 우선적 마케팅의 가치를 두는 경우 해당 제품과의 우호적인 관계를 유지할 수 있는 제품 믹스 실행이 우선시되어야 한다. 즉 기존고객에게 지속적인 차별화 가치를 제공함으로써 골프소비자와의 유대감을 형성할 수 있는 제품전략이 요구된다.

골프장을 이용하고 있는 골퍼들의 소비자행동 조사 보고에 의하면 국내 골프장을 이용하는 내장객은 국내 골프장 환경과 서비스에 대해 전반적으로 불만족을 느끼고 있어 향후 골프장 재이용 행동에 부정적인 영향을 미친다는 결과를 보고하였다(권민진, 2017). 따라서 향후 국내 골프 시장의 변화와 골프장 공급과잉시대에는 골프장 신규 회원 유치에 역점을 두기보다는 기존 골프소비자들의 지속적인 이용을 도모하여 신규고객 창출의 기회를 높이는 기존고객 유지를 위한 마케팅 전략이 보다 효율적이라 하겠다. 앞으로 일본과 같은 골프장 도산사태, 그리고 코로나-19 바이러스에 의한 비대면적 활동 이후 불확실한 시장 환경하에서는 공격적인 전략보다는 기존고객을 유지하는 방어적 전략에 중점을 두어야 한다. 그 이유는 무엇보다 고객 유지와 고객이 창출하는 이익이 밀접한 관련성을 지니기 때문이다. Pepper & Rogers는 기존고객을 잘 유지함으로써 신규고객을 유치하는데 발생하는 광고비용, 인적 판매 비용 등을 절감할 수 있다고 하였다. 또한 고객과 기업이 지속적인 관계를 유지하는 기간이 길수록 고객을 유지하는 운영비용은 감소하나 고객으로부터 발생하는 수익이 커질 뿐 아니라 장기 유지 고객일수록 긍정적인 구전 효과로 다른 잠재적인 고객을 소개하는 경향이 늘어난다고 한다.

표 10.02
골프 소비 및 참여 활성화를 위한 시장전략

	기존제품/프로그램	수정된 제품/프로그램
기존 표적시장	시장침투전략	제품개발전략
새로운 표적시장	시장개발전략	제품다각화전략

이에 골프장 관련 경영자들은 고객 유지 강화를 위해 다양한 고객기반 retention marketing 강화프로그램과 고객관계관리 CRM: customer relationship management 전략의 중요성을 인식하여야 한다. 골프장 운영에 있어 고객 만족 경영이란 고객의 만족을 통하여 골프장의 목표를 달성하려는 행위라고 할 수 있다. 즉, 목표 고객의 욕구를 파악하여 이것을 충족시켜 줄 수 있는 환경과 서비스를 제공함으로써 고객의 만족 수준을 최대화하고, 이러한 고객 만족 최대화의 결과로 골프장의 목표인 이익 극대화를 달성하는 것을 말한다. 이는 고객 만족이 고객 유지에 직접적인 영향을 미치며 동시에 고객 만족과 고객 유지 사이의 관계에서 조절적인 역할을 하기 때문이다. 이러한 점에서 볼 때, 향후 골프장 경쟁우위 확보를 위해 기존의 고객을 잘 유지 관리하는 기존고객 유지를 위한 마케팅 전략이 절실히 요구된다.

이러한 의미에서 골프 마케팅관리자는 기존고객들의 골프 제품이나 서비스, 프로그램 등 골프 소비나 참여 활성화를 극대화하기 위한 시장전략은 다음과 같이 구성할 수 있다. 기존의 골프 상품과 표적시장에 단지 기존 골프소비자의 소비나 참여를 증대시키고자 하는 시장침투전략 market penetration, 기존의 표적시장에 기존 골프 상품에 약간의 변화를 추구하여 골프소비자의 소비나 참여를 증대시키고자 하는 제품개발전략 product development, 기존의 골프 상품으로 새로운 시장을 개척하여 골프소비자의 소비나 참여를 증대시키고자 하는 시장개발전략 market development, 변형된 골프 상품으로 새로운 표적시장을 개척하여 골프소비자의 소비나 참여를 증대시키고자 하는 제품다각화전략 diversification 등이 있다(이정학, 2012).

이상과 같이 골프 마케팅 활성화와 경영효율화를 위해서는 시대가 요구하는 주요한 가치, 즉 그 시대의 패러다임을 이해해야 할 뿐만 아니라, 소비자 이해를 통해 골프소비자의 만족을 극대화하고 발생한 불만을 적극적으로 해결해주는 노력을 체계적이고 지속해서 경주하며 또한 기존 고객을 잘 유지 관리할 수 있는 고객관계관리 마케팅 전략에 역점을 두어야 할 것이다.

스크린 골프 시장과 미래 골프산업

스크린 골프산업의 전략적 접근과 효율화 방안

국내에 소개된 지 20년이 지난 스크린 골프산업은 단순히 필드 골프의 대체 수단이 아닌 하나의 독립적인 문화 스포츠산업이 되었다. 현재 스크린 골프 시장의 규모는 약 2조3천억 수준으로 추산되고 있다. 실제 2023년 한 해 동안 스크린 골프를 이용한 이용객의 급등에 따라 스크린 골프 관련 기업들의 시장 진출과 투자 확대가 이루어지면서 소비자를 위한 경쟁적인 마케팅과 VR(가상현실)이라는 혁신적 기술을 도입하여 더욱 현실감 있는 골프 경험을 제공하고 있다. 그와 더불어 AI 분석 서비스 즉, 인공지능을 활용한 스윙 분석 및 피드백 서비스를 통해 고객의 골프 실력 향상에 도움을 주는 기술혁신을 추구하고 있다. 최근 스크린 골프 활동 인구의 폭발적 증가에 기인하여 국내 스크린 골프 관련 기업들의 기술혁신과 다양한 프로모션 이벤트 제공 등을 통해 경쟁우위 확보를 위해 치열하게 경쟁하고 있다. 이러한 맥락에서 최근 우후죽순 늘어나고 있는 스크린 골프연습장 운영 경쟁은 더욱 가열되어 운영의 어려움을 겪고 있다. 이러한 시점과 상황에는 앞서 소개한 기존고객 유지를 위한 마케팅 전략(보유 마케팅)이 필요하다. 다시 말해, 국내 스크린 골프 시장의 변화와 스크린 골프 연습장 공급과잉시대에는 스크린 골프장 신규 회원 유치에 역점을 두기보다는 기존 스크린 골퍼들이 지속적인 이용을 도모하여 신규고객 창출의 기회를 높이는 기존고객 유지를 위한 마케팅 전략이 보다 효율적이라 하겠다. 이러한 맥락에서 기존고객을 기반으로 가족 단위 고객을 목표로 한 패키지 상품을 제공하여 온 가족이 함께 즐길 수 있는 환경을 조성한다든지, 직장인을 대상으로 한 저녁 식사 시간대 할인 프로모션 등을 진행하여 퇴근 후 여가를 활용할 수 있도록 유도하는 가족 단위 고객이나 직장인 타깃 프로모션 같은 다양한 고객을 자연스럽게 유도하는 전략이 용이 할 것으로 판단된다. 또한 정기적으로 이용하는 고객에게 VIP 멤버십을 제공하여 다양한 혜택을 제공하거나(무료 레슨, 우선

예약, 회원 전용 이벤트 참여 등) 하는 방법도 활용해 볼 수 있다. 이상의 내용을 토대로 스크린 골프 연습장 운영 효율화를 위한 방안을 정리하여 제시하면 다음과 같다.

☑ 고객 경험 향상

고해상도 스크린 및 정밀 센서 도입: 최신 기술을 도입하여 실제 골프와 유사한 경험을 제공함으로써 고객 만족도를 높일 수 있도록 한다.

AI 기반 분석 서비스 제공: AI를 활용한 스윙 분석과 피드백 기능을 통해 고객의 실력을 향상하고, 고객 충성도를 높인다.

☑ 프로모션 및 마케팅 전략

대회 개최 및 이벤트: 스크린 골프 대회를 정기적으로 개최하여 고객의 참여를 적극적으로 유도한다. 또한, 신규 회원 할인, 특정 기간 할인 이벤트 등을 통해 새로운 고객을 유치한다.

소셜 미디어 활용: 페이스북, 인스타그램, 유튜브 등 소셜 미디어를 적극적으로 활용하여 자신이 운영하는 스크린 골프연습장의 인지도를 높이고, 고객과의 소통을 강화한다.

☑ 멤버십 및 고객 관리 프로그램

VIP 멤버십 도입: 정기 고객에게 다양한 혜택을 제공하여 고객 충성도를 높이고, 재방문을 유도한다.

고객 피드백 반영: 정기적으로 고객 피드백을 수집하고, 이를 서비스 개선에 반영하여 고객 만족도를 증가시킨다.

☑ 지역 커뮤니티와의 연계

지역 축제 및 행사 참여: 지역 축제나 행사에 참여하여 운영하는 스크린 골프장을 알리고, 지역 사회와의 유대감을 강화한다.

☑ 다양한 고객층의 표적화

가족 단위 패키지 상품 제공: 가족 단위 고객을 위한 패키지 상품을 제공하여 가족 모두가 즐길 수 있는 환경을 조성한다.

직장인 타깃 프로모션: 직장인을 대상으로 한 저녁 시간대 할인 프로모션 등을 통해 퇴근 후 여가를 활용할 수 있도록 유도한다.

☑ **기술 및 시설 투자**

최신 장비 도입: 최신 스크린 골프 장비와 소프트웨어를 도입하여 정확하고 현실감 있는 플레이 환경을 제공한다.

시설 관리 및 청결 유지: 쾌적한 환경을 제공하기 위해 정기적인 청소와 시설을 점검한다.

☑ **효율적인 운영 관리**

예약 시스템 최적화: 온라인 예약 시스템을 도입하여 고객이 편리하게 예약할 수 있도록 하고, 예약 취소시 대기 고객에게 기회를 제공하는 시스템을 운영한다.

직원 교육 및 관리: 직원들을 정기적으로 교육하여 고객 응대 능력을 향상하고, 효율적인 인력 관리를 통해 운영 효율성을 높인다.

☑ **재무 관리**

비용 절감 방안 모색: 운영비용을 절감하는 방안을 모색하고, 불필요한 지출을 최소화한다.

다양한 수익 모델 개발: 시간대별 요금제, 회원권 판매, 광고 수익 등 다양한 수익 모델을 고려하여 안정적인 수익을 창출한다.

스크린 골프연습장 운영자들은 이러한 방안들을 종합적으로 실행하여 스크린 골프장의 운영 효율성을 극대화할 수 있도록 하여야 할 것이다.

미래 골프산업의 방향

최근 플랫폼 중심의 공유경제는 제4차 산업혁명 시대의 트렌드가 되었다. 이에 혁신기업들은 플랫폼 비즈니스에 몰두하고 있다. 사람과 사람, 사람과 기업, 사람과 자원을 연결하는 플랫폼 서비스가 화두로 떠오른 것이다. 4차 산업혁명 시대에 중요한 기술인 인공지능은 다양한 분야와의 융합이 기대되는데 스포츠와의 결합이 가치 높은 비즈니스 콘텐츠로 부상하고 있다. 국내 스포츠산업에서 가장 큰 가치 창출 콘텐츠는 IT 골프 비즈니스이다. 국내 골프소비자의 골프 참여가 증대되면서 IT 기술의 활성화를 견인하였다. 골프 연습 및 레슨 시장이 격변할 것으로 보인다. 최근 골프연습장에 디지털화 열풍이 불었고 인공지능을 기반으로 한 골프 연습용 기계가 골프연습장의 중요한 구성요소로 자리 잡게 되어 골프연습장에서 형성되는 상호작용 범위는 골프지도자와 고객뿐만 아니라 기계를 포함한 상호작용 범위로 확대되었다(박수인, 2020). 이러한 인간과 기계와의 상호작용은 지속해서 확대될 전망이다. 2020년 코로나-19의 여파로 인해 비대면 서비스의 가치가 재조명되고 있고 다양한 분야의 인공지능 도입과 활성화 시기가 매우 앞당겨질 것으로 예상된다. 더구나 모바일 미디어가 보편화되면서 PC 기반의 온라인 쇼핑 위주의 전자상거래 시장이 모바일 상거래 시장으로 확장되고 국경도 사라졌다. 누구나 안방에서 세계 곳곳의 매장에 접속해 골프 상품을 구매하는 시대가 됐다. 온라인에서 오프라인으로 O2O(online-to-offline) 서비스 플랫폼이 등장하였다(네이버, 2018). 온라인과 오프라인 서비스를 서로 연결해 소비자의 구매 활동을 도와주는 새로운 서비스 플랫폼인 O2O가 등장하게 된 것이다. 스마트폰이 보편화되어 언제 어디에서나 구매할 수 있고 정보를 얻을 수 있는 스마트 쇼핑이 가능해지면서 시장의 변화를 가져오고 있다.

골프산업 또한 예외가 될 수 없다. 골프산업의 맥락에서 볼 때 O2O 서비스는 온라인과 오프라인의 경계를 허물며 앞으로 계속 시장의 변화를 주도하리라 예상된다. 온라인에서 핵심 골프 비지니스를 구상해 오프라인 매장으로 확장하거나 그 반대의 경우를 시도하는 사례가 구현되고 있다. 이처럼 O2O 서비스를 이용하는 골프소비자들이 경험하는 구매와 소비 행동은 더욱 수월하게 이루어지고 있다. 따라서 미래 골프산업은 오프라인에서의 불편함을 줄이고 편리한 생활의 가치를 전하며 골프소비자를 확보하여야 할 것이며, 향후 O2O 서비스 플랫폼을 활용해 어떠한 골프 제품이나 서비스, 골프 프로그램이나 콘텐츠를 개발할 것인지에 대한 전략적 방향 모색이 더욱 요구되는 시점이다.

참고 문헌

[1] 권민진(2017). 골프연습장 이벤트 서비스 품질이 소비자의 지각된 가치 및 애호도와 행동의도에 미치는 영향. 미간행 박사학위논문, 경희대학교 체육대학원.
[2] 골프경제신문(2020.05.05). 한국골프장은 모두 533개, http://www.golfbiz.co.kr/news
[3] 김소영(2021). 골퍼들의 코로나 바이러스 감염증 19에 대한 위험지각이 골프참여 행동에 미치는 영향. 미간행 박사학위논문, 경희대학교 대학원.
[4] 김지헌(2024). 골프연습장 기술기반셀프서비스 특성이 고객만족, 태도 및 행동의도에 미치는 영향. 미간행 박사학위 논문, 경희대학교 대학원.
[5] 김위찬, 르네 마보안(2018). 블루오션전략(개정판). 교보문고
[6] 김형일(2020). 블루오션 전략 및 비즈니스 트리즈가 신제품개발 성과에 미치는 영향. 미간행 석사학위 논문, 안동대학교 대학원
[7] 네이버(2018). 'O2O 서비스 플랫폼: 광고와 마케팅의 패러다임 바꿀 21세기 산업혁명', 신문과 방송.
[8] 네이버 지식백과(2021). 매경닷컴 http://www.mk.co.kr
[9] 대한골프협회(2021). 2021 한국골프지표. 대한골프협회.
[10] 박수인(2020). 골프연습장 디지털화에 따른 CoP(communities of practice) 변화과정에 대한 사례 연구. 미간행박사학위논문. 한양대학교 대학원.
[11] 삼성경제연구원(2018). 21세기 산업의 패러다임.
[12] 스포츠 큐(2020.09.29). 스포츠산업 '울고 싶어라' 코로나 19 피해 심각.
[13] 이정학(2012). 스포츠마케팅(증보판). 한국학술정보(주)
[14] 한국경제(2020.05.01). 코로나도 비켜 간 골프산업... 골프장, 의류 예상 밖 호황.

"골프의 첫째는 겸손이고 둘째는 공감이며, 셋째는 인내이다."

"The first golf teachs is humility, the second, empathy, and the third patience"

— *Kris E. Wilson* —

"징타자들에 대해 뭐라고들 하는지 알잖아… 숲속은 그들로 가득 차 있어."

"You know what they say about big hitters…the woods are full of them."

— *Jimmy Demaret* —

골프 상해의 예방과 재활

서일대학교 스포츠헬스케어학과
교수 _ 김해중

강의 개요

골프 경기에서 발생할 수 있는 여러 가지 스포츠 상해에 대한 손상 기전, 해부학적 이해 등을 충분히 이해하고 상해 예방을 위한 여러 가지 방법을 학습한다. 또한 상해 후 스포츠 재활에 대한 기본 원리와 재활 프로그램의 구성 요소를 이해함으로써 이와 관련된 스포츠 과학적 지식을 이해하는 데 목표가 있다.

골프 상해와 예방 / 216
골프 상해의 원인 / 217
골프 상해부위와 종류 / 219
골프 상해 예방과 운동 / 221
골프 상해 예방 준비운동 / 230
골프 상해와 스포츠 재활 / 231

골프 상해와 예방

골프는 현대인들이 가장 선호하는 운동 종목의 하나로, 우리나라는 약 600만 명의 골프 인구가 있으며, 우리 주변에는 골프연습장, 스크린 골프장을 쉽게 찾아볼 수 있다. 특히, 스크린 골프장은 골프 대중화에 크게 기여하고 있다. 골프가 재미있고 건강에 좋다지만 그리 만만한 운동은 아니다. 실제로 골프클럽을 스윙할 때만큼 많은 근육군을 사용하여 몸의 균형을 유지하며 하는 운동으로, 라운드 때 200~300회 이상 스윙하고, 연습 시 골프레인지에서 1시간에 150개 이상의 샷 하는 운동이며, 선수는 1년에 150일 이상 시합하며 시즌을 보낸다.

골퍼들은 과다하게 근육을 사용하거나 부적절한 스윙으로 부상의 위험에 직면해있으며 언제라도 골프 상해를 당할 수 있다. 따라서 골프선수뿐만 아니라 아마추어 골퍼들도 골프 상해를 입지 않도록 세심한 주의가 요구된다(김해중, 김광중, 김상우, 2014).

골프 상해란 골프와 관련된 연습, 시합, 라운드 중에 발생하는 각종 손상을 말하는 것으로, 허리통증, 추간판탈출증, 어깨회전근개파열, 어깨충돌증후군, 골프엘보, 손목 관절 반월상연골판 손상, 전방십자인대파열 등 주로 어깨, 무릎, 허리, 그리고 손목 부위에 주로 발생한다(김성수, 1995). 의사들이 말하는 골프 상해의 주원인은 기술적 결함에 의한 잘못된 스윙 메커니즘과 근육과 관절의 과사용이 대부분이라고 한다. 골프를 시작한 골퍼들은 대부분 기술적 결함과 동시에 관절의 무리한 사용, 과사용으로 골프 상해를 입는 경우가 비일비재하다.

반면, 프로골퍼들은 과다한 연습으로 인한 관절 과사용이 골프 상해의 주원인으로 알려져 있다. 몸에 적절하지 못한 무리한 스윙 등으로 인해 허리통증, 갈비뼈 미세 골절 같은 현상을 종종 초래하고, 뒤땅을 치는 경우 또한 손목부상이나 골프엘보 golf elbow 라는 손상을 야기하기도 한다. 무리한 스윙은 허리 인대나 근육이 갑자기 경직되는 단순 염좌인 경우도 있지만 심한 경우 추간판탈출증과 같은 디스크로 발전할 수 있어 매우 주의가 요구된다(박정수, 2001). 특히, 장타를 날리려고 허리 각도를 크게 회전하는 과정에서 체중의 8배가 넘는 힘이 허리에 가해지는데, 이때 자칫 추간판 탈출과 같은 일이 발생할 수도 있다(소재무, 1996). 또한 중장년층은 나이가 들수록 허리 주위의 지방층이 두꺼워져 허리 회전이 어렵고, 근육 감소와 관절 조직의 퇴화로 인해 유연성이 부족한 상태인데, 이러한 상태에서 스윙을 무리하게 되면 척추관절에 문제가 생길 수 있고, 어드레스 시의 자세 역시 허리 주변의 근육에 스트레스를 증가시켜 척추의 피로도를 가중할 수 있다. 이는 골프 상해의 한 원인이 되기도 한다. 게다가 어깨 부위 손상으로는 회전근개파열이나 어깨충돌증후군 같은 질환도 종종 발생하고 있고, 손목이나 팔꿈치 통증과 같은 부위의 손상도 자주 나타나는데, 이는 골프의 특성상 긴 골프채의 그립을 쥐고 하는 운동인 만큼 운동 역학적으로도 충분히 이러한 골프 상해의 발생이 가능하다는 것이다. '엘보 elbow'라고 불리는 팔꿈치 질환은 팔꿈치 바깥쪽 tennis elbow 과 내측 golfer's elbow 의 힘줄이 부착 부위에 염증이 생겨 통증을 유발하는데, 이는 다운스윙 시 손목이 빨리 풀려 뒤땅 때리기 fat shot 와 같은 현상을 자주 경험하게 되면서 발생한다고 알려져 있다.

골프 황제로 명성을 날리는 Tiger Woods도 골프로 인한 허리디스크로 세 번의 허리디스크 제거술을 받았고 다시 증상이 재발하여 네 번째로 허리에 유합술을 받았다. 이처럼 운동 중 상해는 경험이 많은 운동선수들도 피할 수 없는 현상으로 골프 경기력에 많은 영향을 줄 수 있는 요인이다. 따라서, 직업적으로 골프를 하는 프로선수들은 물론이거니와 아마추어 선수나 골프를 즐기는 애호가들도 더욱더 세심한 주의를 기울여야 할 것으로 생각된다. 아무리 좋은 골프 스윙을 가졌다 하더라도 충분한 체력이 뒷받침되지 않으면 골프의 세 가지 필수조건인 파워 power, 정확성 accuracy, 일관성 consistancy 을 모두 겸비할 수 없게 되어 전체적인 경기력에 악영향을 미치고 나아가서는 운동 상해로도 연결될 수 있다.

Karen(1999)과 같은 학자는 상해와 관련된 근력과 유연성의 중요성을 강조하였으며 Duda(1987)는 많은 골프선수가 약한 근력과 유연성의 부재로 인해 근육 손상과 인대 손상을 경험한다고 하였다. 국내에서도 주니어선수, 주부, 아마추어, 프로골퍼들을 대상으로 한 운동 상해와 관련된 연구가 있으며, 골프의 경력 수준이나 성별의 차이 등에 따른 골프 상해 요인 및 상황 요인 등에 관한 연구를 하기도 하였지만, 앞으로 종단적 연구가 이뤄지면 좋을듯하다. 골퍼라면 누구나 상해를 입지 않고 오랫동안 건강하게 운동하기를 원할 것이다. 골프 상해에 대한 기본적인 지식을 숙지하며 상해를 입기 전에 미리 예방한다면 선수는 선수 생활 연장하게 될 것이고, 아마추어 골퍼들도 상해의 원인, 상해부위, 예방과 기본적인 지식함양을 통해 골프 상해의 예방 및 치료에 많은 도움을 얻게 될 것을 기대한다.

골프 상해의 원인

과사용 증후군

골프는 의도하지 않게 무릎, 어깨, 허리, 팔꿈치 부위에 상해를 입을 수 있다. 그 이유는 스윙이 강력하고 긴장감이 있으며 반복적인 동작을 계속해야 하기 때문이다. 또한, 스윙 사이의 활동량이 적고 라운드 동안 근육을 흥분시키는 신체 움직임은 최소화된다. 축구, 농구, 테니스 등과 같은 운동은 상해를 예방하기 위해 근육을 흥분시키는 시간이 많고, 활동량이 많아 이러한 것들이 오히려 상해 예방에 도움이 된다. 그러나 골프는 상대적으로 샷 사이에 오랜 시간이 소요되고 근육이 흥분된 상태로 있을 수 없으므로 상해를 당하기 쉬운 조건이다. 게다가 신체의 다양한 근육군들이 긴장한 자세로 유지되기 때문에 특히 중장년층의 빈약한 신체 구조는 종종 상해의 원인이 된다. 대부분의 골프 상해는 근육, 인대 ligament, 건 tendon, 연골 등의 연조직 soft tissue 에서 발생하며 이는 아마추어 골퍼나 프로골프선수 모두에게 유사하게 일어난다.

프로골프선수는 연습과 시합을 위한 지속적인 근육의 과사용과 그에 따른 스윙과 관련된 강한 움직임이 상해 원인이 된다. 스윙을 많이 할수록 과도한 훈련으로 인한 상해를 초래할 여지가 많다. 고강도 훈련에서 특정 근육을 과도하게 사용함으로 상해가 발생하기 때문에 엘리트 골퍼들이 상해를 예방하고 치료하기 위한 특별한 전략이 필요하다. 규칙적인 활동과 휴식 시간을 포함하여 신체 훈련 및 골프훈련 계획을 세워 골프에 사용되는 근육군을 적절하게 단련시켜 주고 근력, 유연성, 근지구력을 충분히 발휘할 수 있도록 유지하는 일은 골프 상해 예방은 물론 경기력 향상을 위해서 매우 중요한 일이라 하겠다.

연습장 및 필드 환경

지금은 연습장 환경이 많이 개선되어 소비자가 우선으로 연습장 환경이 잘 되어있는 상황이지만 과거에는 열악한 연습장 조건의 하나로 골프 치는 매트가 닳아서 거의 바닥이 보일 정도의 상태에서 일반 내장객이 볼을 치는 경우를 많이 보고 경험한 사례가 흔할 정도였다. 이런 매트에서 볼을 치면, 치고 난 후 클럽의 헤드가 매트에 직접 닿게 되기 때문에 그로 인한 충격이 고스란히 팔에 전달된다. 이런 충격이 쌓이면 근육과 힘줄이 쉽게 피로하며 늘어나거나 부분적으로 파열되어 부상이 발생한다. 즉, 맨바닥에서 아이언 샷 연습과 같다고 할 수 있다. 필드에서 라운딩할 때 골프장 잔디 상태의 불량도 골프 상해의 원인이 될 수 있다. 잔디관리의 부실로 인해 페어웨이에 떨어진 볼을 칠 때 맨땅에서 치는 느낌이 들 정도의 잔디 상태가 부실한 골프장 환경은 골프 상해의 한 원인이 되기도 한다.

기술적 요인

미숙한 골퍼들의 상해는 일관된 신체 기술의 부족 즉, 잘못된 스윙 동작으로 인해 부상이 발생하기도 한다. 과도한 손목 사용으로 코킹 cocking이 빨리 풀려 손보다 클럽이 먼저 내려오며 지면과 접촉하는 뒤땅치기가 발생하여 부상이 발생하기도 하며 신체적, 기술적으로 적합하지 못한 스윙 동작으로 계속 연습하거나 유연성이 부족한 상태에서 반복적인 무리한 스윙 동작으로 인해 골프 상해를 입기도 한다.

심리적 요인

샷을 할 때 과도한 긴장으로 인해 근육이나 관절에 불필요한 긴장이 유지될 경우, 부드러운 동작이 일어나지 않고 유연성이 저하되거나 없는 상태에서 무리한 스윙 동작을 행하였을 경우 부상으로 이어지는 경우가 빈번히 발생한다.

부적절한 장비

골프 장비에는 클럽, 볼, 신발, 장갑 등이 있다. 이 중 가장 중요한 장비는 클럽으로, 본인의 근력과 헤드 스피드에 맞는 클럽을 선택하는 일은 경기력과 바로 직결될 뿐만 아니라 상해를 예방할 수 있다. 근력이 강하지 않은 시니어 골퍼가 너무 강한 사양의 골프채를 사용한다면 무리하게 힘을 쓰며 상해로 이어질 수 있다. 시니어 골퍼들은 75% 정도 스펙 다운 spec down 하여 힘과 헤드 스피드에 적합한 클럽의 선택은 부상 예방에 도움이 될 것이다. 스윙분석을 통해 자기에게 맞는 클럽을 피팅해서 사용하는 것도 좋은 방법이다.

준비운동 부족

시합이나 연습하기 전에 준비운동 warming up 을 하지 않으면 상해를 입을 가능성이 크다. 신체가 활발히 움직일 수 있도록 준비하는 워밍업은 상해를 줄이는 필수적인 요소이다.

골프 상해부위와 종류

대표적인 부위별 골프 상해

골프는 전신운동이기 때문에 등, 무릎, 어깨, 허리 팔꿈치 손목 등의 신체 전반에 걸쳐 운동 상해를 입을 수 있다. 골프는 타 운동 활동과 달리 샷 사이에 오랜 시간이 소요되고 축구, 테니스 등과 같이 근육이 흥분된 상태로 있을 수 없으므로 운동 상해의 발현성이 상대적으로 높다. 골퍼들은 신체의 다양한 부위에 손상을 입는데, 그 상해 비율은 팔꿈치, 허리, 손목, 어깨, 목, 무릎 순으로 조사(표 11.01)되었는데, 그 부위별 주된 증상으로 팔꿈치는 외측 내측 상과염 golf elbow, 허리는 급성 염좌, 허리디스크, 손목은 관절염, 근파열, 수근관증후군, 어깨는 회전근개충돌증후군, 회전근개건염, 목은 거북목, 목디스크, 무릎은 전방십자인대파열로 나타났다.

표 11.01

대표적인 부위별 골프 상해

부위	대표적 골프 상해	비율(%)
손목	관절염, 근파열, 수근관증후군	20
팔꿈치	외측, 내측 상과염(Golf elbow)	30
허리	급성염좌, 허리디스크	30
어깨	회전근개충돌, 회전근개건염	10
목	거북목, 목 디스크	5
무릎	전방십자인대파열	5

출처: 중앙대학교(2020), 골프의학클리닉

신체 부위별 상해 비율(명)(%)

골퍼들은 표 11.02와 같이 다양한 부위에 상해를 입고 있으며, 신체 부위별 상해 비율은 어깨, 무릎, 손가락, 팔꿈치, 허리, 손목, 늑골 순으로 높았으며, 상해 경험(표 11.03)에 있어서는 조사 대상 아마추어 골프선수 268명(87.68%) 모두가 경험이 있었으며, 그중 남자 선수는 93.98%, 여자 선수는 81.40%로 나타나 많은 골퍼가 상해를 입는 것으로 조사되었다.

표 11.02
남녀별 신체 부위별 상해 빈도(n) 및 비율(%)

구분	남		여		계	
	빈도(명)	비율(%)	빈도(명)	비율(%)	빈도(명)	비율(%)
손가락	5	4.9	7	5.6	12	4.8
손목	25	20.0	24	19.2	49	19.6
팔꿈치(주관절)	23	18.4	19	15.2	42	16.8
어깨	6	4.8	9	7.2	15	6.0
경추	3	2.4	2	1.6	5	2.0
허리	23	28.4	26	20.8	49	19.6
골반	4	3.2	5	4.0	9	3.6
무릎	3	2.4	4	3.2	7	2.8
발목	2	1.6	1	0.8	3	1.2
발가락	2	1.6	4	3.2	6	2.4
늑골(갈비뼈)	29	23.2	24	19.2	53	21.6
계	125	100	125	100	250	100

출처: 김해중 외 2인(2014), 아마골프선수들의 상해 상황별요인 연구, 한국체육과학회지, 23(4).

표 11.03
남녀별 상해 경험 및 상해 장소의 빈도(n)와 비율(%)

구분	성별	있다[n/(%)]	없다[n/(%)]	계[n/(%)]
상해 경험	남	125(93.98)	8(6.01)	133(100)
	여	110(81.40)	25(18.51)	135(100)
	계	235(87.68)	33(12.31)	268(100)
구분	성별	연습장[n/(%)]	필드(라운딩)[n/(%)]	계[n/(%)]
상해 장소	남	101(80.8)	24(19.2)	125(100)
	여	97(77.6)	28(22.4)	125(100)
	계	198(79.2)	52(20.8)	250(100)

출처: 아마골프 선수들의 상해 상황요인 연구(한국체육과학회지-김해중 외 1인, 2014)

골프 상해 예방과 운동

모든 스포츠는 운동 전에 항상 스트레칭stretching으로 워밍업을 실시하고 종목의 특성에 맞는 본 운동을 시작해야 한다. 특히, 골프는 유연성과 근력이 필요한 스포츠로 운동 전에 몸을 충분히 풀어주고, 신체 부위별 스트레칭을 하여 상해에 대비하는 것이 매우 중요하다. 프로 골퍼는 스윙의 근간이 되는 근력운동과 스트레칭을 반드시 실시하여 퍼포먼스 향상은 물론 부상 예방에 힘써야 하며, 아마추어 골퍼나 일반 골프 애호가들도 기본적인 근력운동과 스트레칭을 꾸준히 함으로써 부드러운 스윙을 통한 비거리 향상과 더불어 부상 예방에 많은 도움이 될 것이다. 다음은 골프 상해 원인과 운동요법에 대해 살펴보자.

골프엘보

그림 11.1
골프엘보

골프할 때 발생하는 팔꿈치 안쪽의 통증을 골프엘보라고 하며, 정확한 진단명은 내측상과염으로 팔꿈치 내측 돌출 부위인 팔꿈치 관절에 발생하는 염증성 질환이다. 팔꿈치 안쪽 뼈에는 힘줄에 손목 관절 굴곡근(요측수근굴근, 척측수근굴근, 천지굴근)이 있는데, 골프 운동 시 이 근육들에 반복적인 잦은 충격이 가해짐으로 근육이 무리하게 힘을 받아 힘줄이 파열되면서 염증이 발생한다.

☑ 골프엘보 강화 운동

손목의 능동적 가동범위 확대

그림 11.2
골프엘보 강화 운동

- 손목을 천천히 앞뒤로 굽힌다.
  손목을 천천히 앞뒤로 최대한 많이 굽힌다.

손목 스트레칭

그림 11.3
손목 스트레칭

- 팔을 펴고 손바닥을 젖혀 반대 손으로 손가락을 잡고 어깨 방향으로 천천히 당긴다.
- 반대로 손목을 구부리고 반대 손으로 손등을 잡고 굽힌 손을 천천히 당긴다.
- 두 동작 모두 가동범위를 넓히는 방식으로 서서히 진행한다.

전완의 회내운동과 회외운동

- 손을 뻗어 손바닥을 위로 향하고 손목을 좌우로 비튼다.
- 팔꿈치를 굽히고 손바닥을 위로 향한 한 후 5초간 정지한다.
- 천천히 손바닥을 아래로 향하게 뒤집어 5초간 정지 상태로 머문다.

그림 11.4 회내운동과 회외운동

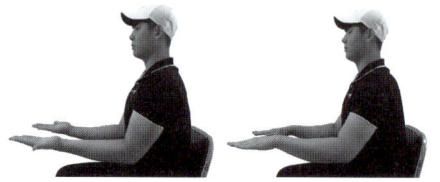

손목 구부리기 운동

- 손에 페트병, 아령 등의 물건을 쥐고 손을 위로 서서히 올려 손목을 굽힌다.
- 젖혔던 손을 천천히 펴며 시작 자세로 돌아온다.

그림 11.5 손목 구부리기 운동

손목 신전운동

- 손에 물건을 쥐고 손바닥을 아래로 향하게 한 상태에서 손목을 아래로 구부렸다가 부드럽게 위로 젖힌다.
- 천천히 내리면서 시작 자세로 돌아온다.

그림 11.6 손목 신전운동

그립 파워볼 운동

- 그립 파워볼 grip power ball 을 쥐고 세게 '쥐었다 폈다'를 반복한다.
- 악력계로 근력을 수시로 측정하며, 손과 팔 근육의 근력과 근지구력의 변화를 알아본다.

그림 11.7 그립 파워볼 운동

허리

　　허리요통의 원인은 골격 ^{허리뼈}의 변형으로 인해 요통, 방사통, 디스크, 협착증 등의 질환이 발생하고, 또 다른 원인으로는 허리를 감싸고 있는 근육과 인대에 과부하가 걸려 허리근육통, 요추 염좌 등이 발생한다. 골프는 격한 동작이 없이 부상 위험이 적어 보이지만 실제로는 다양한 통증과 부상을 유발하기 쉬운데, 대표적인 것이 요통이다. 골프는 역학적으로 회전이 기본이 되는 운동이다. 요추는 해부학적으로 회전운동이 제한되어있고 앞뒤 굴곡을 더 많이 하게 되어있는 구조이다. 따라서 순간적으로 과한 회전이 허리에 전달되거나 반복적으로 잘못된 자세로 운동을 하게 되면 요추 부위에 무리가 가게 돼 결국 허리 염좌나 디스크 파열 등 심각한 부상으로 연결될 수 있다.

　　많은 골퍼가 요통을 경험하는데, 특히 초보 골퍼의 경우, 정상적인 척추 각도 $^{spine\ angle}$를 유지하면서 바른 자세로 스윙하기 어려워 허리부상에 대한 위험이 크며 척추를 포함한 허리 전체의 힘을 고르게 사용할 수 없어 허리 근육을 무리하게 많이 사용하고 근육 긴장 상태에서 몸통을 회전하게 되므로, 처음 골프를 배울 때 바른 자세를 익혀야만 골프 상해를 예방할 수 있다. 특히 퍼팅 시 2.2배, 스윙 시 8배까지 허리에 하중에 더해져 척추에 상해를 일으킬 가능성이 크다. 잘못된 자세로 스윙하거나, 비거리 욕심으로 몸에 맞지 않는 과도한 스윙으로 허리에 부담을 주는 자세는 피하는 것이 허리 건강을 지키는 일이다.

　　골프는 스윙할 때마다 허리를 비틀기 때문에 허리에 부담을 준다. 타격 시에는 척추에 강력한 충격이 가해지기 때문에 운동 중 운동 후 허리통증이 발생하면 휴식이 필요하다.

☑ 추간판 탈출증

- 일명 허리디스크로 척추뼈와 뼈 사이의 구조물인 디스크가 탈출해 요통, 하지 방사통 등의 통증을 유발한다.
- 아마추어나 프로골퍼에게 가장 흔하게 발생하는 상해이다.
- 골프의 경우 회전운동이 주를 이루어 허리에 과도한 부담을 줄 수 있으며 또한 샷을 하기 전 허리를 굽혀서 허리 각도 $^{spine\ angel}$를 유지해야 하는 동작이므로 허리 디스크 ^{disc}에 무리가 갈 확률이 높아진다.
- 선수에게는 많은 연습으로 인한 과사용증후군 $^{overuse\ syndrome}$으로 인한 과사용 손상이 원인이며 아마추어 선수의 경우 잘못된 자세에 의한 손상 등이 원인이 될 수 있다.

☑ 허리 강화 운동

코어 강화 운동 plank 운동

- Plank 자세를 취하고 30~60초간 버티고 10초 휴식을 취한다.
- 최소 3set 실시 후 점차 set 수를 늘려 보통 5set 반복해서 실시한다.
- 익숙해지면, 버티는 시간을 늘리고, set 수도 증가시킨다.
- 변형된 Plank 자세를 취해 코어 강화 운동을 할 수 있다.
  예, elbow plank, side plank, raised leg plank, reverse plank 등.

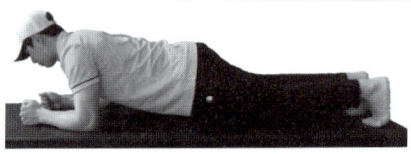

그림 11.8 elbow plank 운동

그림 11.9 side plank 운동

엎드려 상체 들기 back extention

- 1단계: 매트나 이불을 깔고 편안하게 팔을 아래로 내린 채 엎드려 휴식을 취한다. 몸에 힘을 빼고 30초간 전신을 이완시킨다.

그림 11.10
1단계: 엎드려 상체 들기

- 2단계: 휴식 자세에서 그대로 상체를 들어 올려 팔꿈치와 팔로 상체를 지탱한다. 이러한 자세를 10~30초간 유지한 이후 다시 팔과 상체를 내리고 1단계 동작으로 돌아간다.

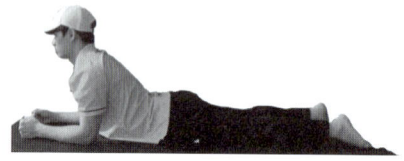

그림 11.11
2단계: 엎드려 상체 들기

- 3단계: 손바닥을 가슴 양옆에 위치시키고 팔로 몸을 지탱하며 상체를 들어 올려 머리와 함께 젖힌다. 팔굽혀펴기하듯 상체를 위쪽으로 밀어낸 자세를 취한 후 10~30초간 유지하고 다시 1단계로 돌아간다.

그림 11.12
3단계: 엎드려 상체 들기

골반 내밀고 허리 젖히기

- 선 자세에서 적당한 너비로 발을 벌리고 서서, 양손을 허리에 가볍게 댄다.
- 그 자세에서 골반을 내밀고 목과 허리를 가능한 최대로 천천히 뒤로 젖힌다.
- 이 자세를 10~30초간 유지한 후, 3회 실시한다.

그림 11.13 골반 내밀고 허리 젖히기

 손목

손목부상은 아마추어나 프로선수 할 것 없이 누구나 경험하는 부상이다. 선수의 경우 연습장에서 과도한 연습량에 기인한 반복되는 스윙 타구 시 임팩트 충격으로 손목에 많은 통증을 느끼며 심한 경우 손목에 상해를 입기도 한다. 아마추어의 경우 잘못된 스윙 동작으로 발생하는 캐스팅 casting 동작으로 인해 뒤땅치기를 빈번히 하게 되어 임팩트 충격을 고스란히 손과 손목 등에 전하게 된다. 반복되는 이러한 스윙 동작이 결국 손과 손목의 손상으로 이어진다. 또한, 라운드 중 딱딱한 물체를 치는 등의 작은 손목 충격으로 인해 손목인대, 관절 등에 손상에 초래된다.

임팩트 시 손목 롤링 rolling 이 이루어지지 않아 골프클럽이 자연스럽게 빠져나가지 않고 뒤땅을 치며, 그 충격이 바로 손목에 가해져 관절에 염증이 생기거나 근육 파열이 발생하여 손목염좌, 골절, 수근관증후근 carpi tunnel syndrome 등의 증상을 나타낼 수도 있다. 따라서 손목 손상은 과도한 연습이나 올바르지 못한 스윙 자세에서 기인한다.

☑ 손목 상해 예방을 위한 운동

손목 상해를 예방하기 위한 운동은 앞서서 골프엘보 예방을 위한 운동 방법과 똑같다. 운동 방법으로는 손목 가동범위 내 굴곡 신전운동, 스트레칭, 굴곡과 신전운동, 그립 파워볼 운동, 전완의 외전과 내전 강화 운동 등 손목의 움직임을 강화하는 운동이 좋다.

어깨

골퍼들에게 흔히 발생하는 어깨부상은 회전근개파열과 어깨충돌증후군이다. 회전근개파열은 어깨를 들고, 돌리는 4개의 힘줄(극상근, 극하근, 견갑근, 소원근)이 반복적인 충격 등으로 늘어나거나 찢어지면서 손상이

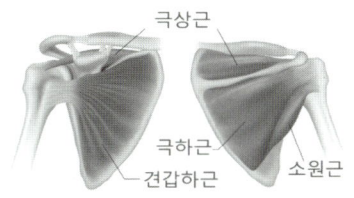

그림 11.14 어깨 근육

발생하여 만성 어깨통증을 유발하는 질환이다. 어깨 근육을 감싸고 있는 회전근개는 어깨관절을 자유롭게 움직이고 안정성을 유지하는 데 큰 역할을 하는데, 다른 힘줄들과 다르게 혈액순환이 잘되지 않고 물리적으로 스트레스를 받기 쉬워 어깨에서 가장 자주 부상하는 부위이므로 어깨 회전근개파열에 대해 항상 주의를 기울이고 조심할 필요가 있다.

어깨충돌증후근 shoulder impingement syndrome 은 어깨뼈의 지붕 역할을 하는 견봉과 상완골 사이가 좁아져 어깨를 움직일 때마다 그 부위 사이를 지나가는 회전근개 rotator cuff 중 특히 극상근이라는 근육이 충돌해 염증을 일으키는 질환이다.

골프의 경우 채를 드는 동작과 어깨의 회전 동작이 반복되어 일어나며, 이로 인한 어깨 부위 과사용으로 어깨 부위 힘줄에 염증이 발생하여 어깨통증이 야기된다. 팔을 반복적으로 드는 동작과 어깨의 안정성을 담당하고 있는 힘줄인 회전근개는 상완골과 반복적인 마찰이 발생해 염증이 생겨 골프 운동 시 통증이 일어나며 방치하면 힘줄이 파열될 수 있다.

초보 골퍼들은 프로와 달리 스윙 동작이 일정하지 않고 큰 근육을 사용해 스윙하기보다 과도하게 힘이 들어가는 스윙으로 어깨 회전근개파열이 일어날 수 있다. 특히, 어깨충돌증후군은 회전근개파열, 석회성 건염 등으로 발전할 수 있는 질환이기 때문에 운동 전 예방과 안전 수칙을 잘 지키는 일이 중요하다. 또한 40대 이후 골퍼들은 퇴행성 변화에 따라 관절의 탄력성 저하, 유연성 부족, 근감소증으로 인해 근력의 약화로 부상하기 쉬우므로 체격과 체력에 맞는 스윙을 구사하는 일도 부상 예방에 도움이 된다. 무리한 연습과 의욕만 앞세워 과격한 스윙을 한다면 회전근개파열, 어깨충돌파열증후군 등과 같은 질환으로 어깨통증이 유발되므로 연습이나 라운드 전 충분한 스트레칭과 준비운동이 요구된다.

☑ 어깨 강화 운동

쿠반 프레스 운동 Cuban press exercise

그림 11.15
쿠반 프레스 운동

- 양팔을 들어 L자형을 취한다.
- 팔을 아래로 내리는 내회전 동작을 시작한다.
- 다시 팔을 위로 올리면서 프레스 동작을 한다.

회전근개 내외회전 운동
- 팔꿈치를 몸통에 L자형으로 부착하고 주먹은 손바닥 위로 향하게 한다.
- 양손을 수평 방향으로 천천히 보내준 후 3초간 정지시킨다.
- 20회씩 3set씩 하루 2번 실시한다.

☑ 어깨 상해 예방을 위한 스트레칭

목 스트레칭
- 의자에 앉은 자세에서 오른손을 쭉 펴서 엉덩이 밑에 위치시킨다.
- 왼손을 머리 위로 올려서 오른쪽 머리 부분을 잡고 왼쪽으로 10초정도 당겨준다.
- 반대동작을 교대로 실시한다.

팔 스트레칭
- 오른손을 앞으로 뻗은 다음 왼손으로 오른손을 팔꿈치 부분에 대고 왼쪽으로 당기듯이 회전시킨다.
- 왼손을 뒤로 약간 당기면서 오른쪽 어깨 뒤를 10초 이상 늘여준다.
- 이때 몸은 정면을 향하고 시선은 반대가 되도록 한다.
- 양손을 교대로 번갈아 실시한다.

그림 11.16 목 스트레칭

그림 11.17 팔 스트레칭

어깨 스트레칭 1

- 양발을 어깨너비로 벌린 후에 상체를 앞으로 숙여 의자 등받이 윗부분을 잡는다.
- 허리와 등, 어깨와 팔이 수평이 되도록 자세를 잡은 후 10초 이상 어깨를 아래로 지그시 누른다.

어깨 스트레칭 2

- 양손 깍지를 끼고 손바닥이 하늘을 향하게 한 후 양팔을 펴준다.
- 양팔을 머리 뒤까지 젖혀 10초 이상 실시하여 어깨 상부가 충분히 늘어나도록 한다.

어깨 상해 예방을 위한 기본적 수칙

- 골프 연습과 라운딩하기 전 10~15분간 충분한 어깨 스트레칭을 해줄 것.
- 중장년층은 평소 본인의 신체조건에 맞지 않은 과도한 스윙은 금물이며, 과하게 오랜 시간 1시간 이상 반복적으로 어깨를 과도하게 움직이는 것을 피할 것.
- 평소 생활 습관 중에도 무거운 것을 반복적으로 드는 행위를 가능한 한 피할 것.
- 신체 활동량이 적은 겨울을 보낸 후 봄에 갑자기 골프를 시작하는 경우 운동 과부하로 인해 근육과 인대에 무리가 올 수 있다.
- 전문적인 강사를 통해 올바른 골프 스윙을 익힐 것.

그림 11.18 어깨 스트레칭 1

그림 11.19 어깨 스트레칭 2

무릎

골프 스윙에 있어 무릎의 중요성은 매우 크다. 골프 운동 특성상 스윙 시 많은 부하가 무릎에 가해진다. 오른손잡이 골퍼는 백스윙 시 자기 체중의 2배가, 다운스윙 시 왼쪽 무릎으로 자기 체중의 4배 이상의 무게가 가해진다. 통상 오른손잡이 골퍼는 왼쪽으로 체중이동이 이루어지고 몸통이 회전 시 무릎에 매우 큰 무게가 실린다. 그렇게 오랫동안 집중해서 운동을 지속하다 보면 무릎에 무리가 가 무릎 통증을 느끼는 경우가 빈번하다. 반복적인 체중이동과 무릎 회전 동작의 반복으로 인해 전방십자인대파열이나 반월상연골판에 손상을 입을 수 있다. 무릎 부상을 예방하기 위해서는 자신의 몸 상태에 맞는 최적의 스윙 자세를 유지해야 하며, 과격한 체중이동이나 급격한 몸통 회전으로 인해 무릎에 충격이 가해지는 스윙 동작을 삼가야 한다.

☑ 무릎 상해 예방을 위한 운동

레그익스텐션 leg extention

▸ 의자에 앉은 뒤에 손을 편하게 의자를 잡는다.
▸ 지면에서 다리를 들어준 상태에서 쭉 펴준다.
▸ 복부에 힘을 꽉 준 후 척추를 중립으로 만들어 준 상태를 유지하면서 실시한다.
▸ 엉덩이 관절이 돌아간 상태에서 실시하면 허리 부상이 생길 수 있으니 주의한다.
▸ 12회씩 4set 실시한다.

그림 11.20
레그익스텐션

leg grip extention

▸ 양 무릎 사이에 책이나 그와 유사한 물건을 끼운 후 책이 떨어지지 않게 준비한다.
▸ 방법을 leg extention과 똑같이 12회씩 4set 실시한다.

무릎 꿇고 몸통 기울이기 kneel & trunk decline

▸ 무릎을 꿇고 배, 엉덩이 힘을 주고 상체를 세운 후 손 앞으로나란히 동작을 취한다.
▸ 이 상태에서 상체를 뒤로 살짝 기울인다. 이때 몸통과 엉덩이를 일자로 유지해야 한다. 이 동작은 무릎 강화뿐만 아니라 허벅지, 코어, 엉덩이 등 여러 근육이 활성화 효과가 있다.
▸ 1set에 60초씩, 4set 실시한다.

무릎 꿇고 몸통 돌리기 kneel & trunk twist

▸ 무릎을 꿇고 배, 엉덩이 힘을 주고 상체를 세운 후 손 앞으로나란히 동작을 취한다.
▸ 무릎 꿇은 상태에서 몸통을 좌우로 돌려준다.
▸ 좌우로 20초씩 5회, 3set 실시한다.

월 싯 wall sit

▸ 벽에 등을 기대준 상태에서 발을 앞으로 한 족장 정도 내민다.
▸ 발의 간격은 어깨너비보다 약간 넓게 벌리고 발을 30~40° 정도 벌려준다.
▸ 손을 앞으로 뻗은 후 무릎 방향이 2번째 발가락 쪽으로 향하게 하면서 등을 벽에 대고 내려앉는 동작을 한다 squat 동작.
▸ 1set 12회씩, 3set 실시한다.

그림 11.21	그림 11.22	그림 11.23
무릎 꿇고 몸통 기울이기	무릎 꿇고 몸통 돌리기	월 싯

골프 상해 예방 준비운동

시합이나 연습을 하기 전 충분한 준비운동 없이 바로 연습 볼을 치거나 바로 라운드를 했을 경우 상해를 입을 가능성은 커진다. 일반적으로 20% 이하의 골퍼들이 볼을 치면서 형식적으로 준비운동을 하고 10% 이하의 골퍼들만이 골프를 위해 적절한 준비운동을 한다고 보고되고 있다(Wolkodoff, 2005).

골프를 하기 전에 적절한 준비운동으로 티오프 tee off 전 최소한 30~40회 이상의 볼을 치는 것이 중요하다. 골퍼의 대부분은 준비운동을 전혀 하지 않고 약간의 스트레칭을 하는 정도다. 라운드나 연습 전 레인지에서 볼을 치기 전 골프 움직임을 통해 근육을 풀어주고 스트레칭을 한 후 클럽으로 볼을 치는 것은 골프 상해 예방을 위해 최우선으로 해야 할 일이다.

골프를 위한 준비운동 단계

- 1단계 : 골프 스윙에 필요한 근육 스트레칭 - 신체는 신체 활동량에 따라 혈액을 순환시키기 위해서는 상당한 신체활동이 필요하다.
- 2단계 : 상해를 입은 부위의 특별한 스트레칭 - 상해를 입은 부위는 재발하거나 다치기 쉬우므로 주의해서 실시
- 3단계 : 골프 볼 치기
  - 짧은 클럽부터 긴 클럽 순으로 사용

- 짧은 클럽은 팔과 어깨 근육을 많이 사용하고 긴 클럽은 등과 엉덩이 근육에 점진적으로 효과적인 준비운동이 되기 때문이다.
- 클럽마다 5회 이상 볼을 치는 것이 좋다.

▶ 4단계 : 티잉 구역 teeing area 에서 준비운동 계속하기
- 열기가 식지 않도록 첫 번째 티잉 구역에서 준비운동을 계속한다.
- 티오프 전 준비운동의 장점을 날리지 마라.

골프 상해와 스포츠 재활

골프는 신체접촉이 적어 격하지 않은 안전한 스포츠로 알려져 있다. 그러나 강력한 스윙, 4~6시간 동안의 라운딩, 훈련 등의 다양한 원인으로 인해 상해를 경험하게 되며(박정수 2001), 이에 따른 스포츠 재활 sports rehabilitation 은 매우 중요한 요소로 작용한다.

스포츠 재활이란 모든 운동과 활동에 있어 손상된 부위의 통증과 불편함을 최소화하고 근육, 뼈, 관절 등 신체 관절 조직의 기능을 빠르게 정상화하기 위한 것이라고 할 수 있다. 운동 상해가 발생한 부위와 정도에 따라 여러 종류의 재활 방법을 통해 경직된 관절의 기능을 정상화할 수 있으며, 약해진 근육을 발달시켜 정상적인 근육의 활동을 통해 다시 운동을 할 수 있도록 촉진한다(박정수, 2022).

운동선수의 상해 발생으로 인해 스포츠 재활 프로그램 sports rehabilitation program 이 필요하다면 여러 전문가가 구성되어 상해를 입은 운동선수를 위해 효과적이고 효율적인 접근이 필요하다. 이를 스포츠 재활 팀 sports rehabilitation team 이라고 한다.

스포츠 재활 팀은 재활 중인 선수를 평가하고 치료를 선택하며, 재활 및 기능 운동을 실행하여 완전한 스포츠 상황으로의 복귀를 목표로 구성한다(William, 2017). 재활 팀의 관심은 상해를 입은 선수에게 있어야 하며, 상해 후 완전한 스포츠로의 복귀까지 모든 결정을 하게 된다(나영무 외, 2017).

스포츠의학에서 재활을 위한 접근은 스포

그림 11.24
스포츠 재활 팀

츠라는 경쟁적인 특이적 요소로 인해 다른 재활의 환경보다 적극적이면서 공격적인 접근이 필요하다(Guskiewicz & Perrin, 1996). 즉, 스포츠 재활의 궁극적 목표는 상해 이전의 기능을 최대한 회복하고 경기로의 복귀라고 할 수 있다.

골프는 선수 개인 간의 경쟁 종목이기 때문에 상해 후 가능한 짧은 시간 내에 상해 이전의 기능을 완전하게 회복하는 것이 매우 중요하다. 이는 스포츠 재활 프로그램의 장기목표 long-term goal of sports rehabilitation program에 해당하며, 이를 완성하기 위해서는 스포츠 재활프로그램의 단기목표 short-term goal of sports rehabilitation program의 구성이 매우 중요하다.

스포츠 재활 프로그램의 목표

스포츠 재활 프로그램은 일반적 질환의 재활과는 달리 스포츠 현장이라는 특수한 상황에서 발생하는 다양한 신체 손상을 회복하는 데 중점을 두기 때문에 치유 과정, 손상 메커니즘, 해부학적 구조에 대한 이해 및 복귀해야 할 운동강도와 종류 등에 따라 결정된다.

재활 운동 rehabilitation exercise 은 치료적 운동 clinical exercise과 운동의 조절을 포함하는데 이것은 신체적 능력의 유지 및 향상, 상해 예방, 상해 재활에 있어 매우 중요한 요소이다. 부적절한 컨디셔닝 운동 conditioning exercise 은 스포츠 상해를 발생시키는 중요한 원인이 되기 때문에, 운동선수들은 운동 수행을 최대화하는 동안 손상 가능성을 최소화하기 위해 운동을 조절하는 것이 필수적이다.

☑ 스포츠 재활 프로그램의 단기목표

스포츠 재활프로그램의 단기목표는 빠른 응급처치와 상해 후 염증 및 통증의 조절, 관절가동범위의 활성화, 근력과 근지구력 및 파워의 회복, 신경근 조절 능력의 재설정, 균형 능력의 회복, 심폐 체력 유지 및 향상, 스포츠 기술 관련 트레이닝 등이 포함되며(김용권, 2015), 재활 과정 중 선수가 시기별 재활의 효과를 느끼는 성취감으로 능동적 참여를 할 수 있도록 해야 한다.

그림 11.25
스포츠 재활프로그램의 단기목표

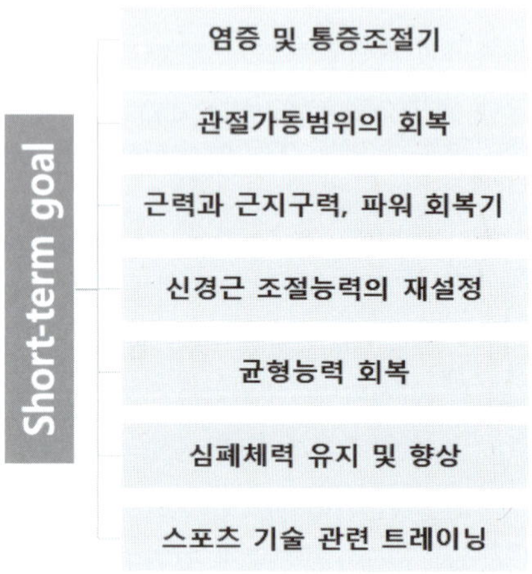

Short-term goal
- 염증 및 통증조절기
- 관절가동범위의 회복
- 근력과 근지구력, 파워 회복기
- 신경근 조절능력의 재설정
- 균형능력 회복
- 심폐체력 유지 및 향상
- 스포츠 기술 관련 트레이닝

☑ 스포츠 재활 프로그램의 장기목표

상해가 발생한 선수를 가능한 한 신속히 안전하게 팀에 복귀시켜 경기를 수행할 수 있도록 하는 것이다. 이는 먼저 상해 이전의 최고의 신체적 기능회복이 우선적이어야 하며, 기능회복이 이루어지지 않은 상태에서의 경기 복귀는 2차 상해에 노출될 가능성이 매우 크다. 그리하여 그림 11.26과 같이 단기목표의 시기별 조절 및 회복이 매우 중요하다.

만약 염증 및 통증은 조절기에서 부종을 철저히 제거하지 않으면, 관절가동범위의 회복이 더디게 되며, 부종에 의한 통증으로 인해 근력운동 단계까지 올라가지 못하고 다시 초기 염증 및 통증 조절기로 되돌아가게 된다. 결국 이러한 악순환으로 인해 선수들을 빠른 기능적 회복을 이루지 못하게 되고, 복귀의 시점이 늦어지게 된다.

스포츠 재활 프로그램의 구성요소

스포츠 재활 프로그램 구성 시 가장 우선해야 할 사항은 체력의 향상이다. 체력은 신체활동을 수행하기 위한 능력과 관련된 것으로 사람들이 가지고 있거나 얻어야 하는 일련의 속성이나 특성이다.

그림 11.26
행동체력의 구분

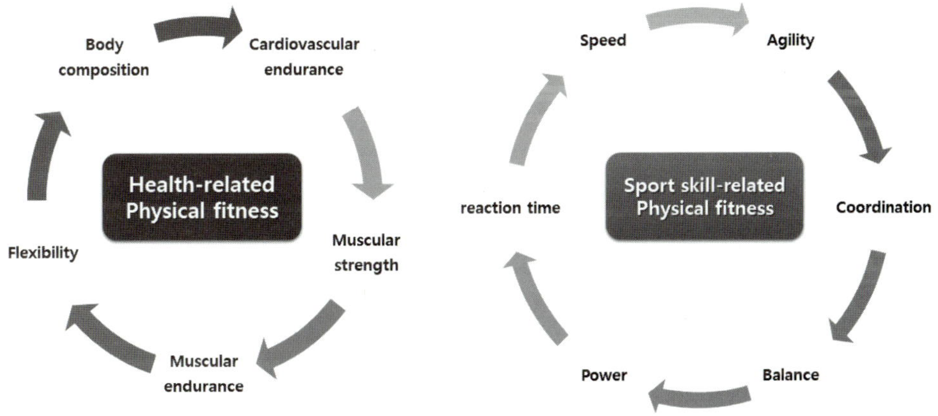

체력은 크게 방위체력과 행동체력으로 구분하며, 첫 번째 방위체력은 질병과 환경의 변화를 극복하는 힘이다. 두 번째 행동체력은 적극적으로 활동하는 의지 행동을 포함한 신체적 작업 능력으로 근골격계 및 신경계를 주체로 한 기능으로 최종적으로 근수축에 의한 행동유발이다. 이러한 행동체력은 다시 건강 관련 체력 health-related physical fitness 과 기술 관련 체력 sport skill-related physical fitness 로 구분한다.

☑ 건강 관련 체력과 골프

심폐 능력

- ▶ 골프 경기 중 장시간 라운딩 시 필수적 요소
- ▶ 운동하는 동안 심장, 혈관, 폐가 작용조직으로 영양분과 산소를 전달하는 능력
- ▶ 피로를 일으키는 대사 노폐물을 제거하는 능력
- ▶ 유산소 컨디셔닝 : 인터벌 트레이닝, 사이클, 달리기, 수영 등

유연성

- ▶ 골프스윙 시 신체 각 관절과 근육의 유연성은 스윙패턴의 필수적 요소
- ▶ 하나의 관절이나 연결된 여러 관절을 완전한 가동범위로 통증 없이 움직이는 능력
- ▶ 관절가동범위와 연부조직 신장성의 결합
- ▶ 재활 : 다친 부위에 대한 유연성만이 아닌 전신의 유연성을 높이는 것을 고려

근력

- ▶ 강력한 다운스윙과 임팩트 시 필수적 요소
- ▶ 근육에 부과되는 요구를 기반으로 힘을 만들어내는 수축성 조직의 능력
- ▶ 가속과 감속에 따른 근육의 반응을 최대한 발휘하기 위한 다양한 근력운동 필요

근지구력

- ▶ 골프 경기 중 수십 번의 스윙패턴을 유지하기 위한 필수적 요소
- ▶ 낮은 강도, 반복적 또는 계속되는 활동을 장시간 외적 저항에 대항해 근육 활동을 반복적으로 수행하는 능력

☑ 기술 관련 체력과 골프

파워 및 스피드

- ▶ 백스윙 후 다운스윙 구간에서 강력한 헤드 스피드를 위한 필수적 요소
- ▶ 짧은 시간 동안 큰 힘을 발생시키는 능력으로 근력과 스피드의 결합
- ▶ 파워를 향상할 수 있는 트레이닝 : 플라이오메트릭 트레이닝
- ▶ 파워 향상 트레이닝 시 최소 상해 전 80% 근력 회복이 필요

밸런스 및 고유수용성감각 proprioceptive

▸ 어드레스 시 지지 기저부 위에서 무게중심을 유지하는 능력
▸ 근육의 힘, 신경학적 감각 정보, 생체역학적인 정보를 통합시키는 능력
▸ 고유수용성 감각은 공간의 위치를 결정, 섬세한 움직임과 운동감각을 감지
▸ 동적인 관절 안정성에 기여하는 관절의 능력
▸ 임팩트 시 클럽헤드와 볼의 타격지점을 결정할 수 있는 결정적 요소
▸ 골프 경기의 특성상 각 상황에 맞는 클럽을 선택해야 하므로 고유수용성감각의 향상은 일정한 스윙패스를 최대한 유지할 수 있음

▸ **협응성** coordination
▸ 피드백 시스템을 사용하는 근육 내와 근육 간의 협응 작용의 조합
▸ 골프스윙은 신체 근육의 감속과 가속을 적절히 유지해야 하므로, 각 관절 및 근육의 협응은 매우 중요한 요소

스포츠 재활 프로그램 구성 시 고려해야 할 요소

스포츠 재활 프로그램 구성 시 우선 고려해야 할 사항은 운동 수행의 질이다. 처음부터 복잡한 훈련으로 구성할 경우, 상해 후 각 연부조직의 기능적 요소가 상당히 감소하였기 때문에 완전한 훈련이 구성되기 어렵게 된다. 따라서 운동은 간단한 것으로부터 시작해 복잡한 것으로 구성해야 한다.

이러한 운동의 순서는 운동의 결과를 최적화하게 된다. 운동 초기에는 상해가 발생한 관절 및 근육부터 시행하며 점차 신체 전반적인 근육과 관절을 사용하게 함으로써 최종적으로 기술에 필요한 신체 움직임의 활성화를 만들어 내야 한다.

이를 위해서는 체력 요소과 더불어 운동사슬 kinetic chain 의 이해가 필요하다. 운동사슬은 손끝부터 발끝까지 서로 연결되어 일련의 분절들이 서로 연관된 것을 의미하며, 열린 운동사슬 open kinetic chain 과 닫힌 운동사슬 cloned kinetic chain 로 구분한다.

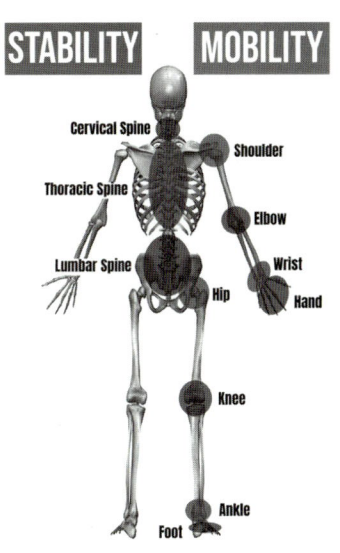

그림 11.27
운동사슬

출처: 구글 이미지

☑ 열린 운동사슬

열린 운동사슬은 체중부하가 없는 자세에서의 운동이며, 손을 흔들거나 다리를 드는 것처럼 신체 말초 분절을 제한 없이 움직이는 것을 의미한다. 열린 운동사슬의 예는 기구를 이용한 레그 익스텐션, 레그 컬, 바벨 벤치프레스 바벨 숄더프레스 등이다.

☑ 닫힌 운동사슬

닫힌 운동사슬은 체중부하 자세에서의 운동이며, 말초 분절이 고정되고, 고정된 먼 쪽 분절 위쪽으로 몸쪽 분절에서 움직임이 일어나는 것을 의미한다. 닫힌 운동사슬의 예는 바벨을 이용한 스쿼트, 푸쉬업 등이다.

스포츠 재활 프로그램 구성에서 가장 중요한 것은 먼저 닫힌 사슬에서의 운동을 만들어내야 한다는 것이다. 닫힌 운동사슬을 활용한 트레이닝은 보다 많은 기능적 트레이닝이 가능하며, 체중을 이용한 운동이기 때문에 더 안전한 운동이 가능하다. 따라서 재활 초기 근력 단계에서는 열린 운동사슬의 개념을 이용한 트레이닝 보다 닫힌 운동사슬의 개념을 이용한 트레이닝을 우선해서 구성해야 한다.

표 11.04
스포츠 재활 프로그램의 단기목표에 따른 단계별 기초 구성

단계	예시	적용
급성 단계에서의 운동 부종의 최소화	정적 강화(등척성)	근위축과 약화 감소
- 통증조절 - 관절 가동범위의 회복	가벼운 정적 스트레칭	관절가동범위 손실의 제한
회복 단계에서의 운동	수축 이완 스트레칭	유연성 향상
- 관절 가동범위의 회복 - 근력과 근지구력, 파워의 회복	닫힌 사슬운동	전반적인 근력 강화(안정성)
	열린 사슬운동	전반적인 근력 강화(부위별)
기능 단계에서의 운동	메디신 및 피지오 볼	스포츠 특화 및 체간 안정성
	밸런스 보드	균형 능력 강화
- 근력과 근지구력, 파워의 회복 - 신경근 조절능력의 재설정 - 균형능력의 회복 - 심폐체력 유지 및 향상 - 스포츠 기술관련 트레이닝	미니 트램펄린	고유수용성 감각 강화
	8자 런	민첩성과 발의 배치 향상
	점프 훈련 (플라이오 메트릭)	근육-건과 인대의 신장 능력 향상 파워 향상 스포츠에 적합한 신경근 조절 능력 향상
	머리 위로 던지기	근위의 안정성과 정렬 유지

출처: 김용권(2015), 건강운동관리사를 위한 운동상해

또한 재활 후기에서 스포츠 기술 관련 트레이닝에서는 닫힌 운동사슬과 열린 운동사슬의 개념을 모두 이용한 트레이닝이 필요하다. 골프는 지면에 발을 지지한 상태에서 근육과 클럽을 이용해 결과적으로 볼에 최대한의 힘을 전달해야 한다. 즉 닫힌 운동사슬 상태에서 발생한 힘을 열린 운동사슬의 형태로 전달해야 하는 종목이라고 할 수 있다. 그리하여 두 가지 개념을 모두 활용한 재활 프로그램 구성이 필요하다.

참고 문헌

[1] 김성수(1995). *스포츠 상해 예방 및 처치*. 대경문화사.

[2] 김용권(2015). *건강운동관리사를 위한 운동상해*. 한미의학.

[3] 김해중, 김광중, 김상우(2014). 아마골프 선수들의 상해 상황요인에 관한 연구. *한국체육과학회지, 23*(4), 1001-1012.

[4] 나영무 외(2017). 스포츠의학 손상과 재활치료 4판. 한미의학.

[5] 박정수(2001). *주부골프의 운동상해에 관한 조사연구*. 미간행 석사학위논문.

[6] 박정수(2022). *스포츠 선수들의 효과적인 재활을 위한 전신진동운동의 필요성에 대한 고찰*. 미간행 박사학위논문.

[7] 소재무(1996), *골프역학*. 도서출판 홍경.

[8] 중앙대학교(2020). *골프의학클리닉*. 중앙대학교.

[9] Guskiewicz, K. M., & Perrin, D. H. (1996). Research and clinical applications of assessing balance. *Journal of Sport Rehabilitation, 5*(1), 45-63.

[10] Duda, M. (1987). Golf injuries: They really do happen. *The Physician and Sportsmedicine, 15*(7), 190-196.

[11] Karen, A (1999). Add power to your golf swing with strength and flexibility exercise. *Executive Health's God Health Report, 35*(8), 6.

[12] Martty and Duda (1999), Golf injuries : They Really Do Happen. *The physician and sports Medicine,* 99-106

[13] William, E. P. (2017). *스포츠재활총론 6판* (대한스포츠물리피료학회 역.). 범문에규케이션.

[14] Wolkodoff, N. (2005). *피지컬 골프: 골퍼의 수행능력과 체력향상을 위한* (김정주 역.). 대한미디어. (원저 1997 출판)

"운동은 왕이요, 영양은 여왕이다. 운동에 영양을 더하면 왕국을 이룰 수 있다."

"Exercise is king; nutrition is queen. Put them together and you've got a kingdom."

- *Jack LaLanne* -

사람들이 골프에 빠지는 이유는 상대방뿐만 아니라 코스, 파(par)하려 애쓰고, 그리고 무엇보다도 자신과도 경쟁하기 때문이다.

"The game has such a hold on golfers because they compete not only against an opponent, but also against the course, against par, and most surely- against themselves."

- *Arnold Palmer* -

골프와 영양학

동국대학교 식품생명공학과 교수 _
금나나

12

강의 개요

본 강의는 골프 퍼포먼스를 최적화하기 위한 영양 섭취 전략을 소개하고자 한다. 먼저 골프는 어떤 운동 유형에 속하는지, 그리고 운동을 수행하는 근육은 어떻게 에너지를 생산하는지에 대한 기초 지식을 제공한다. 이러한 이해를 바탕으로 골프 경기 중 주요 에너지원인 탄수화물 섭취 전략, 골프 근육의 성장과 회복을 위한 단백질 섭취 방법, 그리고 덥고 습한 날씨 속에서 경기력을 유지하기 위한 수분 섭취 전략을 심층적으로 탐구한다.

최적의 퍼포먼스를 위한 영양 섭취 / 240

최적의 퍼포먼스를 위한 영양 섭취

강의 한 눈에 보기

그림 12.1
골프와 영양 개요

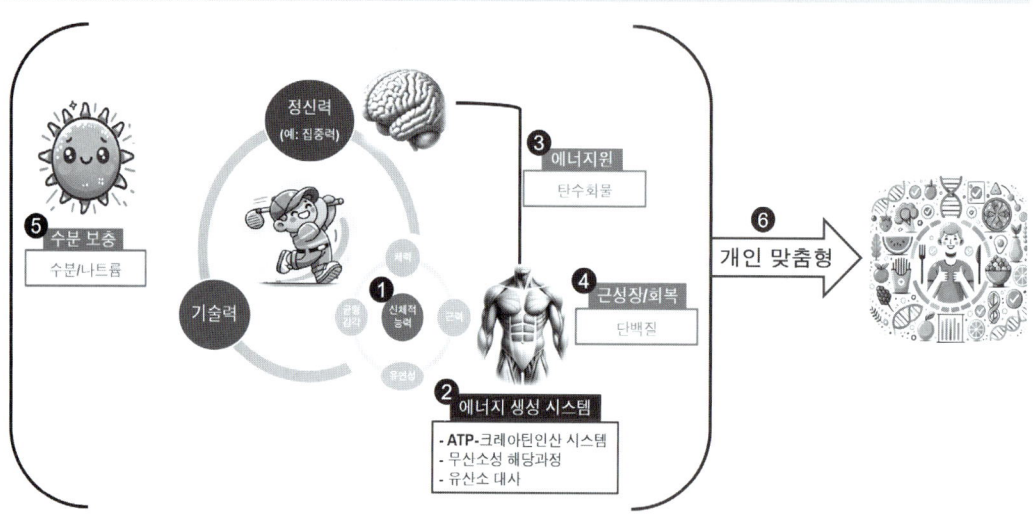

　골프 퍼포먼스를 최적화하기 위한 탄수화물, 단백질, 수분 섭취 전략을 소개한다 (그림 12.1). 최적의 성과를 내기 위한 영양 섭취 전략을 짜기 위해서는, '지피지기면 백전불태 知彼知己, 百戰不殆 (상대를 알고 나를 알면 백 번 싸워도 위태롭지 않다!)'라는 말처럼, 먼저 골프가 어떤 운동인지, 그리고 운동을 수행하는 근육이 어떻게 에너지를 생산하는지 이해하는 것이 중요하다. 이 장의 전반부에서는 ❶ 운동 유형 네 가지 유산소 운동, 근력 운동, 스트레칭, 균형 운동 와 ❷ 근육이 에너지를 생성하는 시스템 세 가지 ATP-크레아틴인산 시스템, 무산소성 해당과정, 유산소 대사 에 대한 기초 지식을 쌓고, 이를 골프에 적용해 설명한다. 이러한 이해를 바탕으로 중반부에서는 ❸ 골프 경기의 주요 에너지원인 탄수화물과 ❹ 근육 성장 및 회복에 중요한 단백질 각각의 역할과 섭취 방법을 소개한다. 이 장의 후반부에서는 ❺ 덥고 습한 날씨에서 경기력을 최적화하기 위한 수분 섭취 전략을 안내한다. 마지막으로, 소개된 섭취 전략을 바탕으로 ❻ 개인에게 가장 적합한 맞춤형 섭취 전략을 찾는 것이 중요하다는 점을 강조한다.

골프란 운동의 이해

골프에서 최고의 성과를 내기 위해서는, 기술 연습도 중요하지만 골프가 어떤 유형의 운동에 해당하는지 이해하고 그에 맞는 전략적인 영양 섭취가 필요하다. 일반적으로 운동은 네 가지 유형으로 분류된다 (표 12.01) (Four Types of Exercise Can Improve Your Health and Physical Ability, 2021).

첫째, 유산소 운동 aerobic exercise 은 근육세포가 산소를 사용해 에너지를 얻는 운동으로, 걷기, 달리기, 자전거 타기가 대표적이다. 유산소 운동은 심폐 기능을 강화하고 지구력을 향상시킨다.

둘째, 근력 운동 strength exercise 은 기구나 신체의 무게를 이용해 근육에 부하를 주는 운동으로, 웨이트 트레이닝, 팔굽혀펴기, 단거리 달리기가 대표적이다. 근력 운동은 순간적으로 폭발적인 힘을 사용하는데, 이 과정에서 근육세포는 산소를 사용하지 않고 에너지를 얻기 때문에 무산소 운동 anaerobic exercise 이라고도 불린다. 근력 운동은 근육량을 증가시키고 근육을 강화시킨다.

셋째, 스트레칭 stretching 은 근육을 이완시키고 관절의 가동 범위를 넓히는 운동으로, 근육의 유연성을 높이고 부상 예방에 도움이 된다.

넷째, 균형 운동 balancing exercise 은 한 발로 서기, 스탠딩 요가 자세와 같이 몸의 균형을 잡는 운동으로, 균형 감각을 향상시켜 일상적인 움직임을 보다 안정적으로 하며 낙상 예방에 도움이 된다.

골프는 위의 네 가지 운동 유형 중 어디에 해당할까 (표 12.01) 사실, 골프는 단순한 공 치기를 넘어 신체의 다양한 능력을 요구하는 복합적인 스포츠로, 네 가지 운동 유형을 모두 포함한다. 예를 들어, 약 3-5시간에 걸친 경기 동안 7-10km를 걷는 것은 유산소 운동에 해당하고, 2초 미만의 찰나에 근육의 폭발적인 힘으로 이루어지는 스윙을 반복하는 것은 근력 운동에 해당하며, 스윙 시 아크 arc 를 크게 그리며 피니시 동작을 완성하는 과정은 스트레칭에 기반하고, 스윙

표 12.01
운동의 종류와 골프에서의 적용

운동의 종류	효과	골프에서의 적용
유산소 운동	심폐 기능 및 지구력 향상	3-5시간에 걸친 경기 동안 7-10km에 해당하는 거리를 걷기
근력 운동	근육량 및 근력 향상	2초 미만의 파워풀한 스윙
스트레칭	유연성 향상, 부상 방지	스윙 아크를 크게 하기 스윙을 끝까지 마무리하여 피니시 자세 취하기
균형 운동	움직임의 안전성 향상, 낙상 예방	스윙 시 체중 이동 다양한 경사지에서 샷 하기 흔들림 없는 피니시 자세

시 체중 이동, 다양한 경사지에서의 안정적인 샷, 흔들림 없는 피니시 자세는 균형 운동과 관련된다. 이처럼 골프는 네 가지 운동 유형을 모두 포함하며, 체력, 근력, 유연성, 균형 감각을 고루 요구하는 전신 스포츠이다.

골프는 정교한 기술과 신체적 능력 외에도 집중력과 강한 멘탈을 요구하는 스포츠이다(Berlin et al., 2023). 18홀 동안 이어지는 긴 경기 동안 매 샷마다 모든 주의를 기울여야 하고, 한두 번의 실수에도 감정적으로 흔들리지 않고 평정심을 유지해 다음 샷에 집중할 수 있어야 최상의 경기를 이어갈 수 있다.

결론적으로, 골프 경기에서 최고의 성과를 내기 위한 영양 섭취 전략은 기술력, 신체적 능력 체력, 근력, 유연성, 균형 감각, 정신력 예: 집중력, 판단력, 강인함 을 최적화하는데 중점을 두어야 한다. 이를 위해 골프 경기 중 근육과 뇌가 어떻게 에너지를 공급받는지 이해하고, 이를 바탕으로 언제 어떤 영양소를 섭취할지 계획을 세워야 한다. 다음은 근육과 뇌의 에너지 공급 시스템을 살펴보고, 골프 경기에 최적화된 에너지원을 찾아보자.

🏌 골프 경기에서 신체와 뇌를 움직이는 에너지원: 탄수화물

우리가 움직이지 않는 휴식 상태에서 생명 유지를 위한 최소한의 활동 예: 심장 박동, 호흡, 체온 유지 만 하며 하루를 보내는데 소모되는 에너지량을 기초 대사량 basal metabolic rate 이라 한다. 기초 대사량은 성별, 나이, 키, 체중에 따라 다르지만, 성인 기준 남성은 약 1500-1800칼로리 여성은 약 1200-1500칼로리로, 우리가 하루 동안 소비하는 총 에너지량의 약 60%를 차지한다 (Arciero et al., 1993).

우리가 운동을 할 때, 근육이 수축하고 이완하면서 에너지를 필요로 하기 때문에 칼로리가 소모된다. 그렇다면 3-5시간 동안 진행되는 골프 경기에서 소모되는 칼로리는 얼마나 될까? 걷는 거리, 코스 지형, 경기 스타일 등 여러 요인에 따라 다르지만, 카트를 사용하지 않고 걸을 경우 18홀 기준 약 1500칼로리 정도가 소모된다(Scalise et al., 2023). 이처럼 에너지 소모가 많은 운동에서 경기 중 최상의 컨디션을 유지하고 경기 후 최적의 회복을 위해서는, 경기 전, 도중, 후에 필요한 에너지원의 전략적인 섭취가 중요하다.

우리가 섭취하는 영양소 중 에너지를 공급하는 것은 탄수화물 carbohydrate, 단백질 protein, 지방 fat 세 가지이다(표 12.02). 1g당 탄수화물과 단백질은 4칼로리, 지방은 9칼로리의 열량을 제공한다. 탄수화물은 주로 밥, 면, 빵 등에 풍부하고, 단백질은 고기, 생선, 달걀, 두부, 우유 및 유제품 등에 많이 함유되어 있으며, 지방은 버터, 오일, 견과류, 아보카도 등에 풍부하다. 이 세 가지 영양소는 에너지원이라는 공통점이 있지만, 근육에서 사용되는 상황과 방식에는 차이가 있다.

섭취된 탄수화물은 포도당 glucose 및 기타 단순당 과당, 갈락토오스 으로 분해되어 흡수되는데, 근육에서 포도당은 글리코겐 glycogen 형태로 저장된다(Da Poian et al., 2010). 운동 시, 글리코겐은 포도당으로 빠르게 분해되어 산소 유무와 관계없이 유연하게 에너지를 공급한다. 섭취된 지방은 지

표 12.02
에너지를 공급하는 주영양소 및 특징

	탄수화물	지방	단백질
에너지 제공량 (칼로리/g)	4 (즉각적인 에너지원)	9 (지속적인 에너지원)	4 (최후의 에너지원)
체내 흡수 형태	포도당, 과당, 갈락토오스	지방산, 글리세롤	아미노산
저장 형태	글리코겐	중성 지방	×
주요 기능	주요 에너지원	에너지 저장	근육 성장과 회복
주요 식품원	밥, 면, 빵	버터, 오일, 견과류, 아보카도	고기, 생선, 달걀, 두부, 우유 및 유제품

방산 fatty acid 과 글리세롤로 분해되어 흡수된 후, 근육에서 중성지방 triglyceride 형태로 저장된다(Da Poian et al., 2010). 운동 시, 중성지방의 분해 산물인 지방산은 산소와 반응하여 연소되어 많은 에너지를 제공하지만, 이 과정은 느리고 복잡하며 반드시 산소가 필요하다. 섭취된 단백질은 아미노산 amino acid 으로 분해되어 흡수되지만, 탄수화물의 글리코겐이나 지방의 중성지방처럼 에너지원으로 저장될 수 있는 형태는 없다(Da Poian et al., 2010). 대신 근육을 구성하는 단백질 합성에 사용되어 근육의 성장과 회복을 돕는다. 단, 다른 에너지원이 부족할 때 근단백질은 아미노산으로 분해되어 에너지원으로 활용될 수 있으나, 이 과정은 복잡하고 비효율적이며 근육 손실을 초래한다. 따라서 단백질은 이론상 에너지원으로 사용될 수 있지만, 실제로는 비상 시에만 사용되는 최후의 에너지원이며, 주된 에너지원은 탄수화물과 지방이다.

마치 화력 발전소에서 석탄이나 천연가스를 원료로 사용해 가전제품이 사용할 수 있는 에너지 형태인 전기를 생산하듯이, 우리 몸도 탄수화물이나 지방을 원료로 사용해 세포가 사용할 수 있는 에너지 형태인 ATP Adenosine triphosphate 를 만들어낸다.

신체가 운동을 시작하면, 휴식 상태에 있던 근육이 갑작스럽게 움직이게 되면서 즉각적으로 많은 양의 ATP가 필요해진다. 이때 근육세포에 저장되어 있던 ATP로는 약 2초 정도 운동을 지속할 수 있으며, 그 후 가장 빠르게 ATP를 공급할 수 있는 크레아틴인산 creatine phosphate 을 사용하게 된다(그림 12.2, 표 12.03)(Hargreaves & Spriet, 2020). ATP를 충전된 배터리에 비유한다면, 근육세포가 ATP를 사용해 운동을 수행한 후 남는 ADP는 방전된 배터리와 같다. 크레아틴인산은 보조 배터리처럼 ADP를 빠르게 충전해 ATP를 재생성하지만, 근육 내 크레아틴인산의 저장량은 제한적이기 때문에 약 8초 동안만 지속된다. 종합하면, ATP-크레아틴인산 시스템은 운동 초반 약 10초 미만의 고강도 운동에서 근육에 신속히 에너지를 공급하는 핵심 역할을 한다. ATP-크레아틴인산 시스템이 활용되는 대표적인 운동에는 우사인 볼트가 9.58초로 세계 신기록을 세운 100미터 단거리 경기가 있다.

그림 12.2
근육의 세 가지 에너지 생성 시스템

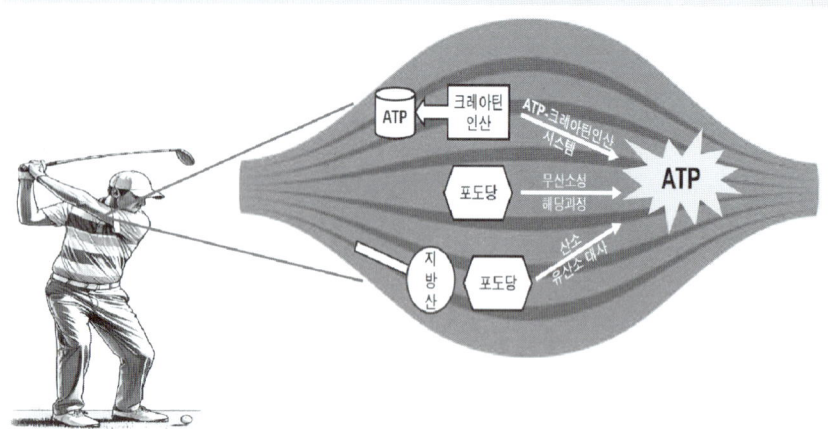

    10초 이상 운동을 지속하려면 근육이 ATP를 생성해야 한다. 운동 초기 ATP를 공급하던 ATP-크레아틴인산 시스템이 고갈되기 시작하면, 근육은 글리코겐을 분해하여 포도당을 만들어 내고, 이를 이용해 산소 없이 빠르게 ATP를 생성한다. 이 과정을 무산소성 해당과정 anaerobic glycolysis 이라고 하며(그림 12.2, 표 12.03), 호흡을 통해 마신 산소가 혈류를 통해 근육에 도달할 때까지 기다릴 필요 없이 ATP를 빠르게 생성해낼 수 있다는 장점이 있다. 하지만 포도당 한 분자에서 생성되는 ATP 양이 적어 에너지 효율이 낮고, 부산물인 젖산 lactic acid 이 축적되면 근육을 산성화시킴으로써 근피로와 통증을 유발할 수 있다(Hargreaves & Spriet, 2020). 따라서 무산소성 해당과정은 중강도 또는 고강도 운동 초기 산소가 근육에 충분히 공급되지 않는 약 2분 동안 주도적으로 에너지를 공급한다. 포도당을 활용한 무산소적 해당과정이 활용되는 대표적인 운동으로는 무거운 중량을 단시간 동안 반복적으로 들어 올리며 폭발적인 힘을 쓰는 웨이트 트레이닝이 있다.

    운동 시작 후 약 2분이 지나면, ATP를 더 효율적이고 지속적으로 생성하기 위해 근육은 산소를 활용하는 유산소 대사 aerobic metabolism 로 전환한다(그림 12.2, 표 12.03). 이 과정은 여러 단계를 거쳐 ATP를 생성하기 때문에 시간은 다소 걸리지만, 에너지원으로부터 최대한 많은 ATP를 생성할 수 있어 에너지 효율성이 매우 높다. 따라서 운동 중 심박수와 호흡률이 증가하면서 근육에 충분한 산소가 공급되면, 근육은 유산소 대사를 통해 ATP를 생성하기 시작한다. 또한 유산소 대사는 포도당뿐만 아니라 지방산도 ATP 생성을 위한 원료로 사용할 수 있기에, 근육에 저장된 글리코겐과 중성지방을 모두 활용하여 장시간 에너지를 공급할 수 있다. 유산소 대사가 활용되는 대표적인 운동으로는 마라톤이 있다. 참고로, 유산소 대사 시 포도당과 지방산 중 어느 에너지원이 주로 사용될지는 운동 강도와 지속 시간에 의해 결정된다. 포도당은 지방산에 비해 빠르게 ATP를 제공하지만 총 ATP 생산량은 적기에 고강도 운동을 단기간 수행할 때 주로 사용되며, 지방산은 저강도 운동을 장기간 수행할 때 선호된다.

표 12.03
근육의 세 가지 에너지 생성 시스템의 특징과 골프에서의 적용

	ATP-크레아틴인산 시스템	무산소성 해당과정	유산소 대사
운동 시작 후 활성화 시점	< 10초	< 2분	2분 이상
연료	크레아틴인산	포도당	포도당, 지방산
산소 사용 여부	무산소	무산소	유산소
ATP 생성 속도	매우 빠름	빠름	느림
ATP 생성량	매우 적음	적음	많음
해당 운동 예	100m 달리기	200, 400, 800m 달리기 웨이트 트레이닝	마라톤
골프에서의 적용	스윙		걷기

포도당은 무산소성 해당과정, 유산소 대사 모두에서 사용될 수 있는 것이 특징이다. 포도당을 참깨에 비유하자면, 냉압착으로 빠르게 적은 양의 참기름을 얻는 과정은 무산소성 해당과정에 해당하고, 시간을 들여 고온에서 볶은 뒤 많은 양의 참기름을 얻는 과정은 유산소 대사에 해당한다. 유산소 대사만 가능한 지방산에 비해 포도당은 무산소 또는 유산소 대사 모두에서 ATP를 더 빠르게 제공하며, 같은 양의 ATP를 생산할 때 지방산보다 적은 산소가 필요해 심폐에도 부담을 덜 준다(Hargreaves & Spriet, 2020). 따라서 근육에 글리코겐을 최대한 비축하고, 운동 중에도 꾸준히 포도당을 섭취하면 운동 퍼포먼스를 극대화할 수 있다.

운동 퍼포먼스에서 포도당의 중요성을 보여주는 대표적인 예는 마라톤에서 찾을 수 있다. 마라톤 후반부에 이르러 더 이상 달리기 힘들만큼 근육이 무겁게 느껴지고 극심한 피로감이 몰려오는 순간이 있다. '벽에 부딪힌다 hitting the wall'고 불리는 이 현상은 근육 내 글리코겐이 고갈되면서 포도당 대사가 지방 대사로 전환되고, 그 결과 ATP 생성 속도가 느려지고 지방 대사에 필요한 많은 산소를 공급해야 하기에 심폐 부담이 커지면서 발생한다. '벽'에 부딪히는 시점을 늦추기 위해 마라톤 선수들은 경기 전 며칠 동안 탄수화물 섭취량을 늘리고 충분한 휴식을 취함으로써 근육에 최대한 많은 글리코겐을 비축하고자 하는데, 이를 '탄수화물 로딩 carbohydrate loading'이라 한다(Hargreaves & Spriet, 2020). 또한, 경기 중에는 스포츠 음료나 에너지 젤을 자주 섭취해 포도당을 지속적으로 공급함으로써, 근육 내 글리코겐 사용을 줄이고 고갈 시점을 지연시킨다.

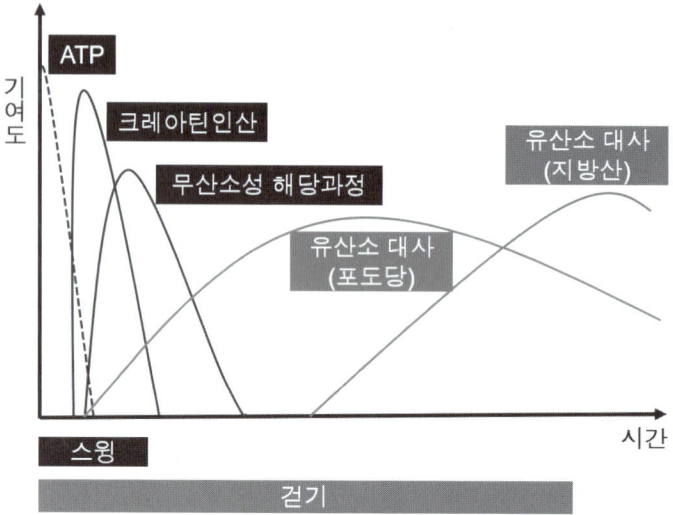

그림 12.3
시간에 따른 근육의 에너지 생성 시스템 작동 및 골프에서의 적용

근육에서 ATP를 생성하는 세 가지 시스템 ATP-크레아틴인산 시스템, 무산소성 해당과정, 유산소 대사 은 동시에 활성화되지만, 운동 강도와 지속 시간에 따라 각 시스템의 기여도가 달라진다(그림 12.3). 그렇다면 스윙과 걷기가 반복되는 골프 경기 동안에는 어떤 시스템이 주로 작용할까? 드라이버나 아이언 샷의 스윙 동작은 2초 미만의 짧은 시간 동안 근육의 폭발적인 힘을 요구하는 고강도 무산소 운동으로, 매 샷은 연습 스윙 및 실제 스윙을 포함해 보통 약 40초 이내에 이루어진다. 따라서 주로 ATP-크레아틴인산 시스템과 무산소성 해당과정이 작용해 빠르게 ATP를 공급하며, 이때 근육 속 크레아틴과 글리코겐의 보유량이 중요하다(Berlin et al., 2023). 반면, 3-5시간 동안 샷과 샷 사이 또는 홀과 홀 사이를 빠르게 걷는 것은 저강도 또는 중강도에 해당하는 지속적인 유산소 운동으로, 이때는 유산소 대사가 주도하므로 근육 속 글리코겐과 지방산의 보유량이 중요하다(Berlin et al., 2023).

특히 골프 경기는 신체 활동뿐만 아니라 두뇌 활동도 많이 요구된다. 매 샷마다 클럽 선택을 위해 거리, 고도 차이, 지형, 바람 등을 고려해야 하며, 퍼팅 시에도 섬세하게 그린의 경사, 속도, 잔디의 결을 고려해 라이를 읽어야 하는 등 전략적 사고와 정신적 집중력을 필요로 한다. 비록 뇌는 체중의 2%에 불과하지만, 전체 에너지 소비량의 약 20%를 차지하며, 특히 포도당을 선호한다(Raichle & Gusnard, 2002). 따라서 탄수화물 섭취 부족으로 혈당이 떨어지면, 뇌에 충분한 포도당이 공급되지 않아 인지력과 집중력이 저하된다(Berlin et al., 2023). 참고로, 잉여 탄수화물은 근육뿐만 아니라 간에도 글리코겐 형태로 저장되는데, 혈당이 떨어지면 간의 글리코겐이 포도당으로 분해되고 혈액을 통해 뇌와 다른 주요 장기로 이동하여 정상적인 기능을 지원한다(Murray & Rosenbloom, 2018).

결론적으로, 순간적인 강력한 스윙 고강도 무산소 운동과 장시간의 걷기 저/중강도 유산소 운동 그리고 집중력 두뇌 활동이 결합된 골프 경기에서 최상의 퍼포먼스를 발휘하려면, 근육 내 글리코겐 고갈을 지연시켜 근육 피로를 줄이고, 혈당을 안정적으로 유지해 뇌에 충분한 에너지를 공급해야 한다. 즉, 근육과 뇌에 지속적으로 포도당을 공급하기 위한 탄수화물 섭취 전략이 필수적이다. 경기 전에는 근육과 간에 글리코겐을 최대한 비축하기 위한 탄수화물 섭취를, 경기 중에는 혈액에 포도당을 꾸준히 제공하기 위한 탄수화물 섭취를, 경기 후에는 소진된 글리코겐을 재충전하기 위한 탄수화물 섭취가 필요하다. 그렇다면 경기 전, 중, 후에 각각 어떤 탄수화물을 얼마나 섭취해야 할까?

경기 전에는 시작 1-4시간 전 소화가 잘되는 탄수화물 예: 쌀밥, 흰빵, 감자, 멜론, 포도 위주로 적당량 섭취하는 것이 중요하다(표12.04)(Thomas et al., 2016). 특히 식이섬유가 풍부한 탄수화물 예: 잡곡밥, 콩, 통밀빵, 고구마, 사과, 배은 평소에는 건강한 선택이지만, 경기 전에는 피하는 것이 좋다. 식이섬유는 물을 흡수해 팽창하거나 음식물의 부피를 늘려 음식물이 위에 오래 머물게 하고, 분해되는 과정에서 가스를 발생시킨다. 이로 인한 위장 불편감은 몸의 회전을 제약하고 스윙 속도를 저하시킬 수 있다. 과식 또한 음식물이 위에 오래 머물게 하고, 많은 혈류가 소화 기간으로 집중되면서 근육과 뇌로 가는 혈류는 줄어들게 하며, 소화를 위해 많은 에너지를 소비하게 된다. 결과적으로 스윙 속도, 파워, 집중력을 저해하여 경기 전반에 부정적인 영향을 미칠 수 있다. 참고로, 세계적으로 권위 있는 미국 스포츠의학회 American College of Sports Medicine 는 골프와 같이 장시간 지속되는 운동 전 체중 1kg 당 1-4g의 탄수화물을 섭취할 것을 권고하고 있다(Thomas et al., 2016). 예를 들어, 체중이 70kg인 골프 선수라면 이는 70-280g의 탄수화물로, 쌀밥 1-4공기 한 공기 200g 기준, 약 67g의 탄수화물 함유 에 해당하는 양이다.

경기 중에는 체내에 빠르게 흡수되고 간편하게 섭취할 수 있는 탄수화물을 틈틈이 섭취하는 것이 중요하다(표 12.04). 대표적인 식품으로는 바나나, 에너지바, 초콜릿, 사탕, 젤리, 주스 등이 있다. 바나나처럼 음식 형태로 섭취하면 다양한 영양소가 풍부하고 포만감도 오래 지속되지만, 포도당 흡수 속도가 상대적으로 느리고, 경기 중 섭취가 번거로울 수 있다. 에너지바는 섭취가 좀 더 편리하지만, 그 외 다른 장단점은 식품과 유사하다. 초콜릿, 사탕, 젤리는 설탕 함량이 높아 포도당 흡수가 빠르고 경기 중 섭취하기도 편리하지만, 건강한 포도당 공급원은 아니다. 최근 인기가 높아진 포도당 캔디 덱스트로스 캔디는 주성분이 포도당으로, 원래는 당뇨병 환자들이 저혈당 증상을 겪을 때 신속히 혈당을 올리기 위해 사용되는 것이나, 경기 중 즉각적인 포도당 보충에도 유용하다. 주스와 같은 액상 형태는 포도당 흡수가 빠르고 수분 보충도 가능하지만, 섭취량의 부피는 많다. 이러한 단점을 보완하기 위해 젤리 형태로 농축된 에너지 음료도 다양하게 출시되고 있다. 미국 스포츠의학회는 골프와 같이 장시간 지속되는 운동 중 시간당 30-60g 정도의 탄수화물 섭취를 권장한다(Thomas et al., 2016). 일본에서 수행한 한 연구에 따르면, 골프 선수들이 매 홀마다 젤리 4개씩 섭취하며 시간당 30g의 탄수화물을 섭취했을 때는 이를 섭취하지 않았을 때에 비해 피로도는 낮고 집중도는 높았다(Nagashima et al., 2023).

표 12.04
골프 퍼포먼스를 최적화하기 위한 영양 섭취 전략

섭취 목적	탄수화물	단백질	수분
	주요 에너지원	근육 성장 및 회복	수분+나트륨 보충
경기전	• 시작 1-4시간 전 • 소화가 잘되는 탄수화물 (예: 쌀밥, 흰빵) • 체중 1kg당 1-4g 탄수화물	• 일일 체중 1kg당 1.2-2.0g 단백질 섭취량을 충족하기 위한 적당량	• 시작 2-4시간 전 • 체중 1kg당 5-10ml • 선택 사항: 커피 (시작 30분-1시간 전)
경기중	• 흡수가 빠른 탄수화물 (예: 바나나, 젤리) • 시간당 30~60g 탄수화물		• 수분+나트륨 함께 섭취 (예: 이온 음료) • 시간당 0.4-0.8ℓ 소량씩 규칙적으로
경기후	• 2시간 이내: 혈당지수가 높은 탄수화물 (예: 쌀밥, 흰빵) • 24시간 이내: 체중 1kg당 3-5g 탄수화물	• 2시간 이내: 체중 1kg당 0.3g 단백질 (예: 우유 및 유제품, 소고기) • 3-5시간 간격: 체중 1kg당 0.3g 단백질(예: 우유 및 유제품, 소고기) • 취침 전: 체중 1kg당 0.3g 단백질 우유 및 유제품으로 섭취	• 수분+나트륨 함께 섭취 (예: 이온 음료) • 경기 전후 체중 감소량의 125-150% 섭취 (1kg=1L)

경기 후에는 초기 2시간 이내 체내 흡수가 빠른 탄수화물을 충분히 섭취하는 것이 중요하다 (표 12.04)(Thomas et al., 2016). 같은 양의 탄수화물을 포함한 식품을 섭취하더라도, 소화 및 흡수 속도가 달라 혈중 포도당 증가 속도도 달라진다. 혈당지수 glycemic index 는 탄수화물을 포함한 특정 식품 섭취 시 혈당이 얼마나 빠르게 상승하는지를 0에서 100까지의 수치로 나타낸 것으로, 혈당지수가 높은 식품일수록 섭취 후 혈중 포도당 농도가 급격히 증가한다(Atkinson et al., 2021). 평소 건강 관리를 위해서는 혈당지수가 낮은 식품 혈당지수≤55, 예: 잡곡밥, 면, 사과, 배, 키위, 오렌지, 포도 이 권장되지만, 운동 직후 초기 2시간 이내에는 혈당지수가 높은 식품(혈당지수≥70, 예: 쌀밥, 찰밥, 흰빵, 떡, 찐감자, 수박)을 섭취하는 것이 근육과 간의 고갈된 글리코겐을 빠르게 회복하는 데 유리하다(Murray & Rosenbloom, 2018). 마치 우리가 허기진 상태에서는 음식을 빨리 먹는 것처럼, 운동 후 글리코겐이 소진된 근육과 간은 혈중 포도당을 빠르게 흡수해 글리코겐을 신속히 합성한다. 특히 골프 경기가 4일 연속으로 진행된다는 점을 고려할 때, 경기 후 골든타임을 활용해 글리코겐을 효율적으로 보충하는 것이 다음 날 최상의 경기를 위해 매우 중요하다. 고갈된 글리코겐을 완전히 회복하려면 약 24시간이 필요하며, 그동안 충분한 휴식과 충분한 탄수화물 체중 1kg당 3-5g의 탄수화물 섭취가 필요하다. 미국 스포츠의학회는 빠른 8시간 이내 글리코겐 회복을 위해

운동 후 4시간 동안 체중 1kg당 1.0-1.2g의 탄수화물을 매 시간 섭취할 것을 권고한다(Thomas et al., 2016). 예를 들어, 체중이 70kg인 골프 선수라면 70-84g의 탄수화물^{예: 쌀밥 약 한 공기}을 4시간 동안 매시간 섭취하는 것과 같다.

지금까지 우리는 골프의 운동 유형과 근육의 에너지 생성 시스템을 이해하면서, 골프 퍼포먼스를 최적화하기 위한 주된 에너지원은 탄수화물이라는 사실을 확인하였고, 골프 경기 전, 중, 후에 필요한 탄수화물 섭취 전략에 대해서도 알아보았다. 다음은 골프에서 단백질 섭취의 중요성과 그에 따른 섭취 전략에 대해 살펴보자.

골프 근육 관리를 위한 단백질 섭취 전략

단거리 달리기 선수들은 주로 근육질의 우람한 체형을, 마라톤 선수들은 주로 마른 체형을 가지고 있는 것이 일반적이다. 반면, 골프 선수들은 특정한 체형이 두드러지기 보다는 다양한 체형을 가지고 있다. 이는 골프가 신체적 능력뿐만 아니라 기술적 능력과 정신적 요소 모두가 중요한 복합적인 스포츠이기 때문이다. 각기 다른 체형을 가진 골프 선수들이지만, 최상의 퍼포먼스를 위해서는 근육이 중요하다는 것을 모두 인지하고 있다. 골프 스윙에 핵심적으로 관여하는 대퇴사두근, 코어 근육, 견갑하근, 가슴 대흉근, 그리고 삼두박근 등의 근력이 뒷받침되어야 정확하고 강력한 샷을 구사할 수 있다. 따라서 근육의 성장과 회복을 돕는 단백질 섭취는 골프 퍼포먼스를 최적화하는 데 필수적이다.

근육에서는 24시간 내내 단백질 합성^{muscle protein synthesis}과 분해^{muscle protein breakdown}가 동시에 일어나며 서로 균형을 이루고 있다(Atherton & Smith, 2012). 이 과정에서 낡은 단백질이 분해되고 새로운 단백질로 교체된다. 만약 근단백질 합성이 분해를 초과하면 근육량이 증가하고, 반대로 근단백질 분해가 합성을 초과하면 근육량이 감소한다. 특히 운동 중에는 근단백질의 분해가 합성보다 더 활발히 일어나며, 격렬한 운동 시 근단백질의 물리적 손상도 발생할 수 있다. 따라서 운동 후 충분한 단백질을 섭취해 근단백질 합성을 촉진하고 손상된 근육을 회복하는 것이 매우 중요하다. 골프도 예외는 아니다. 3-5시간 동안 약 7-10km를 걷고, 수십 번의 강력한 스윙을 반복하기 때문에 전신 근육이 많이 사용되며 피로도도 상당히 높다. 그렇다면 골프 경기 후 근육 회복을 최적화하고 경기력 향상을 돕기 위한 단백질 섭취 전략은 무엇일까?

운동 후 근육이 포도당을 빠르게 흡수하듯, 아미노산도 신속히 흡수된다. 운동 후 충분한 탄수화물 섭취가 근육의 글리코겐 재충전을 촉진하는 것처럼, 운동 후 충분한 단백질 섭취는 근단백질 합성과 회복을 촉진한다. 특히, 운동에 의해 촉진된 근단백질 합성 효과는 24시간 동안 지속되므로, 미국 스포츠의학회는 체중 1kg당 0.3g의 단백질을 운동 후 2시간 이내, 그리고 이후 3-5시간 간격으로 규칙적으로 섭취할 것을 권장한다(표 12.04)(Thomas et al., 2016). 운동에 따른 근육 성장 효과를 최적화하려면 일일 총 단백질 섭취량을 충족시키는 것이 매우 중요하다. 운동량이 많지 않은 일반 성인은 하루에 체중 1kg당 0.8g의 단백질 섭취로 기본적인 단백질 요구량을 충족할 수 있지만, 운동량이 많은 운동 선수는 근육 성장과 회복을 위해 하루에 체중

1kg당 1.2-2.0g의 단백질 섭취가 권장된다.

운동으로 인한 근단백질 합성 효과를 극대화하려면 단백질 섭취량과 섭취 시기뿐만 아니라, 완전 단백질 complete protein 식품을 선택하는 것도 중요하다(Thomas et al., 2016). 단백질은 다양한 아미노산으로 구성되어 있는데, 총 20개의 아미노산 중 9개는 체내에서 합성할 수 없어 반드시 식품을 통해 섭취해야 하는 필수 아미노산 essential amino acid 이다. 이 9개 필수 아미노산을 모두 함유한 식품을 완전 단백질 식품이라 하며, 대표적인 예로 우유 및 유제품 예: 그릭 요거트, 치즈, 달걀, 육류 예: 소고기, 돼지고기, 닭고기, 생선 등이 있다. 필수 아미노산 중 류신 leucine 은 근단백질 합성을 강력하게 자극하는데, 특히 우유 및 유제품에 풍부하다(Thomas et al., 2016). 또한 우유 및 유제품에 있는 유청 단백질 whey protein 은 빠르게 흡수되어 근육에 아미노산을 신속하게 공급하므로 운동 직후 섭취하기에 이상적이다(Tang et al., 2009). 이 때문에 많은 운동 선수들이 운동 직후 초코 우유를 통해 단백질과 탄수화물을 동시에 섭취하여 효율적인 근단백질 합성과 글리코겐 재합성을 도모한다.

예를 들어, 체중이 70kg인 선수를 기준으로 골프 경기 후 단백질 섭취 전략을 세워보자. 1회 섭취해야 할 단백질 양은 체중 1kg당 0.3g이므로, 21g이 필요하다. 이 양은 우유 700ml, 그릭 요거트 300g, 또는 소고기 100g으로 충족할 수 있다. 또한, 일일 단백질 권장섭취량은 체중 1kg당 1.2-2.0g에 해당하는 74-140g으로, 21g씩 하루에 약 4-7회에 걸쳐 단백질을 섭취하면 된다. 따라서 골프 경기 후 2시간 이내에 단백질 21g을 섭취하고, 이후 22시간 동안 3-6회에 걸쳐 추가로 단백질을 섭취하면 된다.

참고로, 취침 전 단백질을 섭취하는 것은 근성장에 긍정적인 영향을 미친다. 수면 중 오랜 시간 단식 상태에 놓이게 되면서 근단백질 분해가 활발해지는데, 취침 전 단백질을 섭취하면 이를 상쇄해 근단백질 균형을 개선할 수 있다. 특히 우유 및 유제품이 효과적인데, 그 속에 포함된 카세인 casein 단백질이 소화와 흡수가 느리게 진행되어, 수면 중에도 지속적으로 아미노산을 공급해주기 때문이다(Kim, 2020).

지금까지 우리는 골프 근육의 회복과 성장을 최적화하기 위한 단백질 섭취량, 시기, 그리고 종류에 대해 알아보았다. 운동 후 단백질 섭취는 근성장과 회복을 촉진하며, 이러한 시너지 효과는 24시간 동안 지속되므로 하루 동안 단백질을 균등하게 나누어 섭취하는 것이 중요하다. 그러나 많은 골프 선수들이 경기 후에는 단백질을 집중적으로 섭취하지만 아침이나 취침 전에는 충분히 섭취하지 않는 경향이 있으니(Berlin et al., 2023), 이러한 점을 보완해 근단백질 합성을 극대화하고 경기력 회복을 촉진할 필요가 있다. 특히 우유 및 유제품은 근성장을 촉진하는 류신, 빠르게 흡수되는 유청 단백질, 그리고 느리게 흡수되는 카세인 단백질 casein protein 을 모두 함유하고 있기에 운동 직후와 취침 전에 섭취하기 적합하다. 다음은 골프 경기력 향상에 중요한 수분 섭취와 그 전략에 대해 알아보자.

덥고 습한 날 골프 경기력 향상을 위한 수분 섭취 전략

골프는 기후와 계절의 영향을 많이 받는 스포츠이다. 여름에는 골프장이 활발하게 운영되지만, 겨울에는 다수의 골프장이 휴장한다. 이로 인해 겨울철 더운 동남아시아로 골프 여행을 떠나는 경우가 많다. 국내 골프 대회도 겨울에는 열리지 않으며, 세계 메이저 골프 대회 역시 봄과 여름에 집중되어 있다. 따라서 더운 날씨에서 골프를 치는 경우가 빈번하다. 특히 덥고 습한 날씨에서는 체온을 낮추기 위해 몸에서 많은 양의 땀을 배출하는데, 이러한 상황에서 골프 퍼포먼스를 유지하려면 체수분을 유지하는 수분 섭취 전략이 필수적이다.

먼저, 체수분은 골프 경기력에 어떤 영향을 미칠까(그림 12.4)? 물은 우리 몸에서 가장 큰 비중을 차지한다. 성인의 경우 체중의 약 60%가 물로 이루어져 있는데, 그만큼 물이 우리 몸에서 중요한 역할을 한다는 의미이다(Benelam & Wyness, 2010). 체내에서 물은 대부분 세포 내 intracellular water 에 존재하며, 각종 세포들이 원활하게 기능을 할 수 있도록 돕는다. 예를 들어, 근육세포 내 충분한 수분은 근육 경련을 예방하는 데 기여한다. 일부 수분은 혈액에 존재하는데, 각 조직으로 이동하며 산소와 영양소를 운반하고, 동시에 이산화탄소와 노폐물의 수거를 돕는다. 혈액량이 충분해야 심장이 효율적으로 작동해 경기 중에도 근육과 뇌에 필요한 산소와 영양소를 원활하게 공급할 수 있다. 또한 수분은 조직 사이 interstitial fluid 에도 존재하는데, 대표적으로 땀을 통해 체온을 조절하고 관절에서 충격을 흡수하는 윤활유 역할을 한다. 이처럼 수분은 체내 여러 시스템에서 골프 퍼포먼스와 관련된 중요한 역할을 하므로, 덥고 습한 날씨에서 땀을 많이 흘리며 골프 경기를 할 때는 적절한 수분 섭취를 통해 정상적인 체수분 상태 euhydration 를 유지하는 것이 필수적이다. 만약 수분 보충이 부족해 체중의 2% 이상에 해당하는 수분을 잃어 탈수

그림 12.4

체수분의 분포, 역할, 그리고 골프 퍼포먼스와의 연관성

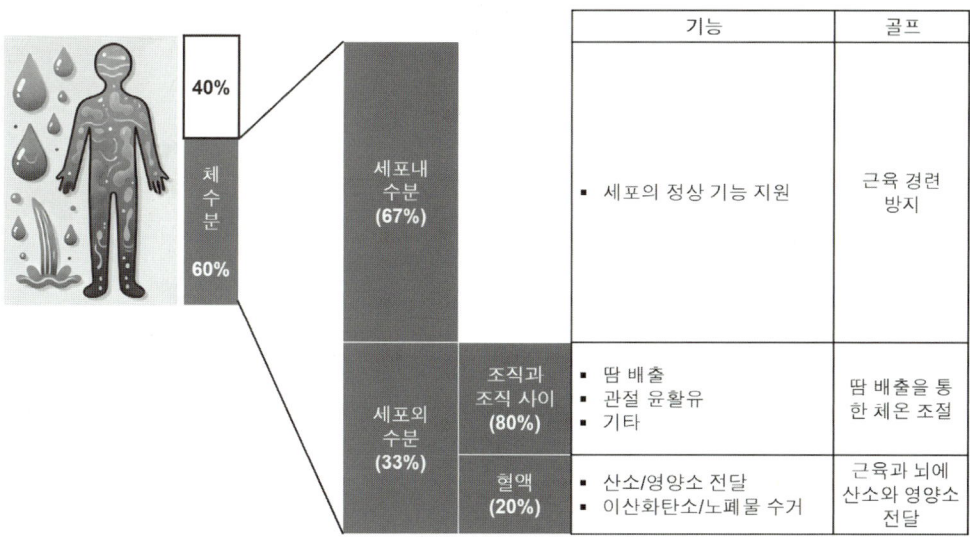

상태 dehydration 가 되면 (Benelam & Wyness, 2010), 근육과 뇌세포가 정상적으로 기능하지 못해 피로감과 집중력 저하가 발생하고, 혈류량 감소로 산소와 영양소 공급이 원활하지 않아 근육의 유산소 대사 능력이 저하되어 에너지 생성 효율이 감소하며, 체온 조절도 어려워져 전반적인 경기력이 저하된다 (Thomas et al., 2016). 그렇다면 골프 퍼포먼스 유지를 위한 효과적인 수분 섭취 전략은 무엇일까?

땀으로 손실된 수분을 제대로 보충 rehydration 하기 위해서는 먼저 땀의 성분을 이해해야 한다. 혹시 땀을 맛본 적이 있는가? 많은 사람들이 흐르는 땀의 짠맛을 느껴본 적이 있을 것이다. 이는 땀에 나트륨 Na+ 이 포함되어 있기 때문이다. 그래서 땀이 눈에 들어가면 따갑고, 땀이 마른 후에는 피부에 하얀 가루가 남거나 옷의 땀자국을 따라 하얀 선이 생기기도 한다. 땀은 단순한 물이 아니라 다양한 미네랄을 포함하고 있다. 미네랄은 체내에서 중요한 기능을 수행하기 때문에, 땀 배출로 인한 체내 미네랄 부족 또는 불균형은 경기력 저하의 주요 원인 중 하나가 될 수 있다. 따라서 땀 손실을 제대로 보충하려면 물만 마시는 것이 아닌 물과 미네랄을 함께 섭취하는 것이 중요하며, 물보다 이온 음료가 골프 퍼포먼스를 유지하는데 더 적합한 선택이다(Berlin et al., 2023).

시판되는 이온 음료의 핵심 성분은 물, 나트륨 +기타 미네랄, 당분, 그리고 첨가물이다. 물은 수분 보충의 핵심 요소이며, 나트륨은 땀으로 가장 많이 손실되는 미네랄로, 장에서 물의 흡수를 돕는다(Pérez-Castillo et al., 2023). 혈액 내 나트륨 농도가 높아지면 이를 적정 농도로 떨어뜨리기 위해 신장은 수분 재흡수를 촉진하여 섭취한 물이 소변으로 배출되지 않도록 하고, 뇌는 갈증을 유도해 더 많은 수분 섭취를 유발한다. 반면 나트륨 없이 물만 섭취하면, 혈액 내 나트륨 농도가 오히려 낮아져 이를 적정 농도로 올리기 위해 신장은 소변량을 증가시키고 뇌는 갈증을 없애, 섭취한 물을 체내에 제대로 보유하지 못하게 된다. 당분은 에너지를 제공하며, 나트륨과 함께 장에서 물의 흡수를 돕는다(Pérez-Castillo et al., 2023). 첨가물은 맛과 향을 개선해 이온 음료를 더 쉽게 더 많이 섭취할 수 있도록 한다. 동남아 지역을 여행하거나 국내 골프장에서 여름철 수박을 먹을 때, 소금이 함께 제공되는 모습을 본 적이 있을 것이다. 소금은 수박의 단맛을 강화하는 효과도 있지만, 주된 목적은 수분과 당분이 풍부한 수박에 소금을 더해 효율적으로 수분을 보충하기 위함이다. 한마디로, 수박에 소금을 곁들이면 천연 이온 음료가 되는 것이다. 한편, 더운 날 골프 경기 중 코코넛 물도 자주 마시지만, 나트륨이 부족해 이온 음료를 대체하지는 못한다. 참고로, 땀으로 나트륨 손실이 많을 때 등산객들은 신속한 에너지 보충과 탈수 예방을 위해 포도당과 나트륨을 주성분으로 한 식염 포도당 캔디를 섭취하기도 하는데, 이를 활용하는 것도 도움이 된다. 그렇다면 경기 전, 중, 후에 따른 효율적인 수분 섭취 전략은 무엇일까?

경기 전에는 자신의 수분 섭취 상태를 점검하고 탈수를 예방해야 한다(표 12.04)(Thomas et al., 2016). 가장 간단하고 직관적인 점검 방법은 소변색을 확인하는 것이다. 소변이 마치 레몬레이드처럼 맑고 연한 노란색이면 체내 수분 상태가 적절하다는 뜻이고, 탁하거나 진한 노란색이면 수분 보충이 필요하다는 신호다. 특히, 경기 전날 과음을 했다면 알코올의 이뇨작용으로 인해 수분 부족 상태일 가능성이 높다. 미국 스포츠의학회는 수분 보충이 필요할 경우, 경기 시작 2-4시간 전 체중 1kg당 5-10ml의 수분을 섭취할 것을 권장한다(Thomas et al., 2016). 더불어 덥고 습한 날씨로 인해 경기 중 땀을 많이 흘릴 것으로 예상되면, 식사 시 미리 염분을 섭취하는 것이 도움이 된다. 카페인의 각성 효과로 경기력을 향상시키기 위해 커피나 차를 마신다면, 경기 시작 30분-1시간 전에 섭취하는 것이 좋다. 다만, 카페인이 피로감을 줄이고 집중력을 향상시킬 수 있지만, 이뇨작용으로 인해 수분 손실을 일으킬 수 있으므로 경기 도중 충분한 수분 보충을 잊지 말아야 한다(Berlin et al., 2023).

경기 중에는 갈증을 느끼기 전부터 이온 음료를 소량씩 규칙적으로 마시는 것이 중요하다 (표 12.04)(Thomas et al., 2016). 갈증은 이미 탈수 상태에 접어들었을 때 느끼는 신호로, 이는 피로감 증가와 집중력 저하로 인해 샷의 정확도와 거리가 감소했음을 의미한다. 따라서 갈증을 느낀 후가 아닌 그 전에 미리 이온 음료를 마시는 것이 필요하다. 경기 중 필요한 수분 섭취량을 추정하려면 경기 전후의 체중 변화를 참조하면 된다. 경기 후 체중이 1kg 감소했다면 이는 약 1L의 수분 손실을 의미하는데, 최종 수분 손실량이 체중의 2% 미만으로 유지되도록 주의해야 한다. 예를 들어, 체중이 70kg인 선수가 5시간 동안 경기를 하면서 총 1L의 물을 마시고, 소변으로 약 0.5L를 배출했으며, 경기 후 체중이 69kg으로 감소했다고 가정해보자. 1kg의 체중 감소는 1L의 최종 수분 손실량을 나타내는데, 이는 체중의 2%인 1.4kg 미만이므로 탈수는 예방된 것이다. 다만, 경기 동안 실제 총 수분 손실량은 2.0L(땀 1.5L, 소변 0.5L)이므로, 비슷한 기후에서 다음 경기를 진행할 때는 18홀 동안 최소 2.0L(시간당 0.4L)의 수분 섭취를 목표로 설정하는 것이 합리적이다. 참고로 미국 스포츠의학회는 시간당 0.4-0.8L의 수분 섭취를 권장하고 있다 (Thomas et al., 2016).

경기 후에는 경기 전후 체중 감소로 추정된 최종 수분 손실량의 125-150%를 목표로 수분을 보충해야 한다(표 12.04)(Thomas et al., 2016). 이 목표치는 일부 수분이 소변으로 배출될 것을 감안해 100%보다 높게 설정된 것이다. 예를 들어, 체중이 70kg인 선수가 경기 후 체중이 69kg으로 감소했다면, 최종 수분 손실량인 1L의 125-150%에 해당하는 1.25-1.50L의 수분을 보충해야 한다. 수분 보충을 더 효과적으로 하기 위해서는 경기 후 식사 시 나트륨이 포함된 식품(예: 고기 소금에 찍어 먹기, 김치)을 함께 섭취하는 것이 좋고, 이뇨 작용이 있는 술이나 커피는 자제하는 것이 바람직하다.

요약하자면, 덥고 습한 날씨에서 진행되는 골프 경기의 성패는 수분과 미네랄을 얼마나 효과적으로 보충하느냐에 달려있다고 해도 과언이 아니다. 체온 조절을 위해 배출된 땀으로 인해 많은 수분과 미네랄이 손실되기 때문이다. 평소에는 나트륨 과다 섭취가 지양되지만, 이 경기 상황에서는 체내 수분 유지를 위해 나트륨을 함께 보충하는 것이 중요하다. 따라서 충분히 수분을 섭취한 상태에서 경기를 시작하고, 경기 중에는 갈증이 생기기 전부터 규칙적으로 이온 음료를 섭취하여 탈수를 예방하며, 경기 후에는 체중 감소분보다 더 많은 양의 수분을 보충해주는 것이 좋다.

🏌 나만의 맞춤형 골프 식단 발굴하기 One size does not fits all !

골프는 기술력, 신체적 능력(체력, 근력, 유연성, 균형 감각), 그리고 정신력(집중력, 판단력, 강인함)을 모두 요하는 복합적인 스포츠이다. 강력한 스윙을 반복하고, 장시간 걸으며, 집중력과 판단력을 유지하기 위해서는 근육과 뇌에 지속적으로 포도당을 공급하기 위한 탄수화물 섭취 전략이 필수적이다. 또한 골프 근육의 회복과 성장을 극대화하기 위한 단백질 섭취 전략도 중요하다. 특히 덥고 습한 날씨 속에서 골프 경기를 할 때는, 땀으로 손실되는 수분과 미네랄 보충 전략이 필요하다. 따라서 이 장에서는 골프 경기 전, 중, 후 각 시점에서 요구되는 탄수화물, 단백질, 수분 및 미네랄 섭취 방법과 양에 대해 다루었다. 단, 이 영양 섭취 전략은 골프에만 한정된 연구가 아닌 다양한 스포츠 종목의 연구를 기반으로 제시된 것이기에, 최종 지침이 아닌 참조 가이드로 활용해야 한다.

오늘날 우리는 '모두에게 동일하게 적용되는 식단'을 추구하던 전통적인 접근에서 벗어나 '개인의 유전적 특성, 생리 상태, 생활 습관, 운동 목표 등을 고려한 맞춤형 식단'을 지향하는 정밀 영양 precision nutrition 의 시대에 살고 있다. 이러한 시대에서 골프 퍼포먼스를 최적화하기 위한 영양 섭취법을 찾기 위해서는, 선수 스스로가 자신의 신체와 퍼포먼스 요구를 이해하고, 앞서 제시된 섭취 가이드를 바탕으로 다양한 식품과 섭취량을 시도해보며 자신에게 가장 적합한 방법을 찾아야 한다. 개인의 영양 섭취 전략은 이러한 실험과 적응 과정을 통해 구축되고, 반복적인 시도와 분석을 통해 최적화된다. 선수는 경기 준비와 수행 과정에서 발굴한 식단을 루틴화하고, 이를 지속적으로 반복하면서 불안 요소를 제거하고 '긍정적인 징크스'를 형성하는 것이 중요하다. 결국, 골프에서의 성공은 자신에게 맞는 최적의 영양 전략을 찾는 과정에서 이루어진다.

 ## 참고 문헌

[1] Arciero, P. J., Goran, M. I., & Poehlman, E. T. (1993). Resting metabolic rate is lower in women than in men. *Journal of Applied Physiology*, *75*(6), 2514-2520. https://doi.org/10.1152/jappl.1993.75.6.2514

[2] Atherton, P. J., & Smith, K. (2012). Muscle protein synthesis in response to nutrition and exercise. *The Journal of Physiology*, *590*(5), 1049-1057. https://doi.org/10.1113/jphysiol.2011.225003

[3] Atkinson, F. S., Brand-Miller, J. C., Foster-Powell, K., Buyken, A. E., & Goletzke, J. (2021). International tables of glycemic index and glycemic load values 2021: A systematic review. *American Journal of Clinical Nutrition*, *114*(5), 1625-1632. https://doi.org/10.1093/ajcn/nqab233

[4] Benelam, B., & Wyness, L. (2010). Hydration and health: a review. *Nutrition Bulletin*, *35*(1), 3-25. https://doi.org/10.1111/j.1467-3010.2009.01795.x

[5] Berlin, N., Cooke, M. B., & Belski, R. (2023). Nutritional considerations for elite golf: A narrative review. *Nutrients*, *15*(19), 4116. https://doi.org/10.3390/nu15194116

[6] Da Poian, A. T., El-Bacha, T. & Luz, M. R.M.P. (2010) Nutrient utilization in humans: Metabolism Pathways. *Nature Education 3*(9), 11.
https://www.nature.com/scitable/topicpage/nutrient-utilization-in-humans-metabolism-pathways-14234029/

[7] *Four Types of Exercise Can Improve Your Health and Physical Ability*. (2021, January 29). National Institute on Aging.
https://www.nia.nih.gov/health/exercise-and-physical-activity/four-types-exercise-can-improve-your-health-and-physical

[8] Hargreaves, M., & Spriet, L. L. (2020). Skeletal muscle energy metabolism during exercise. *Nature Metabolism*, *2*(9), 817-828. https://doi.org/10.1038/s42255-020-0251-4

[9] Kim, J. (2020). Pre-sleep casein protein ingestion: new paradigm in post-exercise recovery nutrition. *Physical Activity and Nutrition*, *24*(2), 6-10.
https://doi.org/10.20463/pan.2020.0009

[10] Murray, B., & Rosenbloom, C. (2018). Fundamentals of glycogen metabolism for coaches and athletes. *Nutrition Reviews*, *76*(4), 243-259. https://doi.org/10.1093/nutrit/nuy001

[11] Nagashima, Y., Ehara, K., Ehara, Y., Mitsume, A., Kubo, K., & Mineo, S. (2023). Effects of continuous carbohydrate intake with gummies during the golf round on interstitial glucose, golf performance, and cognitive performance of competitive golfers: A randomized Repeated-Measures Crossover Design. *Nutrients*, *15*(14), 3245.
https://doi.org/10.3390/nu15143245

[12] Pérez-Castillo, Í. M., Williams, J. A., López-Chicharro, J., Mihic, N., Rueda, R., Bouzamondo, H., & Horswill, C. A. (2023). Compositional aspects of beverages designed to promote hydration before, during, and after exercise: Concepts revisited. *Nutrients*, *16*(1), 17. https://doi.org/10.3390/nu16010017

[13] Raichle, M. E., & Gusnard, D. A. (2002). Appraising the brain's energy budget. *Proceedings of the National Academy of Sciences*, *99*(16), 10237-10239.
https://doi.org/10.1073/pnas.172399499

[14] Scalise, F., Cavanna, F., Godio, C., & Beretta, E. P. (2023). Exercise intensity and activity energy expenditure of professional golf players in official competitive setting. *Sports Health a Multidisciplinary Approach*, *16*(3), 481-486.
https://doi.org/10.1177/19417381231175149

[15] Tang, J. E., Moore, D. R., Kujbida, G. W., Tarnopolsky, M. A., & Phillips, S. M. (2009). Ingestion of whey hydrolysate, casein, or soy protein isolate: Effects on mixed muscle protein synthesis at rest and following resistance exercise in young men. *Journal of Applied Physiology*, *107*(3), 987-992. https://doi.org/10.1152/japplphysiol.00076.2009

[16] Thomas, D. T., Erdman, K. A., & Burke, L. M. (2016). Nutrition and athletic performance. *Medicine & Science in Sports & Exercise*, *48*(3), 543-568.
https://doi.org/10.1249/mss.0000000000000852

"조심한다고 해서 비용이 들지 않는다. 부주의하면 당신의 생명을 앗아갈 수 있다."

"Carefulness costs you nothing. Carelessness may cost you your life."

- Safety saying -

"안전 행동과 집중은 관심의 문제이다."

"Discipline and concentration are a matter of being interested."

-Tom Kite

골프 안전관리

USGTF-KOREA 골프산업연구소
소장 _ 최승권

강의 개요

국민 스포츠로 발전한 골프는 안전사고가 많이 발생하고 있어 대책이 요구되고 있다. 골프를 하며 일어나는 사고로는 타구 사고, 카트 사고, 코스 내 사고, 자연 관련 사고, 골프채 사고, 부상 등이 있다. 골프장에서 발생하는 대다수 사고는 골프 규칙 위반, 부주의 행동과 연관된 안전불감증에서 비롯된다. 본 교과는 골프장 사고의 현황, 사례, 원인을 살펴보고 사고 예방을 위한 대처 방법을 학습한다.

골프 안전관리

우리나라에서 골프는 국민스포츠 종목으로 자리하고 있는 체육활동이다. 문화체육관광부(2023)의 '국민생활체육조사'에 따르면, 최근 1년간 주 1회 이상 여러 종목을 운동하면서 골프 종목에 참여하는 국민은 7.1%라고 응답하였는데, 주로 참여하는 종목으로는 걷기가 1위, 2위 등산, 보디빌딩, 수영 다음으로 골프가 5위에 해당할 정도로 즐기는 사람이 많은 운동이다. 골프를 하는 인구는 2021년도에 564만 명으로 조사 되었으며, 한 해 동안 골프장을 찾은 골퍼는 5,000만 명이 넘었을 정도여서 국민스포츠라 하여도 지나친 말이 아닌 스포츠가 되었다(강재규, 2023). 많은 국민이 즐기며 참여하고 있는 스포츠가 골프라는 뉴스는 반가운 일이지만, 반면에 골프장에서 발생한 사고 중 사망자가 생겨 중대재해처벌법을 적용할지 검토한다는 뉴스는 매우 안타까운 일이다. 스포츠를 하면서 인명을 앗아가는 사고가 자주 일어나는 상황은 매우 심각한 일이 아닐 수 없다.

골프는 달리기나 점프와 같은 격렬한 스포츠 동작이 필요하지 않으므로 위험하지 않은 스포츠(Luscombe et al., 2017)로 인식되고 있고, 골프는 운동 중 부상 발생률이 어느 스포츠 종목보다 상해가 상대적으로 적어서 일반적으로 안전한 스포츠(Kuitunen & Ponkilainen, 2024)라고 한다. 이는 골프 운동 중에 발생한 신체 부상 집계 자료만을 기준으로 한 연구이며, 안전이라는 관점에서 골프장에서 일어나는 사고를 분석한 외국의 예는 거의 없다. 우리나라에서 골프 연습 또는 라운드 중에 일어나는 사고로는, 볼에 맞는 타구 사고, 카트 이동 시 발생하는 사고, 물에 빠지거나 골프채에 의한 사고, 자연재해 등이 있으며, 이러한 인체에 위해를 가하는 안전사고는 일반적으로 알려진 수효보다 많다.

최근 골프장에서 발생한 각종 사고로 사망 피해가 잦아지면서, 골프장에서의 안전 문제가 심각하게 거론되며 중대재해처벌법(2022. 1. 27. 시행)에 의한 처벌 대상으로까지 검토되고 있다. 중대재해처벌법은 골프장에서 안전관리 시스템 미비로 인해 일어나는 중대 재해를 사전에 방지할 목적으로 제정된 법이다. 스포츠 활동에서 생명에 위협을 초래하는 안전 문제는, 골퍼 자신이 그 어떤 조건보다 우선 생각하여 예방해야 할 사항이다. "골프 안전관리"는 골프를 하며 발생하는 사고를 방지하며 안전한 플레이를 하기 위한 내용이다.

골프장 사고 현황

우리나라의 골퍼들이 전국의 골프장에서 겪는 대다수 사고는 골프공에 맞는 타구 사고와 카트를 사용하면서 일어나는 사고이다. 보도(김현수, 2022)에 따르면 2017년부터 2021년까지 5년간 골프장 사고는 5,198건이었으며, 이 가운데 타구 사고는 3,772건(72.6%), 카트 사고 1,421건

(27.3%), 익사 사고 5건이었다. 5년간의 사고 건수를 살펴보면, 우리나라 골프장에서는 사고가 연평균 1,030건, 1일 2.85건이 발생하며, 이 중에서 타구 사고는 매일 2건 이상 발생하였다고 볼 수 있다. 그런데 2022년의 골프장 타구 사고(최미송, 2022)를 살펴보면, 8개월 동안의 타구 사고는 964건으로, 1일 4건 정도가 발생하여 이전에 있었던 5년간의 평균 타구 사고 건수보다 2배나 더 많이 발생한 것으로 조사되었다(그림 13.1).

골프장에서의 타구 사고는 촉박한 티오프 tee off 간격(이서희, 2022), 노캐디 no caddie 플레이 self round (김화균, 2023) 등을 원인으로 지적하고 있지만, 주된 원인은 코로나 팬데믹 pandemic 시기의 골프 인구 증가와 그에 따른 골프 입문 초보자에게 안전과 관련된 골프 규칙과 에티켓에 대한 지도 미

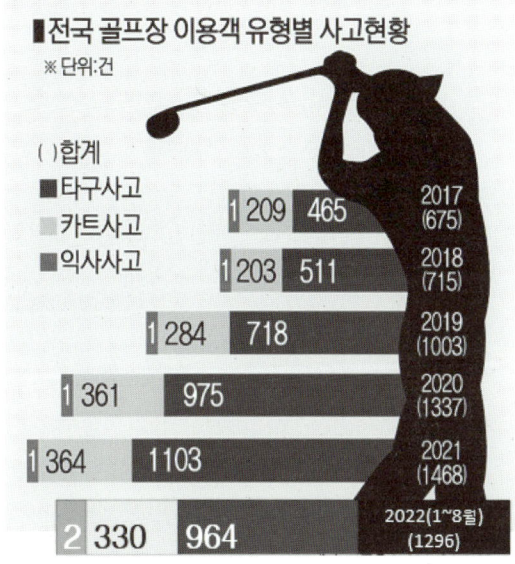

그림 13.1
전국 골프장 이용객 유형별 사고 현황

출처: 김현수(2022).

비가 사고 원인으로 작용하지 않았을까 하는 생각이 든다. 골프장에서의 사고 중에 두 번째로 많이 발생하는 카트 사고의 경우에는 그림 13.1에서 볼 수 있듯이 2017년에 카트 사고 건수가 209건이었고, 2021년에는 364건이었으며, 그리고 2022년 8개월 동안에는 330건의 카트 사고가 발생하여 증가하는 추세를 나타냈다. 2022년도의 전국 골프장 사고는 8개월 동안 타구 사고(964건), 카트 사고(330건), 익사 사고(2건) 등 총 1,296건의 사고가 발생하여, 평균적으로 1일 5.3건 이상의 사고가 발생하였다.

이처럼 사람들에게 치명적일 수 있는 골프장 사고의 원인은 무엇이었을까? 골프장 사고 보도 언론 매체마다 그 원인을 안전시설 설치와 관련된 제도적인 미비로 보고 있으나, 사고의 증가는 골프 인구 증가와 골퍼의 안전불감증(한국소비자원 생활안전팀, 2022)이 결정적으로 작용했을 것으로 추정된다. 다시 말하자면 사고 발생의 근본적인 원인은 제도적 미비보다는 골퍼 자신에 있지 않았을까 한다. 팬데믹으로 골프 인구가 폭발적으로 증가하면서 사고가 초보 골퍼들에게서 발생하였는지 아니면 구력이 있는 사람들에게서 발생하였는지 조사된 바 없다. 골프 사고의 정확한 원인은 파악되지 않고 있으나 골프 안전과 규칙에 대한 지도가 철저하지 못한 현재의 지도 분위기를 미루어보면, 골프 규칙과 안전 상황을 간과하여 발생한 사고가 상당수 있을 것으로 생각된다. 골프 초보자들은 분명히 혼자서 골프 기술을 터득하여 필드에 나가지 않았을 것이며, 누군가에게서 골프를 지도받은 후에 라운드했을 것이다. 전 세계 공통으로 적용하고 있는 골프

규칙과 보편적으로 알려진 골프 에티켓 속에는 안전과 관련된 내용이 정확히 포함되어 있다(골프 규칙 참조). 골프를 지도하는 과정에서 골퍼들에게 골프의 첫걸음이라 할 수 있는 골프 에티켓과 골프 규칙을 정확히 알고, 라운드하는 골퍼가 안전 행동을 적절히 수행하였는데도 불구하고 사고가 일어났을까 하는 의문을 가져본다. 티칭 프로가 골프 지도를 시작하면서 해야 할 역할의 첫 번째는 골프 에티켓과 골프 규칙을 지도하는 것이다. 스포츠는 안전하게 즐기는 것이 최선이다!

🏌 골프 규칙 : 골퍼의 행동과 경기 정신

골프 경기의 핵심 원칙 중 하나는 선수들이 규칙과 경기의 정신에 따라 플레이하는 것이다. 골프 경기는 정해진 규칙을 지키며 상대와 기량 및 기술을 겨루는 활동인 만큼 다른 골퍼를 동반하기 마련이다. 여러 명의 골퍼가 경기를 공정하고 원만하게 진행하는 상황 속에는 다른 골퍼와의 관계 형성이 존재한다. 이때 원활한 경기 진행을 위해 골퍼들이 반드시 지켜야 할 행동 원칙을 정해놓은 것이 골프 규칙이다. 전 세계에서 공통으로 적용하는 규정이 "R&A/USGA 골프 규칙"이다(대한골프협회, 2018). 골프 경기에서는 골퍼를 안전하게 보호하며 플레이하도록 아래와 같은 내용의 안전에 관한 플레이 상황을 규정하고 있다(표 13.1).

- ▶ 규칙 1.2a 다른 플레이어의 안전을 살피고, 다른 경기자의 플레이를 방해하지 않아야 함.
- ▶ 규칙 5.6b 플레이어들은 안전을 확보한 상태에서 스트로크를 준비할 것.
- ▶ 규칙 5.7c 앞 조가 안전한 거리만큼 이동하기를 기다려서 플레이할 것(시간초과 규정에 해당 안 됨).
- ▶ 규칙 6.4 안전을 확보한 상태에서 순서와 관계없이 플레이하는 것.

골프 규칙 1.2에서 정하고 있는 경기 정신은 플레이할 때 성실하게 행동하고, 다른 골퍼를 배려하며, 코스를 보호하는 행동을 하는 것이다. 경기 정신에서 다른 골퍼에 대한 배려는 안전을 확보한 상태(준비된 골프)에서 빠른 속도로 플레이하고, 다른 플레이어의 안전을 살피고, 다른 골퍼의 플레이를 방해하지 않는 것이다. 골퍼는 스트로크(타구)하거나 연습 스윙할 때 클럽, 볼 또는 돌, 자갈, 나뭇가지 등에 맞을 수 있는 위치에 동반자, 캐디 등이 가까이 있는지 확인해야 한다. 또한 앞에서 플레이하는 팀이 볼에 맞을 수 있는 범위를 벗어날 때까지 기다려야 한다. 경기자가 누군가를 다칠 위험이 있는 방향으로 볼을 보내면 즉시 "fore"라고 소리쳐서 앞 플레이어에게 경고한다(R&A, 2024). "fore"라는 말은 "앞쪽으로 공 날아가니 조심해!"라는 의미 beware before 로, 우리는 보통 볼이 플레이어를 향하고 있으니 위험할 수 있다고 급히 알릴 의도로 '볼 ball '이라고 크게 소리치고 있다.

골프 규칙 5.6항은 플레이의 부당한 지연에 관한 사항을 규정하고 있다. 신속한 경기 진행을 위해서 홀과 홀 사이의 플레이 속도가 더뎌지지 않도록 골퍼가 방해받지 않고 플레이할 수 있으면 40초 안에 스트로크할 것을 권장하고 있다(규칙 5.6b). 진행 속도를 빨리하기 위해 볼 치는 순서와 관계없이 골퍼는 안전을 확보한 상태에서 스트로크할 준비된 골퍼가 먼저 볼을 치도록 하는 규정이다. 필드에서 서두르는 모습을 자주 볼 수 있는데, 아무리 늦더라도 골퍼 자신은 물론 동반자와 진행자 모두 안전이 확보된 상태에서 스트로크할 것을 규정한 것이다.

라운드하다 보면 앞서 나간 팀이 아웃 오브 바운드 out of bounds, OB 볼을 찾거나 플레이가 미숙한 경우, 또는 불순한 날씨 등으로 경기가 중단되었다가 재개되는 상황이 있을 수 있는데, 다시 플레이하기 위해서는 앞선 골퍼들과의 거리가 충분히 확보되어야 안전하다. 이때 기다리는 시간은 로컬룰 local rule 에 의해 40초의 플레이 속도 지침을 규정했더라도 규칙 위반이 아니다(규칙 5.7c). 라운드에서 스트로크플레이 stroke play 순서(규칙 6.4b)는 일반적으로 총 타수 gross scores 또는 handicap 가 낮은 골퍼, 그리고 필드에서는 홀에서 가장 멀리 있는 볼을 친다. 그렇지만 신속한 경기 진행을 위하여 이득이 없는 한 준비된 골퍼가 안전을 확보한 상태에서 볼을 치도록 하고 있다(규칙 6.4b).

지도자가 골프를 배우는 사람들에게 기본적으로 경기 규칙 알려주는 것은 당연한 일이며, 규칙을 정해놓은 이유에 대하여 자세히 설명할 필요가 있다. 규칙을 지키며 플레이하는 것은 안전한 플레이를 의미한다.

표 13.01

골프 규칙에 명시된 안전 관련 내용

1.2 플레이어의 행동 기준
1.2a 모든 플레이어가 지켜야 하는 행동
모든 플레이어는 골프의 정신에 따라 플레이하여야 한다.
- 타인을 배려하여야 하며 - 즉, 신속한 속도로 플레이하고 타인의 안전을 살피며 다른 플레이어의 플레이에 방해가 되지 않도록 하여야 한다.

5.6b 신속한 플레이 속도
골프의 라운드는 신속한 속도로 플레이하여야 한다.
(1) 플레이 속도는 플레이할 수 있게 된 후로부터 40초 안에 스트로크할 것을 권장한다.
(2) 플레이 속도 향상을 위하여 순서와 관계없이 플레이하기 - 스트로크플레이에서 플레이어들은 안전을 확보한 상태에서 '준비된 골프'를 할 수 있다.

5.7c 플레이가 재개되는 경우
앞 조의 플레이어들이 먼저 플레이를 하고 안전한 거리만큼 이동하기를 기다리는 경우 규칙 위반이 아니다.
6.4 홀을 플레이할 때의 플레이 순서
▶ 스트로크플레이에서는 순서를 지키지 않고 플레이한 것에 대한 페널티가 없으며 플레이어들이 '준비된 골프', 즉 안전을 확보한 상태에서 순서와 관계없이 플레이하는 것을 허용하며 권장한다.

출처: 대한골프협회(2018). R&A USGA 골프 규칙. 대한골프협회 출판사업부.

골프 안전 관련 법률

법은 사람들이 지켜야 할 규칙이고 사회 구성원들이 지켜야 하는 공동생활의 기준이다. 우리가 안전하고 편안하게 생활할 수 있는 것은 법을 통해 혼란과 무질서를 막아 사회질서를 유지할 수 있기 때문이라 볼 수 있다. 오늘날 우리 사회는 여러 차례에 걸쳐 일어난 대규모 인명 사고로 인해 안전에 대해 예민해져 있다. 사람들이 안전에 관해 관심을 가지면 대다수의 인명 사고를 줄일 수 있다는 사실은 두말할 나위 없다. 최근 스포츠 활동에서 인명 피해를 줄이기 위해 일부 체육 관련법을 개정하여 안전 관련 조항을 포함하였다. 근래 골프장에서 일어나는 사고에 관한 기사를 쉽게 접하게 되어 안타까운 일이 아닐 수 없는데, 법에서 규정하고 있는 안전 사항을 살펴서 지키려고 하기 이전에 골프 에티켓이나 규칙을 준수하면 골프장에서 발생하는 사고는 대부분 예방할 수 있을 것이다. 골프와 관련해서 안전하게 골프를 하도록 법에서 규정하고 있는 내용은 안전 환경 조성에 관한 것으로, 그에 관한 내용은 체육시설의 설치·이용에 관한 법률(이하 '체육시설법'/'체시법'이라 함)·시행령·시행규칙에 규정되어 있다(표 13.02).

체육시설에서의 안전을 위한 제도적 장치가 처음 마련된 시기는 2015년 체육시설법[법률 제13128호, 2015]을 일부 개정하면서부터이다. 법을 개정하게 된 이유는, 대부분의 체육시설에 대한 안전 점검 등 관리 감독이 제대로 이루어지지 않고 있어 안전사고 발생의 우려가 있어서였다. 주요 내용으로는 첫째, 체육시설 안전을 위한 제도적 장치 마련과 체육시설 설치·운영자 및 위탁운영·관리자에게 기능 및 안전성 유지관리 의무를 부여한 것이다(법 제4조). 둘째는, 안전한 체육시설에서의 활동을 위해 문화체육관광부 장관은 체육시설(공공체육시설 및 등록·신고체육시설에 한정)의 안전한 이용 및 체계적인 관리를 위하여 5년마다 체육시설 안전관리에 관한 기본계획(이하 "기본계획"이라 한다)을 수립·시행하도록 하고 있다(법 제4조의 2). 기본계획에는 체육시설에 대한 중기·장기 안전관리 정책, 체육시설 안전관리 제도 및 업무의 개선에 관한 사항, 체육시설과 관련된 사고를 예방하기 위한 교육·홍보 및 안전 점검에 관한 사항 등을 포함하고 체육시설 안전관리와 관련된 안전 점검을 정기적으로 실시하도록 하고 있다. 또한 체육시설법 제4조의8(체육시설 안전관리 등 교육)에 따라서 체육시설의 소유자·관리자 및 체육시설업자 등에 대하여 체육시설과 관련된 사고를 예방하기 위한 교육 및 체육시설의 안전관리에 대해 교육해야 한다. 이에 따라 한국골프장경영협회(2009), 한국대중골프장협회(2022), 문화체육관광부(2021) 등은 골프장 안전 매뉴얼을 제작하였으며, 이를 전국의 골프장에 배포하여 관리자와 캐디 교육에 활용하고 있다(그림 13.2).

체육시설법 제10조(체육시설업의 구분·종류)에 따른 골프 관련 체육시설업에는 등록 체육시설업으로 골프장업, 신고 체육시설업으로 골프 연습장업, 가상체험 체육시설업이 있다(표 13.02 참조). 체육시설법 시행령 제6조, [별표 2]에서는 가상체험 체육시설업의 범위를 정보처리 기술이나 기계장치를 이용한 가상의 운동경기 환경에서 실제 운동경기를 하는 것처럼 운동이 가능한 시설을 경영하는 업'이라 하고 있다. 우리나라는 세계에서 인구 대비 가장 많은 골프 시뮬레이터와 가장 현대적인 시뮬레이터 디자인을 자랑하는 국가이다(Qureshi et al., 2022). 스크린골프업이 가상체험 체육시설업으로서 법제화된 시기는 2018년 체육시설법[법률 제15767호]을 일부 개정하면서부터이다. 신고 체육시설로서 골프 연습장업은 인도어 연습장, 실내골프연습장을 의미하고, 가상체험 체육시설업은 스크린 골프연습장, 스크린골프(게임룸)가 해당한다.

그림 13.2
골프 안전사고 예방을 위한 매뉴얼 발간

한국골프경영협회(2019)　　한국대중골프협회(2020)　　문화체육관광부(2023)

이러한 골프 업종의 시설 기준은 운동시설과 안전시설로 구분되어 있는데, 골프장은 코스 사이에 20m 이상의 간격을 두도록 하고 있으며, 간격을 둘 수 없으면 안전망 설치하도록 하고 있다. 골프연습장은 타석 사이의 간격이 2.5m 이상이어야 하고, 보행통로와의 거리는 1.5m 이상이어야 한다. 골프연습장에서의 사고는 모니터를 조작하다 옆 타석 골퍼가 휘두른 골프채에 맞아 큰 사고를 일으키는 경우가 있어 타석 간의 시설 간격을 규정에 적합하게 설치했더라도 조심해야 할 일이다. 스크린골프장의 운동시설은 타석과 스크린 거리는 3m 이상, 천장의 높이 2.8m 이상, 대기석과의 거리 1.5m 이상 두도록 하고 있으며, 내부 시설이 볼의 반발로 튕기지 않도록 하고 있고, 바닥이 미끄럽지 않아야 한다. 한편, 사고 발생 시에 배상 처리를 위해 체육시설법 제26조(보험 가입) 체육시설업자는 체육시설의 설치·운영과 관련되거나 그 체육시설 안에서 발생한 피해를 보상하기 위하여 문화체육관광부령으로 정하는 바에 따라 보험에 가입하여야 한다. 다만, 문화체육관광부령으로 정하는 소규모 체육시설업자인 경우, 보험 가입은 의무사항이 아니다. 그런데 골프장에서 카트 사고가 빈번히 발생하면서 체육시설법 시행규칙 제25조(보험 가입)에 따라 「자동차손해배상 보장법 시행령」 제3조 제1항 각호에 따른 금액 이상을 보장하는 손해보험에 가입하여야 한다.

체육시설법에는 안전과 관련해서 제24조(안전·위생 기준 등), 시행령 체육시설 안전 점검의 항목 및 평가 기준(제2조의3 제2항 관련)[별표 1의2], 시행규칙 제23조 관련 [별표 6] (안전·위생 기준 등), 그리고 안전에 관한 시설물의 보수·보강 등 필요한 조치에 대한 이행 및 시정 명령을 준수하지 아니하거나 보험에 가입하지 않는 등의 위반 또는 불이행에 대한 100만 원 이하의 과태료를 부과 조항으로 규정하고 있다.

표 13.02
체육시설업의 시설 기준(체육시설법 시행규칙 제8조 관련 [별표 4])

시설 구분	종류	필수시설	시설 기준
등록 시설	골프장	운동시설	• 골프 코스 사이에 안전사고 위험시 20m 이상의 간격 • 20m 이상의 간격 어려울 시 안전망 설치
		안전시설	• 골프장 주변 타구 안전사고 위험시 안전시설(비구 방지망 등)을 설치
신고 시설	골프 연습장	운동시설	• 타석 간의 간격은 2.5m 이상 • 보행통로와의 거리 1.5m 이상
		안전시설	• 안전사고 예방 그물·보호망 등 설치
	가상체험 체육시설	운동시설	• 타석과 스크린(화면) 거리는 3m 이상 • 타석으로부터 천장의 높이 2.8m 이상 • 타석과 대기석과의 거리 1.5m 이상
		안전시설	• 타석과 스크린 사이의 벽면, 천장 및 바닥은 충격 흡수 재질 • 스크린은 벽면과 틈을 두고 평편하게 설치 • 바닥은 미끄럽지 않은 재질로 설치

골프장/연습장 사고의 유형

골퍼에게서 일어나는 안전사고는 일반적으로 언론에 보도된 내용을 기준으로 타구 사고 혹은 카트 사고, 익사 사고 등을 꼽는데, 사망사고가 발생할 경우, 중대재해처벌법에 의한 처벌 대상이 될 만한 대형 사고로 보고 있다. 그렇지만, 언론에 보도되지 않는 신체 부상을 초래한 크고 작은 사고는 헤아릴 수 없이 많을 것으로 생각된다. 사고는 그 정도가 크든 작든 즐겁게 라운드하는 골퍼에게 있어서는 운동을 중단하거나 더 이상 즐겁게 운동을 지속할 수 없는 대단히 혐오스러운 문제임에 틀림이 없을 것이다.

골프장, 골프연습장에서 일어나는 사고는 매우 다양하다(표 13.03). 우리나라에서 조사된 사고 유형은 주로 볼에 맞는 사고와 카트를 이동시키며 발생하는 사고에 대하여 많이 알려져 있으나, 그와 같은 사고 이외에도 코스 내의 다양한 환경에서의 신체 부상, 골프채에 맞는 사고, 야생동물에 의한 사고, 기상 조건, 준비운동이 필요한 상해 등이 발생하고 있다.

표 13.03
골프 할 때 발생하는 여러 가지 사고 유형

사고 유형	사고 내용
타구 사고	티 박스 주변에서의 볼에 맞음
	블라인드 홀에서의 볼에 맞음
	인접 홀에서 날아온 볼에 맞음
	동반 골퍼 샷에 의한 타구
	코스 내 이동 시 미스샷으로 인한 타구
	홀아웃 전 뒤 팀의 샷으로 인한 사고
	샷 한 볼이 바위, 나무에 맞고 튕겨 나와 맞는 사고
	[스크린골프] 벽, 시설물에 부딪힌 후 튕겨서 맞는 사고
카트 사고	[추돌] 카트 출발 및 자동주행 구간에서 골퍼 추돌
	[추락] 위험 구간(급커브, 비탈, 낭떠러지) 이동 중 추락
	[전도] 급커브, 경사로에서 카트 운전 중 넘어감
	[익사] 운전 부주의로 해저드 추락
	[낙상] 이동 중 바닥에 떨어진 물품 줍다 떨어짐 불필요 행동(핸드폰 조작, 돈 계산, 취식)하다 낙상 발을 꼬고 앉아 있다가 균형 잃고 떨어짐 주행 중 급히 뛰어내리다가 다침
코스 내 사고	티 박스 앞 경사로에서 미끄러짐 사고
	도로변 경계석 밟고 넘어져 골절
	경사로, 비탈 미끄러짐 염좌, 골절, 타박상
	배수구, 스프링클러 밟고 전도
	야간 경기 이동 시 계단 헛디딤 사고
	매트에서 미끄러짐(겨울, 새벽녘 이슬, 빗물)
	바위/돌 미끄러짐(빗물, 이끼, 얼음, 눈)
	[익사] 해저드 빠진 분실구 건지려다 빠짐
기후/자연 관련 사고	[일사병/열사병] 무더운 날씨 무리한 라운드
	[야생동물] 분실구 줍다 덤불에서 뱀에 물림 벌에 쏘임
	[낙뢰] 높은 나무 밑에서의 낙뢰 사고 골프채를 들다가 낙뢰에 맞는 사고
골프채 사고	연습 스윙하는 골프채에 신체를 맞는 사고
	골프채가 나무에 감김. 돌, 나무뿌리에 걸려 부상
	[스크린골프] 모니터 조작 시 앞 타석 골퍼의 스윙에 맞음
	[스크린골프] 스윙 시 헤드 부위 떨어져 나감
질병 발생	[심장 질환] 라운드 중 급성 심근경색 발생 티업 시간 임박하여 달려온 후 심근경색
	[근골격 질환] 플레이 시 손목, 팔꿈치, 갈비뼈 등 통증

☑ 타구 사고

플레이어가 친 볼에 동반자, 경기보조원(캐디), 다른 조의 플레이어가 맞는 사고는 골프장 타구의 대부분을 차지하는 사고이다. 타구 사고가 발생하는 상황은 대부분 샷 shot 하는 방향에서 플레이어보다 앞서 나아간 경우에 발생한다. 골퍼가 친 볼의 속도는 100km 이상으로 날아가기 때문에 만약 볼에 맞게 되면 사망할 수도 있어 골퍼가 볼보다 앞으로 나아가는 행동은 매우 위험한 일이다. 프로골프 투어 golf tour 에서 선수들이 다른 선수의 볼 위치보다 앞으로 나아가거나 다른 선수가 앞쪽에 있는데 볼을 샷 하는 모습을 본 적이 있는가? 비단 초보 골퍼가 아니더라도 볼을 치는 자신도 샷 한 볼이 실제로 어디로 날아갈지 알지 못한다. 볼을 치는 플레이어는 목표 방향으로 잘 보내고 싶은 마음이지만 볼의 비행은 원하는 방향으로만 날아가지는 않는다. 샷 한 볼은 전면 180도 방향 어디라도 날아갈 수 있고, 심지어 앞쪽에 있는 바위, 나무, 카트 등에 맞고 뒤로 날아와 사고를 일으키기도 한다.

골프 플레이는 보통 4명을 한 팀으로 구성하여 7~8분 간격(프로 경기는 10분, 11분 간격이라고 함)으로 진행하는데, 앞서 나간 팀의 진행이 늦어지면 안전거리를 무시하고 급한 마음에 티 샷 tee shot 하여 위험한 상황을 만드는 경우가 있다. 볼이 앞쪽으로 날아가 플레이어 근처로 날아가면 '볼'(정확한 용어는 'fore'임)이라 소리치지만 앞선 플레이어들이 날아오는 볼을 보기란 쉽지 않으며 비구는 심한 상해 사고를 일으킬만한 대단히 위험한 일이다. 골프 게임을 수월하게 진행하도록 돕는 사람이 캐디인데, 캐디는 골퍼의 안전한 플레이를 위해 매우 중요한 역할을 한다. 캐디는 골퍼의 이동, 클럽 운반, 샷의 순서, 스코어 계산 등을 안내하고 게임을 보좌하는데, 무엇보다 골퍼의 안전한 플레이를 위해 조언한다. 근래는 캐디 지원자의 부족으로 캐디가 없는 no caddie 골프 플레이가 늘어나면서 규칙을 준수하며 스스로 안전한 플레이를 위해 행동해야 하는 상황이다. 골프장 사고 중에서 가장 많이 일어나는 사고가 타구 사고이지만 안전과 관련된 골프 규칙을 지켜서 플레이하고 다른 골퍼의 플레이를 주의 깊게 살피면 충분히 예방이 가능한 일이다.

[사례]

[반사 타구] 경기도 한 골프장에서 골퍼가 암석 해저드 앞에서 핀을 향해 친 볼이 바위에 맞고 튕겨 나와 샷 한 골퍼의 눈에 그대로 맞았다. 골퍼는 안구파열로 실명 위기에 놓였다. 골프장 측은 "캐디가 공을 옆으로 빼서 치든지 높이 띄워 치라고 했는데 골퍼가 무시했다."하고, 다친 골퍼는 "위험한 암석 앞에서 캐디가 말리지 않고 바위를 넘겨서 치라고 했다." 반박했다. 서울중앙지방법원은 골프장 방문 후 위험성을 알리고 볼을 빼내야 했다며, 골프장과 캐디 책임을 물어 골퍼 제시 금액의 60% 배상, 본인 과실 40%로 판결했다(정현권, 2019).

[전방 타구] 동반자가 전방 40m 지점에 있음에도 불구하고 쳐도 좋다는 캐디의 말을 듣고 친 공에 앞사람이 맞아 안와골절 등 중상을 입은 사건에서 캐디에게 업무상 과실치상죄를 인정했다(울산지법2020고단1268)(장준형, 2022).

[전방 타구] 2020년 경북의 한 골프장에서 4명이 라운드하였다. A씨의 동료 B씨는 한 차례의 라운드 경험자였는데, 볼이 벙커에 빠져 5회 탈출 샷 시도했으나 빠져나오지 못했다. 앞 팀은 홀아웃하였고 뒤 팀이 쫓아오자 A씨가 그린 앞 페널티 구역으로 옮겨 치자고 하여 B씨가 동의하였다. A씨는 캐디와 함께 약 40m 전방에 있던 카트로 이동하는 중이었는데, B씨가 이동하지 않고 샷을 하는 바람에 볼이 A씨를 맞춰 뇌진탕 사고가 발생하였다. 2022년 B씨의 과실치상 혐의로 책임 80%, A씨의 과실 20%로 판결이 이루어졌다(법률사무소KYL, 2023).

[전방 타구] 2024년 6월 이천 모가면 소재 골프장에서 3명이 골프 중이었는데, 60대 여성 A씨가 B씨의 두 번째 샷 볼에 머리를 맞고 쓰러져, 심정지 상태로 병원으로 이송되었으나 사망하였다.

[뒤 팀 타구] 지형상 티샷 지점에서 두 번째 샷 지점이 보이지 않는 골프장에서 앞 팀 골퍼가 두 번째 샷을 마치고 일행을 기다리던 중, 뒤 팀 경기보조원의 진행에 따라 티샷 한 경기자의 볼에 어깨를 맞아 견갑골 골절상을 입었다. 법원은 경기보조원과 골프장의 사용자책임을 인정하여 피해자에게 70%의 손해를 배상할 것을 판시하였다(스포츠안전재단, 2019).

[비구 타구] 2021년 11월 강원 한 골프장에서 A씨가 골프를 치던 중, 옆 홀에서 B씨(전 국가대표 수영선수)가 친 볼에 맞아 눈과 머리 부위를 다쳤다며 B씨를 과실치상죄로 고소했다. 검찰은 B씨가 당시 경기보조원(캐디) 지시에 따라 볼을 샷 한 점과 아마추어 경기에서 슬라이스가 발생하는 일이 드물지 않은 점 등을 이유로 B씨에게 죄를 묻기 어렵다고 판단했다. A씨는 검찰의 불기소 처분에 반발하여 재정신청을 하였는데, 검찰에 이어 2024년 6월 법원에서도 B씨에게 혐의가 없다고 판단하였다(이현웅, 2024).

[스크린골프장 타구] 2017년 7월 스크린골프장 이용자가 친 볼이 스크린 하단의 찢어진 부분 뒤의 벽에 맞고 튀어나와 스크린골프장 실내에 앉아 있던 피해자의 이마를 가격하여 뇌진탕을 입었는데, 서울중앙지방법원(2018고정597)이 스크린골프장 운영자의 업무상 과실로 피해자에게 상해가 발생하였음을 인정하여 유죄를 선고하였다(스포츠안전재단, 2019).

☑ 카트 사고

우리나라 골프장에서 발생하는 카트 cart 사고는 골프장 사고 중에서 타구 사고 다음으로 많은 사고이다. 골프장 카트는 골프 백의 운반과 골퍼 이동에 사용하는 수단으로, 자동차관리법 제2조(정의)에 따르면, "자동차"란 원동기에 의하여 육상에서 이동할 목적으로 제작한 용구"에 해당한다. 또한 골프장 내 카트 도로는 도로교통법상 도로 외의 곳이지만 일반 도로와 마찬가지로 교통사고처리특례법이 적용되며, 운전자는 이동하는 골퍼를 보호할 의무가 있다.

골프장에서 카트와 관련된 사고로는 추돌, 추락, 전도, 낙상 등 의외로 다양하다. 카트가 운행하는 환경 또한 무시할 수 없는 사고의 원인으로 볼 수 있다. 우리나라 골프장은 산악지역에 건설된 경우가 많아서 경사로와 급커브 구간이 많으며, 주행은 골프장 잔디 보호를 위하여 폭이 좁은 포장된 도로로만 다니도록 하고 있다. 보통 카트의 운행은 경기보조자인 캐디의 몫이다. 일반적으로 카트를 운행하는 캐디는 골퍼가 탑승하면 안전을 위해 손잡이를 잡도록 안내하고 커브 길에서 손잡이를 잡도록 요구하고 있다. 캐디의 안전 운전도 중요하지만 탑승한 골퍼의 불필요한 행동은 여러 가지 사고를 일으키는 원인이 되고 있다. 이동 중인 카트 내에서 음식을 먹거나 핸드폰을 조작하고, 게임을 위해 뽑기로 편 가르기 등의 불안전한 행동은 사고의 원인이 되고 있다. 또한 소지한 물건이 떨어졌을 때 움직이는 카트에서 몸을 숙여 물건 집는 행동, 정차하지도 않았는데 뛰어내리는 행동은 사고의 원인이다.

그림 13.3
낭떠러지로 추락한 골프 카트

출처: 이미나(2024)

최근에는 노캐디 no caddie 플레이가 도입되면서 경비 측면에서 골퍼의 호응을 얻고 있지만 골프장 안전에 대한 여러 가지 문제가 생기고 있다. 노캐디제는 카트 운행 안전의 몫은 전적으로 카트를 운전하는 골퍼의 책임이다. 운전면허가 있어야 하고 도로교통법에 해당하는 술에 취한 상태에서 운전, 추락 방지 의무를 위반한 운전 등이 절대로 있어서는 안 되며, 급커브와 급경사 구간에서 안전하게 운행하여야 한다. 그리고 카트가 움직일 때는 안전 손잡이를 잡고, 승하차할 때는 카트가 완전히 멈춘 후에 행동해야 하며, 승하차 시 넘어지지 않도록 주의해야 한다.

[사례]

[추락 익사] 2024년 5월 서귀포시 한 골프장에서 50대 부부 2명이 탄 카트가 후진하던 중 경사로에서 미끄러지면서 연못에 빠지는 사고가 발생했다. 카트가 빠진 연못은 수심이 3~5m에 달할 정도로 깊고, 바닥에 비닐이 깔려 미끄러움에도 방지턱 등 안전시설이 없었다. 당시 운전했던 남편은 주변인들에 의해 구조됐으나 심정지 상태로 발견된 후 사망하였다.

[추락] 2024년 5월 용인 골프장에서 50~60대 이용객 2명을 태운 카트가 3~4m 아래 비탈면 쪽으로 떨어지는 사고가 났다. 이 사고로 한 명은 얼굴을 16바늘 꿰매고 전신 타박상, 다른 탑승자는 다리 부분을 20바늘 꿰매는 중상을 입었다. 사고는 캐디가 골퍼들이 카트에 앉을 걸 확인한 후 리모컨으로 카트를 조작하였는데, 카트가 도로를 벗어나면서, 멈추지 않고 낭떠러지로 떨어졌다는 주장과 앞좌석에 앉은 골퍼가 가속페달을 밟아서 사고가 발생했다는 주장으로, 골프장 측과 피해자들이 사고 책임소재를 두고 공방을 벌이는 상황이다(이미나, 2024).

[전복] 2023년 6월 용인의 한 골프장 캐디인 50대 A씨는 전동카트를 운행하던 중 커브 길에서 옆쪽으로 넘어가는 사고를 냈다. 이 사고로 조수석에 타고 있던 40대 이용객 B씨가 머리를 크게 다쳐 병원에서 뇌사 판정받은 후 사망하였다. 캐디 A씨는 사고 발생 등으로 심적 부담을

느껴 극단적인 선택으로 사망하였다(김화균, 2023).

[전복] 2018년 8월 충북 제천의 한 골프장에서는 노캐디 이용객이 직접 운전하던 골프 카트가 오르막길에서 전복돼 50대 여성 1명이 숨졌다(한국소비자원, 2022).

[낙상] 경기도 한 골프장 급커브 길에서 골퍼가 계곡으로 떨어져 숨졌으며, 서울 인근 한 골프장에서는 이동하던 카트에서 딴 돈을 세던 사람이 커브 길을 돌 때 추락해 뇌진탕으로 사망했다(정현권, 2019).

☑ 코스 내 사고

우리나라의 골프장은 지형 특성상 산악지형이 많아서 평지보다는 고저 차이가 심한 지형에 건설된 경우가 많다. 이러한 환경에서의 골프 코스는 자연적으로 평지 형태보다는 업앤다운 up and down 이 심한 페어웨이 fairway 를 만들게 되고 언덕, 비탈, 낭떠러지, 경사면 등이 많은 구조를 갖게 된다. 또한 골프장 환경 특성상 페널티 구역 penalty area 을 조성하며 바위, 돌을 사용한 코스가 많다. 골프 코스를 조성하면서 아름답게 만들려는 경영자의 노력이 곁들여 있을지 모르나 골퍼에게는 잠재적인 위험이 도사린 환경이 될 수 있다.

골프 라운드하면서 여분의 볼을 소유하지 않는 골퍼는 거의 없다. 샷 한 볼이 페널티 구역에 들어간 상황에 대비하고 분실 볼에 대비한 준비이다. 그런데 골퍼는 아웃오브바운즈 out of bounds 나 해저드 hazard 볼을 포기하는 골퍼는 없다. 볼을 찾아야 하는 마음에 물기나 이끼 낀 비탈, 바위를 오르내리며 딛고 지나야 한다. 이슬이 내린 새벽 라운드나 눈이 살짝 내린 날, 추운 겨울날에는 매트 깔린 티그라운드를 이용해야 하고, 코스를 벗어난 볼에 대해서는 미끄러져 사고를 일으키는 위험을 잊은 채 볼을 찾으려는 노력을 기울인다. 경기보조원인 캐디는 날씨와 지형적 조건 들을 고려하여 골퍼들의 안전을 위해 위험하게 행동하지 말도록 강조하지만 많은 골퍼가 캐디의 주의사항에 전적으로 귀를 기울이지 않는다. 골프 코스에서의 미끄러짐, 넘어짐, 고꾸라짐은 가볍게는 타박상으로부터, 염좌, 열상, 골절, 뇌진탕 등과 같은 상해를 입으며 심하게는 사망에까지 이를 수 있다. 한편, 코스에서 일어나는 사고 가운데 연못 해저드에 빠진 볼을 건지려다 사고가 자주 발생한다. 연못 해저드는 물을 담아 가두기 위해 방수포를 깔아서 구축하는 경우가 대부분이다. 볼이 연못에 빠졌을 때, 볼을 건지려는 마음에 경사진 곳을 디디면 미끄러져 물에 빠질 위험이 있다. 체육시설법에는 연못 시설물에 담장을 설치 규정이 없으며, 골프장 측에서는 위험 안내문과 구명대를 비치한 골프장이 많다. 해저드 시설 설치와 위험에 관한 규정 여부와 관계없이 골퍼가 위험 상황을 판단하고 안전 행동을 하는 것이 중요하다.

[사례]

[매트 미끄러짐] 겨울철 인조 매트에서 티샷하다가 미끄러져 발목 골절상 등을 입은 사고에 대해 법원은 골프장이 미끄러짐 사고 예방을 위해 충분한 제반 조치했어야 하는 이유로 골프장

측에게 40%의 책임이 있다고 판단했다(중앙지법2015가단104440). 그러나 피해자에게도 미끄러질 수 있다는 점을 예상하고 인조 매트나 골프화의 물기나 눈을 잘 털어내지 못한 과실이 있음을 이유로 60%로 그 책임을 제한했다(장준형, 2022).

[급경사 미끄러짐] 2011년 7월 경기 포천의 C 골프장에서 남성 골퍼 A씨(43)는 급경사면에서 로스트 볼을 찾다 발이 미끄러져 10m 아래로 추락하였다. 다행히 목숨은 건졌지만 두 다리에 심한 부상으로 골프를 그만둘 수밖에 없었다. 경사면이 잦은 비로 잔디가 미끄러운데다 지면이 무를 대로 물러 발을 디딘 지면이 쓸려 내려 일어난 사고이다(정대균, 2011)

[익사 사고] 2022년 4월 순천의 한 골프장에선 공을 주우려다 이용객이 연못에 빠져 숨졌다. 연못 주변에 안전 펜스 등의 시설물은 없었다. 전남경찰청 강력범죄수사대는 업무상 과실치사 혐의로 골프장 관리자와 캐디 등 2명을 검찰에 송치했다(이서희, 2022).

[익사 사고] 2011년 7월 수도권 A 골프장에서 40대 여성 골퍼가 해저드에 빠져 익사하였다. 여성은 해저드에 빠진 볼을 건지려 했고, 동반한 남편은 물에 빠진 아내를 구하기 위해 물에 뛰어들었고 뒤이어 나머지 두 동반자도 물속으로 뛰어들었다. 다행히 주변의 다른 플레이어들이 골프장에 비치한 구명 튜브를 던져 3명의 목숨은 구했다(정대균, 2011).

☑ 기후/자연 관련 사고

자연 속에서 즐기는 골프는 자연적으로 계절과 기후, 자연 현상에 영향을 받기 마련이다. 사계절이 뚜렷한 우리나라의 기후는 여름철에 폭염, 비, 낙뢰 등이 그리고 겨울에는 눈, 한파 등이 뚜렷하게 나타난다. 이와 같은 계절적 특성은 일사병, 열사병 같은 온열질환을 일으키고 낙뢰에 의한 인명 피해를 유발하며, 미끄러짐에 따른 낙상, 전도 등의 사고의 원인이다. 또한 한 여름에도 풀숲이 우거지면서 말벌, 뱀 등의 위해 야성 동물의 번식으로 라운드하는 골퍼에게는 위험이 발생할 수 있는 조건이 되므로 주의가 필요한 일이 되고 있다.

[사례]

[일사병] 2024년 7월 광주의 한 골프장에서 직원 A(37)씨가 골프장 휴무 날에 코스 주변에서 잔디·자갈 등을 보수 작업하다 쓰러졌는데, 당시 체온이 37.7도까지 오르며 손·입술에서 열경련 증상을 보였다. 출동한 119 구조대에 의해 냉찜질 등 응급처치받은 A씨는 인근 병원으로 이송하여 치료하였다. 이날 광주의 최고 체감온도는 34.3도를 기록했다(정다움, 2024).

[뱀물림] 제주도 B 골프장에서 캐디는 자신이 보조하던 한 골퍼가 친 볼을 찾으러 가시덤불 속으로 들어갔다. 한참 볼을 찾던 중 따끔한 통증을 느꼈지만, 덤불 속 가시에 찔린 것으로 생각하고 평상시처럼 일을 마친 뒤 귀가했다. 하지만 집에 돌아와 얼마 지나지 않아 온몸이 부어오르기 시작하면서 호흡이 곤란해져 병원으로 급히 이송했지만 사망하였다. 그가 따끔하게 느낀 건 덤불 속에 숨어 있던 독사에게 물린 것이었다(정대균, 2011).

[낙뢰] 충북 청원의 D 골프장은 2004년 8월 골프를 즐기던 40대 여성이 낙뢰로 사망하였고, 2005년 4월에도 40대 남성이 같은 사고로 숨졌다. 숨진 두 사람은 모두 그린 위에서 이동 중에 낙뢰를 맞았다. 낙뢰 사고가 발생한 D 골프장은 면적이 67만여 평에 이르며 피뢰 시설은 144개소였는데, 사고가 발생 후 피뢰 시설 40개를 추가로 설치하였다(김진오, 2005).

[낙뢰 사고] 2000년 8월 전북의 한 골프장에서 골퍼 일행은 11시 30분경 경기를 시작하여 10번 홀에 이르자 이슬비와 함께 멀리서 천둥 치는 소리가 들려왔으나 이를 무시하고 경기를 계속하였다. 3번 홀에 이르러서 비가 오고 천둥 번개가 치자 경기를 중단하고 그늘 집으로 대피하던 중 한 명이 20m 높이의 나무 옆을 약 1m 떨어져서 지날 때 낙뢰가 나무를 직격 하였다. 땅을 타고 전류가 흘러 골퍼는 감전되어 심폐기능 정지로 사망하였다. 이에 망인의 유족은 골프장 운영자를 상대로 손해배상을 청구하였으나, 법원은 갑자기 기상악화에 따른 자연재해로 인한 사고이므로 골프장 측의 책임을 인정하지 않았다(Jtbc Golf, n.d.).

☑ 골프채 사고

골프의 필수 장비인 골프클럽은 매우 유용한 스포츠 도구이지만, 때에 따라서는 대단히 위험한 물건으로 작용할 수 있다. 골프클럽의 헤드는 쇠뭉치이기 때문에, 휘두르는 클럽에 맞게 되면 매우 큰 상처를 만들거나 생명을 위협할 수도 있다. 골프 백에 꽂아둔 클럽에서 이상이 발생하는 경우는 극히 드물지만 때로는 헤드가 샤프트에서 풀려 있어 스윙 중에 떨어져 나가는 일이 발생할 수 있다. 골프 스윙은 기본적으로 다른 골퍼나 보조자 또는 주변 사람들과 안전거리를 확인한 다음에 실시해야 한다. 무의식적으로 아무 생각 없이 연습 스윙하다가는 백스윙에 다른 사람을 크게 다치게 할 수 있다. 한편, 최근 골프연습장 내에 골프 스윙 분석 시뮬레이터 및 론치 모니터 설치 등 연습장 이용 환경의 변화와 함께 시설이 고급화, 대형화되는 만큼 연습장에서의 다양한 형태의 안전사고도 증가하고 있다. 골프연습장 내 설치된 론치 모니터 조작 시 앞 타석의 이용객이 휘두른 골프채에 부상하는 사고와 지정된 타석을 벗어난 무리한 스윙에 의한 사고, 타인이 연습하고 있는 타석의 스윙 공간을 무심하게 지나가다가 발생하는 사고 등이 잦다(남화영, 2024). 자동화 연습에 따른 모니터를 조작하면서 골프채에 맞는 사고가 일어나고 있어 연습장에서의 안전을 위한 주의가 요구되고 있다.

[사례]

[연습 스윙] 2009년 자신이 일하는 골프장에서 대기 중이던 캐디가 골퍼가 연습 스윙으로 휘두른 골프채에 한쪽 눈을 맞아 실명돼 소송을 제기했다. 소송을 통해 캐디는 골프장과 해당 가해자로부터 각각 5,600여만 원을 받을 수 있었다. 다만 사고를 당한 캐디에 대해 재판부는 "원고도 1년 넘게 근무하며 안전사고 방지를 위한 임무를 숙지했음에도 불구하고 자신의 의무를 소홀히 해 사고 원인이 됐다." 하며 피고들의 책임 범위를 60%로 제한했다. 가해자는 별도의

형사판결로 금고 10개월, 집행유예 2년을 선고받았다(유동주, 2022).

[골프채 헤드 분리] 2012년 한 스크린골프장에서 스윙하다 골프채에서 분리된 헤드 부위에 눈을 맞아 실명된 40대 의사가 스크린골프장 주인과 스크린골프 시스템 제작업체, 골프채 수입 판매사를 상대로 손해 배상 청구 소송을 제기했다. 재판부는 운영자가 골프채 점검을 소홀히 해 이용자의 안전을 보호할 주의 의무를 다하지 못했다. 하여 골프장 주인에게만 1억 100만 원의 손해배상 책임을 인정했다(유동주, 2022).

[반발 타구] 2022년 12월 부안읍 한 스크린골프장에서 지인 1명과 함께 게임을 하던 중 타석(스윙 플레이트) 앞 목재 모서리에 맞고 튕긴 타구에 눈을 맞는 사고로 한쪽 눈을 잃었다. 사고는 골프장 측의 안전 시설물 설치 등 업무상 주의 의무 소홀로 인해 발생, 골프장 측 귀책 사유가 60~70%로 많았다(김재호, 2024).

[골프채 타격] A씨는 2016년 5월 스크린 골프연습장에서 스윙 연습하려다가 옆 타석에서 B씨가 휘두른 골프채에 얼굴을 맞아 코뼈가 부러지고 머리도 다쳤다. B씨가 골프채를 들고 스윙할 당시 A씨는 스크린 컨트롤러를 조작하고 있었다. A씨는 치료비와 위자료를 지급하라며 B씨를 상대로 민사소송을 제기했는데, 판사는 A씨가 옆 타석 B씨의 움직임을 살피지 않은 부주의도 사고의 한 원인이라 하여 A씨에게 20%의 과실 책임을 인정했다(정찬필, 2017).

☑ 부상·질병 발생

골프를 하면서 가장 빈번히 발생하는 상해는 신체적 부상이다. 상해의 정도가 중증이 아니라서 가볍게 여기고 사고로 생각하지 않으나 골프 엘보 golf elbo, 무릎 통증 knee pain, 발목과 발 부상 ankles and feet injuries 등은 골프 플레이를 정상적으로 할 수 없게 만드는 사고이다. 골프 부상 중에서도 때로는 스윙 중에 갈비뼈 골절 같은 부상은 꽤 오래 치료해야 하는 경우이다.

골프는 격렬한 스포츠 동작이 없어서 해가 없는 스포츠(Smith, 2010)이며, 전반적으로 부상 발생률이 상대적으로 낮았기 때문에 일반적으로 안전한 스포츠(Kuitunen & Ponkilainen, 2024)로 알려져 있다. 그렇지만 라운드(18홀) 1,000회당 2.5건의 부상 발생률이 있다고 하며, 부상을 예방하는 방법으로는 운동 전에 준비운동의 중요성을 강조하고 있다. 준비운동은 근육의 신전 내성 stretch tolerance 향상, 근건 단위의 에너지 흡수 증가, 유연성 향상 등의 잠재적 메커니즘을 통해 부상을 줄일 수 있다(Ehlert & Wilson, 2019). 또한 준비운동은 경기력 향상과 부상 위험을 감소한다는 것이 일반적인 지식이다(Behm & Chaouachi, 2011). 그런데 연구(Fradkin et al., 2003)에 의하면, 골프의 35%에서 71% 사이의 골퍼가 경기 전에 준비운동을 전혀 또는 거의 하지 않는다고 한다. 레크리에이션 골퍼는 준비운동을 수행하지 않을 때 부상을 보고할 가능성이 3.2배 더 높다고 한다(Fradkin et al., 2007). 한편, 골프장에서 일어나는 사고 중에 드문 일이기는 하지만 심근경색으로 골퍼가 위험에 처하는 일도 있다. 골프 라운드 예약 시간에 촉박해서 도착하여 서둘러 티업 시간에 맞추면서 심근경색을 초래하기도 하고, 라운드 중에 갑자기 심근경색이 발생하여 응급상황인 경우도 있다. 골프는 다양한 측면에서 안전에 주의를 기울여야 즐거운 운동이 될 수 있다.

골프장 사고의 책임 범위

라운드 도중에 발생하는 타구 사고, 카트 사고, 익사 사고, 낙뢰 사고 등을 비롯한 모든 사고는 가해 요인과 피해 상황이 존재하기 때문에, 사고에 대한 배상 책임 문제를 가리기 마련이다. 크든 작든 사고가 발생하면, 그 원인이 있을 것이고, 원인에 따라 책임 소재를 밝혀야 하고, 책임의 경중을 알 수 없으면 송사라는 긴 여정을 거치며 몸과 맘이 힘들어진다. 골프장에서 사고가 발생하면 일반적으로, 불법행위에 대한 손해배상 책임으로 민사책임과 형벌이 주어지는 형사책임 문제를 다루게 된다. 민법 "제750조(불법행위의 내용)는 고의 또는 과실로 인한 위법행위로 타인에게 손해를 가한 자는 그 손해를 배상할 책임이 있다."라고 규정하고 있다. 즉, 골프장에 일어난 사고의 가해행위는 3가지 요건을 충족하는지 살펴보게 된다. 첫째, 가해행위가 가해자의 고의 또는 과실(실수)에 의한 것인지, 둘째 가해자의 가해행위가 위법성이 있는지, 셋째 피해자에게 손해가 발생하였는지 등이다. 불법행위에 대한 인과관계에 따라 민사책임으로 치료비, 일실손해(일 못한 비용), 위자료 등의 손해배상을 해야 하고, 형사책임으로 벌을 받는 경우가 있다.

골프 사고의 처리 과정은 매우 복잡할 수 있으며, 사고의 정황과 법적 판단에 따라 책임 소재가 달라질 수 있다. 골프장 사고의 과실 책임은 골프장 사업자, 경기보조자(캐디), 가해자, 본인 등에게 있으며, 그리고 사고 발생 책임을 물을 수 없는 천재지변에 의한 사고도 있다.

"골프장이용 표준약관(공정거래위원회 표준약관 제10033호, 2022)" 제17조에는 안전사고의 책임에 대하여 명시하고 있다.

제17조(안전사고 책임 등)
① 경기 도중 이용자의 고의·과실로 인하여 다른 이용자, 경기보조자 등 제3자에게 손해를 입힌 경우, 이용자는 이에 대한 책임을 부담한다.
② 경기 도중 사업자의 지휘·감독을 받는 경기보조자의 고의·과실로 인하여 사고가 발생한 경우, 사업자도 이에 대한 책임을 진다.
③ 사고의 발생에 대하여 사업자에게 귀책 사유가 있는 경우에는 사업자도 책임을 진다.

골프장에서 일어나는 사고는 다양하고 단순하지 않아서, 사고가 발생하면 가해자^{플레이어}, 경기보조자^{캐디}, 골프장 사업자가 안전과 관련된 책임을 다했는지 따져야 한다. 사고를 일으킨 플레이어^{가해자}는 골프 규칙을 지켜서 캐디의 안내에 따라 플레이했는지가 책임 행동을 규명하는 핵심이며, 캐디는 라운드 동안 플레이어의 클럽을 운반·이동^{예, 카트나 트롤리}·취급하고 어드바이스를 하며 돕는 사람(대한골프협회, 2018)으로서, 플레이어의 안전을 위해 도움을 적절히 제공했는가가 책임 행동을 결정하는 기준이 된다. 사업자는 안전을 위해 체육시설업의 시설 기준(체육시설법 시행규칙 제8조 관련)에 적합한 시설을 갖추어야 한다. 그리고 체육시설법 시행규칙 제23조(안전·위생 기준) [별표 6] 등에 따라 체육시설 골프장 안전에 관한 매뉴얼을 작성하고, 매뉴얼에 관한 교육을 반기별로 1회 이상 실시하여야 한다. 그리고 골프장 사업자는 골프장 이용에 관한 안전 수칙을 작성하여 이용자가 쉽게 알아볼 수 있는 장소에 게시할 것을 규정하고 있다.

최근에는 노캐디 라운드가 많아지고 있는데, 경기보조자가 없는 만큼 골프장 이용자는 안전을 위해 골프 규칙을 준수하며 카트를 운행해야 하는 책임이 있다. 특히 낙뢰와 같이 천재지변 현상이 일어나면 안전 행동을 숙지하고 이해하여야 한다. 천재지변으로 발생하는 사고는 골프장 사업자의 책임을 인정하지 않는 사고이다. 셀프 라운드하는 이용자는 골프장 안전 수칙을 철저히 지켜서 행동하여야 한다.

골프장에서 발생하는 사고에 대한 배상 문제로, 골프장 사업자는 체육시설의 설치·운영과 관련되거나 그 체육시설 안에서 발생한 피해를 보상하기 위하여 보험에 가입하여야 한다(체육시설법 제26조). 다만, 골프연습장이나 가상 체험 골프장은 소규모 체육시설업자에 해당하여 보험에 의무적으로 가입하지 않아도 되지만, 보험의 속성을 고려하면 각종 사고에 대비하여 보험의 필요성에 대하여 생각하는 것이 좋다.

골프장 안전 수칙

골프 코스에서 라운드하는 플레이어는 규칙에 따라 행동하여야 한다. 골프는 플레이어를 배려하고 안전에 대한 주의를 강조하는 활동이다. 전 세계 모든 골프 플레이어가 준수해야 하는 "R&A USGA 골프 규칙(대한골프협회, 2019)"과 골프장 사업자와 이용자의 골프장 이용에 따르는 책임에 관한 사항을 규정한 "골프장이용 표준약관(공정거래위원회 표준약관 제10033호, 2022)"에는 플레이어의 안전에 관한 내용을 명시하고 있다. 모든 플레이어는 골프의 정신에 따라 플레이하여야 하는데, 골프 규칙(대한골프협회, 2019) 1.2 플레이어의 행동 기준에는 신속한 속도로 플레이하고 타인의 안전을 살피며 다른 플레이어의 플레이에 방해가 되지 않도록 규정하고 있다. 그리고 골프장이용 표준약관 제14조는 골프장 이용자는 계약을 통해 아래와 같은 안전 준칙을 지켜서 라운드해야 한다는 것을 강조하고 있다.

제14조(이용자 안전 준칙)
① 비거리는 경기보조원의 조언과 관계없이 이용자 자신의 판단으로 선행 조를 맞추지 않을 정도로 타구하여야 한다.
② 이용자는 타인의 전방에 진입하여서는 아니 된다.

③ 경기 진행 중 후속팀에 사인을 보낸 때에는 후속팀의 타구가 끝날 때까지 안전한 장소에 대피하여야 한다.
④ 퍼팅을 끝마쳤을 때는 퍼팅 그린에서 즉시 비켜나서 안전한 진입로를 이용하여 다음 홀로 향하여야 한다.

골프 플레이어에게 있어서 안전은 모든 플레이어가 지켜야 하는 기본 사항이며 필수 사항이다. 아무리 큰 즐거움을 주는 골프일지라도 사고가 발생한 후에는 즐거움이라고는 있을 수 없다. 사고의 발생은 순간이며 예고라고는 주어지지 않지만, 주어지는 상황에서 안전에 대해 습관적으로 주의를 기울인다면 대부분 사고는 막을 수 있다. 골퍼가 운동하는 골프장, 골프연습장, 가상체험 골프장 스크린골프장 등에서 일어날 수 있는 불행한 사고를 예방하기 위해 정해놓은 규칙이 '골프장 안전 수칙'이다.

골프 규칙에는 다른 플레이어의 안전 살피기(규칙 1.2a), 안전 확보 상태에서 스트로크(규칙 5.6b와 규칙 6.4), 안전한 거리 이동 후 플레이(규칙 5.7c)를 명시하고 있는데, 이는 골프 플레이어가 철저히 준수해야 하는 안전 수칙이다. 골프의 필수 장비인 클럽은 대단히 위험한 물건으로 작용할 수 있다. 골프 스윙을 할 때 클럽에 맞는 경우가 생긴다면 상당한 상해 또는 사망에 이를 수 있는 물건이다. 연습 스윙하려 하거나 하는 골퍼와의 거리는 규칙을 거론하지 않더라도 타인과 자신의 안전을 위해 늘 조심해야 할 행동이다. 운동을 즐기는 골퍼가 최우선으로 생각해야 할 사항은 자신을 보호할 준비는 물론 함께 즐기는 동반자의 안전을 생각해야 한다. 이는 골프를 배우는 단계에서부터 몸과 맘에 익혀야 할 일이다.

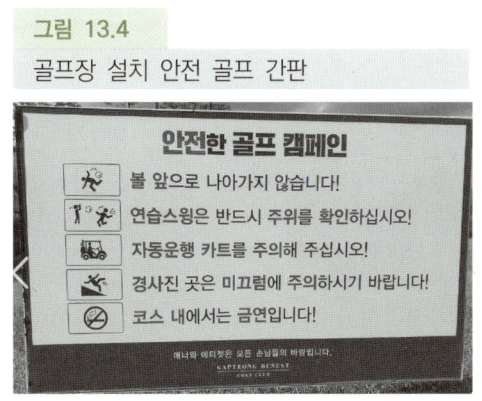

그림 13.4
골프장 설치 안전 골프 간판

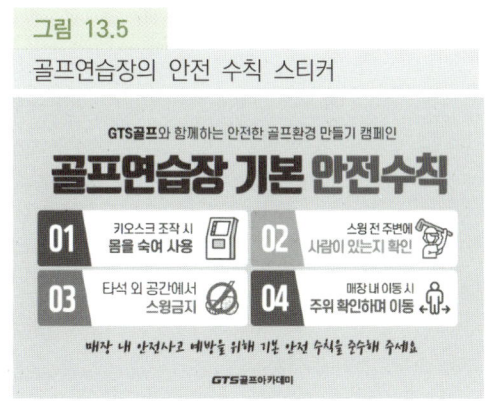

그림 13.5
골프연습장의 안전 수칙 스티커

아래에 기술한 골프장 안전 수칙은 골프장에서 일어날 수 있는 여러 가지 사고를 고려하여 작성한 것으로, 골프장 환경에 따라서 변형하여 사용할 수 있다. 이와 더불어 골프연습장과 스크린골프장에 많이 설치된 론치 모니터 조작 시 안전 수칙 미숙지에 의한 안전사고가 빈번하게 발생하고 있어 이에 관련된 골프연습장에서의 안전 수칙을 포함하였다.

☑ 골프장 안전 수칙

▸ 티업 시간보다 여유 있게 도착하여 준비운동을 실시합니다.
▸ 골프 규칙 준수, 에티켓 행동, 안전 행동 등을 지키며 플레이합니다.
▸ 카트 이동 시 제한 속도 준수, 위험 행동(핸드폰 조작, 취식, 뛰어내림)을 하지 않습니다.
▸ 클럽을 휘두르기 전에 반드시 주변을 살핍니다.
▸ 샷을 준비할 때는 동반자 위치, 장애물(바위, 나무, 돌)이 있는지 확인합니다.
▸ 볼이 있는 위치보다 절대로 앞에 나가지 않으며, 동반자의 플레이를 주시합니다.
▸ 앞 팀과의 안전거리를 일정하게 유시하고 샷을 합니다.
▸ 볼이 위험지역으로 날아가면 큰소리로 '볼'이라고 소리칩니다. (본래는 'fore'임)
▸ 낙뢰가 칠 때는 라운드를 중단하고 안전한 장소로 대피합니다.
▸ 분실구를 찾기 위해 위험지역(웅덩이, 경사면, 낭떠러지)에 접근하지 않습니다.

☑ 골프연습장 안전 수칙

▸ 맨손체조나 스트레칭으로 준비운동을 합니다.
▸ 골프채를 사용하기 전에 장비 상태를 점검합니다.
▸ 스윙 시 주위를 살피고 주변 사람과의 안전거리를 유지합니다.
▸ 정해진 타석 이외의 장소에서는 스윙하지 않습니다.
▸ 앞 타석 골퍼의 행동을 주시하며, 몸을 숙여 모니터를 조작합니다.

골프 사고의 예방

골프는 금속 덩어리로 만든 골프클럽 자체가 위험 요소이기도 한 장비를 가지고 운동하는데, 클럽으로 친 볼이 날아가는 속도는 시속 100km를 넘어 피하기도 쉽지 않고, 자동차로 취급되는 카트는 도로 여건, 운전 능력, 이용자의 부주의 행동 등으로 사고의 위험 요소가 있으며, 낙뢰와 같은 천재지변은 인력으로 막을 수 없는 위험한 상황 등으로 사고 발생 여지가 있는 경기이다. 부지불식간에 발생하는 골프장에서의 안전사고는 골프 라운드와 관련된 모든 사람에게 불행한 일이지만, 사업자는 법률이 정한 시설을 설치하고, 이용자는 골프 규칙이 요구하는 행동과 안전 수칙을 지키고, 캐디는 안전한 플레이가 되도록 경기를 보조하면, 대부분 사고는 모두 예방할 수 있는 일이기도 하다.

골프 관련자는 안전사고를 예방하고자 하는 의식과 행동이 중요하다. 골프장 경영자는 체육시설법 시행규칙 제23조(안전·위생 기준) [별표 6]에 따라 체육시설(골프장) 안전에 관한 매뉴얼을 작성하고, 매뉴얼에 관한 안전 교육을 반기별로 1회 이상 실시하여야 한다. 또한 규정대로 골프장 이용에 관한 안전 수칙을 작성하여 이용자가 쉽게 알아볼 수 있는 장소에 게시할 필요가 있다. 골프장 이용자 또한 골프라는 스포츠가 비교적 안전한 스포츠이지만 잠시만 마음을 놓으면 언제라도 불행한 사고를 일으킬 수 있는 클럽, 타구 볼의 빠른 속도와 예측할 수 없는 볼의 방향이 상존한다는 것을 잊어서는 안 된다. 낙뢰와 같은 자연 현상도 라운드하는 골퍼에게 치명적인 위험 초래 요인이다. 번개가 친 이후 30초 이내에 천둥이 울리면 키 큰 나무 밑은 위험하므로 낮은 자세로 안전한 곳으로 빨리 대피하여야 한다. 그리고 골프채나 우산 같이 긴 물건은 몸에서 멀리하고, 평지에서는 몸을 낮게 하고 물기가 없는 움푹 파인 곳으로 대피하여야 한다(국민재난안전포털, 2024).

한편, 근래 늘어나고 있는 노캐디에 따른 셀프 라운드는 경비 절약이라는 좋은 점도 있지만 골퍼는 골프 규칙과 에티켓을 철저히 준수해야 하고 카트를 안전하게 작동하여야 하며, 카트에 탄 사람들은 카트 안전 운행 상황을 살피면서, 다리 꼬아 앉기, 순서 뽑기, 돈 세기, 핸드폰 조작, 뛰어내리기 등과 같은 불필요한 행동을 말아야 한다.

모든 스포츠는 규칙이 존재하고 규칙을 지키지 않으면 불법 행동이며, 스포츠마다 존재하는 속성에 따라 에티켓에 따라 행동하여야 한다. 골프는 타인을 배려하는 행동으로 신속하게 플레이하고 타인의 안전을 살피며 타 플레이어를 방해하지 않아야 하며, 코스 손상(디봇, 벙커, 볼자국 정리 등) 정리 등과 같은 행동을 하지 않는다고 하여 페널티를 받는 것은 아니나 이는 골프 정신에 어긋나는 매우 부당한 행동으로 경기에서는 실격으로 이어질 수 있는 일이다(대한골프협회, 2018).

골프지도자는 초급자를 비롯해 경력자에게 레슨 하면서 자연스럽게 골프 규칙을 알려주어야 한다. 이때 안전에 관한 규칙을 반복해 설명하면서 규칙을 이행하지 않는다면 위험을 초래할 수 있다는 점을 강조하여 지도하여야 한다. 볼보다 앞서가지 않아야 하고, 샷을 준비할 때는 주변에 플레이어와 경기보조자가 없는지 살피고, 스윙 연습할 때는 반드시 지정 장소 또는 사람들과 충분히 떨어진 장소에서 해야 함을 이해시킬 필요가 있다. 플레이하면서 앞 팀과 뒤 팀 사이의 거리 유지를 통해 안전한 플레이를 할 수 있음을 이해할 필요가 있다. 골프 지도 계획에는 안전한 플레이를 위한 규칙과 그 이유를 포함하여야 한다. 카트 운전, 자연재해, 분실구 처리 또한 골프를 배우기 시작하면서 알려주어야 하는 과제이다.

끝으로, 골프 부상을 예방하여야 즐겁게 플레이할 수 있다. 부상이 심한 경우에 골프를 중단해야 하는 일까지 벌어질 수 있는 문제이다. 골프 부상은 일반적으로 신체가 골프 동작 시 힘의 발생과 수행을 견디지 못하거나 비정상적인 샷에 따른 충격으로 생기는 상해이다. 부상을 방지하기 위해서는 준비운동이 꼭 필요하다. 골프장에 여유 있게 도착하여 몸을 푸는 동작을 해야 한다. 골프를 한번 하고 마는 사람들은 없으므로, 골프를 처음 배우는 단계부터 부위별 동작을 익혀 준비운동을 하는 습관을 들여야 한다. 연습장에서는 물론 라운드 전에 반드시 준비운동 하는 습관은 부상 방지는 물론 즐거운 라운드로의 지름길이다.

참고 문헌

[1] 강재규(2023.02.22). 모두가 즐기는, 안전한 골프장 문화 시리즈 ①총괄. 스카이데일리. https://skyedaily.com

[2] 국민재난안전포털(2024). 자연재난 행동요령: 낙뢰. https://www.safekorea.go.kr/

[3] 김재호(2024.01.23). 스크린골프장 사고 고객 안전·피해보상 뒷전. 시사부안. https://www.ssbuan.com

[4] 김진오(2005.05.18). 떼제베C.C 잇단 낙뢰 사망 사고 그 비밀은? 충북인뉴스. https://www.cbinews.co.kr

[5] 김현수(2022.06.16). 골프장 안전불감증 사고 부른다. 무등일보. https://m.mdilbo.com

[6] 김화균(2023.06.18). 골프 카트 사망사고… 사고 왜 자주 일어나나. 디지털타임스. https://www.dt.co.kr

[7] 남화영(2024.08.23). KGCA "골프연습장도 안전사고 대비를". Jtbc Golf http://jtbcgolf.joins.com

[8] 대한골프협회(2018). 골프 규칙 2019년도 판. 대한골프협회 출판사업부.

[9] 문화체육관광부(2023). ABC 골프장 안전점검 매뉴얼.

[10] 법률사무소KYL(2023). 골프장 타구 사고 손해배상 책임은 누구에게, 과실 비율은 얼마? https://blog.naver.com/yunseyoung84/223251757936

[11] 스포츠안전재단(2019). 스포츠 안전사고 주요 판례 연구.

[12] 유동주(2022.05.16.). "골프공에 맞아 실명"…누구 책임? '3가지 사례' 비교. 머니투데이. https://news.mt.co.kr

[13] 이미나(2024.06.27). 60대 여성 사망 '이천 골프장'…한 달 전 카트 사고도 있었다. 한경닷컴. https://www.hankyung.com

[14] 이서희(2022.12.26). 골프장 사고 4년 새 2배 이상 증가…'타구 사고' 가장 많아. 아시아경제. https://www.asiae.co.kr

[15] 이서희(2024.05.14). 제주 골프장 사망사고 중대재해처벌법 적용 검토. 제주도민일보. https://www.jejudomin.co.kr

[16] 이영주(2024.06.27). 이천 골프장서 60대 이용객, 일행이 친 골프공에 머리 맞고 사망. 연합뉴스. https://www.yna.co.kr

[17] 이현웅(2024.04.29). 골프장 타구 사고' 박태환, 형사 무혐의 확정. 문화일보. www.munhwa.com

[18] 자동차관리법. 법률 제20298호 (2024).

[19] 장준형(2022.05.11). 타구 사고와 형사책임. 뉴스케이프. http://www.newscape.co.kr

[20] 장준형(2022.07.20). 미끄러짐 사고와 골프장의 책임. https://www.newscape.co.kr/news/articleView.html?idxno=86475

[21] 정다움(2024.07.30). 골프장 보수작업 30대 열사병으로 쓰러져. 연합뉴스. https://www.yna.co.kr

[22] 정대균(2011.08.16). 로스트볼 찾다가 큰 화 부를 수도. 파이낸셜뉴스. https://www.fnnews.com

[23] 정찬필(2017.05.17). 스크린 골프연습장 사고 피해자에게도 책임 20% 판결. 레저신문. http://m.golftimes.co.kr

[24] 정현권(2019.11.02). 골프장 카트에서 딴 돈 세다 비극 맞은 골퍼…무슨 일이. 매일경제. https://www.mk.co.kr

[25] 중대재해 처벌 등에 관한 법률 (약칭: 중대재해처벌법). 법률 제17907호 (2021).

[26] 체육시설의 설치·이용에 관한 법률 (약칭: 체육시설법). 법률 제13128호 (2015).

[27] 체육시설의 설치·이용에 관한 법률 (약칭: 체육시설법). 법률 제19598호 (2023).

[28] 체육시설의 설치·이용에 관한 법률 시행규칙. 문화체육관광부령 제552호 (2024).

[29] 체육시설의 설치·이용에 관한 법률 시행령. 대통령령 제34575호 (2024).

[30] 체육시설의 설치·이용에 관한 법률, 법률 제15767호 (2018).

[31] 최미송(2022.12.22). 골프공 맞고, 연못 빠지고… 골프장 사고 4년 새 2배로. 동아일보. https://www.donga.com

[32] 한국골프장경영협회(2019). 골프장 안전 매뉴얼북.

[33] 한국대중골프협회(2020). 골프장 안전·위생 매뉴얼.

[34] 한국소비자원 생활안전팀(2022). 골프장 안전실태조사: 골프카트 및 카트 도로(주행로) 중심. 한국소비자원. https://www.ciss.go.kr/

[35] Ehlert, A., & Wilson, P. B. (2019). A systematic review of golf warm-ups: Behaviors, injury, and performance. *The Journal of Strength & Conditioning Research, 33*(12), 3444-3462.

[36] Fradkin, A. J., Cameron, P. A., & Gabbe, B. J. (2007). Is there an association between self-reported warm-up behaviour and golf related injury in female golfers?. *Journal of Science and Medicine in Sport, 10*(1), 66-71.

[37] Fradkin, A. J., Finch, C. F., & Sherman, C. A. (2003). Warm-up attitudes and behaviours of amateur golfers. *Journal of Science and Medicine in Sport, 6*(2), 210-215.

[38] Jtbc Golf (n.d.). 골프장에서의 낙뢰사고. http://jtbcgolf.joins.com/

[39] Kuitunen, I., & Ponkilainen, V. T. (2024). Injury incidence in golf: A systematic review and meta-analysis. *Irish Journal of Medical Science (1971-)*, 1-9.

[40] Luscombe, J., Murray, A. D., Jenkins, E., & Archibald, D. (2017). A rapid review to identify physical activity accrued while playing golf. *BMJ open, 7*(11), e018993.

[41] Qureshi, A. I., Khan, M. N. H., Saeed, H., Yawar, B., Malik, M., Saghir, M., & Khan, A. H. (2022). Injuries associated with golf: A qualitative study. *Annals of Medicine and Surgery, 78*, 103899.

[42] R&A (2024). Spirit of the game. https://www.randa.org

"골프는 원래 부유하고 뚱뚱한 개신교도들만 할 수 있었지만, 오늘날에는 괴상망칙한 옷을 입은 사람이라면 누구나 한다."

"Although golf was originally restricted to wealthy, overweight Protestants, today it's open to anybody who owns hideous clothing."

- Dave Berry -

"멀리건(Mulligan): 20m 땅볼을 한 번 더 치고 싶었던 아일랜드인이 발명한 기술이다."

"Mulligan: invented by an Irishman who wanted to hit one more twenty yard grounder."

-Jim Bishop -

부록 01

골프의 역사

호서대학교 골프산업학과 교수
_ 조상우

골프의 발생과 변천 / 282
골프 클럽의 변천 / 286
골프 볼의 변천 / 289
한국 골프사 / 290

골프의 발생과 변천

골프의 기원

몇 세기 동안, 세계 각지에서는 볼과 스틱stick을 이용한 유사한 게임들이 전해 내려오고 있다. 오늘날 우리가 행하고 있는 골프 경기는 스코틀랜드에서 비롯되었다고 전해진다. 그러나 지금까지 골프 경기가 언제, 어디에서, 누구에 의해 시작되었는지 문헌 등으로 알려진 것은 없다. 그래서 골프의 역사를 말할 때 기원이나 창시자에 대해 명확하게 설명하지 못하고, 몇 가지 기원설이 전해 내려오고 있다.

로마 기원설은 로마시대 시이저(BC100~44) 때 스코틀랜드성을 정복한 병사들이 야영지에서 구부러진 막대기로 새털로 된 공을 치던 놀이가 스코틀랜드에 전해져 오늘날 골프가 되었다는 기원설이 있다. 그리고 기원전 네덜란드에서 실내나 얼음 위에서 하던 코르프kolf가 국제교역을 활발히 하던 스코틀랜드에 전해지며 오늘날의 골프로 발전했다는 설이 있다. 그 외에도 스코틀랜드의 양치기 소년들이 양을 돌보던 스틱으로 들판에 있던 토끼굴에 돌을 넣고 즐기던 것이 골프로 발전했다는 기원설도 있다. 그렇지만 이 기원설이 오늘날 세계적으로 인기 높은 골프 경기의 기원설이라고 하기에는 그 근거가 충분하지 못하다. 비록 시기와 대륙, 민족은 달랐으나 골프 경기와 유사한 놀이가 시간과 장소를 초월하여 여러 지역에서 행해지고 있었던 것은 분명한 사실이다. 일본의 나라시대(668년-773년)의 '타구打毬', 중국 명나라(1368-1662) 때의 '추환捶丸', 프랑스의 '주드 마유Jue De Maille', 한국 조선시대의 '보격구步擊毬' 등의 경기나 놀이가 오늘날 골프 경기와 유사한 것들이다.

골프와 유사한 놀이나 경기가 서로 다른 시기에 세계 여러 곳에서 행하여지고 있었지만 분명한 사실은 스코틀랜드가 현대 골프의 발상지이며, 스코틀랜드 지방을 중심으로 꾸준히 발전하여 잉글랜드는 물론 세계로 전해지며 발전해 나갔다. 골프가 스코틀랜드에서 발전할 수 있었던 이유는 해안가를 끼고 있는 지형적인 특성으로 큰 산악지역이 없이 잔디와 잡목이 우거진 작은 언덕으로 이어져 골프 코스를 만들기에 적합한

부록 그림 1.1
프랑스의 '주드 마유(Jue De Maille)

초원지대가 많이 형성되어 있었고, 롱노이즈라 불리는 골프 클럽을 만드는 원재료였던 나무가 스코틀랜드에 풍부해 골프가 발전할 수 있었다. 또한 이 클럽들은 당시 활이나 창을 만들던 장인들이 많아 쇠를 다루던 그들의 숙련된 기술로 클럽을 만들었다.

현대의 골프

골프에 대한 공식적인 기록이 처음 발견된 것은 1457년 스코틀랜드에서 축구와 골프를 금지하는 법안이 의회를 통과한 기록이다. 당시 스코틀랜드는 잉글랜드와 전쟁을 벌이고 있었는데 국민이 골프에 열중하게 되어 활쏘기 등 무술훈련을 게을리한다는 이유로 스코틀랜드의 왕이었던 제임스 2세(재위: 1437년~1460년)가 '12세 이상 50세까지의 모든 국민에게 골프를 금지'하는 법령을 내렸다. 골프 금지령이 내려진 후에는 자연히 특권층이었던 왕족들만 골프를 즐기게 되어 그들만의 경기로 바뀌게 되었다. 그런 이후에도 골프에 대한 금지령은 1471년과 1491년에도 내려지게 되었다. 첫번째 금지령이 내려진 후 14년이 지난 후에는 제임스 3세(재위: 1460년~1488년)에 의해 두 번째로 골프 금지령이 내려졌고, 제임스 4세 때(재위: 1488년~1513년)였던 1491년에도 금지령이 내려졌다. 제임스 4세는 골프의 무용론을 언급하며 공익과 방위에 도움이 되지 않는 것이라고 골프 금지령을 내려 이를 위반한 사람이나 경기장 소유주에게 금고형이나 벌금형을 부과했다. 그러나 당시 주변의 귀족들과 시민들은 금지령 해제를 간곡하게 요청하게 되고, 이에 제임스 4세는 골프가 어떤 게임인지 직접 경험해 보겠다고 하여 골프경기에 참가하게 되었다가 뜻대로 쉽게 되지 않아 여러 번 반복하여 경기에 참여하는 과정에서 골프에 빠지게 되었다. 제임스 4세는 1502년 퍼스 perth에서 활을 만들던 장인에게 골프 세트와 공을 구매하기도 하였다.

제임스 4세의 뒤를 이어 왕위에 오른 제임스 5세(재위: 1513년~1542년)는 왕가로서는 처음으로 사설 골프장을 만들어 골프를 즐겼고, 축구와 함께 골프를 국기로 정해 로열 스포츠로 격상시켰다. 그러나 제임스 5세의 뒤를 이어 왕위를 계승한 그의 딸 메리 여왕(재위: 1543~1567년)은 최초의 여성 골퍼였지만 1567년 남편인 단리 경 Lord Darnley이 살해되고 불과 며칠 만에 남편 살인범 보스웰 Bothwell 백작과 함께 골프를 친 것이 문제가 되어 왕좌에서 물러나 잉글랜드에서 오랜 유배 생활을 하다 형장의 이슬로 사라진다. 그 후 메리 여왕의 아들 제임스 6세가 스코틀랜드의 왕이 되었다가 다시 통일된 영국의 제임스 1세(재임: 1566년~1625년)로 왕위를 계승하며 골프를 완화하는 정책을 폈다. 이 당시 일요일이나 안식일에는 골프가 금지되어 있었으므로 이를 위반했을 때는 벌금을 부과하였다. 그러나 세인트 앤드루스 St. Andrews에 있던 대주교는 지역 주민에게 일요일에 골프 경기를 허락하기도 하였다. 하지만 일요일 골프 금지에 대한 국민의 불평이 높아지자 1618년 일요일 골프 금지령은 해지되었다.

스코틀랜드의 많은 지역에서는 오랫동안 전통적으로 궁술, 사격, 경주마 대회가 이어져 왔다. 스코틀랜드와 잉글랜드의 전 지역에서 골프 금지에 대한 제한이 없어지자 사람들은 편안하게 골프를 즐기게 되었고, 최초의 골프대회는 1744년 스코틀랜드의 니스 Leith 에 위치한 에딘버러골프클럽 Edinburgh Silver Club 에서 신사골프협회 The Gentlemen Golfers (현재 에든버러골프협회)가 골프대회를 개최한 것이 최초의 골프 클럽과 경기대회로 기록되어 있다. 이 대회에서 외과 의사였던 존 로터리 John Rattray 가 우승을 차지하게 되어 은으로 만든 골프 볼이 달린 은제 클럽을 수상하였다. 이 대회에는 골프 역사상 최초로 만들어진 13개 조항의 골프 경기규칙이 적용되었는데, 이 규칙은 현행 골프 규칙의 기반이 되었다.

부록 그림 1.2
실버 클럽

이 규칙은 10년이 지난 후, 1754년 세인트 앤드류스골퍼협회 Society of St Andrews Golfers 에서 열린 대회에서도 약간의 수정을 거쳐 채택되었다. 1940년대에 신사골프협회 The Gentlemen Golfers 의 1744년 골프경기 규칙이 발견되기 전까지는 세인트 앤드류스의 경기규칙이 제일 오래된 것이었다. 세인트 앤드류스골퍼협회 Society of St Andrews Golfers 는 1834년 영국 왕실의 동의를 받아 이름이 세인트 앤드류스의 로얄 앤 앤션트 골프클럽 The Royal and Ancient Golf Club of St Andrews 으로 변경되어 이곳을 중심으로 경기규칙의 제정, 핸디캡의 통일, 선수권 대회의 개최 및 운영을 담당하는 곳으로 발전하였다.

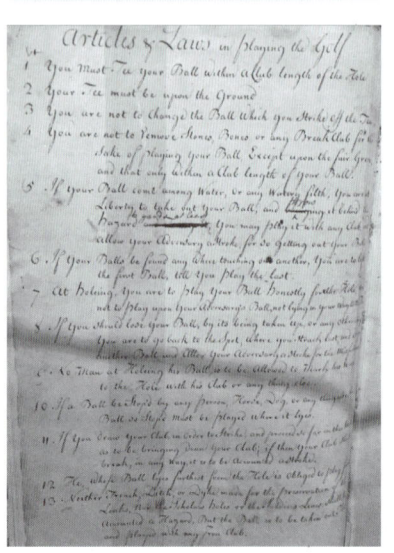

부록 그림 1.3
최초의 골프 규칙 13개 조항

1860년에 이르러 영국에는 약 35개의 골프장이 있었는데, 그중 33개가 스코틀랜드에 있었다. 10년이 지난 1870년에는 골프장이 54개까지 증가하였는데, 잉글랜드에는 8개만 있었다. 1879년에는 111개의 골프클럽이 있었지만 잉글랜드에는 22개의 골프클럽만이 있었다. 영국에서의 골프 붐 boom 의 절정은 1880년대 중반에 이르렀는데, 이 당시 약 172개의 골프클럽이 운영되었다.

영국에서 골프가 발전하며 1860년 스코틀랜드의 프레스트웍 Prest Wick 클럽 주최로 제1회 영국골프선수권대회가 개최되었다. 이 대회에는 8명의 영국 프로선수가 출전하여 윌리파크 Willie Park 선수가 36홀에서 174타의 스코어로 우승하여 5파운드의 상금과 은제 챔피언 벨트를 받게 되었다. 이 대회는 1861년부터는 참가 자격을 전 세계에 개방함으로써 아마추어선수도 참가가 가능한 역사와 전통을 지닌 세계적인 'The Open' 대회가 되었다. 이 외에도 스코틀랜드 세인트앤드루스에는 1867년 최초의 여성 골프클럽이 만들어져 지금까지 운영되고 있으며, 이 골프 클럽은 퍼트 putt 만 하는 경기형태이다.

부록 그림 1.4
세인트 앤드루스 골프장 여성퍼팅클럽(Since 1867) 전용코스

골프가 영국을 벗어나 세계 각지로 전파되기 시작한 것은 영국인들의 해외 이주와 큰 연관이 있다. 영국인들의 해외 이주는 19세기 후반에 이르러 아메리카 신대륙은 물론 아시아, 호주, 아프리카에 이르기까지 세계 각지로 퍼져나가 그들이 영국에서 누리던 생활양식들을 이주한 나라에서도 이어가며 골프도 같이 전파되게 되었다. 호주에는 1871년 아데라이드 adelaide 클럽이 만들어졌고, 캐나다에서는 1873년 로얄몬트리올골프클럽이 만들어졌다. 미국에서는 1887년 폭스버그골프클럽이 만들어졌다. 아시아에서는 1889년 홍콩을 시작으로 한국, 일본, 말레이시아, 대만에도 소개되며, 골프는 세계적 스포츠로 오늘날 자리하게 되었다.

골프 경기가 현대 스포츠로 자리 잡으면서 각종 대회가 생겨나기 시작했는데, 올림픽대회에서 정식 종목으로 처음 채택된 것은 1904년 미국 세인트루이스에서 개최된 제3회 올림픽대회였다. 이 대회에는 72명의 미국 선수와 3명의 캐나다 선수만이 출전하였다. 당시만 하더라도 골프 경기를 하는 국가들이 많지 않아 이 대회를 마지막으로 올림픽에서 사라지게 되는 불운을 겪었다. 그러나 110여년이 지난 2016년 브라질 리오데자네이루 올림픽에서 다시 정식 종목으로 채택되었다. 그리고 아시안게임에서는 1982년 인도 뉴델리에서 개최된 제9회 대회부터 지금까지 이어오고 있다. 그 외에 세계적인 골프대회로는 1860년부터 시작된 영국의 'The Open', 1895년부터 시작된 '전미오픈챔피언십', 1916년부터 시작된 'PGA챔피언십', 1934년부터 시작된 '마스터즈', 1927년부터 시작된 '라이더스 컵' 대회에 이르기까지 세계적인 명성과 전통을 지닌 대회들이 있다.

골프 클럽의 변천

15세기 스코틀랜드에서 사용되었던 골프 클럽은 나무로 샤프트와 헤드를 만들어 사용하였다. 이 클럽의 그립 grip은 양, 돼지, 말, 암소의 가죽으로 묶어서 사용하였다. 클럽 헤드는 딱딱한 재질의 나무인 너도밤나무(서양가시 나무), 호랑가시나무, 배나 사과나무를 깎아서 만들었고, 샤프트는 개암나무나 양풀푸레 나무로 만들었다. 그리고 헤드와 샤프트의 연결은 가죽으로 끈을 만들어 팽팽하게 묶어 사용하였다.

부록 그림 1.5
세계에서 가장 오래된 골프 클럽

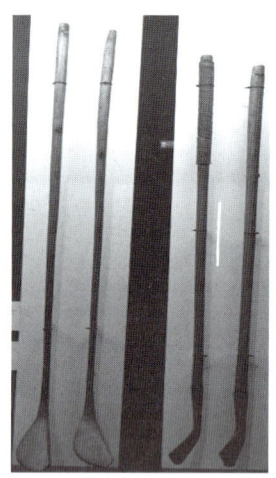

세계에서 현존하는 가장 오래된 골프 클럽은 스코틀랜드의 로얄트룬골프클럽에 6개의 우드와 2개의 아이언이 보존되어 있다. 이 클럽 중에서 아이언은 17세기 후반 그리고 우드는 18세기 초반으로 추정되고 있으며, 6개의 클럽은 그립이 없는 상태이고 우드의 페이스가 넓고 길게 생겼다. 이 클럽들은 1898년 잉글랜드 요크셔의 Maister's House에서 발견되었다. 이 당시 클럽들은 1741년에 발행된 신문지에 포장되어 있었고, 이것들은 1915년 로얄트룬골프클럽에 기증되었다. 초창기에 만들어진 아이언 클럽은 사용하기 어려워서 러프 rough 지역의 라이 lies에서만 사용하였고, 이 무거운 아이언 클럽은 약한 페더 볼을 자주 손상해 버렸다.

19세기 말까지 골프 클럽은 미완성품이라고 할 만큼 조잡하여 초창기 골프 클럽은 골프 애호가들이 골동품으로 수집하는 특별한 관심거리가 되고 있었다. 골프 클럽의 제조 기술은 페더 feather 볼 시대 후기에 들어서면서 크게 발전하게 되었다. 페더 볼은 타격에 매우 약하기 때문에 구타페르카 볼이 출현하기 전까지 아이언 샷을 할 때보다 우드샷을 할 때 주로 사용하였다. 이 당시 우드는 롱, 미들, 쇼트, 아주 짧은 스푼(피칭용)의 4종류가 있었다. 19세기 중반 등장한 구타페르카 볼은 골프 클럽 제작에 커다란 변화를 가져왔다. 구타페르카 볼은 페더 볼보다 단단할 뿐 아니라 클럽에 큰 반동을 주기 때문에 클럽의 길이가 짧아지고, 클럽 헤드는 두꺼워졌으며 샤프트의 재료는 탄성을 늘리기 위해 목질이 연한 사과나무, 배나무, 복숭아나무 등을 사용하였다. 당시 골프 클럽은 장인들이 직접 나무를 깎고, 망치로 쇠를 때려 가며 클럽을 만들었는데, 세인트 앤드루스의 로버트 포간 Robert Forgan 은 수공으로 뛰어난 클럽을 제작하는 장인으로 1850년대 중반부터 히코리 샤프트를 최초로 만들기 시작하였다. 히코리 샤프트는 강도가 강하고 가벼울 뿐만 아니라 습기에 강해 종전의 클럽처럼 뒤틀리거나 변형되지 않는 장점이 있었다. 클럽을 보호하기 위해 샤프트에 타르 칠을 하고 헤드와 샤프트가 연결되는 부위에 마닐라 삼실을 감아 튼튼하게 하였고, 그립은 천으로 안을 댄 가죽을 씌워 못으로 고정한 후 삼실을 감아 사용하였다.

부록 그림 1.6
히코리 골프 클럽 제작 작업실 전경

1909년 미국에서 스틸 steel 샤프트가 처음 개발되었다. 그러나 당시 골퍼들은 스틸 샤프트에 대한 거부감이 있어 사용하는 골퍼는 많지 않았다. 그래서 1924년에 가서야 미국골프협회 United States Golf Association; USGA 의 승인을 받게 되었고, 영국왕립골프협회 The Royal & Ancient Golf Club; R&A 에서는 1929년에 승인을 받게 되었다. 골퍼들이 스틸 샤프트 클럽에 대해 거부감으로 계속 히코리 클럽을 사용하였으나, 스틸에 대한 거부감을 없애기 위해 가늘고 얇게 만든 스틸 샤프트 위에 플라스틱과 흡사한 재질로 덧씌운 클럽이 등장했다. 이 샤프트에는 줄무늬가 있어 마치 대나무처럼 생겼다고 하여 뱀부 bamboo 샤프트로 불렸으며 1940년대 이후에는 사라져, 스틸 샤프트가 본격적으로 사용되기 시작하였다. 1920년대 이전에는 클럽의 종류도 다양하여 각각의 클럽에 독특한 명칭이 있었다. 그러나 클럽의 종류가 너무 세분되어 골프대회에 20여 개가 넘는 클럽을 가지고 나오는 선수도 있어 경기에서의 형평성 논란과 클럽이 무거워 캐디피를 더 많이 요구하는 캐디도 있어 시비할 거리가 되기도 하였다. 그래서 USGA(1936년)와 R&A(1939년)에서는 골프 클럽의 수를 총 14개로 제한을 하는 규정을 만들었고, 이 규정으로 골프 클럽의 명칭은 숫자로 불리는 것이 정착하여 오늘날까지 이르게 되었다.

부록 표 1.1
골프 클럽별 명칭

클럽	명칭	클럽	명칭
우드 1번	드라이버(Driver)	아이언 No. 3	미드 매시(Mid Mashie)
우드 2번	브래시(Brassie)	아이언 No. 4	매시 아이언(Mashie Iron)
우드 3번	스푼(Spoon)	아이언 No. 5	매시(Mashie)
우드 4번	바피(Baffie)	아이언 No. 6	스페이드 매시(Spade Mashie)
우드 5번	클릭(Click)	아이언 No. 7	매시 니블릭(Mashie Niblick)
아이언 No. 1	드라이빙 아이언(Driving Iron)	아이언 No. 8	로프팅 아이언(Lofting Iron)
아이언 No. 2	클릭(Cleek)	아이언 No. 9	니블릭(Niblick)

1950년대에는 스틸 샤프트 클럽이 일반적으로 많이 사용되었다. 그러나 항공우주 소재가 개발되기 시작하면서 1960년에 가볍고 튼튼한 '카본 carbon'이라는 신물질이 개발되었다. 개발 초기에 카본은 가격이 비싸 샤프트에 이용되지 못하였지만 1980년대에 이르러 제작 기술이 발전하여 내구성도 좋아지고 탄성력도 더 우수해져 우드의 샤프트로 사용되기 시작하였다. 그로 인해 골프 드라이버 비거리가 늘어나는 데 큰 역할을 하게 되었다.

현대의 골프 클럽은 가볍고 더 쉽게 스윙하면서 볼을 보다 멀리, 더 정확하게 날리는 것을 목표로 새로운 소재와 디자인이 개발되고 있다. 1970년대까지 우드의 헤드는 전통적으로 나무로 되어 있었다. 그러나 1979년 우드의 헤드 소재의 메탈 metal 우드가 등장하면서 골프 클럽의 새로운 시대를 맞이하게 되었고, 1980년대에는 탄소 섬유질의 헤드도 개발되어 사용되었다. 1990년대 골프 클럽 메이커들은 디자인보다 샤프트와 헤드의 소재 개발에 역점을 두고 카본, 그라파이트, 보론 등 다양한 소재를 개발해 샤프트에 적용하였다. 헤드의 소재로는 가볍고 반발력이 우수한 두랄루민, 텅스텐 등을 소재로 한 클럽들을 개발하였다. 또한 클럽 헤드와 샤프트의 소재가 가벼워지면서 헤드의 크기가 증가하기 시작하였다. 나무 헤드 소재였던 당시에는 헤드의 용적이 150~180cc에 지나지 않던 것이 스틸 소재의 헤드가 나오면서 200cc를 넘기 시작하여 지속하여 커지게 되자 2004년 USGA와 R&A는 헤드 용적을 460cc로 제한하였다.

골퍼들은 스윙하기 편하고 목표물에 정확하게 더 멀리 보낼 수 있는 클럽들을 희망하고 골프 클럽 제조사들은 골퍼들이 필요로 하는 클럽들을 만들기 위해 소재, 디자인 등을 개발하여 매년 새로운 모델의 클럽들을 선보이고 있다.

골프 볼의 변천

일반적으로 골프 볼은 1400년대부터 지금까지 클럽의 변천과 함께 볼 내구성의 개선을 위해 지속해서 발전해 오고 있다. 최초의 골프 볼은 나무 공이 나오기까지 둥근 모양의 돌이 사용되었을 것으로 보고 있다.

1400년대에 만들어진 나무 골프 볼은 우든 wooden 클럽과 함께 페더 볼이 등장하는 17세기까지 사용되었다. 페더 볼은 가죽을 여러 조각으로 자른 다음, 명주실로 꿰매어 볼 모양을 만든 후, 꿰맨 자국이 안쪽으로 들어가도록 뒤집어 꿰매지 않은 작은 구멍 속으로 거위 털을 최대한 단단히 채워 구멍을 막은 후 건조하였다. 이렇게 말린 가죽 볼은 가죽의 수축으로 아주 단단해졌고, 다시 약간의 기름을 바른 다음 표면에 색을 칠했다. 페더 볼은 모두 수작업이었기 때문에 기술자라도 하루에 4~5개만 생산하였고, 이것을 둥근 원형으로 만드는 것은 사실상 불가능했다.

페더 볼은 물에 젖게 되면 사용할 수 없었고, 모양이 일그러지기 일쑤였으며, 아무리 견고하게 제작해도 2라운드를 넘기기가 힘들었다. 드라이버 비거리는 약 180~220 야드 정도였으며, 직경은 43~46mm, 무게는 43g 정도였다. 페더 볼은 오늘날의 볼과 같이 멀리 날아가지 못하였다. 페더 볼 시대 골퍼들의 평균 비거리는 200야드 yards 정도밖에 되지 못하였는데, 페더 볼의 가장 긴 비거리는 1836년 사무엘 메시우스 Samuel Messieux 가 세인트 엔드류스에서 기록한 361야드 이다.

부록 그림 1.7
페더 볼 만드는 모습

부록 그림 1.8
구타페르타 볼 몰드

페더 볼에 이어 등장한 것은 구타페르차 Gutta Percha 볼이다. 쿠타페르차 볼은 사포딜라 sapodilla 라는 동남아시아 고무나무의 수액으로 상온에서는 단단하고 열을 가하면 말랑말랑해서 볼 모양으로 성형하기 쉬워 초기에는 손으로 볼을 제작하였다. 이 볼은 표면에 손상이 가도 쉽게 다시 원형으로 성형할 수 있었고, 이후에 몰드 mold 를 이용하여 모양과 무게를 규격화시키면서 대량생산이 가능해져 가격도 저렴하고 페더 볼보다 원형을 유지하여 일정한 포구선과 퍼팅 시 일정한 굴림을 유지할 수 있었다. 또한 볼이 고무와 같은 성질을 가지고 있어 볼 표면에 클럽 자국이 생기면서 비거리가 더 나간다는 것을 발견하면서 일정한 모양의 딤플 dimple 이 몰드에 의해 만들어져 딤플의 시초가 되어 골프 볼 역사의 대전환기를 가져오게 되었다.

쿠타페르차 볼에 이어 등장한 고무 코어 볼의 출현은 골프 게임의 새로운 혁명이었다. 고무로 만든 둥근 원형에 고무실을 팽팽히 감고, 그 위에 구타페르차로 커버 cover 를 만들었다. 이후 발라타 고무 소재가 발견되면서 커버는 발라타로 교체되어 고무실의 탄력으로 더 먼 비거리와 방향 조절이 가능하게 되었다. 이 고무 코어 볼의 등장으로 우드의 헤드는 감나무 소재로 만들게 되었고, 아이언은 그루브 groove 를 만들어 볼이 떠 있는 시간을 늘려 비거리 증가에 도움을 주었다.

과학기술의 발달은 골프볼의 발전에도 영향을 미치게 되었다. 천연고무로 만들어진 발라타 볼은 3~4홀만 돌아도 볼 손상이 심해 내구성 부족한 단점이 있었다. 합성고무의 발달로 커버의 소재를 바꾸어 놓았지만, 보다 비거리를 많이 내기를 원하여 투피스 two piece 볼이 만들어지게 되었다. 그러기 위해서는 커버와 코어의 소재를 달리해야 했고, 더 단단한 코어 연구 개발로 썰린 커버로 투피스 볼이 만들어졌다. 투피스 볼은 아마추어들이 쉽게 다룰 수 있고, 평균 비거리가 더 나가며, 가격이 저렴했다. 1990년 대부터는 스핀량이 많고 타구감이 뛰어나며, 정확도와 방향성 우수한 쓰리피스 볼이 개발되어 사용되고 있으며, 볼을 만드는 소재도 고무에서 비스무스, 텅스텐 등 금속성 소재가 합성되어 비거리 증대에 도움을 주고 있다.

한국 골프사

골프 도입과 일제강점기

한국의 골프 도입 시기는 문헌으로 정확하게 기록되어 전해지는 것 없이 일본인 다카하다 高畠

種夫가 일본에서 발행하던 '골프ゴルフ'라는 잡지에 1937년 '일본 골프의 발상지 조선 日本 ゴルフの 發祥地 朝鮮'이라는 기사와 1940년 '조선의 골프소사 朝鮮の ゴルフ小事'라는 기사를 통해 한국의 골프 도입설(1897년~1900년)이 제시되었다. 그 기사의 내용은 다음과 같다.

> '실로 40년 전에 완전하다고는 할 수 없지만 골프코스가 북선의 개항장 원산항의 해안에 있었다'(日本 ゴルフの 發祥地 朝鮮, 1937)

> …세관으로서 외국인이 집무하고 있던 시대, 그 구내에 6홀의 골프 코스가 이들 외국인들에 의해 만들어졌다. 당시 촌로가 아침, 저녁으로 왕래하면서 그들의 플레이를 봤는데, 그 후 원산에 현재의 9홀의 골프 코스가 만들어져 본격적으로 플레이하는 것을 보고 옛 기억을 더듬어 … 원산부가 시가 정리와 확장을 위해 외국인 주택을 부술 때 그 지붕에서 몇 자루의 클럽이 발견되어 촌로의 이야기가 거짓이 아닌 …'(朝鮮の ゴルフ小事, 1940)

한국의 골프도입설은 조선시대 朝鮮時代 함경남도 원산항에 있던 원산해관 元山海關의 유목산에 해관에서 근무하던 영국인들이 6홀의 골프장 건설하였다는 것이다. 원산해관은 1880년 원산항이 개항하게 됨에 따라 1883년 6월 개청하였다. 당시의 해관에 대한 시대적 배경은 1876년 강화도조약에 따라 인천, 원산, 부산 등지에 해관이 설치되었고, 조선 朝鮮은 청국해관 淸國海關으로부터 영국, 미국, 독일, 러시아 등의 외국인 해관원을 고빙 雇聘해 왔다. 1897년 원산해관에는 덴마크(2명), 노르웨이(1명), 영국(2명), 독일(1명) 해관원이 근무하고(독립신문, 1897년 3월 16일) 있었는데, 당시 영국인들은 역사적으로 그들의 식민지였던 곳이나 해외 이주지였던 홍콩, 말레이시아, 싱가포르 등지에 골프장을 만들어 즐겼다. 비록 원산해관에 근무하고 있던 영국인 세관원들이 골프장을 만들었다고는 행적 등에 대한 기록은 남아 있지 않지만, 다카하다가 잡지에 기고한 기사에서 원산에 골프장이 있었다는 노인의 구전(口傳)은 원산해관 골프 도입설을 뒷받침하고 있다.

대한골프협회(2000)에서는 원산해관에 이어 황해도 구미포와 원산 갈마반도에도 외국인이 만든 골프장이 있었다고 구전으로 전해지고 있지만, 그 기록은 찾아볼 수 없다고 하였다. 황해도 구미포는 조선인이 세운 최초의 교회인 '소래교회'가 있던 곳으로 많은 선교사가 발길이 끊이지 않던 곳이다. 조선에서 선교활동을 하던 언더우드 Horace Grant Underwood 목사는 구미포 소래해변의 아름다움에 빠져 이곳을 1901년 황실로부터 무료로 임대(동아일보, 1926년 10월 27일) 받아 이곳에 선교사들의 휴양소로 만들 계획을 추진하였고, 이곳 땅 대부분을 사들여 넓은 땅을 확보하였다. O. R. 에비슨 Avison 선교사에 따르면, 언더우드 목사는 이곳에 골프장을 비롯한 정구장, 야구장, 산책로를 만들 계획을 세웠고, 이것은 동아일보 1934년 8월 10일 기사에서도 확인할 수 있으며, 그 내용은 다음과 같다.

"구미포에는 봉화대라는 조그마한 산이 바다로 돌출하였는데 양별장이 봉화대 전면에 널려 있고…", "그 안으로는 길게 포플라의 아름다운 열수도 ㎖木 가 뻐치었다. 그 곁에는 광활한 잔디 잘 입힌 꼴프장까지 있다. 그 꼴프장가로는 푸른솔이 병풍을 둘렀다."

그리고 원산 갈마반도 골프 코스는 매일신보 1925년 7월 31일자의 기사처럼 1925년 7월 19일 개장하였다고 전하고 있다. 갈마반도 골프 코스도 황해도 구미포 골프 코스처럼 외국인 선교사들의 별장촌에 만들어진 골프 코스였으며, 테니스장, 야구장, 해수욕장이 같이 있었다.

부록 그림 1.9
원산 외인촌 골프 코스 개장 기사

출처 : 매일신보, 1925년, 7월 31일자

원산해관 골프 코스, 황해도 구미포 골프 코스, 원산 갈마반도 외인촌 골프 코스는 모두 외국인들에 의해 만들어져 당시 조선인들의 출입이 제한되어 있던 곳이었다. 그 외에도 외국인 선교사들은 전남 지리산 노고단에도 휴양지를 만들며, 이곳에도 골프장을 만들었다. 이 노고단 골프장은 레이놀즈 William David Reynolds 선교사가 한국인 인부들을 고용하여 1929년에 만들었는데, 이곳은 구름이 산 중턱에 걸리는 곳이라 골프 코스가 자주 구름에 가려 골프를 즐기기 어려웠다고 한다.

외국인 해관원과 선교사들에 의해 만들어진 골프장들은 조선에서 경관이 빼어난 명소에 만들어졌지만, 정작 조선인이 골프를 즐길 수 있는 골프장은 없었다. 특히 이 시기는 조선이 대한제국으로 국호가 바뀌고 1910년 일본으로 병합 倂合 되어 일제 강점기에 있던 시기로 조선인 골퍼가 발생하기 어려운 배경이었다. 조선인 골퍼가 처음 기록된 것은 효창원골프장으로, 1921년 조선철도국 소속의 조선호텔이 부속시설로 용산에 있던 효창원에 9홀 코스로 개장한 곳이다. 이곳은 조선 22대 왕 王 정조의 맏아들인 문효세자 文孝世子, 정조의 후궁이자 문효세자의 어머니인 의빈 성씨, 순조의 후궁 박숙의 朴淑儀 의 무덤이던 있던 곳을 조선호텔이 여행객 서비스와 외국 관광객 유치를 목적으로 골프장으로 개발하였다. 그러나 효창원 골프장은 개장한 후 3년이 지난 1924년 12월 공원화 계획에 따라 폐장하여 일반에게 개방되었다. 효창원 골프장의 공원화 계획에 따라 조선총독부 관리와 골프장 관계자들은 '경성골프구락부 京城ゴルフ俱樂部' 라는 단체를 조직하여 골프장 이전을 추진하였고, 경성골프구락부의 유일한 조선인 회원이었던 조선 귀족 貴族 이항구 李恒九 가 그 회원으로 골프를 즐기고 있었다.

경성에 이어 1924년 원산 송도원에도 골프장이 만들어졌다. 이곳은 일본인이 운영하던 송도원해수욕장의 부대시설로 평지와 산지를 교묘하게 이용해 9홀 2,200야드의 코스로 만들어졌다.

원산골프구락부는 회원 입회금 없이 월 5엔의 회비를 내면 그린피가 면제였고, 캐디피는 9홀 5전, 18홀 10전의 저렴하게 골프를 즐길 수 있었으며, 실비로 교통편도 제공하였다. 주말이나 휴가철에는 경성 등지에서 철도를 이용하여 골프를 즐기러 방문하는 곳이기도 하였다.

부록 그림 1.10
원산 골프 코스 6번홀 전경

출처: Japanese government Railways

원산 송도원골프장에 이어 1924년 8월 31일 대구에도 골프장이 만들어졌다. 대구골프장을 건설하기 위해 대구골프장 건설 관계자들은 경성 효창원골프장에 와서 시설물 둘러보고 대구 외곽 비파산 琵琶山 일대에 9홀, 2,870야드, 파 35의 코스를 만들었다. 이곳에는 회원들에 의해 '대구골프회'가 조직되었고, 조선인 회원으로는 박흥갑, 이창근, 서병조, 정운용, 서연식, 주병갑 등 13명이 있었다. 대구골프장에서는 골프대회를 많이 개최하였는데, 1937년 전조선아마추어골프대회를 비롯하여 1938년에는 30개가 넘는 지역 대회를 개최하였고, 1939년에는 '유하 有賀', '합동은행 合同銀行', '대구일보 大邱日報', '조선민보 朝鮮民報', '부산대항 釜山對抗' 등의 21개의 크고 작은 대회를 개최하여 활발한 활동을 하였다.

1924년 12월 경성 효창원골프장이 이전하게 된 곳은 청량리에 위치한 조선 왕실의 능림 陵林으로 청량리 골프장은 10만 평 부지에 총연장 3,906야드, 총 홀수는 16개였지만 1번 홀과 2번 홀을 다시 돌아 18홀을 경기해야 하는 코스였다. 청량리 골프장에서는 대부분 일본인 골퍼들이 주류를 이루고 있었지만, 얼마 지나지 않아 한상봉, 박용철, 민대식, 윤호병 등의 조선인 골퍼들이 등장하였다.

경성, 원산, 대구에 이어 평양에서도 1928년 대동강 주변에 골프장이 만들어졌다. 이 코스는 당시 평양 시장으로 있던 마쓰이 松井 와 철도관계자에 의해 계획되어 경성골프구락부의 코치로 있던 나카가미 中上數一 가 총 9홀, 2,545야드, 파 33의 샌드그린으로 설계하여 만들었다. 마쓰이는 1924년 대구 시장으로 재직하던 시기에도 대구골프장을 만드는 데 많은 역할을 했던 인물이기도 하다.

경성골프구락부 회원들은 청량리 골프장 시대를 보내며 18개 홀을 가진 국제 규모의 새로운 골프장의 필요성을 느끼게 되었다. 이에 경성골프구락부 이사이며 이왕직의 차관이었던 시노다 篠田治策 는 유릉 터가 있던 지금의 군자리 어린이대공원 자리를 골프장 부지로 영친왕에게 간청하여 30만 평에 이르는 부지를 무상으로 임대받고(김태운, 1984), 건설 자금 20,000엔과 3년 동안의 보조금 5,000엔을 지원받게 되었다. 이렇게 군자리골프장 건설 공사는 1929년 가을에 마무리되었으나 그린을 잔디로 만들기 위해 이듬해인 1930년 6월 22일 개장하였다(대한골프협회, 2001).

부록 그림 1.11
평양 골프장 경기 모습

출처: 조상우 개인소장

조선에서 가장 마지막에 만들어진 골프장은 1933년 부산 해운대에 만들어진 해운대골프장이다. 이곳은 지금 부산의 명소인 '센텀 시티'가 있는 지역으로 당시의 모습은 남아 있지 않으나 당시 이곳은 주변 수영강을 중심으로 동래온천과 해운대온천이 일본인들에 의해 개발되어 사람들의 왕래가 많이 있던 곳이었다. 부산골프구락부에는 1936년 5월 165명의 회원이 있었는데, 이중 부산지역 회원은 102명, 지방회원은 63명이 있었다. 지방회원으로는 대구골프회의 서연호, 서연식과 이왕직 차관이었던 경성골프구락부의 이항구도 회원으로 있었다.

일제강점기에 있던 경성, 원산, 대구, 평양, 부산의 골프장들은 골프구락부와 골프회를 중심으로 이들 지역 상호 간의 관계 증진을 위하여 골프대회를 개최하며, 이들 단체와의 소통과 교류를 위한 협의체에 대한 필요성을 느끼게 되어 1937년 9월 23일 '조선골프연맹'을 경성골프구락부에서 창립하였다. 이 연맹의 이사장은 경성골프구락부의 전무이사였던 와타나베 渡邊週幸 씨가 선출되었고, 경성, 원산, 대구, 평양, 부산골프구락부에서 이사를 맡았다. 조선골프연맹은 각 골프구락부 상호 간의 향상 발전을 위하여 '전조선 아마추어선수권대회'와 '구락부 대항 경기'를 창시하였다.

1940년 12월 8일 일본이 태평양전쟁을 일으키게 되자 얼마 지나지 않아 군사 훈련장과 식량 증식을 위한 시설로 개간되어 모두 사라지게 되었다. 경성의 경복궁에도 3,000평 규모의 총독부 골프연습장이 있었는데, 이곳도 전시 식량 증식을 위하여 농장으로 개간되었고(每日申報 1941년 2월 26일), 또한 1944년 3월 19일 경성의 군자리골프장은 경성골프구락부의 임시총회를 거쳐 조선의 골프장 중에서 마지막으로 해산하게 되었다. 이것으로 조선의 모든 골프 관련 시설은 사라지고 막을 내리게 되었다.

한국 골프의 재건과 전환

일제강점기 후 조선에 남아 있는 골프장은 단 한 곳도 존재하지 않았다. 일제강점기에 존재하던 골프장들은 모두 군사 훈련장이나 농경지가 되어 있었고, 정치적, 사회적, 경제적으로 혼란했던 시기라 골프장을 다시 건설한다는 것은 당시 사회적 여건으로는 어려웠다.

광복 이후, 한반도는 남북의 이념 대립과 갈등으로 극심한 분열이 일어나, 정치적 이념에 따라 각각의 정부를 수립하였다. 이러한 과도기적 배경에서 1948년 8월 15일 대한민국이 수립되었다. 이때까지도 대한민국에는 과거의 골프장이 복구되지 못하였다. 그러나 골프장 재건에 대한 계기가 된 사건이 대한민국 정부수립 1주년 축하연에서 벌어졌다. 이 축하연에는 주한 외교관들과 군 고위층 인사들이 참석하였는데, 이곳에서 초대 이승만 대통령이 미군 장성들에게 휴일을 어떻게 보내는지 질문을 했고, 이에 한국에는 골프장이 없어 휴일에 일본 오끼나와에 가서 골프를 즐긴다는 말을 듣게 되었다. 당시에는 남한과 북한이 서로 정치적 이념 대립을 하며 대치하고 있었던 시기에 남한을 지원하는 미군의 장성들이 한반도를 떠나 있다는 것만으로도 위험에 노출된 상황이기 때문에 이승만 대통령은 골프장 건설을 지시하였다. 그러나 골프장을 건설하는 데는 막대한 예산과 시간이 소요되기 때문에 정부에서는 일제강점기 골프장으로 사용됐던 군자리골프장을 복구하는 방안을 대통령에게 보고하여 농경지가 되어 있던 골프장을 1950년 5월 다시 골프 코스로 만들어 개장하였다. 그러나 어렵게 재건된 군자리골프장은 1달여가 지난 6월 25일 한국전쟁이 발발하여 참화 속으로 사라지게 된다.

한국전쟁은 1953년 7월 27일 휴전되었지만, 사회의 많은 것들이 사라지고 폐허가 됐기 때문에 나라 전체에 대한 복구가 시급한 상황이었다. 이러한 상황임에도 불구하고 군자리골프장을 다시 건립하는 것은 국민의 원성을 살만한 일이었지만 외자처장이었던 이순용이 미8군의 장비 지원을 받아 1954년 7월, 6,750 야드, 파72의 국제 규격으로 재복구하였다. 군자리골프장의 재복구 과정에서 한국전쟁 이전에는 정부가 주도하였지만, 한국전쟁 이후에는 사단법인 서울컨트리클럽이 주도하도록 하여 국민 여론을 피하려 했다.

군자리골프장이 개장하자 1954년부터 이곳에서 전국아마추어골프선수권대회를 개최하였고, 1955년 2회 대회부터 1975년까지 대통령배로 승격하여 개최되며 정부로부터 정책적인 지원을 받게 되었다. 골프에 대한 정부의 관심에 힘입어 1956년 10월 부산컨트리클럽이 9홀, 2,610야드의 규모로 개장하였고, 1958년 10월에는 정부의 진원으로 미8군 골프장이 용산에 개장하여 한미 장성들의 외교와 사교를 위한 장소는 물론 주말 미군들이 영내에 체류할 수 있도록 하여 국가 안보에도 영향을 미쳤다. 또한 1958년 6월에는 제1회 한국프로골프선수권대회가 군자리골프장에서 18명의 선수가 출전한 가운데 처음으로 개최되어 한국 1호 프로였던 연덕춘이 우승을 차지했다.

1960년대에 들어서며 대한민국은 1960년 4·19혁명과 1961년 5.16 군사혁명으로 정치적으로나 사회적으로 불안정한 시대에 놓이게 되었고, 골프계에서도 서울골프컨트리클럽의 집행부가 해산되는 등 영향을 받게 되었다. 이러한 어려운 시절을 지나 1964년 9월 한양컨트리클럽이 한국의 3번째 골프장으로 개장하여, 순수 민간 골프장이 생겨나는 계기를 만들었다. 한양CC가 만들어지게 되자 골프계는 골프 단체의 설립이 필요하였고, 이러한 배경에서 1965년 9월 23일 서울컨트리클럽에 서울CC, 한양CC, 부산CC 등 3개 골프 클럽 12명의 대의원이 참석해 한국골프협회를 창립하였다. 협회가 만들어짐에 따라 1965년 제주CC, 1966년 뉴코리아CC, 태릉CC, 1968년 관악CC, 안양CC 등의 골프장이 만들어지며 회원이 되었다. 그리고 1968년 11월 12일에는 한국프로골프협회 창립되었다.

1970년대에 들어서며 골프는 정치와 외교에 활용되었다. 한국을 방문한 외국 정치인들과 골프 경기를 하며 국가 외교와 관련된 일들을 논의하는 새로운 정치 수단이 되었다. 박정희 대통령은 1971년 미국 부통령과 태릉컨트리클럽에서 골프를 치며 한미 간의 현안 문제를 협의하였고, 김종필 국무총리는 1973년 한국을 방문 중인 미 국무장관과 안양컨트리클럽에서 골프 외교를 나누는 외교 수단으로 활용하였다. 또한 군인들의 사기 진작을 위해 각 군대항 대통령배골프대회를 1970년 마련하여 정치 각료는 물론 군 장교에게까지 골프를 권장했다. 1970년대에 벌어진 한국골프계의 주요 사건은 한국 골프의 산실이었던 '군자리골프장' 또는 '능동골프장'이라 불리던 서울CC가 동서울 지역 개발로 인한 도로 확장과 골프장 주변에 택지 조성 등으로 인해 1972년 골프장을 폐장하여 교외로 옮기고, 이곳에 1973년 5월 5일 어린이대공원을 조성하였다. 그 밖에도 1978년 국내 최초로 여자 프로 4명(강춘자, 한명현, 구옥희, 안종현)이 탄생하며, 한국 여자 프로골프 시대를 열었다. 1970년대에는 부평, 동래, 남서울, 동서, 로얄, 대구, 수원, 유성, 오라 등 20여 개의 골프장이 개장하였다.

한국 골프의 도약

1980년대에는 군인 출신의 대통령이 연이어서 선출되며 스포츠를 국가적인 차원에서 뒷받침하였다. 정부의 행정조직에 체육을 전담하는 '체육부'를 만들어 체육 분야를 발전시키는 기반을 마련하였다. 전두환 대통령은 골프 애호가로 역대 대통령 중 핸디가 가장 낮은 실력파로 골프에 남다른 애정이 있어 대통령 별장인 청남대에 1983년 6홀을 갖춘 간이 골프장을 만들기도 하였다. 또 이 당시에는 '군 체력단련장'이라는 이름으로 군 골프장 건설이 이루어졌다. 1980년대 후반까지 골프장 건설은 청와대 내 인가제였기 때문에 골프장 건설 허가를 받기는 하늘의 별 따기라고 불릴 정도로 어려움이 많았다. 그러나 86아시안게임과 88서울올림픽을 계기로 레저스포츠에 대한 국민의 욕구가 증대함에 따라 정부는 1988년 6월 골프장 인허가 업무를 각 시도 전담제로 바꾸었고, 골프장 시설에 대한 업무를 교통부에서 담당하던 것을 '체육시설 이용에 관한 법률 및 규정'에 따라 체육청소년부가 관장하도록 변경하였다. 그러면서 노태우 대통령 재임 기간에 허가된 골프장은 104개로 역대 대통령들이 허가한 골프장의 2배 이상에 이른다.

1980년대 후반에 허가된 골프장들이 1990년대에 개장하면서 골프장의 수가 증가하여 골프 인구도 증가하고 골프 장비의 수입도 증가하였다. 이에 정부는 1991년 5월 골프 클럽을 대일 무역역조 개선을 위해 수입 다변화 품목으로 지정하여 일본으로부터 골프채 수입을 전면 금지하였다. 이러한 배경 속에서 국내 골프용품 회사들이 골프 클럽을 만들기 시작하며 국산화를 촉진하는 계기가 되었다. 그러나 골프가 대중화되지 못하여서 골프 관련 활동들이 스포츠활동으로 인정받지 못하고 사치성 활동으로 분류되어 특별소비세를 부과되는 일이 발생하게 되었다. 이러한 결과로 김영삼 대통령 시절에는 1994년 골프장 내장객 농어촌특별세 추가 부담, 1997년 골프장 특별소비세 30% 인상, 1998년 특별소비세 412% 인상 등 골프에 대한 정부의 부정적인 시선이 나타났고, 공무원에게는 '골프금지령'이 내려져 골프를 정치적 통제 수단으로 활용하기도 하였다. 그래서 이 시기를 한국 골프의 침체기라 말한다. 그러나 국내 골프계는 어려움을 겪고 있었지만, 1998년 미 LPGA 맥도날드 챔피언십에 출전한 박세리 선수가 우승을 차지하고, 1999년도에는 김미현 선수가 미 LPGA 스테이트 팜레일 클래식 우승을 차지하며 한국 골프 역사의 큰 획을 긋는 사건을 만들었다. 이로 인해 국내에서는 '골프 대중화' 정책이 발표되어 골프가 인기 스포츠로 자리매김하기 시작하였다. 그러한 결과, 2000년 전국 골프장 내장객은 회원제 골프장이 970만 명으로 전년 대비 12.9%, 대중골프장이 230만으로 전년 대비 28.7%로 급증하며 국내 골프 인구가 역사상 처음으로 1,000만 명 시대를 맞게 되었다. 또한 2000년도에는 최경주 선수가 미 PGA 무대에 진출하여 한국의 남녀선수들이 세계 골프 무대에서 앞장서는 발판을 만들었고, 지금은 박세리, 김미현, 최경주 키즈 kids 세대들이 다시 국제무대에서 좋은 성적을 거두는 시대를 만들어 가고 있다.

참고 문헌

[1] 강선미, 이양준(2010). 노블일지 1892~1934. 이마고.
[2] 高畠種夫(1940). 朝鮮のゴルフ小史. GOLF.
[3] 대한골프협회(2006). 사진으로 보는 한국골프사. 대한골프협회.
[4] 대한골프협회(2001). 한국골프 100년. 대한골프협회.
[5] 독립신문(1897. 03.16)
[6] 동아일보(1921.12.14일). 용산에 신공원 효창원에 설립.
[7] 손환(2020). 일제강점기 부산 해운대골프장에 관한 연구. 한국체육사학회, 25(3), 1-11.
[8] 이만열(1990). 언더우드: 한국에 온 첫 선교사. 기독교문사.
[9] 매일경제(1991.12.26). 골프채를 수입 다변화 품목
[10] 매일경제(1994.06.16). 골프장 내장객 농어촌특별세 추가 부담.
[11] 매일경제(1997.12.30). 1998년부터 '특별소비세 412% 인상.
[12] 매일신보(1925.07.31). 元山府下 外人村의 殷賑.
[13] 매일신보(1944.03.22). 골프구락부해산 - 활공훈련도장으로 전진.
[14] 조상우, 정동구(2012). 한국골프코스 도입에 관한 사회사적 연구. 한국체육학회, 51(5), 27-36.
[15] 최영정(2000). 코스에 자취를 남긴 사람들. 국민체육진흥공단.
[16] 한국문화사(1973). 한국골프 총람. 한국문화사.
[17] 한겨레(1996.12.25). 골프장 특별소비세 30% 인상.

"나의 기도가 받아들여지지 않는 유일한 때는 골프장에서뿐이다."

"The only time my prayers are never answered is on the golf course."

― *Billy Graham* ―

"인내할 수 있는 사람은 그가 원하는 것을 가질 수 있다."

"He that can have patience can have what he will."

― *Benjamin Franklin* ―

"나는 장애물에 미소를 짓는다."

"I smile at obstacles."

― *Tiger Woods* ―

부록 02

장애인 골프

USGTF-KOREA 골프산업연구소
소장 _ 최승권

장애인 골프 / 300
골프 '핸디캡'과 '장애'라는 단어의 관계 / 301
장애에 대한 이해 / 303
장애가 있는 골퍼의 이해 / 307
장애가 있는 골퍼를 위한 수정 골프 규칙 / 313

장애인 골프

골프라는 스포츠를 누구나 즐기기에는 경제적, 심리적, 신체적, 시간 등의 많은 요소가 제한적인 문제로 작용한다. 스포츠를 즐기는 데 무슨 제한이 있을 수 있냐는 반론을 제기할 수 있지만 실제로는 적지 않은 요소가 장벽으로 작용하고 있으며, 특히 신체적 정신적 한계를 갖게 되어 일상 활동에서 제한받고 있는 사람들은 스포츠 활동 참여에 어려움이 많은 것이 사실이다. 우리는 이들을 소위 '장애인'이라 부르고 있다.

우리나라의 지리적, 사회적 환경으로 미루어 볼 때, 장애가 있는 사람이 골프를 즐기기에는 어려운 점이 많다. 장애의 유형은 매우 다양하여 장애라는 단어만으로 골프를 잘하고 못하고를 단정적으로 말할 수는 없다. 골프 게임에서는 한쪽 팔이 절단되어 한 팔만으로 클럽을 스윙하고, 물체를 전혀 보지 못하는 시각장애가 있는 사람이 볼을 스트로크하는 경우를 볼 수 있다. 이들의 핸디캡은 어느 정도일까? 이들과 공정하게 라운딩하면 누가 승리할 수 있다고 장담하기는 어렵지 않을까 한다. 그렇다면 장애가 있는 사람을 신체적으로 또는 정신적으로 부족하거나 차이가 있는 사람으로 간주하는 일은 적절하지 않을 것이다. 장애와는 관계없이 모든 사람은 같지 않으며 골프 기술 측면에서 어딘가 차이를 나타내는 것은 당연한 일이라고 볼 수 있다. 골프 라운딩을 끝내고 점수에 차이를 나타내는 부분에 대하여 심리적으로 부담을 갖거나 자신을 부정적으로 평가하는 일은 거의 없을 것이다. 장애가 있는 플레이어와 골프 게임을 즐기면서 우리가 흔히 사용하는 '장애인'이라는 말에 대하여 장애가 있는 사람이 불쾌하게 받아들이거나 혹은 장애가 없는 플레이어가 부정적인 기분이 드는 경우 함께 게임을 즐기고 싶은 기분이 들지 않을 것이다.

본 장에서는 '핸디캡 handicap'이라는 골프 용어의 어원을 통해 골프와 '장애'와의 관련성을 이해하고, 장애의 개념을 알고서 장애가 있는 사람들에게 골프를 지도하는 데 필요한 지식을 설명하였으며, 장애가 있는 플레이어에게 적용되는 수정 골프 규칙을 이해하는 데 중점을 두고 서술하였다.

부록 그림 2.1
장애인 골퍼 한정원

출처: SBS TV(2021. 3. 23).

골프 '핸디캡'과 '장애'라는 단어의 관계

골프의 게임 방식인 핸디캡과 장애가 있는 사람을 지칭하는 핸디캡은 어떠한 연관성이 있는지 살펴보면 골프의 핸디캡을 이해하고 장애인 골프를 이해하는 데 도움이 될 것이다.

보통 골프를 치는 실력이 어느 정도냐고 물을 때 통상 핸디가 얼마냐고 묻는 경우가 많다. 골퍼들의 대화 중에 '핸디'라는 용어는 쉽게 언급되는 단어이다. 사람들은 핸디라는 용어가 무슨 의미를 뜻하는지 정확히 몰라도 보통 '싱글 골퍼'라고 하면 선망의 대상으로서 70대 타수를 치는 우수한 골퍼로 생각하고 있는 것이 아닌가 한다. 결론적으로 말하면 골프 용어에서 '핸디'라는 용어는 존재하지 않으며 '핸디캡 handicap'이라는 말을 정확히 이해하지 못해 생기는 오용이라고 생각된다.

영어 사전에서 handicap은 명사일 경우 (신체적, 정신적) 장애 disability, 불리한 조건 obstacle 이라는 의미이며, lexico.com (2021) online 영어 사전에는 handicap의 정의를 다음과 같이 자세히 기술하고 있다.

☑ **handicap**

1. 진보나 성공을 어렵게 만드는 환경.
2. 불쾌함 신체적, 정신적 또는 사회적으로 기능하는 사람의 능력을 현저하게 제한하는 구식, 불쾌한 1항의 조건
3. 기회균등을 위해 골프, 경마, 요트 등 스포츠 분야에서 우수한 경쟁자에게 부과하는 불이익
   3.1 우수한 선수에게 불이익이 가해지는 경주 또는 대회
   3.2 경주마가 다른 말들과 똑같이 우승할 기회가 주어지도록 이전 경기를 바탕으로 경주마가 지고 달릴 추가 무게.
   3.3 골프 선수가 보통 코스에서 파를 초과하는 스트로크 수(능력에 차이가 있는 선수들 간에 서로 경쟁할 수 있도록 하는 방법으로 사용됨)

골프의 핸디캡은 실력이 다른 플레이어가 동등한 조건에서 경기를 할 수 있도록 배려하는 방식으로 생겨났고, 현대적 의미의 핸디캡 시스템은 1911년 미국골프협회 USGA 가 설립하여 110년이 넘은 오랜 역사가 있는 플레이 방식이다(Golf Software, 2021; Wikipedia, 2021). 예를 들면 파 72코스에서 72타를 치는 플레이의 핸디캡은 0이고, 90타를 치는 플레이어의 핸디캡은 18(90-72=18)이다. 싱글 골퍼는 72타에 1자리 숫자 9까지 즉 81타까지 치는 골퍼를 뜻하고 있다. 즉, 골프 핸디캡은 게임 능력에 차이가 있는 골퍼들이 서로 경쟁할 수 있도록 골퍼의 잠재력

을 수치화한 골프 수행력 지표 golf performance index 이다(Wikipedia, 2021). 그래서 핸디캡이 낮은 골퍼일수록 게임 수행 능력이 더 좋은 골퍼이다.

'핸디캡 handicap'이라는 단어는 영국의 헨리 7세 (15-16세기) 시대에 두 사람이 모자 속에 손을 넣어 물건을 교환하고 한 사람이 중재자 역할을 하는 물물교환·배팅 게임 barter/betting game 을 지칭하는 hand-in-cap이라고 용어로부터 비롯되었다(Upton, 2013). 세월이 흐르면서 이 게임의 이름은 hand-in-cap에서 hand i'cap으로 짧아졌다가 다음은 handicap으로 바뀌었다. handicap이라는 의미는 골프, 승마, foot race, 요트(Hansen, 2015) 등과 같은 스포츠에 쓰였었다. Handicap은 더 강한 선수들에게 주어지는데, 이는 경기에서 상대와 동등한 수준 par 이 되도록 벌칙을 주거나 약화 되도록 하는 것을 의미한다. 예를 들어, 경마에서는 느린 말을 더 빨리 달리게 할 수 없었기 때문에, 더 빠른 말의 안장에 무게를 더하여 달리는 수준을 다른 말의 수준으로 낮춤으로써 능력이 같아지게 하였다. 마찬가지로, foot race에서 우승 후보는 다른 사람들보다 더 멀리서 출발하도록 하거나, 출발점은 같지만 다른 사람보다 늦게 출발하는 불리한 조건 handicap 을 부여하였다. 따라서 Handicapping은 더 강한 참가자들에게 벌칙을 부과함으로써 경기 수준을 맞추는 용어가 되었다. 게임의 이름에서 '경기를 평등하게 하는 방법'으로 바뀐 용어는 '방해물 부여 imposed impediment'와 유의어가 되고, 다음은 '장애 impediment'와 동의어가 되었다(Mikkelson, 2011).

1883년까지, "handicap"이라는 단어는 스포츠가 아닌 다른 많은 분야에서 "동등화 equalization" 라는 의미로 쓰였었는데, 20세기 초까지 "disabled"이라는 의미를 띠지 않았다. "handicap"은 기본적으로 "불리하게 하다"를 의미하기 때문에, 장애가 없는 사람들과 비교해서 신체적으로 "불리한 입장"인 장애가 있는 사람에게 적용되기 시작한 것은 긴 시간이 걸리지 않았다. handicap은 엄밀히 말하면 스포츠 용어로 정착하게 되었고 게임이나 협회 명칭과는 별개로, '장애 impediment'라는 의미가 확장되어 '신체적 한계 physical limitation'를 의미하게 되었다(Mikkelson, 2011). 1915년에 장애 아동 disabled children 에게 "handicapped/장애인"이라는 용어를 쓰기 시작하였다. 1958년까지, 이 단어는 성인 및 신체적 또는 정신적 장애가 있는 성인과 어린이 등 모든 장애인 disabled persons 을 묘사하기 위해 사용되었다(Upton, 2013).

골프의 핸디캡이라는 단어는 실력이 우수하거나 낮은 골퍼가 함께 동등하게 라운딩할 수 있도록 하는 독특한 스포츠 시스템이며, 이 용어가 장애가 있는 사람을 뜻하는 것은 장애가 있고 없음에 관계없이 모든 사람은 동등하다는 의미이다. 1981년까지 장애를 뜻하였던 'handicap'이라는 단어는 그 이후 장애 있는 사람을 폄하하고 낙인찍는 단어로 인지되면서 사전에는 존재하나 장애를 지칭하는 단어로 쓰이지 않게 되었다.

장애에 대한 이해

골프 게임에서 장애가 있는 플레이어들이 등장하는 경우는 거의 찾아볼 수 없다. 엘리트 스포츠 경기에서 장애가 있는 선수가 참여하지 못하게 막고 있어서 볼 수 없다는 말은 논리에 맞지 않는 얘기로서, 우리가 스포츠 중계 장면에서 장애가 있는 플레이어를 보지 못하는 것은 경기 종목을 운동하는 선수가 아직 경기에 참여할 만한 경기력을 갖추지 못하였기 때문일 것이다. 모든 사람은 장애와 관계없이 누구나 게임에 참여할 수는 있지만 똑같은 게임 방법으로 경기에 참여하는 데 한계가 있을 수 있다. 예전에 미국의 여자 골퍼 위성미 Michelle Wie 가 PGA에 도전했다가 좋은 결과를 얻지 못한 것은 PGA 선수들의 경기력 수준(예; 근력)이 여성 골퍼들과는 차이가 있었기 때문으로 볼 수 있다. 이처럼 PGA와 LPGA 게임의 총 수행 거리에 차이를 두어 남녀 게임을 구분하여 개최하듯이, 장애가 있는 골퍼는 신체적 정신적 한계를 고려한 수정 규칙을 적용하여 일반 사람과 또는 같은 장애 특성의 골퍼들과 게임을 하도록 하고 있다.

어떠한 사람이 장애가 있는 사람이라고 할까? 이러한 물음에 대한 사람들의 대답은 보통 '신체 부위의 일부가 없는 사람', '무엇인가 할 수 없는 사람', '타인의 도움이 필요한 사람', '능력이 부족한 사람' 등이라고 한다. 일부 사람들은 일반적으로 바라보는 관점에서 차이가 있는 대상을 장애가 있는 사람이라 한다. 이러한 생각이 과연 올바른 것인가? 골프를 하는 사람들이 언론에 보도된 골퍼 중에 '의족 골퍼 한정원'(조선일보, 2021.02.08), '자폐성 장애 이승민 1부 투어 프로'(조선일보, 2016.03.22) 등의 기사를 보고서 이 두 명의 골퍼의 실력을 어떻게 평가할까? 평가해보니 골프 하는 능력 측면에서 부족하거나 모자라고 도움이 필요한 사람은 자신인가 장애가 있는 골퍼인가? 장애가 있다는 것과 골프와는 어떠한 관계가 있을까? 장애가 있는 사람들을 바라보는 시각과 장애에 대한 우리의 이해력은 어느 정도일까?

☑ 장애 개념

부록 그림 2.2
시대별 장애 패러다임의 변화

1960's → 1980-90's → 2000's -
의학적 모델 → 사회적 모델 → 생물사회심리적모델
재활치료 / 장애인 인권 / 사회통합

'장애'가 무엇을 뜻하는지는 많은 논란이 있다. 세월이 흐르면서 장애의 패러다임 paradigm 은 1960년대부터 변화하고 발전되어 왔다(부록 그림 2.2).

1960년대 '장애'의 개념은 개인이 질병, 사고, 기타 원인으로 신체와 정신이 온전하지 못하게 된 상태로서, 비정상적인 문제의 원인과 책임은 개인에게 있으며, 장애는 개인의 책임이며 의료적 치료를 통하여 신체 손상을 개선하고 문제를 줄일 수 있다는 것이다. 이를 장애의 의학적 모델medical model이라 하는데, 장애를 개선하는 역할은 의사와 재활서비스를 제공하는 사람들이 주체이다. 일상생활에서 장애로 인해 생겨나는 많은 어려움을 모두 개인의 문제로 생각하고 신체 능력의 개선과 향상을 통해서 한계를 극복하려는 개념이었다(최승권, 2018). 18홀을 걸어서 라운딩할만한 신체기능과 체력이 부족한 골퍼라면 재활 운동을 통해 신체기능의 개선과 체력을 길러야 한다. 신체 일부가 없는 장애가 있다면, 그것이 치료되는가?

장애를 전적으로 개인의 일이라고 하는 비현실적인 개념의 시대를 지나며 1980년대에 이르러 장애가 있는 사람들이 사회에서 경험하는 환경을 바탕으로 한 사회적 모델social model이 등장하였다. '장애'라고 하는 것은 장애가 있는 사람들이 생활하는 사회의 환경이 적절하지 못하여 발생하는 문제로 보는 주장이다. 앞서 설명한 골퍼가 신체적 결함으로 라운드하지 못하는 문제는 걸을 만한 체력 수준이 안되면 카트를 타고, 팔이 없어 스윙하기 어려우면 규칙을 수정하여 보조기를 몸에 대고 스트로크할 수 있도록 하면 된다.

장애에 대한 개인적·의료적 관점에서 구조적·사회적 관점으로의 전환은 '의료적 모델'에서 '사회적 모델'로의 전환으로 표현되었는데, 누구나 신체의 문제로 장애가 있는 사람이 되는 것이 아니라 사회에 의해 장애인이 될 수 있는 것이다(World Health Organization, 2011/2012). 세계보건기구WHO는 1981년 장애에 대하여 세 가지 차원의 개념을 제시하였다(부록 그림 2.2). 장애나 질병disorder 혹은 disease의 발생 과정을 손상impairment, 능력장애disability, 사회적 불리handicap 순으로 이어진다고 보고, 손상은 사회적 불리의 영향을 주며, 능력장애는 개인적 차원에서 일상생활 활동에 나타나며, 사회적 불리는 다른 사람과의 관계에서 비롯되는 것으로 장애가 있는 사람들이 경험하는 불이익, 편견, 차별 등을 의미한다(나운환, 2006).

세계보건기구는 2001년 장애라는 것은 순수하게 의료 문제만도 아니며, 순수하게 사회적인 문제만도 아니라는 관점에서, 새로운 장애 개념 모델을 제시하였다(부록 그림 2.3). 이는 생체-심리-사회적 모델bio-psycho-social model에 의한 상호작용 접근법으로서, 국제 기능·장애·건강 분류International Classification Functioning, Disability and Health, ICF라고 하는데, 기능과 장애를, 건강 상태와 개인적 환경적 상황 요인들의 역동적 상호작용으로 이해하고자 한 것이다(World Health Organization, 2001/2004). ICF가 이전의 장애 분류 모델과 다른 점은 환경 요인에 의하여 누구나 장애인이 될 수 있음을 강조하며, '장애는 손상을 가진 개인과 그 개인을 둘러싼 태도적, 환경적 장벽들 사이의 상호작용 결과'이므로, 일상의 삶 속에서 장애로 가로막혀 있는 장벽에 적절히 대처함으로써 장애가 있는 사람들이 사회에 참여할 수 있다

장애disability는 신체기능과 구조, 활동, 참여의 세 가지 영역 모두에서 또는 어느 한 영역에서 겪게 되는 어려움을 의미한다. 손상impairment은 하반신 마비나 시각장애 등과 같은 신체 기능상의 문제를 뜻하며, 활동하는데 어려움으로 인한 활동 제한activity limitations은 하반신 마비나 시각장애로 경기에서 다양하게 활동할 때 운동이 제한되는 것을 의미하며, 참여는 선수로 뿐만 아니라 스포츠 활동과 관련된 모든 영역에서의 참여제약participation restrictions으로 차별에 직면하는 문제를

의미한다. 또한 환경적인 요인은 인공물, 지원, 태도, 제도, 법, 정책 등으로 이것은 장애의 벽을 없앨 수도 있고 장벽이 될 수 있으며, 개인적인 요인은 성별, 동기, 교육, 경험, 심리적 특성 등을 말한다(최승권, 2018).

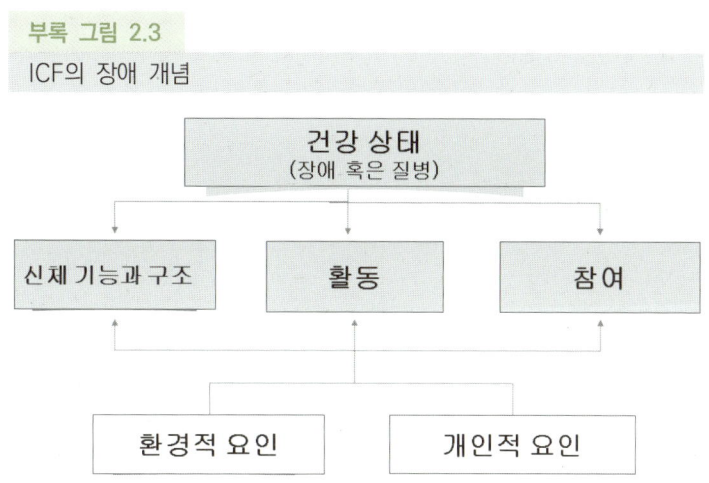

부록 그림 2.3
ICF의 장애 개념

골프 환경에서 ICF 개념은 환경 영향을 개선함으로써 개인이 골프를 즐길 수 있도록 하는 데 그 목적이 있다. 미국골프협회 USGA와 R&A는 골프 규칙의 저작과 해석을 통한 경기관리 차원에서, 장애가 있는 골퍼들을 위한 수정 골프 규칙 Modified Rules of Golf for Players with Disabilities 을 승인하였다(USGA, 2021). 장애가 있는 모든 사람이 골프를 공평하게 즐길 수 있도록 골프 규칙을 장애 유형에 따라 적용할 수 있는 수정 골프 규칙을 제정하여 공지한 것이다.

장애인의 정의와 종류

어떠한 사람이 장애인일까? 누구를 장애인이라고 할까? 우리 사회는 아직도 장애인에 대한 인식이 매우 부정적이라고 알려져 있다. 장애가 있는 사람들을 범주화하고 설명하는데 사용하는 용어는 다양하다. 이 책에서 '장애인'이라는 말은 될 수 있는 대로 피하면서 '장애가 있는 사람'으로 적고 있다. 이는 '장애인'이라는 단어가 매우 부정적인 생각을 불러일으키기 때문에 단어의 쓰임에 따라 받아들이는 생각이 다를 수 있다고 판단되어서다. '(신체의 ㅇㅇㅇ)에 장애가 있는 사람'이라고 하면 사람 자체를 장애인으로 생각하기보다는 신체의 특정 부분에만 불편할 수 있다고 생각하기 때문이다. '절단 장애인'이라는 말보다는 '팔이 절단된 사람' 혹은 '손이 없는 사람'이라고 하는 것이 그 사람의 어려운 점을 쉽게 알아볼 수 있을 것이다.

보편적으로 장애인에 대한 정의는 'UN 장애인의 권리선언(1975.12.9)'에 나타나 있는 정의를 인용한다. 선언문 제1조에는 "장애인은 선천적이든 아니든 신체적 또는 정신적 능력의 결함으로 인하여 일상의 개인 또는 사회생활에 필요한 것을 확보하는 데 스스로는 완전히 혹은 부분적으로 행할 수 없는 사람"으로 정의하고 있다. 우리나라는 1981년 제정되어 1989년 및 1999년에 전문을 개정한 장애인복지법 제2조의 장애인의 정의(부록 표 2.2)를 통해 장애의 범주와 그 개념을 알 수 있다.

부록 표 2.1
장애인복지법의 장애인 정의(장애인복지법 제2조)

> 제2조(장애인의 정의 등) ① "장애인"이란 신체적·정신적 장애로 오랫동안 일상생활이나 사회생활에서 상당한 제약을 받는 자를 말한다.
> ② 장애인은 장애의 종류 및 기준에 해당하는 자를 말한다.
> 1. "신체적 장애"란 주요 외부 신체 기능 장애, 내부기관 장애 등을 말한다.
> 2. "정신적 장애"란 발달장애 또는 정신 질환으로 발생하는 장애를 말한다.

장애의 종류 및 기준은 '장애인복지법시행령'에 규정되어 있다. 장애인은 크게 신체적 장애와 정신적 장애로 구분되며, 그 유형은 15가지로 분류된다. 장애의 유형은 장애인복지법이 처음 제정되었던 1981년의 '심신장애자복지법'에는 5가지였는 데 오늘날에는 15가지 장애 종류로 변화되었다(부록 표 2.2). 골프 규칙을 크게 수정하지 않고서 일반 사람들이나 다른 장애 유형과 골프를 공평하게 즐길 수 있도록 미국골프협회 USGA와 R&A는 장애가 있는 골퍼를 유형을 크게 시각장애, 절단 장애, 이동 보조기기를 사용자, 지적장애 등 4개 범주의 장애로 세분화하였다.

부록 표 2.2
장애의 종류 (장애인복지법 시행규칙 별표1)

대분류	중분류	소분류
신체적 장애	외부 신체기능의 장애	지체장애/ 뇌병변장애/시각장애/ 청각장애 언어장애 / 안면장애
	내부기관의 장애	신장장애 / 심장장애/호흡기장애 / 간장애 장루·요루장애 / 뇌전증장애
정신적 장애	발달장애	지적장애 / 자폐성장애
	정신장애	정신장애
밑줄 그은 장애 : 경쟁 스포츠 참여 장애 유형		

> [참고] 장애가 있는 사람을 부르는 말
>
> 장애인을 지칭하는 말에는 3가지가 있는데 법률 용어는 '장애인'이다.
> 장애자(障礙者): 1989년 장애인복지법이 개정되기 전까지 쓰임. 者의 뜻이 놈 자이기 때문에 쓰지 않았다는 얘기도 있음
> 장애인(障礙人): 1989년 심신장애자복지법이 장애인복지법으로 전면 개정되며 장애가 있는 사람을 뜻하는 법률 용어가 됨
> 장애우(障礙友): 友-벗 우. 친구를 뜻함. '장애가 있는 친구'가 되기 때문에 1인칭 사용 곤란. 사용하지 않는 용어임

 ## 장애가 있는 골퍼의 이해

골프는 신체적, 정신적 문제와 관계없이 모든 사람이 즐길 수 있는 스포츠이다. 핸디캡의 어원을 통해서 '장애'라는 단어와 골프 게임의 방식을 어느 정도 알 수 있지만, 골프를 비롯하여 스포츠는 동등한 조건을 기반으로 경쟁하도록 하고 있다. 장애가 있는 사람들의 골프 수행력을 이해하기 위해서는 장애 유형이나 의학적 조건이 골프와 관련되어 사람의 기능에 어떤 영향을 미치는지 이해하는 것도 중요하지만, 플레이할 수 있는 능력을 요약하자면 그립, 자세, 스윙 등이 골프 기본의 전부이다(National Alliance for Accessible Golf, 2021). 그래서 모든 형태의 신체적 정신적 제한 요소나 장애 상태를 알아보려고 노력하기보다 골퍼가 성공적으로 경기하기 위해 해결해야 할 과제에 역점을 두어 다룰 필요가 있다. 장애가 있는 모든 유형이 골프를 하는 데 특별한 제한점을 두고 있지 않으나 골프 게임을 위한 여건의 정립이 필요하다. 이 부분에서는 많은 장애 유형 중에서 경쟁하는 집단 구성이 가능하고 골프 수정 규칙이 제정된 장애 유형을 중심으로 개략적인 특성을 살피고자 한다.

장애가 있는 골퍼의 자격 기준

미국장애인골프협회(USDGA, 2021)는 토너먼트에 참가할 수 있는 장애의 유형을 절단장애, 시각장애, 뇌성마비, 부상 재향군인(신체 장애), 작은 키 short stature, 저신장, 근디스트로피 muscular dystrophy, 스페셜올림픽 선수, 뇌졸중, 기타 장애 등으로 하고 있다. USDGA 이벤트에 참여할 수 있는 전체 장애 유형 목록으로서, 신체적 제한 상태의 중요성을 고려하여 토너먼트 참가 자격을 부여하고 있다. 장애인 골프 토너먼트 참가를 위한 유일한 요구 사항은 최소 장애 기준 minimal disability criteria 을 충족하는 것이다. 신체장애는 영구적(장애 기준 충족)이거나 또는 변화될 수 있

으며, 장애 상태(장애 기준 검토) 평가로는 신체검사, 골프 활동 개요에 따른 기능적 골프 능력, 경기 중 골프 기능 관찰이 포함되어야 한다. 최소 장애 기준의 평가항목은 아래와 같다.

- 사지 결함 limb deficiency
- 다리, 가동범위 range of motion, 근력과 길이
- 팔 길이
- 악력
- 어깨 가동범위와 근력
- 팔꿈치 가동범위와 근력
- 등 가동범위
- 신경학적 기능
- 시력

위에서 언급한 기능 또는 복합 장애는 다음 기준에 따라 참여할 자격이 있다(USDGA, 2021). 한편, R&A The Royal and Ancient Golf Club of St. Andrews 와 미국골프협회 USGA 가 승인한 규칙(USGA, 2019) 장애인 골퍼들을 위한 수정 골프규칙 Modified Rules of Golf for Players with Disabilities 에 포함된 장애 유형 범주는 크게 4개로서 시각장애, 절단 장애, 이동 보조기기 사용, 지적장애 등이다(USGA, 2021).

골프에 참여하는 장애가 있는 플레이어

시각장애가 있는 골퍼(Blind Golfers)

시각장애가 있는 사람이라고 하면 볼 수 없는 사람들이라 생각할 수 있으나 장애 정도에 따라 전혀 볼 수 없는 전맹으로부터 근거리에 있는 상황을 판별할 수 있는 약시까지 시력의 정도가 다양하다. 장애인스포츠에서는 시력의 정도에 따라 3단계(B1, B2, B3)로 구분하여 시력 상태가 비슷한 그룹끼리 경기한다. 시각장애가 있다고 하는 것은 정상시력을 가지고 있는 사람이 시각을 사용하여 수행할 수 있는 능력과 비교하여 정상시력을 갖지 못한 사람이 차이를 나타내는 것이다. 시각적 능력은 시력, 시야, 운동, 뇌 기능, 그리고 빛과 색의 지각 등이 포함하는데, 시각은 다른 감각에 비해 짧은 시간 내에 인간이 받아들이는 정보의 90% 이상을 담당하여 다른 감각 자극을 중재하는 역할을 한다. 시각이 손상되면 눈으로 확인할 수 있는 정보가 없거나 미흡하여 정보를 바탕으로 한 움직임에 문제를 가질 수밖에 없다. 시각장애인은 시력의 경우에 나쁜 쪽 눈의 시력(교정시력)이 0.02 이하, 시야는 두 눈의 시야가 정상 시야의 50% 이상 잃은 사람을 말한다(장애인복지법 시행령, 2019).

골프 스윙의 목표는 규정된 지점에 서서 정지된 볼을 치는 것이다. 골프는 시각장애가 있는 사람들에게 이상적인 스포츠이다. 사실, 시각장애가 있는 사람들이 실제로 시력이 좋은 골퍼들보다 더 능숙한 동작을 할 수 있는 여러 가지 영역이 있다. 예를 들어 시각장애가 있는 사람들은

균형 balance 이 좋고 '신체 인식 body awareness'이 좋아 골프 스윙의 '자세 positions'를 잘 배울 수 있다. 시각장애가 있는 골퍼가 위치한 자리가 명확히 불리한 지역이라면 수정 골프 규칙은 편의를 제공하도록 하고 있다(National Alliance for Accessible Golf, 2021).

USGA 수정 규칙에서 가장 중요한 내용은 시각장애가 있는 골퍼는 "코치"의 도움을 받을 수 있도록 하고 있다. 코치는 시각장애가 있는 골퍼가 볼을 다루고 스트로크 전 얼라이먼트 alignment 와 어드레스 addressing 를 돕는 사람이다. 각 플레이어는 경기 중에 한 번에 한 명의 코치에게서 도움을 받을 수 있다. 골퍼는 또한 코치에게 전략적 조언을 요청하고 받을 수도 있다(Amin, Sclafani, & De Luigi, 2018). 코치는 거리와 방향을 판단하고, 샷을 정렬하고, 어떤 클럽을 사용해야 하는지 그리고 다른 기능들을 숙지하는 데 도움을 주도록 허용하고 있다. 시각장애가 있는 골퍼들은 퍼팅하고 치핑 chipping 을 할 때 코치가 깃대로 홀을 두드려 볼을 얼마나 세게 쳐야 하는지 더 잘 알도록 한다. 시각장애가 있는 사람들이 게임의 기초를 습득할 수 있도록 골프 전문가가 사용하는 수많은 교육 기법이 있다. 거기서부터 모든 골퍼와 마찬가지로 시각장애가 있는 사람들은 다른 스탠스 stance 와 다른 거리에서 연습하여 어떻게 샷을 하는지 느낌을 얻는 데 시간을 보내야 한다.(National Alliance for Accessible Golf, 2021). 그리고 코치는 캐디의 역할도 할 수 있다. 그러나 캐디가 따로 있으면, 스트로크 전에 스탠스를 취하고 얼라이먼트 하는 것을 돕는 것 외에는 클럽을 운반하거나 다룰 수 없다.

☑ 절단 장애가 있는 골퍼(Amputee Golfers)

절단이란 자르거나 베어서 끊어진 것을 말하며, 신체 부위의 경우에는 팔·다리 부위의 일부가 상실되어 없는 상태를 의미한다. 우리나라의 법령 기준에 의한 장애 종류 중에서 절단 장애는 지체 장애에 속하는 장애이다. 일반적으로 팔과 다리 절단의 비율은 다리의 절단이 6배 정도 많으며, 다리 절단의 원인은 말초혈관질환과 당뇨병, 자동차 사고, 직업 관련 사고 등이다. 절단 장애의 정도는 남아 있는 부위의 정도로 장애의 수준을 결정하며, 장애인스포츠에서는 팔, 다리 그리고 양쪽 부위의 관절을 중심으로 9단계로 구분하여 경기한다.

골프에서 절단 장애에 관한 수정 규칙은 팔이나 다리 혹은 팔다리에 의족, 의수와 같은 보조 기기를 착용한 플레이어에 관한 규정을 정하고 있다. USGA 장애인 골프 규칙과 규정은 절단된 골퍼와 관련이 있는 보장구 prosthetic devices 상태에 대하여 논의하고 있다. 장치를 사용할만한 정당한 의학적 이유가 있는 플레이어의 의료 조건을 수용하여 인공 다리 또는 인공 팔을 착용할 수 있다. 그러나 각 대회를 주관하는 주최 측이 인공사지를 착용함으로써 다른 플레이어보다 불공평한 이점을 주지 않는다고 간주해야 한다. 인공 팔을 착용한 플레이어가 사용하는 클럽은 USGA 규정을 준수해야 한다. 그러나, 플레이어는 클럽 잡기 위해서 그립 또는 샤프트에 부착물을 장착할 수 있다. 부착하는 장치가 규정을 위배하는지 확신하지 못하는 플레이어는 가능한 한 빨리 대회 주관 부서에 문제를 제기해야 한다(Amin et al., 2018).

☑ 이동용 보조기기를 사용하는 골퍼

　이동용 보조기기 assistive mobility device 를 사용하는 골퍼는 지체 장애가 있는 골퍼 중에서 휠체어 또는 스쿠터, 1인용 카트 등의 바퀴 달린 이동 장치, 지팡이 또는 목발 등과 같은 이동 보조기기를 사용하여 스탠스를 취하고 스트로크하는 플레이어를 의미한다. 이동 제한받는 장애 유형은 대단히 많으므로 골프 플레이를 위해서 동일 기준을 적용하려고 유형을 그룹화한 것으로 생각된다.

　이동에 어려움을 겪는 사람들로는 절단된 사람들 이외에도 척수손상, 뇌성마비, 발작, 뇌졸중(중풍), 외상성 뇌손상 traumatic brain injury, 근육 질환 등이 있는 사람으로 매우 다양하다. 이들에게 있어서 1인용 골프 카트 golf cart 는 코스 주변에 접근할 수 있는 중요한 장비이다. 코스에서 플레이하기 위해 휠체어를 사용하는 것은 가능하지만, 조종하기가 매우 어렵다. 휠체어는 경사면에서 위험할 수 있으며, 종종 스윙할 수 있는 안정적인 기반을 제공하지 못해 활동하려면 자연스럽지 않은 점이 많다. 또한 휠체어 바퀴로 인해 코스가 손상될 수 있으며, 때로는 휠체어를 그린 위에 올라가는 것을 허용하지 않을 수도 있고, 모래 벙커에 푹 빠져 박힐 수도 있다. 엎어지면 위험하며, 휠체어에서 플레이할 때 경기 속도를 유지하는 것은 어렵다(National Alliance for Accessible Golf, 2021).

　스쿠터는 사용할 수 있으나 스윙 중 및 고르지 않은 라이(lies)에서 균형을 유지하는 데 위험할 수 있다. 스쿠터를 세워 놓은 위치에서 플레이하지만 퍼팅 그린에서의 퍼팅을 포함하여 샷을 위해 이동하는 개인이 안전하게 사용할 수 있다. 휠체어에서 플레이한다면 로컬 규칙을 적용할 수도 있다. 예를 들어, 만약 볼이 벙커에 있다면, 이동성 장애가 있는 골프 선수들을 위한 수정 규칙을 적용하여 골퍼들이 벙커에서 벗어날 수 있도록 한다.

　USGA는 장애가 있는 골퍼들이 일반 선수들과 더 공평하게 경쟁할 수 있도록 규칙 수정 사항들을 승인하고 있다. 사용할 수 있는 다른 장치로는 플레이어의 균형을 돕고 잔디 손상을 방지하기 위한 지팡이 또는 목발의 끝에 부품으로 부착할 수 있다. 그리고 뇌졸중 후 편마비, 관절염, 척수손상, 머리 부상, 신경병증 등으로 팔을 쓰지 못하고 그립 잡는 것이 약한 경우, 팔의 기능을 상실한 채 한 손으로 골프를 치는 경우 그립에 어려움이 있을 수 있다. 시중에는 이 골퍼들이 클럽을 잡는 데 도움이 되는 그립 보조기구, 오버사이즈 그립, 쿠션 그립, 충격 흡수기와 장갑 등 다양한 구성 부품들이 있다. 경량의 유연한 샤프트는 클럽 헤드 속도를 증가시켜 볼을 더 멀리 보내는 데 유리하다. 다리 기능을 잃은 플레이어의 경우, 앉은 상태로 플레이를 선택할 수 있다(National Alliance for Accessible Golf, 2021). 보조기구 assistive devices 를 사용하는 골퍼는 볼에 어드레스 하는 동안 '스탠스' 취하기와 관련된 수정 규정을 적용한다. 보조기구를 사용하는 플레이어가 스탠스를 취하려면 발과 보조기구를 스트로크하기 위한 위치에 놓아야 한다. 보조기구는 공식 USGA 규정의 수정 규칙에 따라 플레이어 스탠스의 연장으로 여겨진다. 기존의 골퍼와는 달리 보조기구를 사용하는 플레이어는 스탠스를 잡기 시작할 때 나무 또는 덤불 가지를 구부리거나 부러뜨릴 수 있다. 그러나 장애가 있는 골퍼들은 일단 그들의 스탠스를 잡기 시작하면 골프 코스 위험을 없애기 위해 보조기구를 사용할 수 없다. 보조기구를 사용하는 골퍼들은 스트로크를 시작하기 전에 보조기구를 놓기 위한 도움을 지원받을 수 있다(Amin et al., 2018).

USGA 규정과 규칙에 따르면 휠체어를 사용하는 골퍼는 캐디와 보조원을 모두를 둘 수 있는데, 보조자는 클럽을 운반하거나 다룰 수 없으며 골퍼에게 조언해서도 아니 된다. 휠체어 사용 골퍼를 위해 아웃 오브 바운드 out of bound 볼을 드롭한 다음 다시 드롭하는 규칙은 수정되었다. 이 규칙에 따르면, 볼은 플레이어가 무릎 높이에서 드롭해야 하고, 다른 사람이 드롭하면 1벌타를 받는다. 볼 플레이스 place 와 관련하여, 기존의 규칙과 규정은 경기하는 플레이어만이 볼을 플레이스 할 수 있다고 명시하고 있다. 그러나 휠체어를 탄 플레이어의 신체적 한계를 고려할 때 이 규칙은 플레이어, 파트너 또는 플레이어가 위임한 다른 사람이 볼 플레이스 할 수 있도록 규칙을 수정하였다(Amin et al., 2018).

근육 질환 등으로 힘 혹은 지구력이 제한된 골퍼에게 골프는 여전히 이상적인 게임이다. 골프에 필요한 동작은 운동과 스트레칭을 제공하여 힘, 유연성 및 지구력을 유지하거나 증가시키는 데 도움이 될 수 있다(National Alliance for Accessible Golf, 2021). 이들의 운동 에너지를 보존하는 방법으로 다음과 같은 사항을 이용하는 것이 바람직하다.

- ▶ 플레이 중에 카트를 사용하라
- ▶ 경량 골프화를 착용하라
- ▶ 짧은 코스 또는 파3 코스를 플레이한다.
- ▶ 코스 매니지먼트 course management 전략을 가져라
- ▶ 기후 조건을 고려하라
- ▶ 그라파이트 graphite 혹은 탄력 있는 샤프트 클럽을 사용하라
- ▶ 경량 헤드 클럽을 써라
- ▶ 충격 흡수 삽입 샤프트를 장착해라.

☑ 청각장애가 있는 골퍼

청각장애는 소리를 듣는 기관이 본래의 기능을 하지 못하여 청각을 통한 정보를 획득하지 못하는 상태를 말한다. 청각을 통하여 언어 정보를 주고받을 수 없는 상태를 농聾, deaf 이라 하고, 보청기를 착용하거나 착용하지 않은 상태에서 귀만으로 말을 듣고 이해하는 것이 불가능하지 않으나 어려운 상태의 청력 수준을 난청難聽, hard of hearing 이라 한다. 국제 장애인스포츠에서 청각장애는 55dB 이상의 손상이 있을 경우를 말한다.

골프의 경우에 청각장애는 장애가 있는 선수로 인정하지 않고 있어 USGA 수정 골프 규칙에도 포함되지 않고 있다. 이는 골프 활동에 있어서 청각 손상으로 인한 제한이 거의 없다고 판단한 것으로 볼 수 있다. 그렇지만 골프 중에는 청각장애로 인한 주의할 점이 있다. 청각 장애인은

골프 게임에서 소리가 얼마나 큰 역할을 하는지 깨닫지 못한다. 클럽에서 나는 소리를 들은 사람은 볼이 잘 맞는지 알 수 있다. 마찬가지로 볼이 나무에 맞았을 때 소리를 듣고 볼을 찾기도 한다. 소리는 또한 안전을 위해 대피 장소로 이동해야 할 경우에도 유용한 수단으로 이용된다. 농 혹은 난청이 있는 사람에게 이러한 소리 감지는 선택할 수 있는 사항이 아니다. 그러므로 그들은 사물의 느낌에 의존하는 법을 배워야 하고 주변 환경의 움직임에 대해 시각적으로 경각심을 가질 필요가 있다. 일부 청각장애가 있는 골퍼들은 누군가가 "포~어 fore!"라고 외치거나 그들의 샷 위치를 찾기 위해 플레이 파트너들에게 의존하기도 한다. 청각장애가 있는 골퍼들의 게임에서 가장 좋은 도움은 주변에서 일어나고 있는 일에 더 많은 주의를 기울이는 것을 배우는 것이다(National Alliance for Accessible Golf, 2021).

☑ 지적장애가 있는 골퍼(Golfers with Intellectual Disabilities)

지적장애라는 말은 단어의 의미로 볼 때 지적知的 영역에 결함이 있는 상태로서, '어떤 대상을 이해하고, 이를 바탕으로 새롭게 분별하고 판단하여 아는 것이 어려운 상태'라고 말할 수 있다. 우리나라의 '장애인복지법 시행령(2014)'에 의한 지적장애인의 기준은 '정신 발육이 항구적으로 지체되어 지적 능력의 발달이 불충분하거나 불완전하고 자기 일을 처리하는 것과 사회생활에 적응하는 것이 상당히 곤란한 사람을 말한다.

지적장애가 있는 골퍼들은 장애 정도의 심각성에 따라 다른 요건을 갖게 된다. 어떤 사람들은 플레이의 일부 또는 모든 측면을 돕기 위해 진행 중에 관리 감독이 필요하기도 하고, 다른 사람들은 "감독자 overseer"의 요구에 따라 지원이 필요할 수 있다. 감독관은 경기하는 동안 행동을 확인하여 돕기 위해 행사 주최 측이 고용한 사람이다. 이 임원들은 특정 선수에게 특별히 배정되지는 않지만, 경기 중 도움이 필요한 골퍼를 지원할 수 있다. 또한 지적장애가 있는 골퍼를 위한 규칙과 수정 규칙에는 "감독자 supervisor-선수를 관리하는 감독"의 역할을 정해 놓고 있다. 감독자는 골퍼의 플레이와 공식 규칙 및 골프 에티켓을 지키도록 도움을 주는 사람이다. 플레이어는 이러한 범주와 관련해서 감독자에게 조언을 요청하고 받을 수 있다. 각 플레이어는 언제든지 USGA 규칙 및 수정 사항을 준수하기 위해 한 명의 감독자를 쓸 수 있다. 그러나 지적장애가 있는 선수는 감독자와 캐디를 쓸 수 있으나 감독자는 플레이어의 클럽을 운반하거나 다루지 않아야 한다(Amin et al., 2018).

지적장애가 있는 사람들이 참여하는 골프 국제경기로는 스페셜올림픽 Special Olympics 대회가 있다. 스페셜올림픽 골프 프로그램은 골프 클럽을 스윙하는 방법 습득하기 그리고 골프 게임을 수행하는 방법 배우기 등의 골프와 관련된 모든 기술을 포함하여 습득하도록 고안된 두 가지 교육 단계를 중심으로 하고 있다. 선수들은 지적 능력과 골프 기술 수준에 따라 퍼팅, 칩샷, 피치샷 등의 개인 기술 경기, 9홀 스트로크 플레이 또는 18홀 스트로크 플레이 이벤트에 참가할 수 있다.

장애가 있는 골퍼를 위한 수정 골프 규칙

미국골프협회 USGA와 R&A가 승인한 장애인 골퍼들을 위한 수정 골프 규칙 Modified Rules of Golf for Players with Disabilities에 따르면 장애가 있는 골퍼는 크게 시각장애가 있는 플레이어, 절단 장애가 있는 플레이어, 이동 보조기기를 사용하는 플레이어, 지적장애가 있는 플레이어 등 4개 범주의 장애로 세분화하였다. 이 가운데 이동 보조기기 사용 골퍼는 라운딩하기 위해 이동할 때 목발(크러치), 휠체어, 스쿠터, 개인용 카트 등이 있어야만 하는 사람들이다. 이 수정된 규칙의 목적은 장애가 있는 플레이어가 일반 골퍼, 같은 장애 또는 다른 유형의 장애가 있는 플레이어와 공정하게 경기를 할 수 있도록 하는 데 있다. 장애 유형별 주요 수정 규정을 요약하면 다음과 같다.

시각장애가 있는 골퍼

목적 : 시각장애가 있는 골퍼인 경우, 수정 규칙 1은 캐디 이외에 보조자 aide를 동반하여 도움을 동시에 받을 수 있으며, 클럽으로 벙커의 모래를 건드리는 행위를 금지한 규칙에 대해 제한적인 예외를 부여하고 있다.

☑ 플레이어는 보조자를 동반하여 도움을 받을 수 있음

시각장애 골퍼는 캐디 이외에 단 한 명의 보조자를 동반하여 스탠스 stance를 취할 때, 스트로크 stroke 전에 방향 잡기 lining up, 그리고 조언 advice을 요청하고 듣는 등의 도움을 받을 수 있다. 보조자는 규칙에 따라 캐디와 동일 지위를 가지며(규칙 10.3 캐디 항 참조), 캐디처럼 조언할 수 있다.

☑ 플레이어는 한 번에 단 한 명의 보조자를 둘 수 있음

1명 이상의 보조자를 두면 발생한 각 홀 당 일반 페널티(2벌타)를 부과한다.

☑ 규칙 10.2b(4) 수정(플레이어 뒤 캐디 위치 제한)

수정규칙 10.2b(4)는 플레이어의 스트로크에 도움이 되지 않는 한 보조자 또는 캐디가 플레이어의 스트로크 전 또는 도중에 볼 뒤쪽 플레이 라인 선상에 고의로 또는 근접하여 위치하더라도 페널티가 없다.

☑ **규칙 10.3 (캐디) 수정**

시각장애 골퍼의 보조자도 캐디 역할을 할 수 있지만 반드시 해야 하는 것은 아니다.

- 보조자는 골퍼의 stance, lining up, 혹은 캐디의 정의에 따른 도움 외에 클럽을 소지하거나 취급해서는 안 된다. 2명의 캐디가 있으면, 그 위반이 발생한 각 홀에 대해 일반 페널티를 받는다(규칙 10.3a (1) 참조).

☑ **규칙 12.2b(1) 수정 (모래를 건드릴 때 페널티 부과)**

시각장애 골퍼는 벙커에서 볼을 스트로크하기 전에 공의 앞과 뒤 모래, 백스윙할 때 모래를 건드려도 페널티를 받지 않는다.

☑ **규칙 14.1b의 수정(누가 볼을 올릴 수 있는지)**

플레이어의 공이 퍼팅 그린 위에 있을 때, 규칙 14.1b는 플레이어의 캐디뿐만 아니라 보조자는 플레이어의 승인 없이 공을 들어 올릴 수 있다.

절단 장애가 있는 골퍼

목적 : 절단 장애가 있는 골퍼인 경우, 수정 규칙 2는 보장구 prosthetic devices을 사용하며, 클럽을 고정하고 스트로크를 하고, 다른 사람이 플레이어의 볼을 드롭하고, 볼을 플레이스 하고 교체에 관한 규정이다.

보장구의 상태

보장구의 개념은 '규칙 4.3 장비의 사용'과 연관이 있는 사항으로 거리측정기, 나침반, 얼라이먼트 스틱·무거운 헤드커버·도넛 모양의 스윙 보조기 등과 동일시 생각할 수 있다.

플레이어가 인공 팔이나 다리를 사용해야 할 의학적 이유가 있고 위원회가 인공 팔이나 다리를 사용하는 것이 다른 선수들에 비해 어떠한 부당한 이익을 얻지 않는다고 결정한다면, 4.3a 규칙 위반이 아니다(규칙 4.3b 참조).

참고: 규칙 4.3b 의료적 이유로 장비를 사용하는 경우

(1) 의료적 예외 – 다음은 규칙 4.3에 위반되지 않는다.
- 플레이어가 그 장비를 사용할 만한 의료적 이유가 있고,
- 장비 사용으로 부당한 이익을 얻는 것은 아니라고 위원회가 판단한 경우

(2) 테이프 또는 그와 유사한 의료 용품
- 의료적 이유(예, 부상 방지, 부상 보호 목적)가 있는 경우, 플레이어는 붙이는 테이프나 그와 유사한 의료 용품을 사용할 수 있다.
- 다만 테이프나 유사 의료 용품을 과도하게 사용되어서는 안 되며
- 의료적 이유로 필요 이상 플레이어에게 도움을 주는 것이어서는 안 된다(예, 의료 용품이 스윙 시 도움 될 정도로 관절을 고정하면 안 된다).
- 규칙 4.3의 위반에 대한 페널티: 일반 페널티, 중복 위반 시 실격

출처: 대한골프협회(2019). R&A USGA 골프 규칙. 대한골프협회 출판사업부.

규칙 10.1b의 수정 (클럽 고정)

위원회가 절단 장애가 있는 골퍼가 팔다리 결손이나 상실로 인해 고정하지 않고 클럽을 스윙할 수 없다면, 10.1b에 따라 페널티 없이 클럽 고정 상태에서 스트로크를 할 수 있다.

> 참고: 10.1b 클럽을 고정하는 경우
>
> 스트로크할 때, 플레이어는 다음과 같이 클럽을 고정해서는 안 된다.
> - 클럽이나 클럽을 쥔 손을 몸에 붙여서 직접적으로 클럽을 고정해서는 안 되며
> - 팔뚝을 몸에 붙여서 클럽 쥔 손을 안정적인 지점으로 사용하여 다른 손으로 클럽을 휘두를 수 있도록 어떤 '고정점'을 이용하여 간접적으로 클럽을 고정해서도 안 된다. 본 규칙의 목적상 '팔뚝'이란 팔꿈치에서 손목까지의 부분을 말한다.
>
> 출처: 대한골프협회(2019). R&A USGA 골프 규칙. 대한골프협회 출판사업부.

☑ 절단 장애가 있는 골퍼는 볼 드롭, 플레이스, 교체하는 데 도움을 받을 수 있음

신체적 한계 limitations 로 인해 절단 장애가 있는 골퍼는 볼을 드롭, 플레이스, 교체하는 것이 어렵거나 불가능할 수 있기 때문에, 모든 규칙을 수정하여 제한 없이 다른 사람에게 플레이어의 볼을 드롭, 플레이스, 또는 교체하는 것이 허용된다.

🏌 이동용 보조기기를 사용하는 골퍼

목적 : 이동 보조기기 assistive mobility device 를 사용하는 골퍼인 경우, 수정 규칙 3은 휠체어 또는 기타 바퀴 달린 이동 장치나 지팡이 또는 목발 등과 같은 이동 보조기기를 사용하여 스탠스를 취하고 스트로크를 하며 플레이하는 방법에 대한 권장 사항을 제공하는 데 있다.

☑ 이동 보조기기 사용 골퍼는 보조자 또는 다른 사람으로부터 도움을 받을 수 있음

이동 보조기기를 사용하는 플레이어는 다음과 같은 방법으로 다른 플레이어를 포함한 보조자나 다른 사람에게 도움을 받을 수 있다.

- 퍼팅 그린 위의 볼 집어 올리기: 볼이 퍼팅 그린에 놓여있을 때, 규칙 14.1b는 캐디 외에 보조자가 플레이어의 허가 없이 볼을 들어 올릴 수 있다.
- 볼 드롭, 플레이스와 되돌려놓기 : 신체적 한계로 이동 보조기기를 사용하는 플레이어가 자신의 볼을 드롭, 플레이스, 리플레이스 하는 것이 어렵거나 불가능할 수 있기 때문에, 이를 규정한 모든 규칙은 다른 사람에게 제한 없이 하는 전반적인 권한을 부여하고 있다.
- 플레이어 또는 기기의 위치 선정 positioning : 규칙 10.2b(5)에 대한 수정은 없지만, 플레이어는 스트로크하기 전에 모든 사람으로부터 신체적 도움을 받아 위치 선정 또는 이동 보조기기의 위치 선정 또는 이동을 위한 도움을 받을 수 있다.

☑ 이동 보조기기를 사용하는 플레이어가 보조자의 조언을 구할 수 있음

이동 보조기기를 사용하는 플레이어는 10.2a 규정에 따라 캐디에게 조언을 요구하고 받는 것과 같은 방식으로 보조자에게 어드바이스를 요청하고 받을 수 있다. 보조자는 규칙에 따라 캐디와 동일 지위를 가지지만(규칙 10.3 참조), 수정 규칙 3.9에 따른 클럽을 다루는 것은 안 되는 예외가 있다.

☑ 한 번에 한 명의 보조자만 있을 수 있음

이동 보조기기를 사용하는 플레이어는 한 번에 보조자 한 명만 둘 수 있다.

☑ "Stance"의 정의의 수정

이동 보조기기를 사용하는 플레이어는 규칙 8.1a에 따라 의도된 스탠스의 지역을 결정하고 규칙 16.1에 따라 비정상적인 코스 상태에 의해 방해가 발생하는지 결정하는 것과 같은 여러 가지 규칙의 목적에 맞게 자신의 스탠스에 영향을 받을 수 있다. 이를 해결하기 위해 스탠스 stance 의 정의는 "플레이어의 발과 몸의 위치, 스트로크 준비 동작이거나 스트로크할 때 이동 보조기기의 위치"를 의미하는 것으로 수정된다.

[stance의 정의: 플레이어가 스트로크를 준비하고 실행하려고 자세를 잡는 몸과 발의 위치]

참고: 8.1 스트로크에 영향을 미치는 상태를 개선하는 플레이어의 행동

8.1a 허용되지 않는 행동
(1) 자연물, 코스의 경계물, 티마커 등과 같은 물체를 옮기거나 변형하는 행동
(2) 스탠스, 플레이 선 개선 목적의 루스임페디먼트나 이동 장해물을 놓는 행동(
(3) 디봇, 구멍, 울퉁불퉁 등의 지면 상태를 변경하는 행동
(4) 모래나 흩어진 흙을 제거하거나 누르는 행동
(5) 이슬이나 서리 또는 물을 제거하는 행동

16.1 비정상적인 코스 상태(움직일 수 없는 장해물 포함)
동물이 만든 구멍·수리지·움직일 수 없는 장해물,·일시적 고인 물로 인한 방해로부터 허용되는, 페널티 없는 구제에 관한 규칙이다.

16.1a 구제 허용 경우, 16.1b 일반구역/16.1c 벙커/16.1d 퍼팅 그린 등에 있는 볼에 대한 구제, 16.1e 비정상 코스 상태 안에 있는 경우의 구제, 16.1f 플레이 금지구역의 방해로부터 구제

출처: 대한골프협회(2019). R&A USGA 골프 규칙. 대한골프협회 출판사업부.

☑ 규칙 4.3 (장비의 사용)의 적용

규칙 4.3은 이동 보조기기의 사용에 적용된다.
- 플레이어는 규칙 4.3b의 기준에 따라 허용되는 경우 이동 보조기기를 사용하여 자신의 플레이에 도움을 받을 수 있다.
- 이동 보조기기를 사용하는 플레이어는 규칙 4.3a에 규정한 바와 같이 비정상적으로 장비를 사용하는 것을 금지한다.

☑ 스탠스를 취할 때 이동 보조기기의 사용을 허용하기 위한 규칙 8.1b(5)의 수정

규칙 8.1b(5)에 따라 플레이어가 "모래 속에 발을 비벼 적당한 양을 파고 들어가는 것을 포함하여" 스탠스를 취하는 발이 확고히 자리 잡고 스트로크에 미치는 영향을 개선하여도 페널티는 없다. 이동 보조기기를 사용하는 플레이어의 경우, 규칙 8.1b(5)는 "발로 땅을 파고 들어가는 적절한 양"은 다음을 포함한다.
- 이동 보조기기로 적당한 양의 땅을 파고 들어가는 것, 혹은
- 미끄러짐을 방지하며 스탠스를 잡기 위해 이동 보조기기의 위치를 정하는 적절한 행동을 취하는 것.

그러나 이러한 규칙 수정은 플레이어가 장치를 지지할 토양 또는 모래를 쌓는 것과 같이 스윙 중에 이동 보조기기가 미끄러지지 않도록 스탠스를 구축하는 것 이상은 허용하지 않는다. 만약 플레이어가 그렇게 하면, 규칙 8.1a(3)에 위반하여 스탠스를 취하기 위해 땅 표면을 변경한 것이기 때문에 일반 페널티를 받는다.

> 참고: 8.1b 허용되는 행동
>
> 플레이어는 스트로크를 준비하거나 실행하면서 다음과 같은 행동을 할 수 있으며, 이러한 행동으로 스트로크에 영향을 미치는 상태를 다소 개선하게 되더라도 페널티는 없다.
> (5) 합리적인 정도로 모래나 흩어진 흙을 발로 비비듯이 밟고 서는 것을 포함하여, 견고하게 스탠스를 취하는 행동
> 8.1a 허용되지 않는 행동
> 규칙 8.1b, c, d에서 제한적으로 허용하는 경우를 제외하고, 플레이어는 스트로크에 영향을 미치는 상태를 개선하는 행동을 해서는 안 된다. 예를 들면,
> (3) 다음과 같이 지면의 상태를 변경하는 행동
> ▶ 디봇을 제자리에 도로 갖다 놓기
> ▶ 이미 제자리에 메워진 디봇이나 뗏장을 제거하거나 누르기
> ▶ 구멍이나 자국 또는 울퉁불퉁한 부분을 만들거나 없애기
>
> 출처: 대한골프협회(2019). R&A USGA 골프 규칙. 대한골프협회 출판사업부.

☑ 규칙 10.1b의 수정 (클럽 고정)

이동 보조기기 사용으로 인해 플레이어가 클럽을 고정하지 못해 스윙할 수 없는 경우, 플레이어는 규칙 10.1b에 따라 클럽을 고정하고 페널티 없이 스트로크를 할 수 있다.

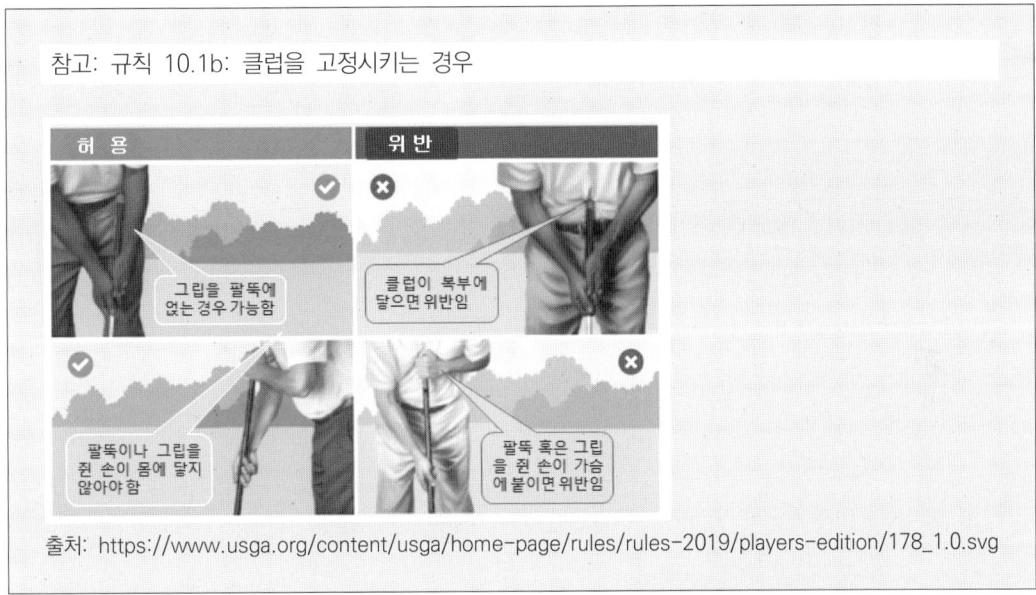

☑ 규칙 10.1c의 수정(플레이 선상을 가로지르거나 선상에서 스트로크하기)

플레이어가 볼 플레이 스탠스를 취할 때 이동 보조기기 사용을 위해 규칙 10.1c를 다음과 같이 수정한다.

"c. 플레이 선상에 서 있는 상태를 가로지르거나 플레이 선상에서 스트로크하기

플레이어는 플레이 선상 또는 볼 뒤에 있는 플레이 연장선을 발 또는 이동 보조기기의 어떤 부분이 고의로 닿든지 혹은 발 또는 이동 보조기기의 어떤 부분이 고의로 놓은 채 스탠스를 취하고 스트로크를 해서는 안 된다. 이 규칙에 한하여, 플레이 선상에는 양옆의 합리적인 거리는 포함되지 않는다.

예외 - 플레이어가 우연히 이러한 stance를 취하거나 다른 플레이어의 플레이 선을 밟지 않기 위해 취한 경우에는 페널티가 없다."

☑ 규칙 10.3 (캐디) 수정

이동 보조기기를 사용하는 플레이어의 보조자도 플레이어의 캐디 역할을 할 수 있지만, 반드시 해야 하는 것은 아니다. 플레이어는 보조자와 캐디를 동시에 둘 수 있으며, 이 경우:

- 보조자는 플레이어가 스트로크하기 전에 스탠스를 취하거나 스트로크 방향 정하는 것을 돕거나 캐디의 정의에 명시된 예우로 선수를 돕는 것 외에는 선수의 클럽을 운반하거나 다루면 안 된다. 그러나 이것은 규칙 10.2b(3)(스탠스를 돕기 위해 코스에 물건 놓는 행위 금지)를 수정하지 않는다.
- 보조자가 이 규칙을 위반하여 플레이어의 클럽을 운반하거나 취급하는 경우, 플레이어는 동시에 캐디를 2명 두게 되므로, 위반이 발생한 홀마다 일반 페널티를 받는다(규칙 10.3a(1) 참조).

☑ 이동 보조기기를 이용하여 벙커에서 모래의 상태를 테스트하는 규칙 12.2b(1)의 적용

규칙 12.2b(1)에 따라 플레이어는 "스트로크에 대한 정보를 얻으려 상태를 테스트하기 위해 손, 클럽, 갈퀴 또는 다른 물건으로 벙커 안의 모래를 의도적으로 건드려서는 안 된다." 이 규칙은 이동 보조기기를 사용하여 의도적으로 모래의 상태를 테스트하는 데도 적용된다. 그러나 플레이어는 다른 목적이 있을 경우는 페널티 없이 이동 보조기기로 모래를 건드릴 수 있다.

☑ 바퀴 달린 이동기기를 사용하는 플레이어가 적색 페널티 구역 및 언플레이 볼에 대한 측면 구제 옵션 규칙의 수정

바퀴 달린 이동기기를 이용하는 플레이어가 적색 페널티 구역의 볼이나 플레이 불가능한 볼에 대해 측면 구제를 받을 때, 규칙 17.1d(3)와 19.2c는 측정을 위해 2클럽 길이로부터 4클럽 길이 이내까지 크기를 길게 하도록 수정한다.

참고: 17.1d 페널티 구역에 있는 볼에 대한 구제

플레이어의 볼이 페널티 구역에 있는 경우, 1벌타를 받고 구제를 받을 수 있다. 이는 그 볼이 발견되지는 않았고 페널티 구역에 있다는 것을 알고 있거나 사실상 확실한 경우에도 적용된다.

(3) 측면 구제(빨간 페널티 구역에 국한) - 볼이 빨간 페널티 구역의 경계를 마지막으로 통과한 경우, 플레이어는 다음의 조건을 모두 충족시키는 측면 구제구역에 원래의 볼이나 다른 볼을 드롭할 수 있다(규칙 14.3 참조).
- ▶ 기준점: 볼이 빨간 페널티 구역의 경계를 마지막으로 통과한 것으로 추정되는 지점
- ▶ 구제구역의 크기: 기준점으로부터 두 클럽 길이 이내의 구역
- ▶ 구제구역의 위치 제한:
  ≫ 구제구역은 반드시 기준점보다 홀에 더 가깝지 않아야 하며
  ≫ 그 페널티 구역 이외의 어떤 코스의 구역에 있어도 된다.

> ≫ 다만 기준점으로부터 두 클럽 길이 이내에 두 가지 이상의 코스의 구역이 있는 경우, 그 볼은 반드시 그 볼이 드롭될 때 처음 지면에 닿은 구역과 동일한 코스의 구역에 있는 구제구역에 정지하여야 한다.
>
> 규칙 19 언플레이어블 볼
> 규칙의 목적 : 규칙 19는 언플레이어블 볼 구제방법에 관한 규칙이다. 본 규칙은 플레이어가 코스 어디(페널티 구역은 제외)에서든 어려운 상황에서 벗어나는 방법으로 언플레이어블 볼 구제 ▶ 원칙적으로 1벌타 – 를 선택하는 것을 허용한다.
> 19.2c 측면 구제
> ▶ 기준점: 원래의 볼이 있는 지점
>
> 출처: 대한골프협회(2019). R&A USGA 골프 규칙. 대한골프협회 출판사업부.

지적장애가 있는 골퍼

목적 : 지적장애가 있는 플레이어의 경우, 수정 규칙 4는 플레이어가 동시에 보조자와 캐디의 도움을 받을 수 있도록 권고안을 제시하고 그 보조자의 조언을 받을 수 있도록 하는 것이다.

☑ 플레이를 돕기 위해 보조자 또는 지도자(Supervisor)의 이용

지적장애가 있는 플레이어가 필요로 하는 도움의 정도는 각 개인의 장애 특성에 따라 다를 수 있다.

- 보조자는 플레이와 규칙 적용에 있어 지적장애가 있는 개인 플레이어를 돕는 사람이다.
  - 보조자는 규칙에 따라 캐디와 동일 지위를 가지지만(규칙 10.3 참조), 수정 규칙 4.3에 설명된 예외가 있다.
  - 규칙 10.2a 목적상, 플레이어는 동시에 보조자와 캐디 모두에게 조언을 요청하거나 받을 수 있다.
- 지도자 supervisor 는 경기 중에 지적장애가 있는 플레이어를 돕도록 지정한 사람이다.
  - 지도자는 특정 플레이어에게 배정되지 않고 필요에 따라 어떤 플레이어도 도울 수 있다.
  - 지도자는 규칙의 목적상 외적 영향력 outside influence 을 미치는 요소이다.
  - 플레이어는 지도자에게 조언을 요청하거나 받지 않을 수 있다.

> 참고: 10.2 어드바이스와 그 밖의 도움
>
> 규칙의 목적 : 기본적으로 플레이어는 스스로 자신의 플레이를 위한 전략과 전술을 세워야 한다. 그러므로 라운드 동안 플레이어가 받을 수 있는 어드바이스나 그 밖의 도움에는 한계가 있다.
>
> 10.2a 어드바이스
> 라운드 동안,
> ▶ 플레이어는 그 코스에서 열리는 경기에서 플레이하고 있는 어느 누구에게도 어드바이스를 해서는 안 되고
> ▶ 자신의 캐디 이외의 누구에게도 어드바이스를 요청해서는 안 되며
> ▶ 다른 플레이어와 주고받는 경우 어드바이스가 될 만한 정보를 얻기 위하여 그 플레이어의 장비를 만져서는 안 된다(예, 다른 플레이어가 어떤 클럽을 사용하고 있는지 보기 위하여 그 플레이어의 클럽이나 골프백을 만지는 경우).
>
> 라운드 전이나 규칙 5.7a에 따라 플레이가 중단된 경우 또는 한 경기의 라운드와 라운드 사이에는 본 규칙이 적용되지 않는다. 규칙 22, 23, 24 (파트너로서 플레이하는 경기 방식에서 플레이어는 자신의 파트너나 파트너의 캐디와 어드바이스를 주고받을 수 있다.) 참조
>
> 출처: 대한골프협회(2019). R&A USGA 골프 규칙. 대한골프협회 출판사업부.

☑ 한 번에 한 명의 보조자만 허용된다.

지적장애가 있는 플레이어는 한 번에 단 한 명의 보조자만 허용된다.

☑ 규칙 10.3 (캐디) 수정

지적장애가 있는 플레이어의 보조자도 플레이어의 캐디 역할을 할 수 있으나 반드시 해야 하는 것은 아니다. 플레이어는 동시에 보조자와 캐디를 모두 둘 수 있다.

- 보조자는 플레이어가 스트로크하기 전에 스탠스를 취하거나 방향 선택 도와주는 것(위원회로부터 허가를 받은 경우)이나 캐디의 정의에 명시된 차원에서 플레이어를 돕는 것 외에는 플레이어의 클럽을 운반하거나 취급해서는 안 된다. 10.2b(3)(스탠스 취하기를 돕기 위해 코스에 물건 놓는 행위 금지)을 수정하지 않는다.

- 보조자가 이 규칙을 위반하여 플레이어의 클럽을 운반하거나 취급하는 경우, 플레이어는 동시에 캐디를 두 명 둔 것이기 때문에, 위반이 발생한 홀마다 일반페널티를 받는다(규칙 10.3a(1) 참조).

> 10.3a 캐디는 라운드 동안 플레이어를 도울 수 있다
>
> (1) 플레이어는 한 번에 한 캐디만 쓸 수 있다. - 플레이어는 라운드 동안 자신의 클럽을 운반·이동·취급하고 자신에게 어드바이스를 해주고 그 밖의 허용된 방식으로 도움을 주는 캐디를 쓸 수 있다. 다만 다음과 같은 제한을 받는다.
> - 플레이어는 어떤 경우든 한 번에 둘 이상의 캐디를 써서는 안 된다.
> - 플레이어는 라운드 동안 캐디를 바꿀 수는 있지만, 새로운 캐디로부터 어드바이스를 받으려는 목적만으로 일시적으로 바꿔서는 안 된다.
>
> 플레이어가 캐디를 쓰든 쓰지 않든, 플레이어와 함께 걷거나 타거나 플레이어를 위하여 그 밖의 것들(예, 비옷·우산·먹을 것·마실 것)을 가져다주는 사람은 플레이어에 의하여 캐디로 지명되지 않았거나 플레이어의 클럽을 운반·이동·취급하지 않는 한, 그 플레이어의 캐디가 아니다.
>
> 출처: 대한골프협회(2019). R&A USGA 골프규칙. 대한골프협회 출판사업부.

☑ 규칙 14.1b의 수정 (볼을 집을 수 있는 사람)

플레이어의 볼이 퍼팅 그린 위에 있을 때, 규칙 14.1b는 플레이어의 보조자가 캐디뿐만 아니라 플레이어의 승인 없이 공을 들어 올릴 수 있다.

> 14.1b 볼을 집어 올릴 수 있는 사람
>
> 규칙에 따라 플레이어의 볼을 집어 올릴 수 있는 사람은
> - 플레이어
> - 또는 플레이어가 위임한 사람뿐이다. 다만 위임할 때는 그 라운드를 통틀어서 위임할 것이 아니라, 볼을 집어 올리도록 하기 전에 반드시 그 행동을 특정하여 위임하여야 한다.
>
> 예외 - 플레이어가 위임하지 않아도 캐디는 퍼팅 그린에 있는 플레이어의 볼을 집어 올릴 수 있다: 플레이어의 볼이 퍼팅 그린에 있을 때, 플레이어의 캐디는 플레이어가 위임하지 않아도 그 볼을 집어 올릴 수 있다.
> 플레이어의 볼이 퍼팅 그린 이외의 곳에 있을 때 플레이어가 위임하지 않았는데 캐디가 그 볼을 집어 올린 경우, 플레이어는 1벌타를 받는다(규칙 9.4 참조).
>
> 출처: 대한골프협회(2019). R&A USGA 골프 규칙. 대한골프협회 출판사업부.

🏌 모든 장애 범주

☑ 불합리한 지연

장애가 있는 플레이어에게 불합리한 지연에 대한 규칙 5.6a의 금지를 적용하는 경우:
- 각 위원회는 재량권을 발휘하고 코스 난이도, 기상 조건(이동 보조기기 사용에 미칠 수 있는 영향), 경기의 특성 및 경기 참가자의 장애 정도를 고려하여 자체적으로 합리적인 기준을 설정해야 한다.
- 이러한 요소들을 고려하여, 위원회가 불합리한 지연을 구성하는 것에 대해 좀 더 완화된 해석을 사용하는 것이 적절할 수 있다.

☑ 드롭

규칙 14.3b(올바른 방법으로 드롭하기)를 적용할 때, 신체적 제한 때문에 특정 장애가 있는 플레이어가 공을 무릎 높이에서 드롭 여부를 확인하기 어렵거나 불가능할 수 있으므로, 위원회는 플레이어가 그렇게 했다는 플레이어의 합리적인 판단을 받아들여야 한다. 또한, 위원회는 선수의 신체적인 한계를 고려하여 무릎 높이에서 볼 드롭을 위한 모든 합리적인 노력을 받아들여야 한다.

참고 문헌

[1] 나운환(2006). 장애복지의 개념 및 이념의 변천. 한국장애인재활협회(편). 한국장애인복지 50년사. 도서출판 양서원.
[2] 대한골프협회(2019). R&A USGA 골프 규칙. 대한골프협회 출판사업부.
[3] 장애아동 복지지원법 시행규칙. 보건복지부령 제773호 (2021). http://www.law.go.kr에서
[4] 최승권(2018). 특수체육론. 레인보우북스.
[5] Amin, M. J., Sclafani, J. A., & De Luigi, A. (2018). Adaptive Golf: History, Rules and Equipment Modifications, and Sport-Specific Injuries. In Adaptive Sports Medicine (pp. 113-122). Springer, Cham.
[6] Golf Software (2021). History of handicapping. http://golfsoftware.com/learn/golf-handicap-history.html
[7] Hansen, J. (2015). The origin of the term handicap in games and sports-History of a concept. Physical Culture and Sport. Studies and Research, 65(1), 7-13.

[8] Lexico.com (2021). Definition of handicap. Oxford University Press. Lexico.com. https://www.lexico.com/definition/handicap

[9] Mikkelson, D. (2011). Etymology of handicap. https://www.snopes.com/fact-check/handicaprice/

[10] National Alliance for Accessible Golf (2021). National Alliance for Accessible Golf Player's Tool Kit. https://www.accessgolf.org/naag/assets/File/public/resources/2012Allianceplayerstoolkit.pdf

[11] SBS TV(2021.03.23). 프로 꿈꾸는 '의족 골퍼'의 무한도전. https://sports.v.daum.net/v/20210323210916945

[12] United States Disabled Golf Association (USDGA) (2021). Disabled golf qualifications. http://www.usdga.net/qualifications/

[13] USGA (2021). Rules and interpretations. https://www.usga.org/content/usga/home-page/rules/rules-2019/rules-of-golf/rules-and-interpretations.html#!ruletype=fr&section=rule&rulenum=10인출

[14] United States Golf Association (USGA) (2021). Rules and Interpretations. Modified Rules for Players with Disabilities. https://www.usga.org/content/usga/home-page/rules/rules-2019/rules-of-golf/rules-and-interpretations.html#!ruletype=mr&section=rule&rulenum=1

[15] Upton, E. (2013). The interesting orign of the word "handicap". http://www.todayifoundout.com/index.php/2013/12/origin-word-handicap/

[16] Wikipedia (2021). Handicap (golf). https://en.wikipedia.org/wiki/Handicap_(golf)

[17] World Health Organization (2012). WHO 세계장애 보고서 (전지혜, 박지영, 양원태 역.). 한국장애인재단. (원저 2011 출판)

[18] World Health Organization, (2004). 국제 기능·장애·건강 분류(ICF): International Classification Functioning, Disability and Health (ICF한국번역출판위원회 역.). 보건복지부. (원저 2001 출판)

찾아보기

/ ㄱ /

가상체험 체육시설업	262
가속도	77
가속도의 법칙	78
가치판단	31
각성	27, 169
각속도	78
각운동량 보존의 법칙	83
간략한 질문	54
간편성	53
개별성의 원리	149
개성	37, 183
개인 레슨	44
개인윤리	31
객관적 평가	52
건강 관련 체력	233
결과론적 윤리체계	31
경기 정신	260
경기보조원(캐디)	266
경기분석	182
경사 파악	120
경쟁 성향	172
계획	42
고객 만족 경영	208
골프 규칙	260
골프 레슨 실행	45
골프 문화	27
골프 부상	272
골프 사고의 예방	276
골프 상해	216
골프 상해부위	219
골프 스윙	128
골프 심리기술	176
골프 심리기술 훈련	177
골프 에티켓	260
골프 역학	68
골프 연습장업	262
골프 전문체력	151
골프 지도자 양성	8
골프 트레이닝	148
골프 활동 인구	194
골프대회 시작	124
골프산업	195
골프소비자	197
골프엘보	216, 221
골프장 안전 수칙	275
골프장이용 표준약관	273
골프채 사고	271
골프클럽	124
골프클럽 설계	126
공정한 경쟁	30
과다 트레이닝	164
과부하의 원리	149
과사용 증후군	217
과사용증후군	223
과제 성향	172
관성 모멘트	126
관성의 법칙	78
관찰의 효과	53
교수 방법	15
교수 방법론	20
교수 스타일	20
교수계획	16
교육의 효과성	51
구질 분석	133, 134
국민스포츠	258
귀인이론	183
규범	31
규칙 위반	30
균형	76
그라스 벙커	98
그룹 레슨	43
그린 스피드	120
그린 읽기	119
그린 측정	120
그린사이드 벙커	98
그립 사이즈	140, 142
그립 파워볼	222
근골격계	68
근력	78
근력 트레이닝	157, 159
근위-원위 순서	82
근육	17
근육 활성화	68
근육강화제	33
근육의 탄성력	152
근파워 전환과정	153
근파워 추진과정	153
근파워 축적과정	153
글리코겐	242, 244
금지 방법	33
금지약물	33
급경사 미끄러짐	270
긍정심리자본	188
긍정적인 이미지	49
기본자세 set up	112

기술 관련 체력	233	도핑검사	34, 35	/ ㅁ /	
기술 수행의 순서	64	도핑의 실태	34	마른 체형	148
기저면	76	동기	45, 183	마약	34
		동기부여	26	마운틴 브레이크	116
/ ㄴ /		동영상 분석	53	마인드맵	176
나트륨	252	동적수축	157	마찰	33
낙뢰 사고	271	드라이버 피팅	137	마찰력	78
낙상	269	드로우	138	말하는 속도	61
납테이프	138	등속성 수축 운동	157	매트 미끄러짐	269
내리막 퍼팅	117	등장성 수축 운동	157	머슬백	141
내적동기	173	등척성 수축 운동	157	멘탈 게임	168
내적심상	181	디벗	142	명료성	60
노캐디no caddie 플레이	268			모델링	61
뉴턴의 운동 법칙	78	/ ㄹ /		모멘트	68
		라이각	140	목소리 높이	61
/ ㄷ /		라이보드	140	목소리의 톤	60
다운블로down blow	103	라이테이프	140	목표 성향	168, 172
다운스윙	76, 152, 156	럭비	34	목표리스트	179
다이내믹 로프트	132	레그익스텐션	229	목표설정 훈련	178
단백질	242, 249	레슨 계획	42	목표심박수	164
단서	53	레슨 루틴	47	몰입	45
단순성	60	레슨 스타일	42	무게 중심	127
단축성 수축 운동	157	레슨 시간	43	무게추	138
닫힌 운동사슬	235	레슨 시나리오	47	무산소성 해당과정	
대근육	154	레슨 콘텐츠	45		240, 244, 245
대사물질	35	레슨 활동	42	미국 골프 협회	124
대인관계	16	로브샷	105	미국골프지도자연맹	8
더블밴드 넥	144	로프트	124, 137	미들 퍼트	117
도덕	32	론치 모니터	134		
도덕론적 윤리체계	31	롱 퍼트	117	/ ㅂ /	
도덕성	30	루틴	186	바운스	105
도덕적 가치	32	류신	250	바운스 각	142
도덕적 자율성	32	리더십	20	바운스bounce 각	142
도프	33	리더십leadership	20	바퀴-축 시스템	81
도핑	30, 33	리딩 에지	106	반복성의 원리	149
도핑 위반	33	릴리스	152	발 접촉 회전력	87

발사각	127, 139	샌드웨지	106	스웨이 sway 현상	155
방위체력	151, 233	생체역학	68	스위트스폿 sweet spot	113
배려	33	샤프트	128	스윙 궤도	116
백스윙	76, 152	샤프트 토크	129	스윙 메커니즘	154
밴드 포인트	130	샤프트의 강도	128	스윙 분석	134
버트	129	샤프트의 길이	140	스윙 웨이트	106, 128
벙커 샷	98, 105	선속도	78	스윙 평면	68
벙커 샷의 세트업	107	설명	56	스윙 플레인	109
벙커샷 테크닉	107	성폭력	30	스윙패스	131
벡터량	77	성희롱	30	스퀘어	112
변위	77	세계골프지도자연맹	8	스퀘어 페이스	108
변화에 대한 신호	57	세계반도핑기구	33	스크린 골프산업	209
보디빌딩	34	세레모니	182	스크린골프업	263
보유 마케팅 retention marketing	196	세이브율	102	스크린골프장 타구	267
보조 기자재	43	세트 수	159	스트레이트 아크	143
보통 체형	148	센터 샤프트 넥	144	스트레칭	160, 163
볼의 구질	131	셋업	78	스트로크	100
부작용	35	셋업 set up	99	스트리크닌	33
부적절한 장비	219	소근육	154	스팀프미터	120
불안	169	소재지 정보	36	스포츠 심리상담사	189
브레이크	114	속도	77	스포츠 윤리	30
블레이드	141	속도 에너지	156	스포츠 윤리의 목적	32
블레이드 타입	141	손목 관절 반월상연골판손상	216	스포츠 재활	231
블루오션 전략	206	손목 구부리기 운동	222	스포츠 재활 팀	231
비구 타구	267	손목 스트레칭	221	스포츠 지도자의 기능	18
비시즌 검사	35	손목 신전운동	222	스포츠 지도자의 능력	15
		손목부상	216	스포츠 지도자의 자질	19
		솔 디자인	142	스포츠 지도자의 특성	14
/ ㅅ /		솔 sole 디자인	142	스포츠맨십	30
사고 유형	265	쇼트 게임	96	스핀	127
사고의 책임 범위	273	쇼트 퍼트	116	스핀 축	132
사실 판단	31	수근관증후근	225	스핀량	127
사이드스핀	132	수행력	68	슬라이스	138
사이클	34	순발력	162	슬라이트 아크	143
살찐 체형	148	순차적 힘 합산 원리	82	슬럼프	187
상태불안	169	순차적인 움직임	80	슬럼프 바운스백	188

시료 채취	36	어깨충돌증후군	216, 225	원피스 테이크어웨이	90
시범	56	어드레스	141	월 싯	229
시장개발전략	209	어택 앵글	132	웨이스트 벙커	98
시장침투전략	208	언더암	80	웨이트트레이닝	150
시즌 검사	35	언어적 단서	62	웨지 피팅	142
신장-단축 순환주기	85	언어적 행동	47	위크 그립	108
신장성 수축	157	엎드려 상체 들기	224	유산소성 트레이닝	164
신장성 수축 운동	157	에임	118	유연성 트레이닝	163
신체 중심	76	여유심박수	164	유청 단백질	250
신체 측정	134	여자골프	34	육상	34
신체적 능력	21	역 U자 이론	170	윤리	27
신체적 불안	169	역 체중 현상	148	윤리관	38
실기 테스트	11	역량 강화	44	윤리이론	31
심리기술훈련	177	연습 장비	43	음악조절기법	184
심리상태 질문지	175	열린 운동사슬	235	의견	55
심리요인	168	열정	60	의무론적 윤리체계	31
심리적 능력	176	영국왕립골프협회	124	의사소통 기술	25
심리적 요인	168	옆 경사 퍼팅	118	익사 사고	259
심상	177, 180	오르막 퍼팅	114	인-아웃	131
심상 훈련	180	오션 브레이크	116	인지적 불안	169
심장 흥분제	33	온열질환	270	인체 분절	69
		올바른 골프 지도자	24	인체 분절의 조합	80
/ㅇ/		올바른 응답	54	일반 윤리학	32
아웃-인	131	옵셋	141	일사병	270
아이언 스윙	107	완전 단백질	250	임팩트	96, 141, 153, 156
아이언 피팅	140	외적심상	180	입스	118
안전 교육	277	운동강도	149	입스yips	118
안전 수칙	274	운동기능	15		
안전 준칙	274	운동기능 학습의 단계	17	/ㅈ/	
안전불감증	259	운동면	71	자기관리 차트	180
안전사고	258, 264	운동부하검사	150	자기관리 훈련	180
안전시설	263	운동사슬	235	자기암시	182
안정 시 심박수	164	운동시설	263	자기효능감	173, 185
안정성	77	운동역학 사슬	82	자신감	173
압력 중심	87	운동축	72	자신감 훈련	181
약물복용	30	운동학	68	자아 평가	21

자아존중감	174
자유도	72
자화	182
작용-반작용의 법칙	78
잔디 결	115, 119
잠재 골프 인구	194
재활 운동	232
저 훈련	164
저항성 운동	159
적정수준이론	169
전국 골프장 사고	259
전문 체력	151
전방 타구	266
전방십자인대파열	216
전복	268
전복 모멘트	76
점진성의 원리	149
정적수축	157
제품개발전략	209
제품다각화전략	209
주관적 평가	52
주기화의 원리	149
주동근	154
주요 기능	54
주의 집중	62
주의집중 훈련	184
준비	42
준비운동	219
중력	78
중력중심선	76
지구력 트레이닝	164
지도력의 다차원 모형	21
지도자 상(像)	22
지도자의 역할	38
지레	79
지면반력	68, 78, 156

직업윤리	31
질량 중심	87
질량 중심점	76
질문	54
질문의 효과	55
집중력	45
집중력 강화훈련	184

/ ㅊ /

척추 각도	223
체육시설 안전관리	262
체육시설법	263
체육시설업	262
체형의 변화	148
총괄적 평가	52
최대 반복 횟수	160
최대 부하	160
최대근력	160
최대심박수	164
최적수행지점이론	169
추간판 탈출증	223
추락	268
취미 골퍼	44
치료목적 사용면책	36
치핑	97, 99
치핑 테크닉	100
치핑chipping	97
치핑의 세트업	99
칩 스틱	100

/ ㅋ /

카누	34
카세인 단백질	250
카트 사고	258
카필족	33
캐비티백	141

컨디셔닝 운동	232
코어 강화 운동	224
코어core 근육	155
코킹	98
쿠반 프레스 운동	226
크레아틴인산	240, 243
클럽 패스	132
클럽 피팅	133
클럽 피팅 절차	133
클럽 헤드 궤도	68
클럽페이스	116, 137
킥 포인트	130
킥포인트	130

/ ㅌ /

타구 사고	258
타깃라인	132
탄도 분석	139
탄도 효과	131
탄수화물	239, 240, 242
탑스윙	155
탑핑	156
템포	144
토	117
토 밸런스	143
토tow	107
토스	98
토크	79, 129
토크torque	126
투 레버two lever-코킹	104
트레이닝의 구성요소	150
트레이닝의 기본 원리	149
트레이닝의 양적 요소	150
트레이닝의 질적 요소	150
트레일링 에지	106
특성불안	169

특이성의 원리	149	피칭	97, 103	효과성	47
티 높이	138	피칭 테크닉	104	훅	138
티칭프로	10	피칭pitching	97	훌륭한 골프 지도자	25
		피칭의 세트업	103	흥분제	33
/ ㅍ /		피터	133	힐	117, 129
파국이론	169	피팅	133	힐heel	107
파워 트레이닝	162	피팅 절차	135	힘	78
패러다임	205	필수 아미노산	250	힘의 에너지	156
퍼터	98				
퍼터 넥(putter neck) 유형	144	**/ ㅎ /**		**/ 1~3 /**	
퍼터 밸런스 유형	143	하향 타격	99	1RM	160
퍼터 피팅	143	학습 성취도	51	2021 한국골프지표	195
퍼터putter 피팅	143	학습 의욕	48	2중 지레 시스템	80
퍼팅	98, 112	학습의 질	51	3D 모션 캡처 시스템	68
퍼팅 테크닉	113	학습자의 평가	22	3종 지레	79
페어웨이 벙커	98	학습지도 평가	21		
페이드	138	한국도핑방지위원회	33	**/ A /**	
페이스 각도	132	합성력	68	anxiety	168, 169
페이스 밸런스형	143	해부학적 자세	70	arousal	169
페이스 앵글	131, 135	해외 골프 경험인구	194	attack angle	132
평가	50	행동 표준	37		
포도당	242, 245	행동적 학습	180	**/ B /**	
폴로 스루	113	행동체력	151, 233	back spin	132
표면 근전도	68	허브 중심	90	back swing	152
표적 검사	35	헤드 디자인	141	bend point	130
표지자	35	헤드의 밸런스	143	blade	141
프레임 기법	184	협응	68	bounceback	188
프리 샷 루틴	118	형성적 평가	52	Brandon Lee 회장	11
프리웨이트	159	호젤	144	bunker shot	105
플럼버넥	144	활동의 목적	57	butt	129
플레어 팁 넥	144	회내운동	222		
플렉스 보드	129	회외운동	222	**/ C /**	
플롭샷	105	회전	145	carpi tunnel syndrome	225
피니시	157	회전근개파열	216, 225	casting	225
피로감	58	회전력	79	catastrophe	170
피벗팅 회전력	87	회전축	79	cavity bag	141

center shaft nec	144	free weight	159	/ M /	
ceremony	182			mallet	143
chart	180	/ G /		mental	168
chipping	97	goal orientation	168	middle putt	117
closed face grip	108	golf elbow	216	MOI 측정	126
club fitting	133	grain	115	moment of inertia, MOI	126
club path	132	grass bunke	98	motivation	183
clubface	116	greenside bunker	98	mountain break	120
cocking	98	grip power ball	222	muscle ba	141
collection area	120			MZ세대	195
confidence	168	/ H /			
CPM cycle per minute	129	heart rate reserve: HRR	164	/ O /	
CPM 측정 방법	129	heel	107, 117	O2O 서비스	212
Cuban press exercise	226	hosel	144	ocean break	120
				offset	141
/ D /		/ I /		open face grip	108
divo	142	imagery	180	over training	164
doping	33	impact	127		
double bend neck	144			/ P /	
downhill putt	117	/ K /		pendulum stroke	113
draw	138	kick point	130	pharging put	117
dying putt	117	Korea Anti-Doping Agency, KADA	33	pitching	97
dynamic lof	132			plank 운동	224
				plumber neck	144
/ E /		/ L /		positive pychological cpital	188
ego	172	launch angle	139	pot bunke	109
El bend profile	129	leadership	20	pro line	118
		leading edge	111	putting	98
/ F /		leg extention	229		
face angle	131	leg grip extention	229	/ R /	
fade	138	lie angle	140	release	152
fairway bunker	98	lie board	140	repetition maximum: RM	160
fitter	133	lie tape	140	routine	186
fitting	124	loft	124, 137		
flare tip neck	144	long putt	117	/ S /	
flex board	129			self evaluation	21

short putt	116
side spin	132
sidehill putt	118
slice	138
slight arc	143
slump	187
sole	106
spin	127, 131
straight arc	143
stroke	143
sway	155
sweet spot	113
swing path	116, 131
swing weight	128

/ T /

take back	152
target line	132
task	172
tempo	144
tennis elbow	216
The Royal and Ancient Golf Club of St. Andrews, R&A	124
toe	117
top swing	152
topping	156
torque	129
trajectory effective	131

/ U /

United States Golf Association, USGA	124
United States Golf Teachers Federation	8
uphill put	117

USGTF	8
USGTF-KOREA	10

/ W /

wall sit	229
warming up	219
waste bunke	98
WGTF	8
World Anti-Doping Agency: WADA	33
World Golf Teachers Federation	8

/ X /

X-팩터	85
X-팩터 스트레치	85

/ Y /

yips	118

/ Z /

Zone of Optimal Functioning, ZOF	170